夢陽呂運亨全集 3

夢陽呂運亨全集

夢陽呂運亨先生全集發刊委員會 編

3

夢憫呂運亨全集

몽양여운형선생전집발간위원회 편

3

몽양전집 제3권을 펴내며

어느 시인은 몽양 여운형 선생을 거론한다는 것은 언제나 감격이요 약동이 아닐 수 없다면서 "몽양은 결코 죽지 않았다"고 하였다. 그러나 그는 불의에 갔고, 그를 흠모하고 따르던 이들은 그의 상여를 쫓으며, "황폐한 제방에서 들려오는 통곡 속으로 지금은 한낱 침묵의 수레 위에 실려가는 그를 위하여 우리는 다시 무슨 노래를 불러야 하랴"고 절규했다. 그로부터 어언 50년이라는 세월이 흘렀다. 위대한 생애를 살았던 한 지도자 몽양 여운형은 이제 일월과 파도가 고요한 그곳에서 충분한 잠을 잔 지도 참으로 오래되었다. 그 당시 그를 영원히 쉬게 하였던 모든 상황들이 변하여 이제는 그를 일깨워 부활하라고 외치고 있지 않은가. 세상도 많이 변했다. 그간 남북에는 각각의 정권이 세워져 많은 동포들이 이산가족의 생이별을 겪었다. 그리고 동족상잔의 전쟁에 시달렸고, 1960년대에는 4월혁명을 겪었으며, 이후 가난에서 탈피하여 잘 살아보고 싶은 국민들의 일념을 모아 눈부신 경제성장을 이룩하기도 했다. 자본주의의 안티테제로서 등장했던 사회주의가 붕괴되면서 냉전이 지나갔고, 탈냉전의 물결 속에서 민주화가 강력한 추동력을 갖고 추진되었고, 그에 힘입어 역사에 대한 재평가 작업도 활발해졌다. 그러나 역설적이게도 통일에 대한 갈망은 이제 희미해져 가고 있는 것처럼 보이고, 다만 북한의 붕괴가 임박하다는 진단들과 함께 통일문제가 이제는 이상이 아니라 어느날 갑자기 맞아야 하는 현실로서 나타난 시점에 이르렀다.

그런데 지금 돌아다보면 이 모든 갈망들을 먼저 실천해 간 영원한 선구자가 있었다는 생각이 절로 스쳐간다.

오늘도 엔진이 고장난 비행기 같은 북한과 브레이크가 고장난 자동차 같이 된 남한이 막다른 골목에서, 대립구도를 화해구조로, 21세기를 향한 우리 민족의 뚜렷한 비전을 제시하며 무력통일이나 흡수통일이 아닌 민족통일의 대업을 성취하는 일에 선도자의 역할을 할 수 있으리라 생각하며, 때를 만나지 못해 비운에 간 몽양 선생님을 오늘의 시점에서 다시 공정하게 평가하고 그 분처럼 민족을 최우선으로 생각하는 분들이 역사의 한가운데에 뚜렷이 나타날 시기라고 생각된다.

몽양전집 제3권으로 출간하는 이 책은 올해로 일생을 민족독립을 위해 혼신을 다바친 몽양 여운형 선생의 서거 50주년이 되는 해를 기리며 다시 평가하는 시점에서 출간하게 되었다. 하지만 이제는 단순히 평가하는 차원을 넘어 오늘도 그의 넓은 경륜과 인품, 그리고 그의 투철한 사명감과 조국애에 대한 흠모가 사라지지 않고 보다 강렬하게 부활하고 있기에 더욱 큰 의미를 갖는다. 그런 의미를 담아 민족의 독립과 조국의 장래를 위하여 일생을 바치신 몽양 여운형 선생의 뜻을 기리고 그 뜻을 현재에 재조명하기 위하여 이 책을 출간한다.

전집 제3권의 출간을 앞두고, 1997년 7월 3일 서울 프레스센터에서 「몽양 여운형의 거대한 생애」라는 주제의 세미나도 열었다. 몽양 여운형 선생전집 발간위원회의 주최로 열린 이 세미나에는 새로이 위원장을 맡아주신 강원룡 선생(크리스찬아카데미 이사장)을 비롯하여, 이기형(원로시인), 이강훈 선생(전 광복회장) 등은 축사, 축시를 해주셨고, 발표 및 토론자로 최장집(고려대 교수), 정진석(외국어대 교수), 김광식(21세기한국연구소 소장), 강문구(경남대 교수), 김정인(서울대 박사과정, 산업대 강사), 여현덕(여의도연구소 연구위원) 등과 함께 내빈 200여 명이 참석했다. 이분들께 다시 한 번 감사드린다.

이렇게 뜻깊은 해에 몽양의 뜻을 기리는 사업을 하게 된 것을 매우 감사하게 생각하며, 앞으로도 여러 사업을 성심성의껏 추진하여 민족지도자 몽양의 훌륭한 정신과 애국심을 기리고 후대에 귀감으로 삼는 데 조금이라도 보탬이 되었으면 한다. 그러나 이 사업은 국민과 각계 지식인들의 관심어린 동참 없이는 수행하기가 대단히 어렵다. 전집 제3권은 몽양을 아끼는 여러 선생들이 필자로 참여하여 몽양의 인간적 풍모와 애국적 측면을 중심으로 쉽고 재미있게 기술하고자 했으나, 작업과정에서 불가피하게 학술적으로 발전하였기 때문에 좀더 흥미있는 교양서는 훗날을 기약할 수밖에 없게 되었다. 필자들끼리 충분한 조율이 되지 않아 다소 중복되는 글들도 불가피하게 그대로 싣게 되었다. 이로써 일단 몽양전집 출간의 1단계를 마무리한다. 전집발간 작업은 지속적으로 진행시켜야겠지만, 자료와 예산이 부족한 지금으로서는 여기에서 일단락을 짓고 좀더 현실적인 여건이 갖추어질 통일시대에 이 작업이 지속되길 바란다. 통일 이후에 다시 출간될 제4권째부터가 더욱 큰 의미를 지닐 것으로 기대해 본다. 오늘 이 책의 출간을 계기로 일평생을 조국애와 열정을 가지고 영원한 청춘처럼 푸르게 살아온 몽양 여운형 선생이 다시 부활하여 조국통일과 선진민주주의를 앞당기는 데 좌표가 되어주기를 그를 아끼는 모든 사람들과 함께 갈구한다. 아무쪼록 이 작은 노력으로 민족의 앞날을 밝히기 위해 그토록 애썼던 몽양의 삶과 정신을 올바로 알려, 21세기 선진민주주의와 민족통일 성취에 좌표와 귀감이 될 수 있기를 바란다.

1997년 11월
몽양여운형선생전집 발간위원회

차례

몽양전집 제3권을 펴내며 • 5
거성의 광휘 ………………………………………… 이기형 • 11
—몽양 여운형 선생 순국 50주년 그의 생애사에 부쳐

제1부 존경받는 거성, 인간 여운형
내가 본 여운형의 삶 ……………………………… 강원룡 • 23
남북에서 존경받는 포용과 신념의 지도자 …………… 서중석 • 33
여운형의 생애사와 주요쟁점들 …………………… 여현덕 • 51

제2부 다시 보는 그 거대한 생애
여운형의 사상과 행동 …………………………… 최상룡 • 73
—원칙과 타협의 지도자
새로운 정치적 이상을 찾아서 …………………… 강문구 • 98
—여운형의 정치노선과 변혁사상
청년의 마음, 정당통합을 위한 행보 ……………… 심지연 • 127
—몽양과 조선인민당

제3부 여운형의 꿈, 통일민족국가를 향한 행진

한국민주주의·민족주의와 여운형 ···················· 최장집 • 145
여운형의 독립운동과 체육문화운동 ················ 김광식 • 162
언론인 여운형 ·· 정진석 • 186

제4부 우리는 위대한 지도자를 만났었다

나의 아버지 여운형 ·· 여연구 • 217
여운형과 중국국민혁명 ································ 미즈노 나오키 • 235
― 중국국민당 2전대회에서의 연설을 중심으로
대중국화평공작·'아시아연맹' 구상과 여운형 ········· 강덕상 • 256
― 오카와, 다나카, 고노에와의 교류를 둘러싸고
우리 앞에 부활하는 몽양 ························· 전집발간위원회 • 310
― 몽양서거 50주년 세미나를 보고

몽양전집 발간을 일단락지으며 • 331

巨星의 光輝
— 몽양 여운형 선생 순국 50주년 그의 생애사에 부쳐

이기형
(시인, 몽양 여운형전기 저자)

父系로는 임진왜란 후 최초로 일본修好使로 간 呂祐吉의 11代孫
宗祖 雲浦 呂聖齊는 李朝 孝宗 때 영의정을 지냈다.
母系-어머니 李氏는 宣祖 때 영의정을 지낸 속칭 鰲城大監 白沙 李恒福의 11代孫女
祖父 呂圭信은 대대 소론파 후예로 한학과 數理에 밝았고 청렴 강직한 성품. 한때 背淸운동을 벌였다. 문중에 동학농민운동 의병운동을 벌인 사람도 많았다.
父 呂鼎鉉은 천성이 화급 결백 엄격했다.
母 李氏는 통이 큰 여장부 대범 활달 가사 처리에 뛰어났다.
族叔 呂準은 독립운동가요 혁명투사로 만주에서 활약했다.
咸陽 呂氏家 (運亨)아기는 1886년 음 4월 22일 경기도 양평군 양서면 신월리 묘꼴(妙谷)에서 태어났다.
아기의 용모는 빼어나고 비범해 할아버지는 은근히 '王材'라 감탄했다. 이름은 運亨, 호는 夢陽이라 지어 주었다. 며느리 태몽에 해를 안았대서였다.
몽양의 천성은 총명 쾌활 호방 대담했다. 공정하고 동정심이 많고 의리에 밝았다.
양반집 도련님인데도 빈농, 노비 아이들과 잘 어울렸고 물심 양면 그들을 동정했다.

14세까지 할아버지 밑에서 한학 공부
15세 때 배재학당에서 신학문을 배워 개화의 꿈에 가슴이 부풀었다.
서양문물을 알기 위해 기독교에 입교
오랜 봉건의 잠에서 깨어 떨쳐 나섰다.
홍화학교를 거쳐 관립 우체학교에 전학했으나
을사보호조약을 반대해 수학 중단
향리에 光東學校를 세우고
신학문을 가르치며 배일사상을 일깨워줬다.
나라에서 일본한테 2천만원 빚을 졌다는 소식을 전해 듣자
양평에서 금연국채보상기성회를 조직
금연강연으로 구국활동의 첫발을 내디며
불을 토하는 우국열변으로 청중을 매료시켰다.
이때부터 평생 담배를 끊었다.
23세 때 자진 노비문서를 불사르고
家奴解放을 선언
봉건악습 타파에 앞장섰다.

한일합방 직전
강릉에 草堂義塾을 세워
기우는 나라를 구하고자 심혈을 쏟았건만
일본경찰에 쫓겨났다.
1914년 가을 구국의 큰 뜻을 품고 중국으로 망명길
개성 객사에서 也自 李萬珪와 한시로 작별인사를 나누었다.
먼저 이만규가
   桃園三傑 義不失於風塵之際
   竹林七賢 趣相深於山水之間
   (도원의 삼걸은 세상이 어지러울 때에 의를 잃지 않았고,
    죽림의 칠현은 취미가 산수 사이에서 서로 깊더라)
이라고 지어 부르니
몽양은
   誓海魚龍動 盟山草木知

(바다에 맹세하니 고기와 용이 뛰놀고
  산에 맹세하니 풀과 나무가 알더라)
라고 화답했다.

중국 남경 金陵大學 영문과를 마치고
상해 協和書局에 근무하며
해외 독립운동의 한복판에 우뚝 섰다.
한편, 홍인학교를 세우고 거류민 단장 직도 맡았다.
1918년 가을
제1차세계대전이 끝날 무렵
미국 윌슨대통령 특사 크레인이 상해에 와서 민족자결원칙을 설명할 때
단독으로
조선독립을 호소 약소민족해방의 언질을 받았다.
1918년 11월 현대식 정당의 효시인 신한청년단을 결성
3·1만세운동의 역사적 태동을 울렸거니
파리세계평화회의에 김규식을 파견해
조선독립운동을 국제적으로 전개, 한편
몽양 자신은 1918년 겨울
북중국, 만주, 해삼위 일대를 돌며
독립투사들과 연락 큰 호응을 얻었다.
귀로, 長春에서 본국의 감격적 3·1만세운동 소식을 듣고
드디어 때가 왔다 雀躍
1919년 4월 10일
상해 대한민국임시정부 수립 과정에서
청년기백을 토하며 중추 역할
초대 외무위원, 9대 의정원 의장을 지냈다.
그러나, 임정 보수파들의 감투싸움에 실증 실망 끝에
'중국해방 없이 조선해방 없다'라는 노선명제에 따라
중국 혁명투쟁에 가담
조선남아의 위력을 중국대륙에 떨쳤다.

몽양은 1919년 11월
일본정부 초청을 받아
동경 제국호텔에서 조선독립을 역설하는 역사적 명연설을 해
만장의 일본 朝野를 경탄 숙연케 했다.
당년 34세의 조선청년, 독립투사 여운형은
그의 뛰어난
풍채
용모
천재성
학식
인격
기지
웅변으로
단독, 다만 혼자서
일제 우두머리들을 제압했다.
일본제국주의 종주국 총본산에서
식민지 청년 여운형은
전무후무한 일대 '항쟁의 예술'을 연출했다.
拓殖局 長官 古賀가 만주 경영을 맡으라고 제의하자
몽양은 '조선독립운동이 내 직업이다'라고
어마어마한 매수 제의를 일언지하에 일축했다.
드디어,
일본 지도층 몇몇은
'여운형 만세!'를 불렀고
'아세아 최고의 신사!'라 극찬하는 진풍경까지 벌어졌다.
1920년 초에 열린 일본국회는
여운형논쟁으로 한 달 이상 저돌적 공방을 벌였다.

1921년 11월 모스크바에서 열린 극동피압박민족대회에서
주석단에 선출(김규식과 함께)
레닌을 두 번 만나

巨星의 光輝 15

　조선독립을 상의했다.
　레닌은 말했다.
"조선은 농업국인 만큼 현단계에서는 민족주의를 발전시키는 것이 중요합니다."
　몽양의 활약이 주효, 소련으로부터 임정에 대한 2백만원 원조금을 얻어냈다.

　몽양은 중국의 국부 손문을 가장 존경
　여러 차례 만났다
　중국혁명에 수고가 많았다는 의미로
"선생님, 머리가 많이 희였습니다."
라고 인사를 건네자
"사람은 나이가 들면 머리가 희여지지만 혁명은 나이가 들수록 붉어지지요"라고 대답해
　젊은 몽양을 감동시켰다
　몽양은 중국 곳곳에서 새시대 연설을 토해 우레 같은 박수를 받았다.

　몽양은 동방대학 영문학 교수를 거쳐 복단대학 영문학 및 체육교수로 재직중
　1927년 쿠데타로 정권을 잡은 장개석으로부터
　영자신문 발간 교섭을 받았다.
　1928년 여름 몽양은
　복단대학 축구단을 이끌고 남양 원정길에 올라
　싱가포르에서 아세아인으로서는 최초로
　미영제국주의를 맹렬히 비난해
　일대 파문을 일으켰다.
　1929년 7월 8일
　상해 요동경기장에서 축구 관람중
　日警에 被逮 본국으로 압송되었다.
　사상검사 伊藤憲郎이 원적과 주소를 묻자
　몽양은

'원적은 상해, 주소는 현저동 101번지'(서대문형무소: 필자)라는
유명한 대답을 후세에 남겼다.
伊藤憲郎의 후일담을 들어보자.
"여운형은 진실한 학구적 인물이다. 묻는 말의 의미를 먼저 해석하여 질문하는 요지가 어느 점에 있다는 것을 양해한 연후가 아니면 답을 하지 않았다. 세계적 정세를 잘 이해하고 미래의 조선이 장차 어떻게 진전될 것이라는 것까지를 예견하여 모든 답변이 정치적 두뇌가 있고 답변마다 철저하여 진실로 조선의 모든 운동가 중에서 거물이라 아니할 수 없다. 그가 공산주의운동에 가담은 했으나 공산주의 로맨틱시대에 참가한 것이므로 다른 공산주의자처럼 철두철미하다고 말할 수는 없다."
대전형무소에서 3년간 옥살이
典獄 蓑田은 몽양을 '위대한 인물'이라고 추앙했다.
출소하자 총독부 경무국장 池田淸은
'충청도에 있는 4백석 국유지와 백석 개간지를 주겠다'고 말하자
'나는 排日者다. 받으면 매수된 놈'이라고
몽양은 단호히 거절했다.
조선중앙일보 사장 시절
몽양은 요시찰1호 인물로
매서운 감시를 받으면서도
신문을 독립운동 무기로 활용했다.
이 무렵
宇垣 총독의 사위 矢野는
'내가 만일 여자로 태어났더라면 여운형과 결혼했을 것이다'라고 말할 정도로
몽양의 인간적 남성적 매력은 대단했다.
1941년 야만적 창씨개명 때 조선 명사 중 여운형 한 사람만이 불응 거부했다.
1942년 12월
몽양은 일본 동경서 귀국중 下關에서 체포되어
독립운동 교사죄로 갇혔으나
집행유예로 풀려났다.

경기도 양주군 봉안에 은거
농촌 청년을 지도하는 한편
일본군 소위 박승환을 통해 延安 독립동맹과 연락
장차 무장투쟁을 구상했다.
1944년 8월 10일
몽양은 조동호, 현우현, 김진우, 황운, 이석구 등과 密議
조선독립운동사에서 중요한 자리를 차지하는
비밀결사 건국동맹을 결성
조선독립의 내일에 대비했다.

1945년 8월 15일, 드디어
일본 천황 裕仁의 떨리는 항복 목소리로
제2차세계대전은 끝나
식민지 억압 36년만에
조선독립의 활화산은 터졌다.
몽양은, 15일 저녁
안재홍, 이만규, 이여성, 이상백, 정백, 최근우 등과 협의
역사적 건국준비위원회(약칭 건준)를 결성
삼천만 민족의 열망
건국준비에 우렁찬 첫발을 내디뎠다.
16일 휘문고보 운동장에서 해방과 독립에 대한 감격적 명연설을 해
삼천리 강산을 들끓게 했다.
전국 방방곡곡에서 열광적으로 호응
단시일 내에 146개의 각급 인민위원회가 조직되어
건국질서는 착착 잡혀갔다.
하건만 ―
9월 8일 미군이 서울에 입성하자
그새 찍소리 한 마디 못하던
친일도배와 친일잔재경찰은
미군을 등에 업고
건준을 공산당으로 몰아

야수적 탄압을 가했다.
찬탁 반탁의 회오리 대혼란 속에서
십여 차례의 테러공격을 받으면서도
몽양은 오직 건국일념에 불타
조선인민당, 민족통일전선, 근로인민당 등을 창설
김규식 등과 좌우합작에 헌신하던 중
1947년 7월 19일 오후 1시
혜화동 로타리에서
嗚乎라!
조선민족의 대지도자 몽양 여운형 선생은
반역의 백색테러의 흉탄에
향년 62세를 일기로 큰별은 떨어졌다.
이 세상에 남긴 마지막 말씀은
'조국' '조선'이었다.

結 句

몽양의 목을 짓눌렀던 군정장관 아놀드조차도, 퇴역 귀향 후는
"여운형은 인격과 능력을 아울러 갖춘 한국 유일의 걸출한 정치가였다"
고 회고했다.
주한 미국공사 랭던은
"여운형은 동양의 위인이요 인도의 간디와 비견할 인물이다"라고 극찬했
다.
동경제대 吉野幸一 교수는 몽양을 가리켜
"능력과 인품을 갖춘 찾아보기 드문 아세아 최고의 신사"라고 고평했다.

몽양 여운형은
당당한 체격
빼어난 용모
번듯한 남성미
정연한 학식과 이론
재치있는 말솜씨 뛰어난 웅변

인간미 철철 넘쳐흐르는 인간 중의 인간
그를 따라 구름 같이 모여든 수많은 사람들은
그를 존경했다기보다
실은 인간 여운형을 사랑했다.
몽양은 청년, 학생, 어린이를 극진히 사랑했다.
그러나, 여운형이 최고로 사랑한 것은
바로 '조국 조선'이었다
몽양 여운형이야말로
조국의 자주적 통일과 독립
끝내는 인류 해방을 향한
대선각자요
열렬한 애국투사요
선구적 혁명가요
희대의 친화력의 정치가요
천성적 민주주의자요
우리 민족의 대지도자요
현대의 새로운 위인이다.
몽양이 간 지 50년!
조국 분단 52년!
거인의 통일·독립 정치노선은
오늘도 우리들 가슴에 살아 고동치며
남북 7천만 대통일의 앞길을
태양이 지구를 비추듯
환히 똑똑히 밝혀주고 있다.

제1부
존경받는 거성, 인간 여운형

내가 본 여운형의 삶*

강원룡
(크리스찬아카데미 이사장)

내가 몽양 여운형을 서울에 내려와 처음 찾게 된 것은 좌우합작이 공식적으로 추진되기 직전이었으니까, 아마 1946년 5월경이었던 것 같다. 1936년 6월 용정에서 그를 처음 보았는데, 그때 그는 축구대회 참관차 온 것이었다. 한눈에 숭모심을 갖게 되었으나 서울에 오니 그가 좌익의 거물로 활동하고 있어서 그를 찾아보지도 않고 오히려 그를 공격하는 강연을 하고 다녔다.

그러나 첫번째 만남에서 그에게 너무 매혹되었기 때문에 욕을 하면서도 내심으로는 그를 완전히 버리기 어려운 갈등이 계속되고 있었다. 고민 끝에 나는 결국 '에라, 어떻든 한번 직접 만나 결판을 내자'는 결론을 내리고 그를 찾아보기로 했다. 그런데 그때 그는 심각한 테러의 위험을 피해 거처를 자주 옮기고 있었으므로 그가 어디에 있는지를 알아내기가 쉽지 않았다. 수소문 끝에 그가 계동의 거처에 머물고 있다는 사실을 알게 된 나는 무작정 그 집으로 찾아갔다.

대문간에서 '몽양 선생 계시냐'고 물었더니 아직 안 들어오셨다는 대답이었다. 나는 안에 있는데도 면담을 거절하는 줄 알고 '그러면 좋다,

---

* 이 글은 몽양 여운형 선생님과 나의 만남에 관하여 나의 저서 『빈들에서』 제1권에 쓴 것을 다시 발췌(185-190쪽)한 것이다.

대문에서 오실 때까지 기다리겠다'고 하고 끈질기게 버텼다. '늘어지게 기다리다 보면 들어오게 하겠지' 하는 속셈으로 아무 반응이 없는 집 안쪽을 탐색하며 정말 늘어지게 기다리고 있는데, 해가 넘어갈 무렵이 되자 길 저쪽에서 어떤 사람이 동그란 맥고모자를 쓰고 지팡이를 빙빙 돌리면서 걸어오는 게 보였다.

자세히 쳐다보니 그 사람이 바로 여운형이었다. 그 옆에는 경호원이 따르고 있는데 아마 그가 박재황이었을 것이다. 나는 반가운 마음에 불쑥 그에게 달려가 인사를 했다. 경호원이 긴장하며 제지하는 가운데 나는 그에게 내 소개를 했다.

"저는 기독교청년연합회의 강원룡이라는 사람인데 선생님과 얘기를 나누고 싶습니다."

"아, 그래? 좋아, 좋아. 얘기하자구."

선선하게 응낙하는 몽양의 뒤를 따라 나는 그의 거처로 들어가 얘기를 시작했는데, 그렇게 시작된 얘기는 꼬박 밤을 새우고 다음 날 새벽 다섯 시까지 계속되었다. 그만큼 나는 몽양을 떠나고 싶지 않았고 몽양 역시 나를 좋아했다. 그때 내가 처음 몽양과 나누었던 얘기 중에 기억나는 내용을 옮기면 다음과 같다.

"사실 저는 서울에 올 때 선생님 생각을 가장 많이 했습니다. 선생님을 처음 뵙고 나서 정말 애국자이면서 멋있는 분이라고 생각했고 게다가 기독교 신학을 공부하셨다는 말을 듣고 더 좋아했었는데, 어떻게 지금 선생님은 유물론자가 되어 공산당과 함께 활동하고 계십니까?"

"좋아, 좋아. 젊은 사람이 그렇게 대담하게 얘기해야. 내 앞에서는 듣기 좋은 말만 하는 사람들이 많거든. 하지만 나도 강군에게 하나 물어볼 게 있는데, 그처럼 예수를 믿고 하나님의 사랑을 전하는 사람들이 어떻게 정동교회 안에서 '여운형이를 죽여라' 하고 사형선고를 내리는 재판을 할 수가 있지?"

그러면서 몽양은 계속해서 많은 얘기를 했는데, 지금도 뚜렷이 기억되는 것은 그가 마지막에 한 말의 요지다. 그는 마지막으로 결론 비슷하게 '내가 지금까지 일제하에서 독립운동도 해 왔고 지금도 정치에 관여하고 있지만 정말 이제는 더 이상 이땅에서 정치를 못하겠다. 솔직히 어디로 빠져나가고 싶은데, 생각대로 되지 않는다'는 심정을 토로했던 것이다.
 그는 나에게 이승만, 김구 등의 지도자들과 관련된 얘기를 해 주기도 했다. 그런데 그때 들은 이승만에 관한 다음과 같은 얘기는 내게도 참 충격적이었다.
 해방되던 해 '조선체육동지회'를 이끌던 몽양은 이박사가 환국한 후 서울운동장에서 전국체육대회를 개최했다. 그때 몽양은 이승만 박사가 해외에서 독립을 위해 수십 년을 일하다 돌아왔으므로 일장기가 아닌 태극기를 가슴에 단 우리 청년들이 대회장에 위풍당당하게 걸어들어오는 것을 보면 얼마나 감격할까 하는 생각에서 이박사를 개회식에 초청했다고 한다.
 그때 이박사는 윤치영과 함께 와서 내빈석에 자리를 잡았다. 식이 시작되어 각 도의 청년들이 열을 지어 씩씩하게 입장하자, 몽양은 이박사가 얼마나 흐뭇해할까 하고 감격을 나누려 그의 손을 잡으려고 했다. 그런데 이박사를 보니까 청년들은 보지도 않고 윤치영과 귓속말로 속닥거리며 정치 얘기만 하더니 '일이 있어 그만 가봐야겠다'며 퇴장해 버리고 말았다는 것이다.
 몽양은 그 모습을 보고 무엇보다 '인간적으로 섭섭했다'면서 자기가 이박사에게 가장 실망을 느낀 때가 바로 그때였다고 말했다. 그리곤 이런 말을 덧붙였다.
 "정치라는 것이 도대체 무엇인가? 정치를 하다 보면 서로 이념이나 사상이 다를 수 있는 노릇이지만 적어도 해방된 조국의 가을 하늘 아래서 우리 청년들이 늠름하게 걸어들어오는 그 순간만은 함께 흐뭇해할 수 있는 그런 게 있어야 하는 것 아닌가 말야. 나는 정치를 무엇보다 인간의 문제라고 생각해."
 몽양은 김구 선생에 대해서도 다음과 같은 말을 했던 것으로 기억된다.
 "김구 선생이 중경에서 돌아온다고 할 때 사실 나는 그 분을 만날 생각이 없었어. 왜 그런 줄 아나? 임시정부가 중경을 떠나올 때 마지막 국무회의가 결정을 내린 것 중의 하나가 나에 대한 사형선고야. 그리고 떠나면서 청사 대문 앞에다 '여운형이는 사형을 시킨다'고 써 붙였어. 그런 사람들을 내가 무슨 이유로 보고 싶었겠는가? 그러나 그들이 돌아왔을 때 나는 내 개인 감정은 차치하고, 해외에서 오랜 세월 독립운동하느라 애쓴 노고에 경의를 표하려고 그들에게 인사를 갔었네. 그런데 자네도 알다시피 내가 거기서 얼마나 모욕과 냉대를 당했나? 나를 그냥 기다리게 하고 들어오라는 말을 안하는 거야. 어떻게 이럴 수가 있나? 정치도 사람들이 하는 건데⋯. 솔직히 말하면 이제 나는 정말 정치에서 은퇴를 하고, 강군 같은 젊은 사람들이 나서서 하면 그저 뒤에서 후원해 주는 영감노릇이나 했으면 좋겠어."

그 얘기를 들은 나는 그에게 '그럼 좌익계 안에서는 인간관계가 좋으시냐'고 물었다. 그러자 그는 이강국 등 공산당 지도자들을 거명하면서 그들에게 자신이 속아 이용당했던 일들을 서슴지 않고 얘기했다. 그 당시 그는 박헌영 얘기는 하지 않았지만 여운형을 일제하에서 17년간이나 모셨던 김용기에게서 들은 얘기가 있어 여기에 옮겨본다.

"해방된 다음 해 5월 몽양은 회갑을 맞이했다. 회갑잔치는 내(김용기)가 일제 말기에 그를 모시고 있었던 장소이기도 한 경기도 봉안촌(奉安村)에서 준비를 했다. 이 잔치에는 각 당의 주요정객들이 많이 참석해 축사를 했고 미군정에서도 아놀드 장군이 참석할 만큼 성의를 보였다. 그런데 그때 박헌영은 축사를 한다고 나와서는 그것을 빌미로 미국에 대한 공격을 마구 해대는 것이었다. 자연히 잔치 분위기는 경색되지 않을 수 없었고, 그것을 본 나는 '공산주의자들은 목적을 위해서는 수단과 방법을 가리지 않는 사람들'이라는 인식을 갖게 되었다."

여하튼 몽양으로부터 그런저런 얘기를 모두 들은 나는 젊은 나이에 주제넘은 짓이었지만 그에게 결론적으로 이런 얘기를 했던 것으로 기억된다.

"선생님 말씀을 듣고 보니까 선생님 같은 분은 정치를 해서는 안될 것 같습니다. 선생님이 정치를 하기에 적합한 세상은 옛날 신농씨, 복희씨 시대처럼 통치자가 호위병도 없이 농민들이 멍석 깔고 막걸리 마시는 데 가서 같이 어울릴 수 있는 그런 세상인 것 같습니다. 요즘 같은 아수라장에서는 역시 정치를 안하시는 게 좋을 듯합니다."

여운형과 얘기를 마치고 돌아오는 아침길의 내 마음은 참으로 복잡했다. 몽양과 같은 민족지도자와 서로 애정을 가지고 장시간 흉금을 터놓고 얘기를 했다는 감격과, 그럼에도 불구하고 여전히 좌익인 그의 정치노선이 주는 거리감이 서로 얽혀 나는 무척 착잡하였다. 그 한편에는 물론 인간적인 측면에서 '내가 왜 저런 사람을 그렇게 욕하고 다녔는가' 하는 후회의 심정도 강하게 작용하고 있었다. 몽양과의 첫대면 이후 나는 좌우합작위원회에서 활동하면서 그를 자주 접촉하게 되었다.

1946년 여름이었다고 기억된다. 정릉 부근의 어떤 숲속에서 모인 좌우합작위원회에 나오신 일이 있었고, 47년 봄이었다고 기억되는데 한남동에서 각계각층의 재야 지도자들과 김호 씨 등 재미교포 대표도 참석한 모임에 오셨다. 몽양 선생님께 말씀을 청하니 일어서서 김규식 박사가 지은 영문시 한 편을 영어로 읊고는 앉으셨다. 토론이 얼마쯤 진행된 뒤 내가 일어서서 "여러 어른들과 대선배들께서 모인 자리에서 제가 버릇없이 드리는 말씀을 너그럽게 양해하고 들어주시기 바랍니다" 하며 말을 계속하고 나서 자리에 앉았더니, 몽양 선생님께서 자리에서 일어나 내곁으로 오시어 "자네 참 좋은 말을 했는데 서두에 그 무슨 버릇없고 선배들 앞에서란 말을 젊은이 답지 않게 늘어놓았는가. 앞으로는 그러지 말고 당당하게 소신을 말하게"라고 하시었다.

그 후 세상을 떠나시기 얼마전이라고 기억되는데, 몽양 선생님은 장충동 교회안 사택에 살고 있던 우리집으로 불쑥 찾아오셨다가 떠나시는데 자동차 뒷자리 오른쪽 자리에 앉으셨다. 나는 "왜 가운데 앉으시지 구석에 앉으십니까?" 하니까 "자네 잘 모르는 말이야. 내게는 늘 나를 저격하려는 사람들이 있는데 밖에서 총을 쏘는 경우 이 자리가 제일 안전해" 하시고는 떠나셨는데, 그때가 내가 선생을 마지막으로 본 때다.

그 후 7월 19일 오후 혜화동 로터리에서 피격당하실 때 범인은 자동차 위에서 내리 쏘았던 것으로 기억되는데, 몽양 선생은 그런 경우를 예측하지 못했던 것 같다.

피격당한 뉴스를 듣고 너무 충격이 커서 두문불출하다가 빈소에 조의를 표하고 나오면서 나는 그렇게 잘 생기고 멋있는 선생님도 흙속에 들어가면 썩을까 생각하니 참으로 어이가 없었다. 나는 그분이 세상을 떠난 후에야 그분에 대해 좀더 알고 싶었다. 그때까지도 그의 과거나 사상에 대해 거의 아는 바 없었다. 그 후 특히 그분을 모시고 지냈던 김용기, 여운혁 두 친구를 통해 많은 이야기를 듣고 그에 관한 기록을 더듬어 보며 어렴풋이나마 그를 이해할 수 있었던 것 같다. 그는 보통사람과는 비교도 안되는 개방적이고 폭넓은 사고를 가진 분이었기에 사람에 따라 그를 보는 시각이 많이 다르기도 했다. 1979년 3월 내가 관계된 크리스찬아카데미의 소위 용공서클 혐의사건으로 중앙정보부에 구금되어 조사받던 때 많은 시간 몽양에 대한 심문을 받았다. 나는 사실 그를 자세히 알지 못하고 다만 그에게서 받은 인상이라는 말이 적절할 것 같다고 전제한 다음, '그는 첫째 자유주의자, 둘째로 민족주의자, 셋째로 사회주의자'라고 진술한 일이 있다. 이런 애매한 진술 때문에 오히려 오랜 시간 시달렸지만, 지금 생각해도 내게는 그때 그곳에서 한 진술이 정확하다고 생각하고 있다.

지금까지 써온 대로 나는 몽양을 마치 관상쟁이처럼 그의 파란만장한 생애에 관한 충분한 지식도 없이 주로 나의 인상으로 그를 알아온 정도였다. 그러나 그 후 제한된 그에 관한 자료들을 살펴보면서 나의 피상적인 인상이 크게 빗나가지 않았다는 생각을 하게 되었다. 우선 1979년에 중앙정보부 지하실에서 진술한 대로 그가 공산주의자냐 사회주의자냐 민족주의자냐를 논하기 전에 그는 개방적이고 진취적인 자유주의자였다.

1908년 그는 그의 부친의 대상(大喪)을 치르자 상투를 잘라버리고 역대로 모셔오던 신주를 땅속에 묻어버렸고 노비들 앞에서 노비문서를 다

불태워버렸다. 그는 14세의 배재학당 시절에 주일날 운동을 했기에 보수적 기독교의 성수주일(聖守主日)을 위반하게 되었고, 결국 학교를 자진하여 떠나게 되었다. 그러나 1907년 상동교회 전낙기 목사를 만나 교회의 신도로 입적하고, 그 후 미국인 선교사 클라크 목사를 알게 되어 민주적인 서양문화에 접하게 되면서 기독교를 통한 애국계몽운동에 투신했다.

몽양은 클라크 목사의 신뢰를 받아 그의 일을 도우면서 일하다가 1911년 평양신학교에 입학한다. 그러나 점점 꺼져가는 등불 같던 조국의 현실에 깊은 관심을 가지고 1913년 중국으로 가서 서간도 신흥무관학교에 들어갔다. 그 후 다시 남경에 있는 금릉대학 신학부에서 공부하다가 조국을 위한 보다 폭넓은 활동을 하기 위해 1914년 금릉대학 영문과로 옮겨 1917년 7월까지 수학을 계속한다. 그는 이듬해인 1918년 평북 선천에서 열린 장로회 총회에서 이승훈 선생, 이상재 선생님과 친교를 가지게 되었다. 이 무렵부터 미국의 월슨 대통령과 연락을 취하려고 신한청년당을 조직하여 총무간사가 되었다.

몽양 선생은 이때부터 본격적인 구국운동과 개혁운동에 나서게 된다. 그러나 그 후의 파란만장한 도전과 그것에 대한 응답으로서 사상과 활동에 많은 변화가 일어나지만, 그가 숨질 때까지 그의 삶 속의 변함없는 물줄기는 보수적 현상유지나 전통에 얽매인 채 열린 미래를 외면하거나 어떤 도그마에 사로잡혀 폭넓은 관계를 외면하는 타입의 지도자가 아니라 항상 개방적인 자유주의자로 사신 분으로 나는 이해한다. 가장 구체적인 실례는 1946년에 얼굴도 모르는 29세의 청년인 나, 그것도 그이는 내가 정동교회에서 있은 여운형 재판에도 관계된 사람으로 오해까지 하던 나를 서스름 없이 만나 밤새워 이야기한 그를 어떤 특정주의자로 볼 수는 없기에, 내가 자유주의자라고 하는 것도 교조적인 의미로 말하는 것은 아니다.

그의 정치사상은 공산주의나 사회주의로 널리 이해되어 왔는데, 그가 해방 후만이 아니라 서거한 지 50년이 지난 오늘도 그에 대한 이런 오해가 풀리지 않고 있는 것이 사실이다. 그를 이런 각도에서 보는 것을 단순하게 편견 혹은 오해라고 할 수는 없다.
　그는 1917년 러시아에서 볼셰비키 혁명 후 소련 공산주의 정부가 세워진 이래 모스크바에서 열린 원동민족근로자대회에 김규식과 함께 조선대표로 참석했고, 1921년 극동피압박민족대회에 참가한 것도 사실이며, 극좌적 볼셰비키 혁명의 지도자요 1917~22년 사이에만도 역사 이래 가진 잔인한 피의 숙청정책을 쓴 레닌과도 두 번이나 만났다. 그뿐 아니라 중국에서 장개석이 이끄는 국민당에도 관계하면서 모택동이 주로 하는 공산당에서도 당원대우를 받았다고 한다. 8·15 해방 후만 해도 인민공화국을 세우는 데 주도적인 역할을 했고, 1946년 2월 15일 결성된 조선민주주의민족전선의 의장으로 당선되기도 했다. 북쪽의 김일성이나 평양 주둔 소련군과도 나쁘지 않은 관계를 유지했던 것 같다.
　이런 큰 줄기를 보아도 해방 후 냉전체제로 미국과 소련의 극한 대립 속에 처한, 특히 한국의 반소, 반공은 민족의 생사를 건 현실에서 그가 민족의 지도자로서 많은 비난을 받게 된 것은 어느 면에서 당연하다고 볼 수도 있다. 그러나 내가 보기에 그의 사회주의는 그때 상황에서 민족을 우선 일본제국주의로부터 해방시키려고 한 것이었다. 근본적인 그의 사상과 함께 해방 후에도 민족의 분단을 막아보자는, 굳이 타이틀을 붙인다면 민족주의자로서 행동한 것은 확실하다고 본다. 그의 국제관계에서 가장 큰 사건은 제1차대전 후 파리에서 모인 회의에 신한국청년당 대표로 김규식을 파송했던 사건으로 생각된다. 이는 미국 윌슨 대통령의 민족자결주의 선언을 크게 믿고 추진한 행동이었으나, 그 기대가 좌절되고 난 후에 우리 민족을 일제의 침략에서 구출하는 데 큰 도움이 될 수 있는 세력으로 새로 태어난 소련 그리고 중국의 대립된 두 세력 양편 모두라고 생각했을 것으로 안다. 그는 우리 민족을 해방시키고 통일된 민주국가를 세우기 위한 목적을 달성하는 데 도움이 되느냐 안되느냐에 판단의 기준을 두었던 것 같다.
　그의 말과 글을 통해 보면 볼셰비즘, 계급투쟁, 프롤레타리아트 독재 등을 받아들인 것은 아니고 그것을 변형, 수정, 적용하여 보려는 의도였으나, 그 생각이 세월이 흐르면서 그런 기대가 차츰 멀어지면서 민주적 사회주의였다는 그의 동생 여운홍 씨의 증언이 옳지 않은가 생각한다. 그가 법정에서 한 증언의 요지는, 맑스주의는 그 나라의 역사적 특수성에 따라 변형되지 않으면 안되고 조선은 농업국가로서 계급운동도 시기상조이며 무엇보다 먼저 민족주의를 실행해야 한다는 것이었다. 최상룡 교수에 의하면 여운형 선생의 사상은, 한국의 경우 최우선 순위의 과제는 민족독립이며, 그것을 위하여 민족주의자와 공산주의자의 연합전선이 무엇보다 필요하다는 것이었다. 실제로 그는 계급투쟁 사관이나 프롤레타리아 독재는 찬성할 수 없다는 입장을 자주 천명한 바 있다. "…다시 말하면 민족주의와 상용할 수 있는 공산주의의 변용을 생각했을 것이다…"라고 하는 최교수는, 여운형 자신의 사상상황으로부터 오는 요인으로 전통유교의 도덕관과 기독교의 인간애 즉 평등사상을 들었다(최상룡, 「여운형의 사상과 행동」, ≪계간 사상≫, 1992년 가을호).

　나는 최교수의 이런 견해가 옳다고 생각한다. 해방 후의 혼란 속에서 얼른 보면 그의 행동은 색깔이 분명하지 않아 나쁘게 말하면 기회주의자 같게도 보였다. 해방 후에 취한 행동만 보아도 해방되던 때 일본 총독부의 부탁으로 건국준비위원회를 구성하던 때나 남쪽에 주둔한 미군과 북쪽에 주둔한 소련군과의 관계나, 특히 1946년 2월 14일 이승만, 김구, 김규식 등 소위 우익진영 중심으로 이루어진 민주의원에 참가하기로 하여 명패까지 놓여 있었다는데 문앞까지 왔다가 돌아갔다는 말과 방에 들어왔다가 이승만 박사의 언동에 화가 나서 퇴장했다는 말이 있는 것을 보면 거기에 가담하기로 약속했던 것도 사실인 것 같다. 그러나 바로 그 다음날 좌익인사들로 구성된 민주주의민족전선의 의장이 되었다.

　그 후에 좌우합작위원회에도 소극적이나마 김규식 박사와 함께 참가했던 것은 사실이나, 이런 그의 행동을 나는 이해하기 어렵지 않다. 그가 보잘것없는 우익 기독청년단체에 속한 나를 대한 태도에서도 그는 굉장히 사고반경이 넓은 분으로서, 다만 민족의 독립과 통일을 위해서는 그렇게 흑색논리로 딱 마주서서 극한 대립을 해야 할 이유가 없다고 생각했던 것 같다. 그의 이런 입장은 양극으로 대립된 상황 속에서 우익진영에서뿐 아니라 남로당 계열에서는 거센 비판을 받았던 것이 사실이다. 다만 그는 우리 역사 속에 너무 일찍 태어난 것 같다. 50년이 지난 오늘의 시점에 그런 사고를 가진 몽양 같은 인물이 나타난다면 역시 교조주의적인 좌우세력들의 용납이 어렵겠지만 폭넓은 지지세력과 얼어붙은 오늘의 역사를 녹일 수 있는 지도자라고 생각된다.

우리에게는 외국세력이고 초청한 일도 없는 미-소 양대국의 이해관계로 국토가 강제로 양단되고 그 안에서 극좌-극우의 경직된 대립으로 6·25라는 참으로 끔찍스러운 비극을 경험했다. 몽양 같은 분과 김구 같은 위대한 애국자는 피살당하고 김규식, 안재홍 등의 온건 우익세력은 납북당하고 자유의 깃발을 높이든 남쪽은 자유 아닌 군사독재, 문민독재가 되었고, 자유 대신에 빵, 계급 없는 평등사회를 내건 북쪽은 빵 대신에 국제적인 거지와 평등 대신에 우상숭배국가가 된 비참한 역사를 맞이하게 되었다. 8·15 후 몽양 여운형이나 김규식 같은 분들이 우리 역사의 방향을 잡아줄 수 있었다면 우리는 그렇듯 기가 막히는 비극의 길을 피할 수 있었을 뿐만 아니라 통일된 민주국가로서 세계의 중심국가 반열에 설 수 있었을 것이다.

오늘도 엔진이 고장난 비행기 같은 북한과 브레이크가 고장난 자동차 같이 된 남한이 막다른 골목에서 대립구도를 화해구조로 바꾸는 한편 21세기를 향한 우리 민족의 뚜렷한 비전을 제시하면서 무력통일이나 흡수통일이 아닌 민족통일의 대업을 성취하는 일에 선도자의 역할을 할 수 있으리라 생각하며, 때를 만나지 못해 비운에 간 몽양 선생님을 오늘의 시점에서 다시 공정하게 평가하고 그분처럼 민족을 최우선으로 생각하는 후배들이 역사의 한가운데에 나타날 시기라고 생각된다.

남북에서 존경받는 포용과
신념의 민족지도자

서중석
(성균관대 사학과 교수)

1. 세월이 흐를수록 존경받는 민족지도자

　근대 민족국가가 형성된 이래, 그 나라에서 크게 존경을 받는 인물은 민족국가가 위기에 처했을 때 활동하였거나, 민주주의나 인민을 위해서 무한한 애정으로 헌신한 경우, 또는 근대화나 민족국가 형성에 중요한 기여를 한 경우가 많다. 프랑스의 드골은 서거한 이후 더욱 존경을 받고 있고, 1990년대에 와서는 프랑스 역사상 가장 위대한 인물로 선정되기도 하였다. 독일 히틀러의 전격작전에 프랑스가 베르덩의 치욕 이래 최대의 패배를 맛보았고, 프랑스 인민이 실의와 패배의식에 빠졌을 때, 드골은 자유 프랑스를 이끌며 프랑스 인민들을 격려하였다. 프랑스가 나찌로부터 해방될 때, 드골부대는 연합군의 앞장을 서서 자랑스럽게 파리로 진격하였으며, 독일과 오스트리아를 점령하는 연합국의 일원이 되었고, 국제연합 안전보장이사회 상임이사국의 지위를 획득하였다. 1950년대 말 알제리 인민해방전쟁의 격화로 프랑스의 국론이 양분되었을 때, 프랑스 인민은 다시 드골을 불러와 명예롭게 해결짓도록 하였다. 1968년 거센 학생운동에 다시 프랑스가 위기에 처했을 때, 노(老) 거인은 명예롭게 유유히 퇴진하였다. 코큰 드골은 프랑스의 자존심이었고 긍지와 영광의 상징이었다.

한국은 프랑스와 역사가 다르기 때문에 드골 같은 사람이 출현하기가 어렵게 되어 있다. 민족해방운동이 하나의 중심을 갖기도 어려웠고, 해방 후 미·소 두 나라가 점령한 상태에서 민족 전체를 통합하는 구심력을 갖는 것도 사실상 불가능하였다. 그러나 드골과는 다르다고 하지만 그와 비슷한 역할을 하였거나, 그러한 활동을 한 것으로 볼 수 있는 인물로 한 두 사람을 꼽을 수는 있지 않을까. 그리고 그 중의 한 사람이 여운형이 아닐까.

여운형이 케말 파샤의 터키청년당에서 힌트를 얻어, 국내의 어느 누구보다도 순발력 있게 재빨리 신한청년당을 조직한 것의 의의는 적극 평가하여야 할 것이다. 그리하여 천진에 있는 김규식을 오도록 하여 파리 베르사이유궁에서 열리는 강화회의에 파견하고, 장덕수, 선우혁, 김순애 등을 국내와 일본 등지로 보내 여러 인사들을 접촉하게 하고, 여운형 자신은 만주와 노령의 블라디보스톡에 가 독립운동을 일으키도록 고무한 것은 의의있는 일임에 틀림없다. 그러나 신한청년당 관계자들이 가장 먼저 조직적으로 동경 2·8독립선언이나 3·1운동의 추진에 영향을 미쳤고, 노령과 만주 등지의 독립운동에 자극을 준 것은 사실이지만, 과연 그것이 얼마만큼 큰 영향을 미쳤는가는 명확하지 않다. 따라서 여운형과 신한청년당의 활동은 제1차 세계대전 종전에 즈음하여 일어난 3·1운동 등 민족해방운동의 선발대 역할을 했다는 정도에서 그 의의를 평가하는 것이 좋을 듯하다.

그렇지만 1945년 8월 15일 해방된 날 아침부터 보여준 여운형의 활동은 한국인으로서는 길이 잊을 수 없는 위대한 족적이었다.

일제의 철저하고 악랄한 탄압으로 국내에서 무력을 포함한 민족해방운동을 전개하는 데 제약이 많았고, 만주의 지리적 여건 등도 작용하여 무장투쟁 등 항일민족해방투쟁이 상당부분 국외에서 전개된 것은 어쩔 수 없는 일이었다. 그러나 그렇다고 하더라도 민족해방운동이 국내에서 전개된다는 것은 아주 중요하지 않을 수 없다. 인민 다수가 국내에 살고 있기 때문이다. 그런데 일제의 진주만 기습 공격으로 태평양전쟁이 발발한 이후 국내에서 전국적 조직을 갖추고 일제와 싸우며 건국을 준비한 단체는 여운형의 건국동맹밖에 없었다. 몇몇 공산주의자 단체도 국내에서 활동을 하고는 있었으나 지역적으로 한정되어 있었고, 한국인 각계각층을 망라하거나 여러 층을 포괄한 것이 아니었다. 그리고 이들 조직도 상당수는 여운형과 연결되어 있었다. 이 때문에 일제 말에 가장 중요한 지역인 국내에서 전국적 규모로 여러 층을 포섭하고 여러 형태의 조직을 만들어 지속적으로 민족해방운동을 적극 벌인 건국동맹의 역사적 의의는 대단히 클 수밖에 없다.

여운형은 수년 동안 여러 조직을 만들어 민족해방운동을 해왔기 때문에 1945년 8월 15일 아침 엔도오 조선총독부 정무총감이 치안에 협조해줄 것을 부탁하였을 때, ① 전 조선의 정치범 경제범 즉시 석방, ② 경성 식량의 확보, ③ 치안 유지와 건설 사업에 아무런 구속과 간섭을 하지 말 것, ④ 학생 훈련과 청년 조직에 간섭하지 말 것, ⑤ 각 사업장 노동자들을 우리 건설 사업에 협력시키는 데 방해하지 말 것 등을 요구하여, 이제 한국인 자신이 주체가 되어 스스로 국가 건설을 해나가고, 그 일환으로 스스로 치안을 담당할 것을 선언하였다. 우리가 해방을 상당부분 주체적으로 맞을 수 있었던 것은 전체적으로는 우리 민족의 역량이 그만큼 갖춰져 있었기 때문이겠지만, 여운형과 건국동맹원들에게 가장 큰 공로를 돌려야 할 것이다.

미국과 영국 등은 소련이 한반도를 일방적으로 장악하는 것을 막기 위하여 한반도에 신탁통치를 실시할 계획을 일찌감치 세우고 있었다. 그리고 해방 후 그 계획을 구체화하였던 바, 그때 미국은 신탁통치 실시의 명분으로 표면으로는 한국인의 자치력 결여를 들었다. 그러나 이것은 정확한 지적이 될 수 없었다. 왜냐하면 한국인은 8월 15일 바로 그날부터 건국준비에 박차를 가했고, 8월 말까지 전국에 140개 이상의 건준 지부를 만들어 치안을 유지하는 등 활동을 벌이고 있었던 것이다. 건준의 존재는 한국인의 자치 능력을 유감없이 과시한 실증이었다.

한국인의 민족해방투쟁은 만난의 어려움을 무릅쓰고 국내와 국외 각지에서 전개되었다. 그런데 해방된 그날 국외의 유력한 민족해방투쟁세력은 고국에서 너무나 멀리 떨어져 있었다. 김구, 김규식이 이끄는 대한임시정부는 중경이라는 오지에 있었고, 김구는 그날 서안에서 해방을 맞았다. 김두봉을 주석으로 하는 조선독립동맹은 서안에서도 더 들어가는 연안에서 해방을 기다리고 있었다. 김일성, 최용건 등의 만주 빨치산은 흑룡강 너머 하바로프스크 부근에 집결해 있었다. 이와 같이 멀리 떨어져 있었기 때문에, 이들이 설사 급히 고국으로 달려온다 하더라도 꽤 시간이 걸릴 수밖에 없었다. 사정이 이와 같았으므로 건준이 경향 각처에 조직되어 있지 않았더라면, 한국인은 자치 능력이 결여된 민족이라는 비난을 듣지 않을 수 없었을 것이다. 여운형은 한국민족의 독립 의지와 자주성을 여실히 보여주었다는 점에서 한국인들한테는 잊을 수 없는 인물이 되었다.

2. 여운형의 민족주의와 미·소

항일민족해방투쟁을 벌여온 사람들 가운데에는 민족의 해방을 희원하는 마음이 여운형 못지 않은 사람이 많았고, 여운형 못지 않게 장기간에 걸쳐 끊임없이 투쟁을 벌여온 사람들도 적지 않다. 김구 같은 유명한 사람이 아니고, 만주 독립군의 무명의 병졸이더라도 해방을 기다리는 마음은 간절하였을 것이고, 기약없는 세월 속에서 전선에 자신을 바쳤다. 해방 후 통일민족국가의 건설을 갈구한 사람 또한 무수하였을 것이다. 그러나 여운형의 민족주의는 김구의 그것과 달랐고, 여운형의 노선은 공산주의자 다수의 그것과 달랐다. 여운형은 시종일관 통일합작의 방법, 곧 민족통일전선의 형성 또는 좌우합작의 방법을 통하여 민족주의를 실현하고자 하였다.

한국의 많은 지도자들은 자신의 목표하는 바와 그것의 달성 수단간에 괴리현상을 보여주었다. 집념이나 집착, 이데올로기에 얽매여 이성적 판단이나 대국적 파악을 하지 못하는 일이 참으로 많았다.

김구는 국외에 있을 때에도 그러하였지만, 1945년 11월 23일 귀국한 이래 적어도 1947년까지는 줄기차게 중경임시정부 추대 운동을 벌였다. 그러나 중경임시정부 추대 운동은 민족적 정통성이 취약하였던 이승만이나 한민당에 일시적으로 이용당하였다는 점에서도 문제가 될 수 있지만, 실제로 실현될 수가 없는 주장이었다. 남의 좌익과 북의 좌익, 소련이 용납하지 않았고, 미국 정부도 받아들이지 않았다. 심지어 이승만이나 한민당에서도 1947년에는 공공연하게 반대하였다. 김구와 한독당이 통일민족국가를 수립하기 위한 방안으로 중경임시정부 추대 운동을 벌였다면 그것은 명백히 합리성을 갖는 것이 아니었다.

김구가 반탁투쟁을 벌인 것이 통일민족국가를 수립하기 위해서였거나, 자주적 독립을 쟁취하기 위해서였다면 그것도 목적과 수단간에 현저한 괴리가 있는 것이라고 볼 수 있다. 신탁통치는 여운형과 백남운도 반대하였다. 여운형은 1946년 1월 14일 기자회견에서 다음과 같이 말하였다.

"과반 하지 중장과 회견하고 조선사람은 탁치도 좋아하지 않는다. 또 나는 금일이라도 속히 우리의 완전독립을 요망한다고 하였더니 하지 중장은 그 말은 원어로 보아서 '돕는다'는 말이라 하고, 또 탁치가 결정된 것도 아니고 다만 제의된 것이므로 앞으로 탁치가 실현되지 않도록 노력하겠고, 만일 탁치가 된다면 그 기간이 가장 짧게 되기를 바란다고 말하였다. 나는 이에 대하여 점령군의 장관이 신탁이 없도록 노력하여 주기를 바란다고 하였다."

반탁투쟁은 자주독립정신으로 한 것과 친일파들이 한 의도와는 크게 다르지만, 독립운동세력의 주관적인 즉시독립 희구와는 차이가 나게 되어 있었다. 하지도 언명하였고 미 국무부에서도 경고하였듯이, 그것은 자칫하면 국제 고립, 민족 분열, 독립 지연을 초래하게 되어 있었다. 여운형이 다시 열릴 미·소공동위원회가 또다시 실패하면 한국은 엄청난 위기와 비극을 맞이할 것을 예견하면서, 1947년 1월에 반탁지도자들은 즉시 반탁투쟁을 중지할 것을 요청하고, 혹 그들이 기어코 한다면 대중은 속지 말기를 갈망한다고 토로한 것도 그 때문이었다.

이성적 판단의 소유자인 김규식이나 김병로, 안재홍 도 감정적인 반탁투쟁은 한국문제의 해결을 지연시키고 분단을 초래할 것이라는 점을 알고 있었다. 어느 누구 못지 않게 신탁통치를 반대하였지만 겉다르고 속다른 단정운동세력의 반탁투쟁에는 우려를 감추지 못하였던 이들 민족주의자들은, 반탁투쟁은 임시정부를 수립한 다음에 하여야 한다고 판단하였다. 임시정부의 수립은 바로 통일정부의 수립을 의미하는 것이었으므로, 하루 빨리 미·소공동위원회에 협조하여 임시정부를 세우는 것이 무엇보다 우선적으로 해야 할 일이었다. 모스크바3상회의 결의에 따르면 먼저 한국에 민주주의 임시정부를 수립한다고 천명하였고, 그러기 위해서 미·소공동위원회가 한국의 정당·사회단체들과 협의하게끔 되어 있었다. 그리고 이 결의 3항의 후단에 있는 신탁통치는 임시정부와 미·소공동위원회가 협의하여 구체적인 방안을 짜도록 되어 있었다. 그래서 처음에는 맹렬히 반탁운동을 벌였던 김규식 등은 먼저 임시정부를 구성하고 나서 민족의 총의로 임시정부가 신탁통치 실시를 반대하면 연합국은 한국에 신탁통치를 실시할 수 없을 것이라고 판단하고, 여운형과 손잡고 미·소공동위원회의 임무가 성공하도록 최대한 지원을 아끼지 않았다. 그러나 편협한 당파적 이해의 소유자들, 분단체제 속에서만 기득권을 계속 누릴 수가 있다고 생각하던 사람들은 반탁투쟁의 이데올로기적 효용성을 중시하였고, 단독정부 수립에의 길을 닦는 데 그것을 연결시켰다.

공산주의자들은 일제시기 민족해방운동을 위하여 줄기차게 투쟁하였다. 그들은 잇달아 체포되었지만, 계속 조직을 만들어 활동하였다. 1920년대 후반에는 이상재, 안재홍 등 민족주의자들과 협동하여 신간회를 만들었는데, 이미 그 이전에 천도교 구파세력과 함께 6·10만세투쟁을 조직한 바가 있었다. 그리고 광주학생운동에서도 중요한 역할을 하였다. 그러나 1930년대에 들어와 공산주의자들은 민족협동노선 대신에 계급투쟁노선을 내세웠다. 1928년에 코민테른이 좌경화하고, 그 해에 코민테른에서 조선인 공산주의자들의 활동 지침으로 12월테제를 내려보냈던 바, 1929년의 세계경제대공황의 영향, 부르주아세력의 친일화 경향과 민족개량주의세력의 대두 등에 영향을 받으면서 1931년에는 신간회 해소 결의가 나왔다. 그 후 공산주의자들은 12월테제의 지침에 따라 활동하였다.

공산주의자들은 1930년대에도 민족의 해방을 제1의 과제로 설정하였다. 그러나 12월테제의 부르주아민주주의혁명 노선에 따르는 한, 민족해방투쟁을 효율적으로 벌이기는 쉽지 않았다. 12월테제에서 공산주의자들의 투쟁은 제국주의자뿐만 아니라 민족부르주아지한테도 창끝이 돌려져 있었고, 부르주아민족주의자는 공산주의자의 가장 위험한 적이라고 규정하여, 부르주아민족주의자와 정력적으로 싸울 것을 촉구하였다.

해방 후 조선공산당에서 채택한 8월테제는 12월테제에서의 계급 배치와 별다름없는 노선을 설정하였다. 지주 부르주아지는 말할 나위도 없었고, 민족급진주의자도 배격 대상이 되었다. 1946년 2월 민주주의민족전선이 결성될 때, 공산당에서는 "오늘 조선의 정치적 분열은 좌우의 분열이 아니라 민주주의와 반민주주의와의 원칙적 분열이며, 오늘에 있어서는 '중간파'라고 하는 것은 존재할 수 없다"고 역설하였다. 좌익은 민주주의세력, 우익은 비민주주의세력이라고 정식화한 것이었는데, 김규식, 안재홍 등도 비민주주의세력이라고 규정한다면, 한국에서는 미·소의 대결과 직결된 좌우의 필사적인 투쟁밖에 남을 것이 없었다. 이와 같은 공산당·남로당의 편협한 입장은 좌우합작운동시기에 민전 5원칙에서 다시 표명되었고, 제1·2차 미·소공동위원회 기간에도 어김없이 드러났다.

공산당은 이승만이 정읍에서 단독정부 수립의 필요성을 밝혔을 때부터 단정 수립을 적극 반대하였다. 같은 맥락에서 미·소공동위원회의 활동이 기필코 성공하여야 한다고 주장하고, 제2차 미·소공동위원회가 열렸을 때에는 그것의 성공을 위하여 대대적인 군중시위집회를 가졌다. 남로당은 임시정부 곧 통일정부가 들어서지 않고 분단이 되면 가장 큰 타격을 받을 수밖에 없는 정치세력이라는 점에서도 미·소공동위원회의 일은 성사되어야만 했다.

그런데 공산당·남로당의 노선은 임시정부 수립을 불가능하게 하는 것이었다고 볼 수밖에 없다. 미·소공동위원회의 경우를 보더라도, 친미우익세력이 포함되지 않는 임시정부 구성에 미국이 동의할 리 없었다. 따라서 자신들의 목표를 달성하기 위해서는 좋든 싫든 우익의 상당부분이 임시정부 구성에 참여하도록 오히려 유도하여야 했으며, 임시정부 수립에 적극적인 의사를 보인 김규식 등의 진보적이고 합리적인 우익과 앞장서서 제휴할 필요가 있었다. 그러나 두 차례의 미·소공동위원회 개최 기간이나 좌우합작운동 시기에 보여준 입장은 그것과 너무나 거리가 멀었다. 1947년 4월 김규식 등이 앞장서서 극우단정운동세력을 견제하며 입법의원에서 마샬 미 국무장관에게 공동위원회 재개에 대한 감사의 전문을 발송하자, 남로당에서는 "극흉한 계획하에 3상결정을 반대하는 그들 자신이 공위 속개가 (가능하게 되자: 필자) 체면도 염치도 없이 공위를 지지하는 듯한 태도를 취했다"라고 공격을 퍼부었다.

3. 각계의 힘을 합쳐 건국하려 한 포용의 지도자

여운형은 민족해방운동이 최대한의 역량을 가지려면 민족주의자와 사회주의자들이 여러 가지 형태로 합작을 하여야 한다고 생각하였다. 해방 후 그는 미국과 소련의 군대가 북위 38도선을 경계로 남과 북에 들어와 있는 이상, 좌우합작만이 통일민족국가를 가능케 할 것이라고 확신하였다. 일제시기 해방 후에 여운형과 같은 민족의식, 정치감각을 가지고 있었던 지도자들이 김규식, 백남운, 안재홍, 김병로 등 적지 않았지만, 여운형처럼 적극적으로 나서서 미국과 소련, 좌익과 우익, 남과 북을 포용하려는 지도자는 없었다.

1921년 만난신고를 무릅쓰고 몽골의 고비사막을 넘어 이르쿠츠크를 거쳐 다음해 모스크바에서 열린 극동인민대표대회에 참석한 여운형은 김규식과 함께 이 대회에서 크게 주목받았다. 이때는 러시아에서 적군과 백군의 내전이 계속되고 있었다. 그런데 백해로 영군이 들어오고 루마니아로 프랑스군이 모이자, 러시아의 우경파들이 "공산당에게는 패하여도 다시 흥할 수가 있지만, 외국에게 패하면 나라가 망한다"는 슬로건을 내걸고 공산당과 합작을 하고, 제정파 군인들이 붉은군대와 합작을 하는 것을 보고 감격하였다. 외국의 압력을 받을 때에, 조국이 누란의 위기에 처했을 때에, 계급과 당파를 떠나 민족적 단결을 하는 것에 여운형은 감명을 받았던 것이다.

레닌 등과 만나 조선의 민족해방운동에 관하여 격의없는 의견을 나눈 여운형은 곧 중국으로 돌아와 안창호 등과 함께 대한임시정부를 개조하기 위한 국민대회 소집을 위하여 뛰어다녔다. 한편 1922년 7월에는 독립운동세력들이 대립하고 또 제대로 활동하기 어려운 상태에서 각계각층의 주장과 이익을 충분히 토의하여 최선책을 강구하기 위하여 시사책진회(時事策進會)를 조직하였다. 여기에는 안창호, 신숙, 김구, 이동녕, 원세훈 등 50여 명이 가담하였다. 그러나 이 일도 무위로 돌아가자 김구, 이유필, 조동호 등과 함께 곧이어 한국노병회를 만들었다.

여운형이 일제의 진주만 기습 이후 동분서주하여 만든 건국동맹의 강령은 세 가지로 되어 있는데, 그 첫번째가 "각인각파를 대동단결하여 거국일치로 일본제국주의 세력을 구축하고 조선민족의 자유와 독립을 회복할 일"이었다. 실제로 건국동맹에는 각인각파가 망라되어 있었다. 해방이 되어 건준의 부서를 짜고 그것에 인원을 배치할 때, 여운형은 우익과 중도파와 좌익이 균형있게 들어가도록 세심한 배려를 하였다. 건준에는 안재홍 등 우익 인사들도 적지 않게 참여하였고, 정백·이영 등의 장안파공산당 간부, 이강국·최용달 등의 재건파공산당도 들어와 송진우세력 일부를 제외하고는 거의 다 함께 일하였다.

여운형이 보기에, 미·소 두 나라 군대가 한국을 점령한 것을 염두에 두지 않더라도, 한국은 좌우협동이 절실히 필요한 나라였다. 한국은 유라시아 대륙의 동방에서 북방세력과 남방세력이 접합하는 위치에 있고, 세계 최강국의 이해관계가 걸려 있는 지역이었다. 그러므로 자주국가의 건설과 유지·발전은 좌우의 통일 협력에서만 가능하다고 그는 인식하였다. 미·소공동위원회가 결렬되어 민족이 큰 위기에 처해 있을 때 좌우합작운동에 나선 여운형은 1946년 6월 기자들에게 진실한 통일정부는 좌우의 완전한 합작에서만 수립되게 되어 있지, 좌나 우의 어느 한쪽만으로는 수립되지 않을 것이며, 수립된다고 하더라도 지속성이 없을 것이라고 확언하였다. 그는 1946년 10월 다음과 같이 역설하였다.

"현하 우리 민족이 처하고 있는 내외정세에 근본적인 변화가 생기지 않는 이상 우리 자주정부의 수립이 민족통일과 좌우 연립을 전제로 함은 명백한 일이다. 만일 우리가 자주적으로 일정한 형태의 내부적 연합을 먼저 실현할 수 있을 때에는 오히려 조선문제에 관한 미·소의 일치를 촉진하면서 건국의 과업을 전진시킬 수 있을 것이다."

위의 문구에서도 좌우합작이 이루어져야만 민족의 주도성 또는 자주성이 지켜질 수 있음을 시사하였지만, 여운형은 좌우합작이 제대로 되어야만 자주성을 견지할 수 있다고 확신하였다. 우선 여운형은 8·15해방이 단지 연합국에 의해서 주어진 것이 아님을 강조하였다. 그는 조선의 독립이 단순한 연합국의 선물이 아니며, 우리 동포가 과거 36년간 유혈의 투쟁을 계속해온 것을 지적하였다. 그는 따라서 우리 스스로 자주정부를 수립하는 것은 당연하다고 주장하였다. 그는 이미 1945년 8월 11일경 이만규에게 연합군에 첫번 교섭할 4개 조건의 첫번째로, "조선해방은 연합군의 선전 결과라고 보아 감사하다. 그런데 조선민족 자체도 합병 전후로부터 금일까지 맹렬히 싸워온 것을 해내·해외의 혁명운동 예를 들어 말하고, 조선인 자체의 피흘린 공이 큰 것을 저들에게 인식시켜 우리의 권리를 주장하겠다"고 말한 바 있었다. 그리고 그러한 정신으로 그는 건준을 조직하였고, 인민공화국을 발족시켰다.

여운형의 자주성은 아무리 훌륭한 이론이더라도 도식적으로 이식해서는 안되고 그 나라의 현실에 토대를 두어 창조적으로 적용하여야 한다는 주장에 잘 나타나 있다. 그는 맑스주의는 러시아에서는 레닌주의가 되었고, 중국에서는 삼민주의가 되었는데, 조선에서는 러시아나 중국과 사정을 달리하고 있기 때문에 다른 형태로 나타나야 한다고 설명하였다. 이 점에서도 그는 당시의 사회주의자들과는 의견을 달리하였다. 여운형의 자주정신은 해방 직후 미군문제에 대하여 송진우 등한테 다음과 같이 말한 것에 잘 드러나 있다.

"미군이 고마운 손님이며, 여기 와 있는 것은 좋을지 모르되, 우리 살림은 우리 손으로 하는 것이 옳을 것입니다. 그리하여 손님들이 하루 바삐 돌아가실 수 있도록 초당파적 견지에서 우리는 국가 건설에 힘을 합하는 것이…"

그는 제1차 미소공동위원회가 열리고 있을 때 이렇게 피력하였다.

"조선의 건설은 조선인이 맡아야 된다. 불원 수립될 신정부도 조선제(메이드 인 코리아)가 되어야지 외국제가 되어서는 안되겠다. 우리는 어디까지 조선인이니까 언제든지 조선의 주인이요, 조선 건설의 주체다. 외인의 원조는 받을망정 그 괴뢰가 되어서는 안되겠다. 우리는 원조를 받아 자립할 뿐 편향과 의존은 절대 금물이다. 우리는 우리의 자율통일이 없는 곳에 조선제 정부도 없을 것을 잊지 말자."

이 발언을 한 얼마 뒤 여운형은 38선을 넘었다. 북의 지도자들을 만나 '조선제' 정부 수립 문제를 논의하기 위해서였다. 당시 여운형처럼 폭넓게 자주성을 살리기 위하여 북의 지도자들을 만나러 간 사람은 아무도 없었다. 그러기는커녕 서로의 당파적 이해에 집착하거나 소아적 자주성에 얽매여 자신의 세력 중심으로만 사고하려는 경향이 만연되어 있었다. 그는 이 시기에 두드러지게 나타난 편향과 의타를 특히 경계하였다. 외국을 무조건 적대시하는 것도, 외국에 무조건 의존하려는 것도 정부 수립을 오히려 방해하고 천연시키고, 국제간의 불화를 조성하여 민족의 불행을 가져오는 것이라고 질타하였다. 반탁투쟁의 소용돌이가 일단 진정된 1946년 1월 2일, 인민당에서 김구의 중경임시정부에 다음과 같은 내용의 권고문을 보낸 것도 우리는 눈여겨봐야 할 것이다.

"해방도 타력에서 결정되고 정부도 타방에서 수립된다면 우리는 무슨 자격으로 탁치를 반대할 수 있겠습니까. 임정은 인공과 각당각파를 합쳐서 어서 건국회의를 열고 여기서 참된 임시정부를 수립하도록 권고하는 바입니다. 이것은 절대로 미·소회의가 열리기 전에 완수되어야 할 것입니다. 이것이 우리의 자력으로 안된다면 결국은 민족적 자살이라고 할 수밖에 없을 것입니다."

여운형은 근로인민당을 조직할 때 남북조선의 민주주의정당 및 사회단체 대표의 공동협의체를 구성하여 민족자주적 입장에서 임정 수립을 위한 통일적 정책과 4개국 원조에 응할 한도와 방법을 협정할 것을 제의하였다. 이러한 여운형의 제의는 1947년 9월 한국문제가 국제연합으로 넘어감으로써 분단의 국제적 절차를 밟게 될 때, 근민당 등 중도파 정치인들의 남북지도자회의 소집 요구로 나타났다. 그리고 분단이 확정된 시기에 와서야 남북협상 또는 남북제정당·사회단체대표자회의가 이루어졌다. 너무나 때늦었지만, 그것이 갖는 민족사적 의의를 간과해서는 안될 것이다.

4. 의회주의를 통한 '제3의 건국'의 길 구상

여운형의 민족주의는 그가 어떠한 나라를 세우려고 하였는가에 잘 나타나 있다. 여운형은 해방 후 어떤 체제의 국가를 건설하려고 하였을까. 이것에 대답하기 위해서는 1920년부터 1947년 7월 19일 암살당할 때까지, 왜 여운형은 공산주의자들과 줄곧 동지관계에 있었는가를 살펴보아야 할 것이다. 해방 직후 공산주의자가 아닌데도 자진 월북한 사람들도 그러하였지만, 우리나라에서는 공산주의와 광의의 사회주의가 1920년대에서 1940년대까지 내내 혼재해 있었다. 또한 한국에는 일제 강점 초기건 남로당 시기건 맑스주의나 레닌주의를 정확히 요해하고, 레닌주의에 따라 '공산주의자'가 된 것이 아닌 '공산주의자'들이 많았다는 점에도 유념해야 할 것이다. 착취와 수탈에 반대하여 평등한 사회를 건설하고 제국주의를 반대하고 단독정부 수립을 반대하는 수준에서 공산주의자가 된 경우도 많았다. 여운형은 러시아 혁명의 중점은 민족과 계급을 해방하는 데 있는 것으로 이해하였다. 군국주의와 제국주의로 약소민족을 압박하고 계급적으로 대중을 착취하는 일은 전인류의 불행이요, 화란의 근원인 바, 러시아혁명은 다름아닌 제국주의와 자본주의에 대한 항쟁이었으므로, 속박을 당하고 있는 약소민족의 해방을 위하여 싸우는 혁명가로서는 누구든지 귀를 기울여 이 혁명의 외치는 소리를 똑똑히 듣지 않을 수 없고, 눈을 크게 뜨고 이 혁명의 나가는 모습을 보지 않을 수 없다는 것이었다.

그러면 앞서 말한 바, 맑스주의는 소련에서는 레닌주의가 되고 중국에서는 삼민주의가 되었으니 조선에서는 두 나라와 달리하여야 한다는 것은 무슨 말인가. 맑스주의자, 특히 레닌주의자로서는 도저히 이해할 수 없을 것 같은 논리를 왜 여운형은 펴고 있는가. 여운형은 맑스주의를 착취를 없애는 주의로 이해하여 각각의 나라에서 각각의 방법으로 그것을 실천에 옮겨야 할 것이라는 의미로 이 말을 사용한 것으로 보인다. 그런데 여기에는 다음의 것이 덧붙여져야 보다 그 말이 뜻하는 바가 정확히 드러나게 될 것이다. 곧 각각의 나라 또는 사회에서 당면한 임무를 가장 올바르게 실현시킬 주의로 서유럽에서는 맑스주의를, 러시아에서는 레닌주의를, 중국에서는 삼민주의를 꼽았다는 점이다. 이것은 여운형의 다음과 같은 발언에서 확인할 수 있다.

"나 개인으로서의 주의는 맑스주의자이다. 또한 조선독립운동에 대해서는 민족주의적 행동을 한 것이다. 러시아에 레닌주의가 있듯이, 중국에는 삼민주의(손문주의)가 있고, 조선에는 여운형주의로써 하는 것이 '조선 해방'(따옴표는 필자가 한 것임)의 첩경이라고 생각한다. 조선에서는 계급투쟁을 해서는 안된다. 공산주의, 사회주의, 민족주의 등의 각 주의를 고집하는 것도 불가하다. 전 민족은 각기 그 주의를 버리고 일치단결하여 공동의 이익을 획득하기 위해 현단계에서 가장 가능 적합한 프로그램에 그 총역량을 집중하여 제국주의에 저항해야 한다고 생각한다."

여운형은 맑스의 『공산당선언』, 부하린의 『공산주의 ABC』(영문판), 영국노동당 관계자의 직접행동을 우리나라 최초로 번역한 것으로 알려져 있고, 고려공산당 당원이었고 중국공산당에도 가담하였지만, 그는 유럽 맑스주의자의 기준으로 볼 때는 이동휘와 마찬가지로 맑스주의자가 아니라 민족주의자였다. 그는 레닌이 자신한테 "조선은 과거에 문화가 발달하였지만, 지금 민도가 낮으므로 공산주의를 실행하려 들어서는 잘

못이고 지금 민족주의부터 실행시킴이 현명한 일"이라고 말하였던 바, 그것이 자신의 의견과 같음을 확인하고 돌아와 상해임시정부 개조 등에 착수하였고, 코민테른의 권유로 손문의 중국혁명에 가담하였다. 그러나 그는 부르주아민족주의자와는 달랐다. 애국열이 불같은 혁명투사 이동휘처럼 그도 일본의 억센 제국주의세력을 구축하는 데에는 인류정의를 부르짖는 사회주의혁명이 필요하다는 것을 절감하고 있었다. 바로 상황이 이와 같았으므로, 공산주의자와 광의의 사회주의자 또는 혁명적 민족주의자들은 서로를 그다지 다르지 않다고 생각하였고, 그래서 함께 동지로서 싸웠다. 그 반면 부르주아민족주의자들은 합법성의 테두리 안에서만 활동하고자 하였고 미온적 비전투적이었기 때문에, 너무 적극성이 없었고 투쟁력도 약했다.

그러면 여운형은 어떠한 국가를 세우려고 하였는가? 이 점을 해명하기 위해서는 여운형이 레닌의 말을 듣고 자신의 생각과 맞아떨어져 반가워하였을 뿐만 아니라, 이상으로서는 공산주의에 찬성하지만 실행에는 문제가 있다고 생각하고, 조선을 먼저 자본주의를 발달시키고 그 후 공산주의를 실행하여야 한다고 피력한 바를 음미하여야 할 것이다. 여운형은 이와 같이 즉각 공산주의를 실행하는 것은 적합하지 않다고 생각하였고, 러시아의 노농독재정치도 비판적으로 보았다. 해방 후 여운형은 이념이나 체제에 대해서 명확히 언급하는 것을 회피하였다. 그리고 그것과 관련하여 언급한 것이 있다고 하더라도 그가 한 말을 곧이곧대로 믿는 것은 문제가 있다. 자리와 시기에 따라 정치적으로 발언한 경우를 간과해서는 안될 것이다. 그럼에도 불구하고 1945년 10월 학병동맹원들 앞에서 다음과 같이 말한 것은 그 전후를 살펴볼 때 그의 의중을 상당부분 드러낸 것으로 보인다.

"저 노서아를 보십시오. 무산자독재이던 나라가 …이번 전쟁을 통하여 10여 민족을 위하여 싸워 완전히 통일되므로 인하여 노농독재는 해소되고 민주주의화하였으며, 자본주의 민주주의의 본산인 영국에서도 6~7년 고생하여 전승한 처칠 수상은 물러가고 대신 인민의 총의에 의하여 노동당의 아트리가 정권을 잡게 되었습니다. 그러나 그것은 노동당 독재정치가 아니라 의회를 통하여 순민주적인 입장에서 개혁하는 것입니다."

이 강연에서 여운형은 노농독재와 보수적 자본주의를 비판적으로 보고 있으며, 진보적 제3의 길을 그 대안으로 삼고 있음을 간취할 수 있다. 그러나 제3의 길도 폭력이 아니라 의회제를 통해서였다. 그것은 그 자신과 호흡이 맞는 정치제도였다. 여운형이 1946년 11월 기자들에게 현단계를 부르주아혁명이라고 규정하면서 진보적 자본주의를 실현하기 위하여 봉건적 소작제를 철폐시켜야 한다고 말한 것도 비슷한 취지로 보이나, 전보다 자본주의에 더 기울어 있다는 느낌을 주기도 한다. 아마도 여운형이 해방 직후 바람직하다고 느낀 정치체제는 앞의 학병동맹원들 앞에서 말한 바, "우리들이 다 같이 잘 살 수 있는 낙원은 노동자, 자본가, 민주당, 공산당 등 각계각파가 모여서 인민의 총의에 의하여" 구성되는 그러한 것이 아니었을까 생각된다. 여운형이 그것을 건준, 인민공화국, 인민당에서 추구하였음은 각각의 '선언'이나 정책 정강을 보면 알 수 있다. 그러나 그러면서도 여운형이 일제에 투옥되었을 때 한 다음의 말은 두고두고 음미해 봐야 할 것이다.

"조선 해방에는 종시 일관 조선 전체의 이익을 위하여 나아갈 심산이다. 전체가 공산주의를 해야만 하게 되면 곧 공산주의를 실행할 것이요, 수정되어야 될 것이면 곧 수정하여 실행할 뿐이다. 결코 언제든지 일부 소수인을 위하는 운동가는 되지 않을 것이며, 조선이 독립되면 나라일은 민족 전체의 의사대로 해나갈 터이다."

5. 넓은 식견과 투철한 신념의 소유자

여운형은 국내외 정세에 대하여 뛰어난 견식과 통찰력이 있었다. 그의 교유범위는 손문 등 국민당 주요 지도자, 모택동 등 공산주의자, 레닌 등 소련의 지도자 등에 미치고 있었고, 일본의 경우도 극우파시스트

군국주의자들을 포함하여 여러 분야의 사람들과 접촉하였다. 이러한 데에서 여운형의 풍도를 읽게 해주는 것이지만, 위대한 정치가로서 여운형이 부닥친 정치 환경은 너무나 편협하고 일방적인 것이었다. 예컨대 1919년 11월 대담하게 일본에 가 코가(古賀) 척식국 장관 등을 만났을 때에도 많은 비난이 있었고, 심지어 위해까지 가하려 하였다. 그렇지만 적도(敵都)의 한복판에서 독립운동이 내 평생의 사업이라고 말하며, 한국인의 민족국가 건설을 당당히 피력하여 일본사회에 영향을 준 것은 만주나 중국에서의 독립운동 못지 않게 의의가 있는 일이었다.

여운형은 1920년대에 중국혁명에 참여하고 국내 공산주의자들과 연락을 가지면서 상해 등지에 오는 외국인들과 일본인들을 만났던 바, 그것도 비난의 대상이 되었다. 상해의 우국지사 가운데에는 위정척사의 의식을 가지고 철저히 비타협 투쟁을 주장하는 독립운동자들이 있었고, 이들의 강직성은 높이 살 만한 것이었지만, 일제 때나 해방 후나 한국이 처해 있는 복잡성은 여운형 같은 폭넓은 정치가가 설대적으로 필요하였고, 그것을 뒷받침해 줄 필요가 있었다. 그러나 현실은 그렇지 않았다.

아마도 여운형을 가장 괴롭힌 것은 위정척사파의 비타협성보다는 자신과 함께 일해온 공산주의자들의 교과서적인 원칙론이었을 것이다. 여운형이 원칙주의자가 아니라고 한다면 그것은 성급한 판단일 것이다. 그는 확고부동한 '원칙'을 견지하고 있었다. 그러나 그 내용과 성격은 1930년대나 해방 직후에 국내 공산주의자들이 주장한 것과는 다른 것이었다. 예컨대 1930년대 국내 공산주의자들의 주류는 계급주의를 견지하면서 민족주의자들을 적대시하는 것을 '원칙'으로 삼고 있었는데, 여운형은 인민이 바라지 않으면 노농독재는 실행해서 안되고, 민족이 해방되기 위해서는 비타협적 진보적 민족주의자와 전투적 공산주의자들의 결합이 이루어져야 한다는 것이 '원칙'이었다. 그는 인민공화국도 비상조치로 세운 것이었으므로 언제든지 명칭도 내용도 바꿀 수 있는 것이 원칙이었는데, 재건파 공산주의자들은 인공 사수가 원칙이었다. 그는 좌나 우로 갈라져 편싸움하는 것이 갖는 파괴성과 위험성을 너무나 잘 알고 있었으므로, 또 민족 대다수가 바라는 통일민족국가를 세우기 위해서는 좌우합작은 조금도 물러설 수 없는 절대적인 '원칙'이었다. 그러나 간부 파 공산주의자들에게 중간파라는 것은 있어서는 안되는 존재였으며, 좌와 우는 민주주의와 비민주주의를 대변하는 것이었기 때문에, 민전 5원칙과 같은 원칙으로 대결하는 길밖에 없었다.

여운형이 얼마나 의지가 강하고 자신의 신념에 투철하였던가는 일제시기 계급지상주의자들의 비난을 그렇게 많이 받았는데도, 특히 1946년 2월 민전 결성 이후 극좌의 공격을 공박의 형태로건 협박이나 테러의 형태로건 서거할 때까지 끊임없이 받아왔는데도 불구하고 한 번도 동요하지 않았던 것에서 잘 인지할 수 있다. 그는 1930년대 초에 젊은 공산주의자로부터 '양서류적 존재'라는 얘기를 들었고, 좌우합작운동의 시기에는 기회주의자 또는 반동이라는 말을 귀가 따갑도록 '자신과 같은 편'으로부터 들었다. 동지관계에 있으면서도 자신과 노선을 달리하는 자들에게 얼마나 험악한 비난이 쏟아졌던가는 백남운이 『조선 민족의 진로』를 쓴 뒤 부르주아민주주의혁명론 신봉자들이 공개적으로 쓴 글들을 훑어보는 것으로 족할 것이다. 오죽하면 여운형이 민전 5원칙이 나왔을 때 박헌영이 체포되었으면 좋겠다고 말하고, 남로당이 결성된 직후인 12월 4일 '자기비판의 서'를 발표하여 한 병졸로서 여생을 건국사업에 바치겠다고 말하였을까. 그러나 이러한 어려움과 포위에도 흔들리지 않았던 것이다.

여운형은 넓은 경륜과 개방성 속에 언제나 최선과 진실을 지켜가고자 하였다. 그는 기독교인들과 만나서는 십자가에 의를 위해 순사한 청년기독의 정신을 버린 위선적 신앙을 성토하였다. 그러나 언제 보아도 서민적이고 활달하고 호탕하며 뇌락지기(磊落之氣)를 지닌 풍도가, 큰 눈, 활활 뻗은 두 귀, 시원한 이마 때문에 더욱 돋보였던 여운형은 그렇지만 자주 외로움과 답답함을 느꼈던 것처럼 보인다. 그에게 깊은 인상을 준, 1921년 늦가을 몽골의 고비사막을 걷고 타고 하며 횡단하던 무렵을 회상하며 1936년에 쓴 글의 다음의 앞대목은 우리의 근현대사를 살았던 수많은 민초와 민족해방운동 지도자들이 같이 느꼈을 터이지만, 다른 지도자들과는 다른 인상을 주는 여운형이 쓴 글이기에 깊이 우리의 가슴을 고동치게 한다.

"그러나 나의 생애의 과거가 이제 나의 상념의 세계로 보내어주는 추억과 회상의 흐름은 너무나 황량하고 적막하다. 이 단조하고 우울한 회색의 흐름을 밝게 하여줄 아무런 꽃다운 빛도 찬란한 광채도 없다. 그리하여 마치 황혼의 모색(暮色)이 그림자를 던지고 있는 쓸쓸한 폐허나 바라보는 듯이, 나는 나의 눈앞에 흘러가는 기나긴 생활의 기억을 바라본다. 기쁨과 유락의 자취는 그곳에 없고, 다만 곤난한 사명과 의무에 충실하려는 끊임없는 초조와 우려의 연속을 발견할 따름이다."

여운형의 생애사와 주요쟁점들

여현덕
(여의도연구소 연구위원)

"조선민족에게도 인격이 인정되어야 한다. …나는 시종일관 민족해방에 정진할 것이다. 저 길가에 피로곤비한 민중을 보라. 빈부가 문제가 아니라, 어떻게 먹느냐가 절박한. …아 감개무량하다."(여운형의 옥중진술)

1. 민족이익을 최우선시한 지도자

역사가 시대마다 다르게 쓰여지고 진실이 재조명되듯이, 세월이 흐를수록 평가가 높아지는 인물이 있다. 과거 냉전시기에는 동서 체제간의 무한경쟁으로 인하여 역사인물들에 대한 정당한 평가를 내리지 못한 경우가 많았다. 세계적 냉전과 남북한의 무한정 체제경쟁이 진행될 때는 민족적 정도를 걸었던 인물에 대한 평가보다는 체제적 기준으로 평가받기가 일쑤였기 때문이다. 체제경쟁에 조금이라도 걸림돌이 된다고 인식했을 때는 평가절하되어 오랫동안 명예를 되찾지 못한 사례가 왕왕 있어 왔다. 이제 체제경쟁이 완화된 탈냉전기를 맞아 새롭게 빛을 보아야 할 인물들이 제법 있다. 그 중에서도 몽양 여운형은 재평가되어 영광을 되찾고 빛을 보아야 할 대표적인 민족주의자요 민주주의를 체득하고 실천한 독립운동가이다.

여운형의 삶은 겸허와 포용의 자세로 민족이익을 최우선시하는 민족주의자로 일관한 것이었다. 그는 일제하 시종 '조선민족의 독립'을 최우선에 두고 정파의 이익을 초월하여 전민족의 단합을 도모하고자 하였다. 해방 후에는 독립운동의 노선 차이가 엄연한 현실로 나타난 좌우파를 연합시켜서 신국가를 건설하려고 하였다. 그러나 당시의 정세는 냉전 분위기가 고조되고 좌우를 원심으로 갈라놓는 요소들이 격화되어 가고 있었기에 실효를 거두지 못하고 말았다. 그를 둘러싸고 당시의 우익, 좌익 등 양측에서 협공을 하였기에 현실적으로 많은 어려움을 겪고 끝내는 괴한의 흉탄에 쓰러졌다. 하지만 그가 사심없이 민족의 독립과 통일을 위해 일생을 바친 것은 너무나 커다란 족적으로 남아 있는 것이다. 사심이 없었기에 그는 권력투쟁이 전개되는 격동 속에서 자기몫을 찾으려 하지 않았고, 오직 민족과 국가를 위해 헌신하였던 것이다.

그런 몽양에 대한 평가는 학계와 시민사회에서는 어느 정도 합의가 도출되고 있지만, 정치권이나 정부 차원에서는 아직 평가할 환경이 충분히 무르익지 않은 듯하다. 그런 의미에서 이 글은 몽양 여운형 선생을 둘러싼 오해나 쟁점을 정리하여 사실의 왜곡을 조금이나마 규명하는 것을 목표로 삼고자 한다.

2. 기개와 웅지 품은 몽양의 젊은 시절

몽양은 1886년 5월 25일(음력 4월 22일) 경기도 양평군 양서면 신원리 묘곡에서 출생했다. 부친은 여정현으로 임진왜란 직후 최초로 수호사로 일본에 갔던 여우길(呂祐吉)의 10대손이며, 모친은 백사 이항복의 11대손이었다. 그는 어린 시절 조부 여규신에게 한학을 배웠고 많은 감화를 받았다. 조부 여규신은 구한말 중국이 우리나라를 속국으로 얕잡아 보는 데 분개하여 정부에 중국정벌을 건의하고 결사를 꾸미다가 유배를 갔다올 정도로 기개에 찼었는데, 여운형은 조부의 웅지를 늘 높이 샀다. 그는 어린 시절부터 할아버지로부터 민족자존과 자주정신을 배웠던 셈이다.

    조부는 …아반도(我半島)를 일종의 정치상의 속령으로 알고 착취하는 데 분개하여 중국정벌을 정부에 건의하고 또 몸소 그 계획을 이루기를 일생의 신조로 삼고서 조정의 현관과 초야의 동지들과 결탁한 뒤 무슨 결사인가 맺고서 동분서주하다 모사하다가 그것이 발각되어 …나의 조부는 유배가기로 안죄(安罪)되어서 평안도 영원의 산고인희(山高人稀)한 궁곡(窮谷)을 갔던 것이다.
    그렇지만 변하지 않은 것은 오직 그의 기개였다. 그리고 중국을 응징하여야 한다는 의사에는 일호의 차감이 없었다. …그렇지만 조부께서 오직 한 가지 변하지 않으신 것은 흰 눈 속설 속에서도 오히려 푸른 장송녹죽과 같은 기개였다. 그 사상이었다. 그 지조였다.1)

  조부의 푸른 소나무 같은 기개에 감동된 그의 민족자주 정신은 항일 독립운동의 노선에서 잘 드러났다. 몽양은 향리에서 한문을 수학하다가 15세 때 서울에 올라와 배재학당·흥화학교에서 신학문을 공부했다. 그러나 그에게는 모진 시련이 다가왔다. 결혼한 지 4년 된 부인이 세상을 뜨고, 같은 해 할아버지가 별세했으며, 을사보호조약으로 나라가 망하고 있었던 것이다. 그는 수학을 단념하고 향리 양평에 내려와 집안의 아픔을 딛고서 국채보상 단연동맹(斷煙同盟)을 조직하였다. 스스로 담배를 끊고 금연운동을 확산시키기 위하여 각지로 순회연설을 다니는 등 열혈 애국청년으로 변모해 갔다. 1907년 기독교에 입문한 그는 개화사상에 눈을 떠 광동학교(光東學校)를 설립했다. 동방에 빛이 될 인재를 양성하고 서양문물을 받아들여 부국강병을 꾀하고 독립을 되찾아야 한다고 생각했다. 그는 광동학교 이후 초당의숙에서 교편을 잡았던 24세 시절에 가장 감개가 깃들었다고 회상한다.

---

1) 몽양여운형선생전집 발간위원회 편, 『몽양여운형전집』 1, 한울, 1991, 25·31쪽.

3. 반봉건 혁신조치와 애국 독립운동

몽양은 1908년 3년상을 치르고 난 뒤 집안의 신주단지를 깨뜨리고 노비를 해방하는 등 당시로서는 혁신적인 조치를 취했다. 이후 서울에서 수학을 마치고 해외활동의 대장정을 떠난다. 중국 금릉대학을 마치고 상해로 들어간 여운형이 이범석을 중국에 데려가 독립운동가로 키웠음은 익히 알려진 사실이다. 상해 임정 태동기에는 제9대 임시의정원 의장으로서 임정의 산파역을 맡기도 하였다. 1918년에는 신한청년당을 조직하여 2·8독립선언과 3·1독립운동에 간여하였다. 또 1월에는 김규식을 파리강화회의에 파견하였고, 국내와 일본 및 간도, 시베리아 방면에도 사람을 잠입시켜 독립운동에 관한 여론을 확산시켰다. 상해 임시정부의 외무차장을 지내고 상해 교민단장으로 활동했고, 교민들의 독립사상과 애국정신을 고취시킬 목적으로 인성학교를 설립하는 등 적극적인 활동을 펼쳤다. 김규식의 비서실장을 지낸 송남헌 씨는 몽양의 활동을 "3·1운동의 상황요인이 아닌 원동력"이라고 증언했으며, 서울대 신용하 교수는 "3·1운동을 기획한 진원지는 중국의 상해요, 그 주체는 신한청년당"이라는 내용을 발표하여 3·1운동에 대한 몽양의 활동을 학술적으로 뒷받침한 바 있다.[2]

그는 1919년 11월 적지인 동경 제국호텔에서 일본의 식민정책을 혹독히 비판하는 연설을 하였다는 것은 유명한 이야기이다. 동양평화, 세계평화에 위배되는 일제의 정책을 강하게 비판하여 일본정계에 큰 파문을 일으키고 세계의 여론을 집중시키는 계기가 되었다. 그는 서간도, 중국, 모스크바, 몽골, 필리핀, 일본 등지를 떠돌며 애국운동에 헌신하게 된다. 몽양은 1926년까지 임시정부에서 외교위원으로 활동할 때, 나라를 빼앗긴 약소국의 대표로서 극동피압박민족대회에 참가하여 의장으로 선출되기도 했다.

1922년 극동피압박민족대회에 참석하기 위해 모스크바로 가던 도중

---

[2] 신용하, 「3·1독립운동 발발의 경위」, 『한국근대사론 II』, 지식산업사, 1979, 48-54쪽 참조.

의 기행문을 회상기 형식으로 남기고 있는데, 이런 고난의 장정을 걸으면서도 그는 문학적 순수함과 해외문물 관찰 그리고 민족의 장래를 연관시키는 생각을 멈추지 않았다. 시베리아 횡단 북행열차를 타고 가던 도중 어느 소도시의 음산하고 어두컴컴한 낡은 차칸에서 밤을 새우며 보고 느낀 이야기는 우리에게 조국독립을 향한 험로의 일단을 보게 해준다. 낡고 침침하여 천정에 거미줄까지 보이는 구석 객실에서 의자의 쿠션이 다 떨어져 밑바닥 나무가 보기 싫게 드러난 자리에서 딱딱하고 거무튀튀한 빵을 누르툽툽한 찻물에 적셔 먹은 기억, 대기근 속에서 살아가는 민중들의 삶, 음울한 북방 겨울의 '바이칼'의 매력적인 기억, 체제에 저항하다 이르쿠츠크 감옥에 갇혀 수년 동안 징역살이 등에 처해진 사람들의 모습 회상, 대기근과 광폭한 살육, 파괴의 회오리가 휩쓸고 간 자리에서 털이 많은 사자처럼 생긴 거인 트로츠키가 포효하는 모습 등 자신의 인상에 새겨진 장면들을 잘 묘사하고 있다.

　1929년 중국혁명운동 실패 후 상해 복단대학에 체육담당 교수로 취직하여 축구부를 이끌고 필리핀 등지로 원정하면서 영·미의 식민정책을 성토한 일도 있었다. 마닐라에서 인상 깊었던 일은, 우연히 어느 밀정소년을 통해 마닐라의 빈한한 한 가정을 방문하여 22~23세의 쾌활하고 아담한 필리핀 처녀를 만나게 되었다. 그녀는 미국인 은행에 근무하다가 하루는 동생이 위급하다는 연락을 받고 급한 김에 말 없이 집에 온 것이 화근이 되어 면직을 당하고 집에서 놀고 있었다. 그날 몽양은 그녀에게 현 사회제도와 국가형태, 정치 등 여러 가지 이야기를 해주었는데, 그녀는 예수의 말씀을 들은 것 이상이라며 감탄해마지 않는 것이었다. 그 후 그녀를 다시 만났을 때 그녀는 일생을 어려운 처지에 있는 사람들을 위해 일하겠노라고 손을 들어 맹세하는 것이었다. 그녀는 종종 서신를 하겠다고 약속하였지만, 필리핀을 떠나 상해로 돌아오자마자 약 10여 일 만에 피검되어 조선으로 호송된 탓에 서신을 받지 못하였다고 회고하고 있다.

　몽양은 어려운 와중에도 틈틈이 문학적 소양이 담긴 글을 쓰곤 하였다. 200년 유라시아 대륙을 지배한 몽골의 '고비사막 횡단기'는 그러한 단면을 잘 보여주며, 민족혼을 살려내야 한다는 투혼과 의지가 묻어난다.

> 이 사막을 생활의 무대로 하고 이 밤하늘을 생활의 배경으로 하는 저 유목민들의 정열과 감격이 어떠하였는가를 나는 처음으로 아는 듯 싶었다. 세계를 석권한 저 성길사한(成吉思汗)의 뒤를 이은 이 민족의 지도자들이 전통과 습관에 저린 정주문명(定住文明)에 대하야 보여준 저 완화할 수 없는 적대감과 가차없는 박해와 파괴의 역사도 이 특수한 자연의 분위기 속에 잠길 때에는 극히 단순한 자연스러운 현상처럼 생각되는 것이었다. …하루는 조선사람의 무덤을 찾아보았다. 이땅에 있는 오직 하나의 이 조선사람의 무덤은 이땅의 민중을 위하여 젊은 일생을 바친 한 조선청년의 거룩한 헌신과 희생의 기념비였다.[3]

몽양의 해외활동은 상해 야구장에서 체포되어 국내로 압송되면서 막을 내렸다. 그는 큰 일을 하면서도 인간미를 풍부히 지닌 채 작은 일에도 소홀히 하지 않았다. 그러다가 1929년 상해에서 일경에 체포되어 본국으로 송환될 때까지 그의 중국시절은 그가 독립운동의 거두로 자라나는 성장의 시기이자 국제정세의 흐름과 역학관계를 파악하여 후일 정치인으로서 뛰어난 판단력과 균형감각을 갖추도록 하는 밑거름이 되어준 시기였다. 특히 이 시기 중국국민당과 공산당에 두루 가입하여 중국의 민족혁명과정에서 국공합작과 통일전선의 중요성을 뼛속깊이 체험했다. 감옥에서는 영어(囹圄)의 세월을 복당(福當)처럼 여기며 오히려 의지의 강화와 인격함양에 정진하였다.

몽양은 투옥되었다가 석방되어 국내에서 조선중앙일보 사장에 취임하여 민족적 정론을 펼쳤다. 언론을 통한 민족운동 시절, 그는 손기정 일장기 말소 보도를 맨처음 주도적으로 보도하였다. 조선중앙일보는 이 보도를 가장 먼저 주도한 것이 문제가 되어 폐간당한 것이다. 그러나 지금은 이 신문이 폐간되고 없어 동아일보가 최초로 보도한 것인양 알려져 있다.

---

3) 『전집』 1, 51·61쪽.

4. 농촌이상향을 꿈꾸었던 봉안 이상촌[4]

　봉안 이상촌은 가나안 농군학교의 설립자이자 막사이사이상 수상자로 유명한 김용기 장로가 몽양의 깊은 가르침을 받아 1933년에 설립했던 농장이다. 후일 가나안 농군학교를 세우게 된 정신적·경험적 힘이 바로 여기에서 나왔던 것이다. 김용기는 광동학교에서 중학교 과정을 마치고 몽양의 애국정신에 깊이 감동되어 이후 일평생을 몽양의 추종자가 되었다. 김용기는 몽양 여운형을 통해 항일의식을 배우고, 그 정신에 기초한 항일운동과 농촌개조운동을 벌였다. 몽양이 경기도 양서군 신원리 묘곡에서 태어나고, 김용기는 바로 옆 동네인 능내리 봉안에서 태어났다.
　김용기가 몽양을 처음 찾은 것은 1937년 여름이었다. 김장로의 부친은 평소 몽양을 칭송해마지 않았다. "네가 장차 훌륭한 사람이 되려거든 여운형 선생을 따라 배워라. 보기 드문 애국자요 독립운동가이시다. 인품 하며 학식이 대단한 분이셔". 청년 김용기는 몽양의 6촌 동생 여운혁과 함께 계동 자택으로 몽양을 찾아갔다. 비가 오던 날 기역자로 된 마루바닥 여기저기에 세숫대야며 놋대야 따위가 놓여져 떨어지는 빗물을 받고 있었다. 이 모습을 본 김용기는 당대 조선중앙일보 사장이자 조선체육회장이 사는 집이라 으리으리할 줄 알았는데 비참하리만큼 가난한 것을 보고 크게 깨달았다고 한다. 참된 애국자, 진정한 독립투사에 대한 인식을 갖게 되었다는 것이다. 몽양은 김용기, 여운혁 같은 애국청년들과 함께 사진을 찍고 '조국이여 안심하라'는 자막까지 넣어 서로 보관했다고 한다.
　당시 몽양은 서양문물을 받아들이는 것이 부국강병의 길이며 독립에 이르는 길이라고 생각해 광동학교를 설립했고, 이곳에서 지리, 역사, 산수 등 신학문을 가르쳤는데, 김용기는 이 학교를 다니면서 여운형의 추종자가 된 것이다. 그는 광동학교를 졸업한 후 마적단 두목이 되어 만주

---

　4) 여운혁의 증언, 현장답사, 김용기 자서전, 정병준의 글을 참조하였음.

벌판을 삼키고 일본을 멸망시키겠다는 꿈을 갖게 되었다. 그러나 한인교회 이성락 목사의 진지한 만류로 마음을 고쳐먹고 농사일에 본격적으로 뛰어들게 되었다. 김용기는 논 열닷 마지기에 밭 2천 8백 평 정도를 부치고 있었기 때문에 경제적으로 여유가 있었다. 농사에 뛰어든 지 2년이 되던 해부터 동네에서 농사를 제일 잘 짓는 농사꾼이 되고 두레패의 부령좌(副領座)를 차지하게 된다. 이때부터 김용기는 에덴동산과 같은 이상향, 즉 오곡이 무르익고 과수들의 꽃이 만발하고, 벌과 나비가 춤추고, 집집마다 젖짜는 양이 있고, 교회가 있고, 마을 사람들은 모두 형제가 되어 하나님을 믿고, 모두가 근로하고 생산함으로써 넉넉한 생활을 영위하는 농촌마을 건설을 구상한다. 이에 필요한 것은 10가구와 토지 2만 4천여 평, 토지구입비·개간비·건설비 등 5천 원의 돈이었다. 김용기는 이 돈을 벌기 위해 당시 진행중이던 중앙선 철도공사현장에 잡화상과 이발소를 차려 만2년 동안 3천 5백 원을 벌었지만 청계산에 금광이 있다는 사기꾼의 말에 속아 그 돈을 다 날려버렸다. 이후 김용기는 고리대금업자에게 가서 돈 4백 원을 아무 담보 없이 빌린 후 단돈 90원으로 산판을 구입해 온갖 비웃음을 무릅쓰고 황무지를 개간하여 과수원을 만들 수 있었다. 과수원을 판 돈 1천 2백 원 가운데 빚 4백 원을 갚고 난 후, 김용기는 비로소 봉안 이상촌 건설에 착수할 수 있었다. 김용기는 야산 4천 1백 평을 사 개간에 착수하면서 뜻에 동조하는 동지들을 불러모았다. 그러나 무한정 받아들일 수는 없어서, 일단 호구수를 10가구로 정하고 각 호당 최저 5천 평의 경작토지를 확보하게 했다. 이때 김용기와 뜻을 같이했던 동지로서 그와 시종일관 이상촌 건선에 매진했던 사람이 바로 여운형의 6촌동생인 여운혁이다. 이들은 미리 정한 가호 배치도에 따라 주택을 건설했고, 외간의 사치를 금지시켰다. 또한 위생과 생활의 편리를 위해 창을 많이 내어 채광과 환기가 잘 되게 하였고, 울타리에는 담장 대신 무궁화 나무를 비롯한 온갖 꽃나무를 심게 했다. 민족혼을 은연중에 일깨우려는 목적이었다. 그 꽃나무 몇 그루가 아직까지 남아 있다.

봉안 이상촌에서는 각 가구마다 반드시 산양 한 마리를 길러 그 젖을 짜먹었고, 닭을 비롯한 토끼, 돼지 등 가축을 길러 소득을 높였다. 과수로서는 복숭아·배·포도 등을 심고 그 사이에 고구마를 간작했다. 척박한 땅에서도 수확을 높이기 위해 봉안 이상촌에서는 고구마를 매년 200가마 넘게 생산했다. 김용기가 고구마에 들인 노력은 대단한 것이었는데, 그는 12개월 장기간 저장방법을 연구하기 위해 4년 동안 120가마니의 고구마를 썩혀 버리기도 했다. 봉안에서는 쌀 주식주의를 버리고 잡곡·고구마 등으로 대치시켰고, 입는 옷도 일체 사치를 금하고 활동에 편리한 간편한 활동복으로 대치했다. 자주 사용하지 않는 농기구는 부락공비품으로 했고, 종자도 서로 바꾸어 심었다. 한편 부락공동자금을 만들어 부락공공의 일에 사용했고, 저축을 장려했다. 이같은 일은 김용기 독단으로 처리하지 않고 마을사람들의 의견을 종합하여 실시하였다.

이러한 노력에 기초해 봉안 이상촌은 눈부신 발전을 이룩했다. 출발년도 인구 40여 명이 5년 후에는 64명이 되었고, 밭 6천5백 평이 1만 3천7백 평으로 각각 늘었으며, 소가 2마리, 돼지가 4마리, 닭이 5마리, 산양 8마리를 기르게 되었다. 이 봉안 이상촌에서는 수확물 증대 외에도 사회개조를 목적으로 협동조합과 소비조합과 공제상호조합을 운영하고, 농촌유년교육, 농촌청년교육, 청년회 활동 등을 벌였다. 협동주의 사회개조를 목적으로 한 각종 조합을 운영하였으며, 병·상해·길흉사 때 상호부조를 목적으로 공제상호조합을 운영하였으며, 탁아소와 유치원을 봉안교회 안에 두고 농촌유년교육을 실시하였고, 덴마크의 민족지도자 그룬트비히의 정신을 본받아 애향정신 운동, 4H운동, 하나님·이웃·흙을 사랑할 줄 아는 농촌소년 창조 및 청년교육을 실시하였다. 몽양의 제종 여운혁은 봉안교회를 중심으로 야학을 운영하여 문맹퇴치 운동을 벌이기도 하였다.

일제시대에는 갖은 탄압과 요시찰 대상이 되었다. 특히 마을사람들은 창씨개명, 신사참배, 국민의례 등을 전면적으로 거부해, 봉안 이상촌 자체가 요시찰 대상이 되기도 했다. 그러나 한국전쟁으로 인해 지금은 그 원형조차 찾을 수 없을 정도로 파괴되었다. 중공군이 이상촌에 주둔하면서 미군의 폭격을 받았기 때문이다. 대부분의 가옥이 파괴되었지만 몇몇 건물이 남아 있는데, 아직도 집 기둥에는 당시 폭탄의 파편이 남아 있다.

한편 당시 설립되어 83년의 역사를 간직한 봉안교회는 역시 아직까지 그 자취를 간직하고 있다. 1930년대에는 일제의 문화정책에 저항하여 농촌계몽운동과 농촌문화운동을 전개하였다. 당시 농민운동은 농민 스스로가 자기의 생존권을 지키기 위해 투쟁하는 상향식 운동이었고, 농촌운동은 일종의 계몽운동으로서 하향식 운동이었다. 봉안 이상촌에서는 바로 농민운동과 농촌운동을 복합해서 일을 추진하려고 한 것이다. 당시 미국에서 갓 돌아온 배민수(裵敏洙) 박사가 봉안에서 농촌운동에 대한 강연을 했는데 이것이 많은 영향을 끼쳤다고 하며, 당시 김용기와 함께 봉안 이상촌 건설에 열성이었던 여운혁은 덴마크의 민족지도자 그룬트비히 운동의 영향을 많이 받았다고 한다.

이처럼 김용기는 몽양의 사상과 투혼에 감동을 받아 수십 년간 그를 추종하였는데, 김용기는 몽양을 철저한 민족주의자이자 철저한 국수주의자였다고 평가하기도 했다. 한편 몽양은 목사가 없던 '봉안교회'에서 설교하던 김용기의 동작 하나하나와 음성의 높낮이까지도 지도해 주었다고 한다. 일제시대 도산 안창호와 더불어 불세출의 웅변가로 이름높던 몽양이었에, 그의 지도는 후일 김용기의 웅변과 화술에 큰 영향을 주었다고 한다. 몽양은 봉안에 내려와서도 청년들과 팔씨름을 하거나 택견을 가르쳐 주기도 했다. 또 경성에 올라갈 일이 있으면 팔당역까지 달리기를 했다고 한다. 김용기의 큰 아들 김종일 역시 몽양에게 웅변술을 배웠으며 그의 영향이 컸다고 한다.

5. 일제하 국내 최대의 독립운동 조직, 건국동맹

일제의 혹독한 탄압시기에도 국내 최대의 비합법 조직인 '조선건국동맹'이 결성되었다는 것은 독립투쟁사에 뚜렷한 획을 그을 만큼 매우 중요한 사건이었음에도 불구하고 그간 제대로 규명되지 못하였다. 어떻게 보면 건국동맹에 대한 정확한 평가야말로 일제강점기 몽양 여운형의 사상과 활동을 평가하는 데 가장 중요한 사항 중의 하나라고 할 수 있다.

건국동맹은 개인과 당파에 관계 없이 각계각층을 망라하고 모든 민족성원들이 대동단결, 거국일치해서 패망을 눈앞에 둔 일제에 결정적 타격을 가하고, 다가선 해방조선의 정국을 보다 주체적이고 주동적인 힘으로 맞이하자는 목적에서 결성된 것이었다.

그동안 건국동맹의 명칭, 결성시기, 조직범위, 해외연계 사항 등은 불확실하거나 이설로 추정되어 왔으나, 최근에 증언채록 등 근거를 찾아내는 가운데 재평가가 이루어지고 있다. 명칭에 있어서 조선민족해방연맹, 조선해방연맹, 인민전선, 인민위원회, 농민동맹 등과 건국동맹의 상관관계를 밝히고 있으며, 그들과 건국동맹의 상관관계 및 청년학생조직의 실체, 노동자·부녀자·사무원 조직, 학병·징병·징용거부자 조직, 군사조직, 해외혁명단체와의 연계 등도 밝혀지고 있다.

결성시기에 관해서는 1940년대 전후에 결성된 것으로 추정되었으나, 최근 연구[5]는 1942년 겨울 서대문형무소에서 구상한 것이며, 1943년 중반까지 구상하였고 출옥 직후인 1943년 8월 10일경 '조선민족해방연맹'이라는 잠정조직을 1944년 8월 건국동맹으로 발전시켰다는 것을 밝히고 있다. 먼저 조선민족해방연맹을 조직하기로 결의하고 연락원을 배치하고 하부기반을 다지기 시작하는 등 구상단계, 준비단계, 결성단계, 활동단계를 거쳐 1년여에 걸친 노력의 결과로 조직된 것이지, 어느날 모여서 전격적으로 결성된 것이 아니라는 점이다. 조직작업에서도 일제의 요시찰을 피해서 서울을 비롯한 전국 13개 지방도시, 농촌, 산골을 헤메며 변절하지 않은 애국자를 찾기란 여간 힘든 작업이 아니었으리라는 것은 짐작하고도 남는다. 그것도 한 번에 되는 것이 아니라 두 번, 세 번을 찾아가야 되는 것이었다. 게다가 해외혁명단체와의 연결상황을 만주(최근우 씨), 북경·내륙지방(이영선·이상백·엄태섭 씨), 연안(이영선·이상백·박승환 씨), 만주 지하군사조직(박승환 씨) 등 구체적인 활동인사의 이름을 가지고 밝히고 있다. 청년학생조직의 실체, 노동자·부녀자·사무원 조직, 학병·징병·징용거부자 조직, 군사조직, 해외혁명단체와의 연

---

5) 정병준, 『몽양 여운형 평전』, 한울, 1995, 63-110쪽.

계 등 건국동맹의 조직적 실체를 전체적으로 그려내고 있다. 보광당, 조선민족해방협동단, 산악대 등도 건국동맹과 관련되어 있었다는 연구도 나오고 있다.

건국동맹과 관련하여 한 가지 새로운 사실은 몽양이 만군에도 건맹을 심으려 했다는 증언이다. 전 간도특설대 하사관 출신으로 육군 준장을 역임하고 5·16에 가담하여 혁검부장을 지냈던 박창암은 다음과 같이 증언하고 있다.

> 몽양은 3·1운동 이후부터 줄곧 조선의 완전독립을 위해서는 무장 실력부대가 있어야 한다고 생각했다. 그래서 만군을 중시하고 조직을 만들고자 했다. 몽양의 지시를 받아 만군에서 건국동맹을 조직하고자 했던 사람이 바로 박승환이다.6) 박승환은 해방 직후 북한에 가서 죽었지만, 그의 부인 김순자 여사는 살아 있다. 그녀는 냉전시대를 살아남기 위하여 한국전쟁 이후 지금까지 김민행이란 이름으로 살아 왔다.7)

필자는 김순자 씨를 수소문 끝에 찾아내어 증언을 들었는데, 그러한 사실을 그대로 확인해 주었다. 전 남편 박승환을 잃게 된 애틋한 사연도 들려 주었다.8) 박승환은 봉천군관학교 7기생으로, 그의 동기인 최남근,

---

6) 박승환은 해방 후 국군준비대 부사령을 지낸 사람으로, 경성 제1고보를 졸업하고 만주 육사를 나왔다. 여운형의 건국동맹에서 군사조직을 만들고 무력투쟁을 준비한 핵심인물이다.
7) 박창암 씨의 증언.
8) 이미 칠순이 넘은 김여사는 곱게 늙은 얼굴로 담담하게 자신의 삶을 회고하며 전 남편의 이야기를 들려 주었다. 해방정국에서 남편도 없이 당한 고통과 수난은 이루 말할 수 없었다며, 박승환이 평양으로 간 뒤 예비검속에 걸려 물고문, 전기고문 등 온갖 고문을 당했다고 했다. 남편의 소식이 하도 궁금하여 계동 몽양자택에 가 보았더니 걱정하지 말라고 위로하여 돌아왔다. 그러나 47년이 되어도 남편의 소식이 끊어져 돌이 안된 딸 대봉이를 업고 트럭도 타고, 배도 타고 전곡, 연천, 철원을 지나 38선을 거쳐 북한까지 갔으나 못만나고 "박승환은 남으로 가고 없다. 오던 길로 되돌아 가라"는 아찔한 말만 듣고 되돌아왔다. 무너지는 듯한 절망을 안은 채 여관에서 뜬 눈으로 하룻밤을 보냈다. 바람이 지독히도 세차게 불어대던 날, 철원에서 영천으로 가는 기차를 기다리고 있는데, 누군가 "천리길을 왜 왔더냐…"라는 노랫가사를 구슬피 불러, 마치 자기 신세를 대변하는 것 같아 슬픔의 눈물이 핑 돌았다고 했다.

간도특설대 김백일·박창암, 신경군관학교 1기생인 최창윤·박준호 등과 연계되어 있었다. 김여사는 박정희도 포섭의 대상이었던 것 같다고 했다. 이들은 일제 패망을 예상하고 전후 한국이 정통성을 갖고 국제적 발언권을 얻으려면 국내진공작전을 감행해 최소한 총독부를 점거해야 한다고 생각했다고 한다. 당시 항공장교였던 박승환은 항공병을 핑계로 1944년 1월, 45년 2월, 8월 등 세 차례 이상 국내에 들어와 여운형과 군사문제를 상의했다. 특히 조종사들이 갖게 된 관절염, 신경통 등에는 백사장 모래찜질이 좋다는 이유를 대고 백사장이 유명했던 봉안에 내려와 여운형과 접촉하며 군사행동 계획을 구상했다. 박승환은 또한 1943년 말과 45년 2~7월까지 북경과 연안을 오가면서 해외혁명단체와의 연락 및 작전을 계획하기도 하였다. 박승환은 만군 내 선진적인 군인들을 포섭해서 국내진공작전을 계획하기도 했고, 부인 김순자도 건국동맹원으로서 남편의 연락전달을 도왔다. 김순자는 1945년 2~7월까지 박승환이 연안, 북경에 머무는 동안 본인이 몽양 자택으로 가서 "중경과 연안의 중간지대에 몽양, 무정, 김구가 만나서 군사·정치에 관한 통일을 이뤄내야 한다"는 편지를 전달했다고 증언했다.

이미 알려진 일이지만, 몽양은 독립을 위해서 무장노선에도 상당한 신경을 썼던 것으로 알려져 있는데, 1922년 11월 한국노병회를 결성하여 1만 명 이상의 장교와 기사를 양성하려고 노력했다. 이것은 일제에 의한 재판기록에 잘 드러나고 있다. 1940년대에는 비밀리에 조선건국동맹을 결성하여 후일에 대비했고, 국내·상해·연안 등을 연계한 국내진공작전을 계획하기도 하였다. 그는 일제 말기에 조선건국동맹을 결성해 해방을 준비했고, 일본총감으로부터 행정권을 이양받은 유리한 조건이었다. 지하운동 상황에서의 '3불(不) 맹세'라는 원칙 때문에 문서와 이름이 남아 있지 않은 건국동맹 활동의 전모를 밝히기란 여간 어려운 일이 아니라고 하겠다. 바로 그런 독립운동과 철저한 해방준비로 인해 8·15해방 다음날 여운형은 건국준비위원회를 조직하여 신속한 정권이양 준비를 갖출 수 있었는데, 건준은 8월 31일까지 그 지부가 전국적으로 145개에 달할 정도로 급속히 확장되었다.

6. 해방 후 건국준비와 신국가 – 건준과 민주공화국

지금도 쟁점으로 남아 있는 '인민공화국'의 발족 경위에 관한 것이다. 1945년 8월 20일 서울 상공에 미군기가 나타나 "하지 주장 휘하의 미군이 조선에 근일 상륙한다"는 내용의 삐라를 뿌리고 사라진 뒤, 9월 8일 정식으로 미군이 진주했다. 여운형은 건준을 모체로 삼아 임시정부를 수립하여 미군을 맞기로 했기에 그 방식도 비상할 수밖에 없었다.

> 혁명가는 먼저 정부를 조직하고 인민의 승인을 받을 수 있다. 급격한 변화가 있을 때에 비상조치로 생긴 것이 인민공화국이다. 인민이 승리한다면 인민공화국과 정부는 그대로 될 수 있다. 당초에 연합국이 진주한다면 국권을 받아들일 수 있도록 준비한 것이 즉 인민공화국이다.9)

> 비상한 때에는 비상한 인물들이 비상한 방법으로 비상한 일을 하지 않으면 안된다.10)

그런 인식에서 정권을 수립한다는 결심을 굳히고 9월 6일에 '공화국'을 건설하게 된 것이다. 여운형이 서울 경기여고 자리에 전국인민대표자대회를 소집하였고, 여운형 본인이 임시의장으로 선출되었다. 건국준비위원회가 주최하는 것으로 되어 있었기 때문에, 그가 이날 1천3백여 명이 참석한 가운데 열화와 같은 박수를 받으며 인사말을 끝낸 뒤 '민주주의적 정부'를 수립하자는 결의가 있었다. 국호를 정함에 있어서 조선인민공화국이라는 명칭에 논란이 있었는데, 이는 인민이라는 말이 너무 좌익적이므로 '대한'을 국호로 써야 한다는 일부의 반발이 있었다. 증언에 의하며 몽양은 '조선민주공화국'을 국호로 사용하기를 원했으나, 결국 좌익들의 주장으로 그렇게 되었다는 것이다. 몽양은 이 자리에 테러를 당해 중상을 입고 참석하지 못하였다. 37명이 회합하여 부서문제를 토의하고 위원장에 여운형, 부위원장에 허헌을 추천하였으며, 다른 부서

---

9) 여운형, 「신조선 건설의 대도」, 《조선주보》, 제1권 2호, 1945. 10. 22.
10) 『조선해방연보』, 86쪽.

책임위원은 두 위원장에게 일임하여 1주일 후에 발표하기로 하였다. 이 문제에 대해 몽양의 병문안을 갔던 여운혁 장로의 증언을 들어보자.

몽양이 테러로 요양중일 때 심호섭 박사 집으로 홍순태 기사와 문안을 갔더니, 몽양은 정부를 만드는 것은 말만으로는 안된다. 아무 것도 갖추지 않고 밀고 나가면 되는 줄 아는 공산당의 발상에 상당히 분노하였다. 부서를 발표하기 전에 한 번 더 상의하라는 부탁이 있었지만 발표가 강행되었다. 그러나 테러중이라 발표를 바로 뒤집을 수도 없어 매우 답답해 했다.(여운혁 증언)

아무튼 이렇게 하여 건준은 새로운 공화국의 이름으로 발전적 해체를 단행하였으나, 몽양의 의사와 동떨어진 채 그냥 진행되어 몽양은 배신감을 느꼈다. 그러나 몽양은 과정상의 착오에 대해 구구한 변명을 하지 않았다. 부서발표 때에도 그런 과정상의 문제점이 그대로 드러났는데, 몽양은 이후 '한 번 더 의논하라'는 부탁을 하고는 회답이 오기를 기다렸으나 그냥 발표되고 말았다. 몽양이 부서발표를 좀 유보하려고 한 이유는, 첫째는 정부를 조직하는 데는 군정당국의 양해가 있어야 한다는 점을 고려하였고, 둘째는 정부로서 체면을 유지할 만한 청사가 있어야겠는데 그것이 준비되지 못하였고, 셋째는 정부 주석은 대통령과 같기에 일국 주석의 신분으로서 체면을 유지할 만한 모든 준비가 없었으니 이런 것들을 고려하여 유보하기를 원하였던 것이다.

7. 해방정국 최고의 지도자상

여운형은 해방정국에서 국민들로부터 가장 뛰어난 혁명가요 가장 훌륭한 지도자로 추앙받았다. 당대 최고의 인기를 누린 정치지도자였다. 얼핏 생각하면 당시 민족운동지도자로서 임시정부 주석 김구나 초대 대통령 이승만이 먼저 떠오르겠지만, 해방정국 시기에 실시된 각종 여론조사 결과는 그러한 선입견과는 차이가 있음을 보여준다.[11]

해방 후 선구회(우익성향)가 조사한 여론조사(1945년 11월 발표)에 의하면, 그는 "가장 양심있는 지도자"로서 최고득표를 했으며, "조선을 이끌어갈 지도자"와 "일제시기 최고 혁명가"를 묻는 설문에서 각각 33%, 19.9%로 최고응답을 기록했다. 그러나 여운형은 대통령에 적합한 인물로는 많은 지지를 얻지 못했다. 대통령감으로는 이승만(44%)이 선두로 나타났고, 그는 외무부장(28%)에 적합한 정치가로 거론됐을 뿐이다. 양심적 지도자라는 인상을 풍겼지만 대통령감으로는 평가받지 못했던 것이다. 특히 해방 직후는 유달리 정치적 소용돌이가 심했고, 정치테러와 폭력이 빈발한 가운데 좌우측으로부터 테러를 당해 무기력해지는 경우도 종종 있었다. 그런 와중에서 그는 강한 인상을 남기지 못했고, 이승만이나 박헌영, 김일성처럼 권력을 충분히 요리할 수 있는 조직가로 비치지 못했을 것이다.

또 1947년 1월 이승만 지지단체인 한국애국부인회가 이승만과 여운형 두 사람에 대해 모의투표를 실시했다. 이승만에 대한 집중적인 선전에도 불구하고, 결과는 1천(이승만) 대 9백(여운형)으로 근소한 차이를 나타냈다(『미·소공동위원회 문서철』, Roll 4). 이때까지도 여운형에 대한 인기가 만만치 않았음을 보여주는 결과이다. 그러나 그는 1947년 7월 19일 혜화동 로터리에서 괴한의 총탄을 맞고 피살됨으로써 정치무대에서 사라졌다. 여운형은 1946년에도 인기를 누렸지만 좌우의 대립이 격화되면서 좌익측으로부터 "아름답기는 하지만 나무를 자르지는 못한다"는 의미에서 '황금도끼'라는 별명을 얻었고, 우익측으로부터는 "우호적이지만 실속이 없다"는 공격을 받았다. 즉 대중적 명망성은 있었지만 조직력이 뒷받침되지 못한 것이 여운형의 치명적 한계였다.

여운형의 삶은 두 가지로 압축되어 설명될 수 있다. 우선 그의 인간성면에서 자유주의자로서 개방적이고 솔직한 겸허와 포용의 자세이고, 구국의 측면에서 민족이익을 최우선시하는 민족주의자로 일관된 점이다. 그는 일제하에서 시종 '조선민족의 독립'을 최우선에 두고 정파의 이익

---

11) 《중앙일보》, 1995. 4. 3 참조.

을 초월하여 전민족의 단합을 도모하고자 하였다. 해방 후에는 독립운동의 노선 차이로 인해 엄연한 현실로 나타난 좌우파를 연합시켜 신국가를 건설하려고 하였다. 그러나 당시의 정세는 냉전분위기가 고조되고 좌우를 원심으로 갈라놓는 요소들이 격화되어 가고 있었기에 실효를 거두지 못하고 말았다.

몽양의 전생애를 관통하는 노선은 '민족의 독립과 통일노선'으로 일관하고 있다. 김구나 김규식의 노력이 이미 단정과 남북분립이 돌이킬 수 없는 시기에 시도된 것이라면, 몽양은 이미 일제하 중국과 국내에서 축적해 온 경험을 바탕으로 해방 직후부터 시종 전민족적 입장에서 치열성과 일관성을 갖고 전개되어 왔다는 사실이다.

남북협상 부분을 남한만의 합작이 아니라 남북간의 통일이라는 점에서 연결지으며 바라볼 때 몽양의 활동은 올바로 평가될 수 있다. 또한 그가 완전한 자주독립국가 건설을 위해 미군정, 북한 등과의 관계를 충분히 고려하며 풀어나간 점을 알 수 있다. 민족통일국가 수립을 위해서는 남쪽에서 좌우합작을 완성해야 할 뿐만 아니라 북쪽과 연대·연합하는 일이 필수적이란 생각으로 전개된 남북협상이 해방 후 최초로 시도되었다. 다섯 차례에 걸친 방북도 좌우합작, 남북연합이라는 그의 일관된 생각에서 진행된 것이었다. 이같은 몽양의 노력은 주로 미군정 G-2 보고서 등 미국측 자료와 당시 신문자료를 비롯하여 당시의 활동가나 관찰자들의 증언으로 차츰 밝혀지고 있다.

8. 부활을 기다리는 몽양 – 민주주의와 통일을 향한 생애

그는 타고난 민주주의자요 민주주의를 스스로 실천한 사람이다. 그의 민주주의 철학을 잘 보여주는 몇 가지 실례를 들 수 있다. 첫째는 그가 교조주의적으로 생각하고 활동하기보다는 항상 자유주의적이고 개방적인 태도를 취했던 실천적 민주주의자였다는 점이다. 둘째로 그의 발언과 활동에 나타나는 민주주의관이다. 그는 1929년 7월 치안유지법으로 체포되어 재판을 받을 때 수없이 반복되는 질문을 받으면서도 당당하게 자신의 민주주의 철학을 밝히고 있다. 독립운동을 그만둘 의향이 없느냐는 온갖 회유에 시달리면서도 "그것(독립운동)이 내가 명령받은 사명이고 또 조선민족으로서 불가피하게 걸어가야 할 과정이라고 생각한다"면서 이후에도 독립운동을 계속할 것임을 당당히 밝히고 있다. "조선에서는 계급투쟁을 해서는 안된다. 전민족이 각자 주의를 버리고 총역량을 집결하여 일제에 저항해야 한다고 생각한다"고 밝히고 있다. 이러한 솔직대담한 입장 표명에서 "시종일관 조선 전체의 이익을 위해 할 심산이다. 조선 전체의 의사에 따라 하고, 일부를 위해 운동하는 일은 없을 것이다"라고 하였고, "조선 독립의 날에는 의회주의를 실행할 생각인가"라고 묻는 데 대해, "그렇다. 조선인 전체의 의사에 맡길 것이다"[12]라고 답변하고 있다. 즉 특정계급의 이익을 위하지 않을 것이며, 자기의 주의 주장보다는 조선 전체의 의사를 존중하겠다는 태도보다 더 민주적인 것이 무엇일지를 생각해 보면, 그는 확고한 민의 의사를 존중하는 민주주의자였음을 잘 알 수 있다.

셋째는 민주적 건국사업시 공화국의 명칭을 둘러싼 이견이 발생했을 때, 그는 '대한이냐, 민주냐, 인공'이냐를 놓고 민주공화국을 선호했다는 점에서 명백히 드러난다. 그러므로 몽양의 좌우합작이나 북행 등도 민족 최우선의 관점에서 풀어나가되, 종국적으로 그의 중심적 입장은 민주주의로 귀결된다는 점을 알 수 있다. 오랫동안 냉전체제의 강고함과 남북분단이 갖는 근본적인 한계와 맞물려 몽양의 활동이 단순히 활동차원으로 단편적으로 묘사되었을 뿐이다. 또한 에피소드 차원의 것들, 예컨대 키가 훤칠하고 눈썹이 수려하여 청수미를 지닌 미남자, 웅변을 잘하고 성격이 서글서글하고 포용력 있는 사람 등으로 묘사되었다는 것이다. 그래서 그의 사상은 단편과 에피소드를 넘어 '민족통일 및 민주주의 사상'의 실천이라는 보다 근원적인 측면에서 심층적이고 체계적으로 연구가 진전되면 좋을 것이다.

---

12) 『전집』 1, 544-545쪽.

넷째, 5·16기원설과 관련하여 몽양을 추종하는 사람들이 민족혁명을 꿈꾸었는데, 그 주도체와 방법이 변하여 나타난 것이 5·16쿠데타라는 주장이 있다. 이야기를 거슬러 올라가면, 만군에 건국동맹원으로까지 이르게 된다. 박정희 장군은 국군준비대 부사령을 지낸 박승환을 이용문 장군과 함께 진실로 감복했던 두 명의 군인 가운데 한 사람으로 여겼다. 박승환은 건국동맹원으로서 박정희를 포섭하려고 했었고, 박정희를 자주 만나 이야기를 나누고 민족적 울분을 토로하기도 했다. 박창암의 증언에 의하면, 민족혁명을 꿈꾸던 세력에는 두 갈래가 있었다고 한다.

"하나는 4·19 이전에 거사를 계획했던 건국동맹 지하세력 출신을 중심으로 한 세력인데, 박정희와 해병대도 포함되지요. 또 하나는 4·19 이후 박정희 대통령 중심세력이 확대되면서 생긴 편승세력이지요. 여기에 주도권이 다시 8기생으로 압축되고 9기생과 5기생은 소외되는데, 나는 처음부터 가담한 셈이 됩니다. 그리고 공화당 발족 후에는 전연 딴 편승세력이 부상합니다. 이 무렵 나는 공화당 사정조직의 눈의 가시였습니다."[13]

이 증언처럼 건국동맹 세력은 독립운동의 맥을 잇는 민족적 정통성의 바탕 위에 새로운 정권을 준비하려고 했다는 것이다. 그렇게 보면, 건국준비위원회가 추구했던 신국가 건설의 꿈은 해방정국에서 끝난 것이 아니라 1960년대를 거쳐 오랫동안 살아 있었는지도 모를 일이다. 그의 추종세력들도 모두 그랬는지 모르지만, 몽양은 민족을 최우선의 절대위치에 놓고 일평생을 살다 가셨음에는 틀림없다.

아무튼 그는 해방정국의 다른 지도자들처럼 권력을 악착같이 추구하지는 않았지만 정치력은 갖고 있었다. 해방 전후 몽양의 심부름을 하다가 투옥되어 현재 독립유공자로 되어 있는 이란 씨는, 일제 총독부를 어르고 뺨치며 그 요구를 들어줄 듯하다가—그 시간을 벌어 투쟁을 하고—결국에는 신속히 빠지는 몽양의 유연한 정치력을 "상대방의 힘을 이용하는 유도기술과 같은 것"이라고 평한다.

---

13) 박창암, 「4·19 이전에 또 하나의 혁명기도가 있었다」, ≪신동아≫(1982. 5), 181쪽.

그가 사심없이 민족의 독립과 통일을 위해 일생을 바친 것은 너무나 커다란 족적으로 남아 있다. 그는 독립운동에 몸바친 그 누구보다도 청년들에게 희망을 불어넣었고, 조국애를 혼신의 힘으로 심어 주었다. 한 마디로 말해 그는 거대한 생애를 살았다. 그의 인간됨됨이, 권력투쟁이 전개되는 격동 속에서 자기몫을 찾으려 하지 않았던 사심없음―이 모든 것이 그를 더욱 위대한 정치가로 끌어올리는 요소이다. 그는 현실에서 권력을 누리지 못했으나 그를 존경하고 따르는 사람들의 마음속에 각인되어 있었다. 그리고 지금도 일반 시민사회에서, 남북의 학계에서, 또 그를 제대로 아는 모든 교양인들 사이에서, 그는 진정 올바른 지도자, 민족애로 가득찬 통일시대의 지도자로 여겨지고 있음을 믿어 의심치 않는다.

양평에 있는 그의 생가는 6·25전쟁으로 불탄 뒤 재건축되었다가 지금은 허물어진 채로 볼품없이 남아 있을 뿐이고, 그가 거족적 활동을 벌이면서 살았던 서울 종로구 계동의 자택(조선중앙일보 사장으로서 민족적 필봉을 날리던 시절에 신문사측이 그의 노고를 위로하여 제공한 작은 집으로, 해방 후 건국준비위원회의 산실)은 현대그룹 본사를 지을 때 금이 간데다 길이 뚫리면서 반쯤 헐려 나갔고, 현재는 '안동칼국수'집이 자리잡고 있다. 그러나 그는 민족통일이 이루어진 그 언젠가 너무나도 선명하게 살아 부활할 것임을 믿는다.

제2부
다시 보는 그 거대한 생애

여운형의 사상과 행동[*]
원칙과 타협의 지도자

최상룡
(고려대 정외과 교수)

    여운형은 일제하에서 독립운동에 종사했고 8·15 후 미군정하에서는 통일된 민주정부 수립을 위해 헌신하다 1947년 7월 암살된 정치가이다.
    특히 그는 해방 직후 우리나라 청년의 마음을 사로잡았고 미군정당국에 의해서도 좌파 민족지도자로서 높은 평가를 받았다. 그는 오랜 냉전 기간에 금기의 인물이 되어 오다가, 최근 민주화운동의 고조기에는 소수의 존경할 만한 정치가 중의 한 사람으로 꼽히기도 했다. 그리고 흥미롭게도 김구와 함께 북한의 역사서술에서도 긍정적으로 평가받고 있다. 대부분의 한국인들이 존경하는 정치가로 김구를 드는 현실은, 한편으로는 평생을 조국의 독립에 바친 백범에 대한 존경의 념도 있지만, 그 또한 냉전적 환경의 반영으로서의 측면을 배제할 수 없을 것이다.
    탈냉전이라는 시대적 전환점에서 볼 때, 그리고 좌우를 불문하고 존경할 만한 정치가 모델을 갖고 있지 않은 오늘의 현실에서 볼 때, 민족 우파지도자인 김구와 함께 민족 좌파지도자인 몽양 여운형의 존재를 다시 생각하고 그에 대한 정당한 역사적 자리매김을 시도하는 것은 중요하고도 절실히 필요한 일이다.

---

* ≪계간 사상≫, 1992년 가을호에서 재수록.

그런데 8·15 후 반세기가 지나도록 여운형에 대해서는 1차자료에 의한 본격적인 연구는 거의 없고, 대체로 냉전적인 해석이나 선 아니면 악이라는 식의 이분법적인 단정이 많았던 것 같다. 사실의 확인을 통한 체계적 분석을 거치지 않고 이데올로기적 편견을 토대로 한 단편적인 평가가 되풀이되어 왔던 것이다. 그래서 그의 정치이념에 대해서는 공산주의자, 사회주의자 등의 평가가 있고, 그의 정치적 태도와 양식에 대해서는 현실주의자나 때로는 기회주의자라는 해석이 있다. 전자의 근거는 그가 고려공산당에 입당했고 중국공산당과 제휴했으며 8·15 후 '건준', '인공'의 조직을 주도한 데서 찾고 있고, 후자의 예로는 일본 식민통치 하에서 일본을 방문한 사실, 8·15와 함께 조선총독부의 요청을 수락한 사실 등 주로 일본과의 관계를 들고 있다.

우리는 해방한국의 무대에 등장한 5대 정치가를 기억하고 있다. 이승만, 김구, 김규식, 여운형, 박헌영 이들 5명의 정치가는 이념 및 정책에서 제각기 독특한 지도력의 한 유형을 형성한 사람들이다. 박헌영이 전전(戰前) 볼셰비키, 공산주의자로서 당시 남한에서 극좌의 위치에 있었다면, 여운형은 말하자면 사회주의적 성향을 지닌 민족주의자로서 흔히 말하듯이 민족주의 좌파에 속하는 인물이었다. 그리고 여운형을 중도좌파로 본다면 김규식은 1919년 이래 여운형과 거의 행동을 같이해온 중도우파로서 의회민주주의적 사고와 행동양식을 가진 민족주의자였다고 할 수 있다.

김구가 철저한 실천적 우파 민족주의자였다면, 여운형은 계급투쟁과 프롤레타리아독재를 거부하면서도 우파의 반공주의와는 노선을 달리하고 있었다.

이승만이 8·15 전후를 일관해서 자각적인 반공주의자로서 동서 냉전의 현실을 누구보다 리얼하게 파악했다는 점을 인정한다면, 8·15 전후를 일관해서 민족주의자와 사회주의 및 공산주의자와의 연합(통일)전선을 형성하여 민족문제를 해결하려 했던 여운형이 이승만에 의해 재빨리 제거된 사실은 결코 놀라운 일이 아니다.

이 글에서는 여운형의 사상과 행동에 대한 좀더 종합적인 평가를 위해 무엇보다 먼저 사실(史實)의 확인이 필요하다고 보고, 그것을 위해 다루어야 할 최소한의 역사적 사건들, 이를테면 ① 민족자결주의의 충격과 신한청년당의 조직, ② '상해 임시정부' 조직을 둘러싼 여운형의 주장, ③ 일본 방문과 '한국독립선언', ④ 공산주의관과 코민테른의 극동민족대회, ⑤ 국내의 광범위한 민족연합전선 조직인 건국동맹, ⑥ 8·15 이후 전국적 규모의 건국준비위원회, 그리고 그 연장선상에서의 '인공'과 좌우합작위원회 등을 가능한 한 1차자료를 통해 해명하고자 한다.

1. 민족자결주의와 신한청년당

민족자결주의는 민족이 자기의 정치적 운명을 자주적으로 결정할 권리를 가져야 하며 다른 민족의 간섭을 받지 않는다는 주의·주장으로, 원래 민족주의의 가장 본질적인 속성이라고 말할 수 있다. 그런데 이 민족자결주의가 역사적으로 큰 의미를 가지기 시작한 것은 제1차 세계대전을 전후하는 시기부터였다.

제1차 세계대전이 끝날 무렵 뿌리를 달리하는 두 종류의 민족자결주의 선언이 발표되었다. 하나는 1917년 11월 소련의 레닌에 의해, 다른 하나는 1918년 1월 미국의 윌슨 대통령에 의해 선언의 형태로 발표되었던 것이다.

레닌과 윌슨의 민족자결주의 선언이 그 성격을 달리함에도 불구하고 민족자결의 주장이 가지는 상징적 의미가 당시의 한국 독립운동가들에게는 엄청난 충격으로 받아들여졌다.

1910년 한일합방 이래 사상의 면에서나 조직의 면에서나 명확한 방향성을 갖지 못하고 이합집산을 거듭하고 있던 한국의 민족 독립운동은 제1차 세계대전의 종료와 함께 제기된 민족자결주의 선언에 대한 대응태도를 둘러싸고 독립운동의 활동지역별로 대체로 세 그룹으로 나누어졌다.

첫째는 이승만을 중심으로 하는 '미주 한인'으로 구성된 독립운동가 그룹으로, 그들은 정도의 차이는 있으나 '대미 의존'으로 민족의 독립을 달성하려는 기본적 입장에서는 일치하고 있었다.

둘째는 이동휘 등을 중심으로 하는 '러시아 한인' 세력으로, 그들은 혁명 러시아의 지원을 등에 업고 활동했던 가장 과격한 그룹이었다.

셋째는 상해에서 여운형을 중심으로 하는 '신한청년당', 일본에서의 최근우를 중심으로 하는 '조선독립당', 국내의 손병희를 중심으로 하는 '3·1독립운동' 등에서 나타난 주장 및 태도이다. 이들 상해, 동경, 국내의 독립운동가들은 반드시 일관해서 연대를 보였다고 말할 수는 없지만, 적어도 민족자결주의 선언의 충격에 대응하여 대미 또는 대소 의존의 태도를 분명히 했던 제1, 2그룹과는 달리 윌슨의 민족자결주의 선언으로부터 민족운동의 본질적 내용으로서의 '자결'의 원칙에 크게 고무되었던 그룹이다. 상해의 여운형은 윌슨의 민족자결주의의 영향을 누구보다도 자각적으로 받아들였던 사람이다.

여운형은 1914년 중국 금릉(金陵)대학에서 3년간 영문학을 공부한 후 1917년 7월 한국 독립운동의 중심지인 상해로 이주했다. 1918년 11월 제1차 세계대전이 끝나자 상해의 한국 독립운동계는 비상한 흥분상태에 빠졌다. 바로 그때 윌슨 대통령의 특사 크레인이 상해에 와서 전후처리 문제와 민족자결주의에 관한 연설을 했던 것이다. 여운형은 크레인을 만나 한일합방의 부당성을 지적하고 일본제국주의로부터의 해방을 호소하기 위해 파리회의에 대표를 파견할 뜻을 전했으며, 곧바로 국제회의에 대표를 파견하기 위한 독립운동 단체를 조직하기에 이르렀다. 이것이 같은 달 조동우 등 34인과 함께 조직한 신한청년당이다. 이 신한청년당은 국제회의에 대표를 파견한 한국 최초의 독립운동단체[1]로서, 1922년 1월 모스크바에서 열린 극동민족대회에서는 이 당의 총무간사 여운형을 대표단장으로서 파견했다. 코민테른의 기록에 의하면 당시의 신한청년당은 126인의 사회주의적 경향의 한국 인텔리겐챠로 구성되어 있었다.[2]

---

1) 여운홍, 『몽양 여운형』, 청하각, 1967, 26쪽.
2) Carl Hoym Naclf, Louis Cahnbley, "Der Erste Kongress der Kommunistischen und

여운형은 1919년 1월 김규식을 '신한청년당'의 대표로 파리에 파견했다. 여운형은 파리회의에 대표를 파견하는 문제를 놓고 손문과 의견교환을 했는데, 파리에서 신한청년당의 김규식과 공동정부의 대표 진우인(陳友仁)과 협력할 것을 약속했다.

여운형은 김규식을 파견하기 전에 한국대표가 참가할 수 없을 경우를 고려하여 영문의 독립청원서 2통을 작성, 1통은 크레인을 통하여 윌슨 대통령에게, 다른 1통은 파리회의에 제출하기 위해 중국대표단의 고문 미라드가 휴대하도록 했다.3) 크레인에게 건네준 독립청원서가 윌슨에게 전해졌는지의 여부에 대해서는 기록이 없다. 그리고 미라드에게 맡긴 독립청원서는 그가 일본을 경유할 때 요코하마에서 일본의 스파이에게 빼앗기고 말았는데, 이 독립청원서 도난사건은 1919년 12월 일본의 하라 다카시(原敬) 내각이 회유정책의 대상 인물로 여운형을 선택한 단서가 되기도 했다.

여운형에 의해 작성된 독립청원서의 일부가 1920년 2월 상해에서 발간된 『독립운동의 혈사』에 수록되어 있는데, 그 요지는 민족자결주의에 바탕을 둔 한국독립의 정당성과 일본제국주의를 공동의 적으로 한·중 민족의 연대를 주장한 것이었다.

2. 상해 임시정부 조직을 둘러싼 여운형의 주장

한국 국내의 3·1운동 이후 수많은 독립운동가들이 상해로 집결했다. 1919년 후반에는 손정도 등의 3·1운동 지도자들이 국내에서, 최근우 등이 일본에서, 그리고 이동녕 등이 시베리아에서 모여들었다. 3월 12일 이래 여운형은 신한청년당의 조동우 등과 임시정부 조직에 대해 토의해왔는데, 4월 11일에는 프랑스 조계에서 각처에서 온 독립운동가들이 모

---

revolufionaren Organisationen des Femen Ostens, Moskau," *Verlag der Kommunistischen Internationale*, Januar 1922, S.7.
3) 여운홍, 앞의 책, 26쪽.

여 독립운동 기관의 조직에 대해 토의했다.4) 회의 당초부터 '황실대우 문제', '정부조직의 형태', '이승만의 위임통치안 징계문제' 등을 둘러싸고 보수파와 혁신파의 의견이 대립했지만, 그 다음날 즉시 임시정부 조직결성에 착수하여 당분간은 위원장제로 하기로 결정했다. 여기서 혁신파의 여운형은 외무위원장에, 보수파의 조완구는 재무위원장에 추대됨으로써 얼핏 보수·혁신의 협조가 보였다. 그러나 같은 해 5월 미국에서 안창호가 상해에 와서 임정의 조직강화를 주장한 결과 대통령 국무총리 각부로 구성, 같은 해 8월부터 실시하기로 했다. 여기서 대통령에 이승만, 국무총리에 이동휘가 선출되었다. 한 가지 주목할 사실은 '미주 한인'세력의 대표격인 이승만과 '러시아 한인'세력의 대표 이동휘가 둘 다 상해에 부재했음에도 불구하고 '임정' 최초 내각의 쌍벽을 이루고 있다는 점이다. 이 사실은 비록 그들이 해외 독립운동계에서 '항일의 영웅'으로 불릴 정도로 카리스마를 갖고 있었다고 하더라도, 초기 임정이 미국과 소련이라는 외세에 의존하여 독립을 달성하려 하는 야심적 해외 독립운동가들에 의해 장악되고 있었다는 것을 말해주고 있다.

그러면 여기서 '임정' 조직을 둘러싼 여운형의 주장을 알아보기 위해 초기 '임정' 지도자들의 사상적 경향을 가늠할 수 있는 하나의 논쟁을 다루어 보고자 한다. 그 논쟁이 다름아닌 구황실의 대우를 둘러싼 견해 대립이다. 조동우 등 보수파는 황실우대를 주장했고, 여운형을 중심으로 하는 혁신파는 이에 반대했다. 황실우대의 논거는 다음과 같다.

"이 왕가는 500년간 조선을 통치해 왔기 때문에 그 뿌리가 깊다. 나라를 판 것도 이완용 등의 오적의 소행이고 고종황제는 헤이그에 밀사를 파견하여 조선독립을 위해 노력했다. 고종이 서거했을 때 민중이 덕수궁에서 통곡한 것을 봐도 이 왕조에 대한 민중의 강한 충성심을 알 수 있다. 따라서 민심을 통합하기 위해서는 황실을 우대해야 한다."5)

이에 대한 여운형의 반론은 다음과 같다.

---

4) 金正明 編, 『朝鮮獨立運動 Ⅱ』(東京: 原書房, 1967), 3쪽.
5) 여운홍, 앞의 책, 41쪽.

"…이씨조선 500년의 치적에는 공보다 죄가 많다. 한일합병 조칙문(詔勅文)에서 '거국솔민(擧國率民)하여 완전히 그리고 영원히 명치천황에 봉헌'한다고 한 것은 국가와 인민에 대한 피할 수 없는 죄이다. 한일합방 후 일본으로부터 작위를 받은 사람들은 거의 다 황실의 측근자들이며 이는 정의를 모독하는 것이며 국가의 기강을 문란하게 하는 것이다. 때문에 황실우대는 결코 받아들일 수 없다. 고종의 서거에 통곡한 민중은 황실의 서거에 대한 비통이라기보다 망국의 원한이 국장을 계기로 터져나온 것이다."[6]

결국 이 논쟁은 표결에 부쳐져 보수파의 우대론이 다수를 차지함으로써 대한민국임시정부헌법 제7조에는 "대한민국은 황실을 우대한다"라고 규정하고 있다. 이리하여 여운형은 임정이 야심적이고 외세 의존적 독립운동가 그룹에 의해 독점되어 있는 점, 즉 임정이 봉건적 사고의 보수파에 의해 독점되어 있는 점을 비판하고, 5월 안창호의 입각 권고에도 이를 거부한 채 그 후부터는 거류민단 단장으로서 독자적으로 한국독립의 정당성을 주장하는 외교활동에 주력하여, 그 일환으로 1919년 일본 방문을 결행했던 것이다.

3. 여운형의 일본 방문과 '한국독립선언'

1919년 3·1독립운동 후 조선총독부는 한일합방 이래의 무단통치에서 이른바 '문화정치'로 정책을 전환했다. 여기서 일본의 하라(原敬) 내각은 한국의 독립운동을 '자치운동'으로 유도하기 위해, 당시 파리회의에 대표를 파견한 인물로서 그리고 상해 임시정부 조직의 발안자로서 널리 알려진 바 있는 여운형의 일본 방문을 계획, 그를 회유하려 했다. 일본 방문의 경위를 보면, 1919년 8월 일본의 척식국 장관 코가(古賀廉造)가 후루야(古屋) 목사를 통해 여운형의 동경 방문을 권고했으나 여운형은 초청 이유가 불분명하다는 이유로 거절한 바 있다. 같은 해 10월 코가는

---

6) 위의 책, 42쪽.

다시 "신분보장하에 조선통치에 관한 의견 교환을 원한다"는 서신을 보냈고, 다른 한편 야마자키(山崎) 영사가 프랑스 영사 윌돈을 통하여 여운형의 일본 방문시의 신분보장을 재확인했다. 일본당국은 여운형이 서양 선교사들과의 친교가 두텁고 여운형과 프랑스 영사와의 교우관계를 고려에 넣었던 것 같다.

당시 상해의 임정에서는 여운형의 일본 방문을 놓고 이동휘 등의 반대파와 안창호 등의 찬성파 사이에 물의가 있었으나, 여운형은 도일을 결심하고 12월 15일 최근우와 함께 일본을 방문했다.

여운형은 1919년 12월 21일 코가 척식국 장관, 다나까(田中) 육군대신, 미즈노(水野) 정무총감, 노다(野田) 체신대신 등의 각료들과 회견하고, 같은 달 27일 동경의 제국호텔에서 유명한 '한국독립선언'의 연설을 했다. 여기서 여운형은 일본 방문의 목적을 일본의 당국자 및 지식인들과 만나 한국 독립운동의 정당성을 설명하기 위한 것이라고 했다. 그의 연설은 영어로 행해졌는데, 1919년 2월 28일자 ≪저팬 애드버타이지≫를 비롯하여 일본의 일간지 및 조선총독부 자료에 전문이 실려 있다.

그의 한국독립선언의 연설에는 그의 독립운동의 사상적 기초가 유감없이 발휘되어 있다.

첫째는 민족자결주의가 그의 특유의 '생존권 사상'으로 표출되어 있다. 그는 민족이 자기의 정치적 운명을 자주적으로 결정하는 민족자결의 권리를 가져야 한다는 것은 마치 배고픈 자가 먹이를 구하고 목마른 자가 물을 구하는 것과 같이 당연 이상의 당연이며, 이는 거역할 수 없는 인간 생존권의 요구이지 결코 편협한 민족지상주의가 아님을 역설했다.

여기서 하나의 흥미로운 사실은 여운형이 생존권 발동으로서의 민족자결주의를 제기한 데 대해 1930년대에 들어와 좌익측이 이를 비판하고 있다는 점이다. 이를테면 북해성 등 좌익 논객들은 "여운형은 생물계의 현상과 인류 자체의 현상을 기계적으로 대비하려는 형이상학적 방법의 소유자이며 민족개량주의자"[7]라는 것이다. 이와 같은 좌익측의 반응은

---

[7] 위의 책, 295쪽.

오히려 여운형의 민족자결주의에 대한 주장을 더욱 돋보이게 한다. 여운형은 민족주의의 본질적 내용으로서의 민족자결주의를 생존권 주장으로 해석하여, 이상주의적 원칙으로 되어버린 민족자결주의에 자기 나름의 주체적 인식태도를 보였다고 말할 수 있기 때문이다.

여운형은 코가(古賀)와의 회견에서 한국 독립운동의 4대 원칙을 천명했다. 그에 의하면 한국의 독립은 ① 한국민족의 복리를 위한 것이고, ② 일본의 신의를 위해서도 좋다는 것이다. 일본의 한국병합은 무신의(無信義)이며 한일병합이야말로 한국민족과 중국민족이 일본을 공동 적으로 하는 계기가 되었다는 것이다. ③ 한국의 독립은 동양평화에 기여할 뿐만 아니라, ④ 세계평화에도 도움이 된다는 것이다. '평화와 실력' 문제에 대한 논쟁에서 코가는 "평화의 보장은 실력만이다. 구미인의 동양정책은 동양의 구미화이기 때문에 실력이 없는 조선이 독립하는 것은 동양평화를 파괴할 위험이 있고 그렇기 때문에 한일합병이 필요하다"[8]라고 했다. 이에 대해 여운형은 한국민족의 의사에 반하여 한일합병을 '일한일체주의'라고 하는 것은 공상적 개괄에 불과하며, 동양평화의 이름을 빌린 중국에 대한 제국주의적 침략정책이라고 비판했다. 여운형은 "평화의 진수는 정신적 융화"[9]라면서, "한국의 독립은 신의 의지"[10]라고 말했다.

결국 제국주의적 침략행위를 호도하는 코가의 '동양평화론'에 대해, 여운형은 이(利)보다 인의(人義)를 중시하는 맹자의 사상을 원용함으로써 왕도주의적 도덕론과 기독교적인 평화사상을 결합하고 있다.

여운형의 이와 같은 사상의 근원에는 어릴 때부터 몸에 밴 유교적 교양과 1907년 기독교에의 입교, 중국에서 많은 외국 선교사와의 교류를 통한 기독교적 가르침으로부터의 영향이 컸다고 볼 수 있다.

그러면 일본 방문시 여운형의 한국독립선언의 주장에 나타나는 특징은 무엇인가? 무엇보다도 먼저 지적하지 않을 수 없는 것은 그의 주장이

---

[8] 박은식, 『韓國獨立運動之血史』(維新社, 1920), 90쪽.
[9] 위의 책, 138쪽.
[10] 金正明, 앞의 책, 93쪽.

갖는 높은 도덕성이다. 식민통치의 고통을 받고 있으면서도 그의 주장 속에는 민족적 증오심이 보이지 않으며, 민족독립의 주장을 세계적 정의로 표현한 점이다. 당시 일본의 다이쇼(大正) 데모크라시의 대표적 사상가인 요시노 사쿠조(吉野作造)는 여운형과의 회견담을 다음과 같이 말하고 있다.

"여운형 씨의 주장 가운데는 분명히 침범할 수 없는 정의의 번득임이 보인다. 그 품격에 있어서나 그 식견에 있어서 나는 드물게 보는 존경할 만한 인격을 그에게서 발견했다. 우리들이 그가 갖고 있는 일편의 정의를 포용하지 않는다면 일본의 장래의 도덕적 생명은 결코 신장되지 않을 것이다."[11]

둘째, 민족독립을 동양평화, 세계평화의 중요한 요소로 생각하고 일관해서 패도에 대한 왕도의 입장을 견지하고 있다. 앞의 요시노 사쿠조는 여운형이 "세계적 정의의 확립을 위하여 행동하고 있다"고 피력하고 있다. 서양 근대사의 경험에서 보면 민족국가의 행동반경에는 거의 예외 없이 전쟁이 수반됨으로써 민족주의와 평화는 공존보다는 모순관계에 있음을 쉽게 발견할 수 있다. 그러한 점에서 민족독립이라는 민족주의 이데올로기와 평화의 보완관계를 역설한 점은 마치 애국심을 평화의 핵심으로 파악한 루소의 생각을 방불케 한다.

셋째, 여운형의 사상에서 빼놓을 수 없는 것은 인민주권의 공화사상이다. 여운형은 연설 가운데 인민이 주인이 되는 국가의 건설을 희구했으며, 아카사카 이궁(離宮) 참관의 감상을 묻는 기자의 질문에 대해, 성군이 주나라 문왕(文王)을 인용하면서 폭군 양혜왕을 신랄하게 비판했던 맹자의 언술을 인용하여 "일본의 천황이 어원(御苑)을 인민에 공개해야 한다"[12]라고 함으로써 일종의 천황 비판을 시도했다. 여기서 그는 "백성(民)을 하늘처럼 여긴다"는 맹자의 진보적 측면을 받아들인 것이며, 이 사상은 손문의 이른바 인민을 황제로 한다는 발상과 매우 비슷하

---

11) 吉野作造, 「所謂呂運亨事件について」, ≪中央公論≫, 1920년 1월호, 178쪽.
12) 이만규, 『여운형투쟁사』(총문각, 1946), 59쪽.

다. 이 시점에서 여운형의 인민에 대한 인식은 황제사상과의 대비에서 이해되고 있으나, 그가 말한 인민의 구체적 내용은 민족운동의 진전과 함께 더욱 심화·발전하여 8·15 후 그가 지도했던 '건국준비위원회'에서의 인민의 개념은 노동자, 농민, 소시민 및 항일 민족운동에 참가한 모든 계급과 동일한 내용을 가지게 되었다.

그러면 여기서 여운형의 일본 방문이 당시 일본의 정계에 어떤 반향을 일으켰는지 알아보도록 하자.

우선, 당시 일본의 하라 내각의 회유정책 실패를 들 수 있다. 하라 수상 자신이 그의 일기에서 회유 실패에 대한 진사(陳謝)를 하고 있다.[13] 앞에 나온 요시노 사쿠조는 여운형의 방일과 관련하여 다음과 같이 자국 정부를 비판하고 있다.

"여운형 씨를 초청한 정부의 태도 자체는 하등 비난할 바가 못된다. …다만 정부가 아무런 준비없이 그를 불러 그들과 대항할 만한 아무런 도덕적 식견도 없이 맞이함으로써 결국 요령부득이 된 것은 심히 유감스럽다."[14]

그 다음 또 하나의 반향은 여운형과 일본의 진보적 지식인과의 접촉이 이루어진 점이다. 여운형은 1919년 12월 신인회(新人會) 주최의 환영석상에서 요시노(吉野作造)와 미야자키 류스케(宮崎龍介) 등 다이쇼 데모크라시 운동의 지도자와 오스기 사카에(木杉榮), 야마카와 히토시(山川均)와 같은 일본의 저명한 사회주의자 등 1천여 명의 일본 지식인들이 모인 가운데 한국독립의 주장이 감정적 폭발이 아니라 세계적 정의이며 세계평화를 위한 것이라는 연설을 했다. 이에 대해 미야자키는 조선독립이야말로 한·일문제 해결의 열쇠이며 일본 국내에도 많은 사람들이 조선독립을 지지하고 있다는 것을 알아달라는 답사를 했으며, 참석자들은 오스기의 주창으로 '조선독립 만세'를 외쳤다.

이처럼 여운형의 일본 방문은 민족자결주의에 바탕을 둔 조선의 독립

---

13) 原奎一郎, 『原敬日記: 首相時代(5)』(東京: 福村出版社, 1965), 210쪽.
14) 이만규, 앞의 책, 59쪽.

운동이 세계적 정의의 표현이며 극동평화 내지 세계평화를 위해 중요한 열쇠가 된다는 것을 일본의 정계 및 지식인 세계에 분명히 알린 귀중한 계기가 되었다.

4. 공산주의관과 모스크바의 극동민족대회

다음으로 여운형의 러시아 혁명관과 공산주의관 그리고 민족주의와 공산주의의 관계에 대한 그의 태도를 알아보기로 하자.

1919년 파리회의는 연합국들의 제국주의적 이해에 의한 현실주의가 지배했고, 윌슨의 민족자결주의는 공허한 이상주의적 원칙이나 상징이었을 뿐이며, 국내의 3·1운동도 일제의 무장탄압에 의해 고립무원이 되었다.

이러한 상황에서 당시의 독립운동가들은 대미 의존파와 상해임정의 보수파를 제외한다면 혁명 러시아의 식민지 민족해방에 대한 지지정책에 무감각할 수 없었다는 것이 오히려 자연스러운 현상이었다. 해외 독립운동가뿐만 아니라 국내의 신문논조도 대체로 러시아 혁명에 대한 예찬으로 나타나 있다. 오늘날 친일문학론으로 비판받고 있는 춘원 이광수도 이 범주에 들어갈 정도이다. 그러면 여운형은 러시아 혁명에 대해서 어떠한 반응을 보였는가.

앞에서 지적한 바와 같이 여운형은 윌슨의 민족자결주의 선언을 민족의 생존권 주장이라는 형태로 나름대로 수용했고, 상해 임시정부의 조직을 둘러싸고는 우파 이승만의 미국 의존, 좌파 이동휘의 소련 의존 자세를 비판하고, 1919년 12월 동경 방문에서는 한국독립선언의 연설을 통해 민족자결주의의 입장을 분명히 했다. 1919년 여운형의 동경 연설을 보면, 그는 러시아 혁명을 약소민족의 해방, 부인의 해방, 노동자의 해방, 세계개조의 조류[15]로 받아들이고 있다. 이 경우 여운형의 러시아 혁

---

15) 박은식, 앞의 책, 133쪽.

명에 대한 인식은 비록 초보적, 추상적이긴 하지만 그의 민족주의 사상이 민족자결주의라는 원초적 내지 즉자적(an sich) 영역에 머물지 않고 후일 맑스주의, 사회주의와의 상관관계에서 좀더 대자적(fuir sich)으로 성숙해지는 중요한 계기가 되었다. 원래 여운형은 양반 출신이면서 농가의 아들로 태어났는데, 동학란에 참가했던 조부모의 영향을 받아 '양반-상민'의 계급제도에 불만을 품어왔고 고향에서 노비해방 운동을 기도한 적16)도 있었다. 그의 눈에 비친 러시아 혁명은 민족과 계급을 해방하는 세계적 운동이었다.

1920년 1월 동경 방문을 끝내고 돌아온 여운형은 같은 해 봄 고려공산당에 가입했다. 이는 당시 상해에 파견되어 있던 코민테른 극동부장 보이친스키의 권고가 크게 작용한 것으로 알려져 있다. 보이친스키와의 회견에는 중국의 진독수(陳獨秀), 일본의 오스기 사카에 등 저명한 맑스주의자가 동석했다. 이 자리에서 코민테른의 한국 독립운동에 대한 지원이 논의되었다고 한다.17)

여운형은 고려공산당의 번역부원으로서『공산당선언』,『영국의 노동조합운동』등을 번역하는 등 사회주의 연구에 몰두했으며, 특히『공산당선언』은 최초의 한국어역으로서 당시 상해, 시베리아 및 국내에 수천 부가 배포되었다.

여운형은 1921년 12월 극동민족대회에 참석하기 위해 모스크바를 방문하는데, 거기서 레닌, 트로츠키 등 소련 정부지도자와 지노비예프 등 코민테른 지도자와 만나는 기회를 가졌다. 특히 레닌과의 회견은 그의 민족주의 사상의 심화에 중요한 계기가 되었다.

1921년 11월 워싱턴회의에서는 9개국 조약이 체결됨으로써 미국은 자국의 주도하에 일본의 대중국 진출을 억제하기 위해 문호개방 정책을 내세워 중국 진출의 교두보를 확보하려 했다.

한국의 독립운동가들은 파리회의 및 워싱턴회의가 본질적으로 식민지 재분할을 위한 열강들의 국제회의라는 것을 명확히 알지 못한 채,

---

16) 여운홍, 앞의 책, 375쪽.
17) 이만규, 앞의 책, 97쪽.

'미주 한인'을 중심으로 한 독립운동가들은 파리회의에 이어 워싱턴회의에 차후의 기대를 걸었던 것이다. 그러나 그것은 어디까지나 일방적인 독립청원운동에 지나지 않았다. 워싱턴회의의 경과를 주의 깊게 관찰하고 있던 코민테른 당국은 이 회의의 4국 협정을 흡혈귀의 동맹이라 낙인찍고 이 회의에 대한 대응으로 극동민족대회를 열었던 것이다. 극동민족대회는 워싱턴회의의 주최국인 미국에 대한 소련의 대응으로 계획된 것으로서, 아시아 민족을 둘러싼 소련과 미국의 냉전은 이 두 회의의 경쟁을 통해 전개되었다고 해도 과언이 아니다. 당시는 모스크바가 워싱턴보다 이러한 사실을 더욱 첨예하게 의식하고 있었다.[18]

코민테른의 공식보고[19]에 의하면, 한국대표단은 13개 단체 53명으로 구성되었는데, 이는 대회참가 총수 144명의 3분의 1을 넘는 숫자이며 그 다음이 중국과 일본의 순이었다.

여운형은 고려공산당원이면서 신한청년당의 대표로 참석하여, 한국대표단의 단장으로서 소련의 지노비예프, 중국의 장국도(張國燾), 인도의 로이와 함께 대회 의장단의 한 사람이었다.

극동민족대회에 참석한 여운형은 두 차례에 걸쳐 레닌과 회견했는데, 후일 그 소감을 다음과 같이 피력하고 있다.

"나는 모스크바에서 레닌을 만났다. 그를 만나기 전에는 러시아가 한국에 공산주의를 그대로 선전하려 하지 않을까 하고 걱정했다. 그러나 만나보니 나의 의구심은 사라졌다. 레닌은 현재의 한국을 농업국가로서 계급의식이 형성되어 있지 않기 때문에 우선 민족주의를 실천해야 한다고 말했다. 레닌의 이같은 주장은 내가 전부터 가지고 있던 정치이념과 완전히 일치했다."[20]

그리고 레닌의 눈에 비친 여운형은 한국혁명의 현단계에서 반제민족통일전선의 형성에 빼놓을 수 없는 지도자였다.

그러면 여운형이 맑스주의를 어떻게 수용했는지, 그의 법정진술을 자

---

18) スカラピノ 著, 『韓國共産主義の起源』, 1961, 44쪽.
19) Verlag der Kommunistischen Internationale, op. cit., S.12.
20) 경성(京城) 지방법원 검사국, 「呂運亨調書」, 1930, 581-582쪽.

료로 하여 알아보기로 하자.

① 맑스주의는 그 나라의 역사적 특수성에 따라 변형되지 않으면 안된다. 맑스주의는 중국에서는 손문의 삼민주의, 소련에서는 레닌주의로 되었다.
② 이상으로서의 공산주의에 찬성하나 실제 문제로서 세계 각국은 맑스주의를 수정해서 실행하고 있다. 소련의 신경제정책은 그 좋은 예이다.
③ 조선은 농업국가로서 계급운동은 시기상조이며 무엇보다 먼저 민족주의를 실행해야 한다.

또한 극동민족대회에서는 각국 대표가 자국의 혁명과제를 토의하여 그 결과를 자국 의장단을 통해 본회의에 보고했는데, 여운형에 의해 최종적으로 검토·채택된 한국문제의 결의안 가운데 민족주의와 맑스주의의 상관관계가 취급되고 있다. 그 요지는 앞서 말한 여운형의 법정진술과 거의 유사한 내용으로, 요컨대 한국의 경우 최우선 순위의 과제는 민족의 독립이며 그것을 위해 민족주의자와 공산주의자의 연합전선 형성이 무엇보다 필요하다는 것이었다.

그런데 여기서 주의해야 할 점은 코민테른 당국과 여운형은 반제민족통일전선의 필요성을 인정한 점에서는 일치했으나, 양자의 공산주의 인식에는 분명히 다른 점이 있다는 것이다. 즉 코민테른의 기본방침인 레닌의 테제는 부르주아민주주의혁명에서 프롤레타리아혁명에의 단계적 인식에 토대를 두고 있으며, 민족해방운동은 어디까지나 그 과정에 나타난 긍정적인 현상일 뿐 독자적 카테고리로서는 인정하지 않았다. 이에 대해 여운형은 한국혁명의 현단계가 민족주의의 실천임은 두말할 것도 없지만 부르주아민주주의가 프롤레타리아혁명으로 전환되어야 한다는 유물사관의 역사인식에 대해서는 명확한 의견이 없었거나 아니면 그 역사적 도식에 회의적이었다고 말할 수 있다. 실제로 그는 계급투쟁 사관이나 프롤레타리아독재는 찬성할 수 없다는 입장을 자주 천명한 바 있다.

그렇다면 여운형에 있어서 민족주의와 맑스주의의 관계는 과연 어떠하며, 그의 공산주의에 대한 비도식적 융통성은 어디에서 유래하는 것일까?

　우선 생각할 수 있는 것은 당시 한국 민족운동의 객관적 조건에서 보아 한국 민족주의의 제1차적 과제는 민족독립이며 부르주아민주주의혁명과 프롤레타리아혁명의 단계적 구별이 긴박한 문제로 제기되지는 않았다는 점이다. 그리고 그는 계급투쟁 사관에 입각한 공산주의의 인식보다 한국 민족주의의 특수성에 의해 매개될 수 있는, 다시 말하면 민족주의와 상용(相容)될 수 있는 공산주의의 변용을 생각했던 것이다. 따라서 비유하자면 여운형은 맑스주의의 역사관으로 중국의 민족문제를 풀어나간 모택동보다, 중국의 민족문제 해결에 필요한 범위 내에서 공산주의, 맑스주의를 수용했던 손문에 더 가깝다고 말할 수 있다.

　다음으로 여운형 자신의 사상 상황으로부터 오는 요인으로는 왕도적 도덕관과 기독교적 인간애를 들지 않을 수 없다. 여운형의 무계급사회에 대한 이상은 그의 사상 형성에 중대한 비중을 차지하는 전통유교의 도덕관과 기독교적 평등사상과 쉽게 결합할 수 있었다. 그러나 거꾸로 말하면 왕도적 이상과 기독교적 휴머니즘이 그에게 계급투쟁이나 프롤레타리아독재에 대해 거부감을 불러일으켰을 것으로 보인다.

　비록 여운형이 고려공산당에 입당했고 중국공산당과의 연대를 주장했으며 8·15와 함께 등장한 '인민공화국'의 주역임에는 틀림없으나, 분명한 것은 계급투쟁 사관을 믿고 프롤레타리아독재를 역사발전의 필연적 단계로 본 공산주의자는 아니었다는 점이다. 그러나 그는 상이한 세계관을 갖고 상이한 계급적 입장에서 출발하면서도 반일제 민족독립의 투쟁에서는 언제나 공산주의자와 제휴했다. 이 점은 좌파세력과의 연합전선을 명백히 거부한 이승만, 김구 등의 입장, 그리고 일관되게 친소 공산주의자의 전략·전술로 민족문제를 해결하려던 이동휘 등의 입장과 구별된다. 또한 바로 이 점이 제2차 세계대전 후 본격적으로 전개되는 냉전의 역사과정에서 고통스러운 딜레마에 휘말려 끝내 살아남을 수 없는 비운을 자초했는지도 모른다.

　한편 여운형의 공산주의관을 알아보기 위해서는 그의 중국관을 이해할 필요가 있다. 여운형은 손문의 중국혁명에 경도한 이래 일본 방문,

모스크바 방문 때도 계속 중국혁명과의 연대를 분명히 했다. 중국혁명이 성공하면 일본제국주의와 구미제국주의가 구축되고 한국의 독립도 실현될 것으로 보았다.

그는 모스크바 방문 이래 반제 민족주의가 제1차적 실천과제라고 확신하게 되었고, 그것을 위한 민족·공산 연합전선의 필요성을 절감하게 되었다. 그러나 상해 임정에서의 분파행동 등으로 통일전선의 형성에 실패하자, 1924년 이후 1929년 7월 상해에서 체포되어 본국으로 송환될 때까지 주로 중국 혁명운동에 참가했다.

사상적으로 여운형은 손문의 삼민주의를 중국에서의 사회주의로 파악했으며, 중국의 혁명은 농민의 마음을 잃고서는 성공할 수 없다고 봄으로써, 모택동과의 회견에서 그의 혁명의 기초가 농민에 있기 때문에 필승할 것이라고 보았다.

여운형은 1929년 본국으로 송환된 이래 1945년 8·15까지 국내의 일본총독 통치하에서 그의 주장을 펴나가지 않을 수 없었다. 바로 이 점이 8·15까지 해외에 머물렀거나 줄곧 국내에 있었던 독립운동가들과 다른 그 특유의 위상을 말해주고 있다.

1931년 9월 만주사변으로 중국 본토에 기지를 구축한 일본은 1937년 7월에는 노구교(蘆溝橋)사건을 계기로 본격적인 중국침략을 개시했다. 한국 국내에서도 1919년 이른바 문화정치에 의해 우후죽순처럼 나타난 각종 독립운동단체들이 1930년대에 들어와서는 일제의 극도의 탄압에 직면하게 되었다. 이러한 국내외적 상황에서 일본 당국은 여운형에 대해 다음과 같은 세 가지의 태도를 보였다. ① 법조계 및 행정관리들은 여운형을 회유하여 청년운동에 내세우려 했고, ② 경찰계통에서는 요주의 인물로서 구금 내지 구속하려 했고, ③ 군부에서는 여운형을 중국통으로 보아 중국문제 해결에 이용하려 했다.

이러한 일본 당국의 태도에 대해 여운형은 소극적 저항과 적극적 준비의 전술을 선택했던 것이다. 소극적 저항은 일본의 극도의 탄압정책에 대한 전술적인 대응이며, 적극적 준비는 독립운동을 위한 지하조직의 준비였다. 이러한 전술적 대응은 1932년 출옥 후 1945년 8·15까지 계속되었다.

이러한 여운형의 전술적 태도에 대해 인민당 기관지 《조선인민보》에 실린 이강국의 「여운형론」에서는 다음과 같은 평가가 내려지고 있다. 즉 "일본제국주의의 포악한 위협과 교묘한 회유 속에서도 권위와 절조를 지키면서 지하의 투사, 지상의 신사로서의 전술을 겸비한 사람"이라 예찬하고, "수양산의 선비는 그를 비겁하다"고 생각하나 여운형은 "임기응변 출몰자재의 천재적 전술"[21]을 몸에 익힌 사람이라고 묘사하고 있다.

소극적 저항의 카테고리에는 언론운동, 일본 방문 등이 들어가고, 적극적 준비에는 당시 국내 최대의 통일전선 지하조직인 건국동맹을 빼놓을 수 없다.

1932년에 석방된 여운형은 그 이듬해 조선중앙일보사 사장에 취임하여 신문을 통해 사회비리 고발, 농민·노동자·학생운동 변호 등의 논조를 폈다. 그러나 그 후 '신의주 사건', '손기정 선수 일장기 말살사건' 등으로 결국 1936년 《조선중앙일보》는 폐간되고 말았다.

언론활동에서 손을 뗀 여운형은 1939년에서 43년 12월 2차 투옥 때까지 일본을 여러 차례 방문했는데, 그의 일본 방문 목적은 1919년의 1차 방일의 효과를 살려 동경에서 유력인사들과 만나 일본의 외교정책 동향을 탐색하는 한편 동경 유학생들을 중심으로 한 지하운동을 도모하기 위한 것이었다.

1940년 3월 고노에(近衛文麿)의 회견 요청에 응한 여운형은 같은 해 3월 18일 동경회관에서 일본의 대중국정책에 대해 의견을 교환했다.

이 자리에서 고노에는 여운형에 대해 왕정위(汪精衛) 정권과의 협력을 요청했는데, 여운형은 "왕정위는 중국의 대중으로부터 떨어져 있어 이미 중국문제는 수습할 능력이 없다"[22]고 했다. 고노에는 일본과 왕정위 정권과의 화해공작에 여운형을 회유·이용하려 했으나, 결국 그의 목적은 수포로 돌아갔다. 이것은 파리회의 이래 제1차 일본 방문, 모스크

---

21) 《조선인민보》, 1946. 4. 10.
22) 이만규, 앞의 책, 193쪽.

바 방문시 일관되게 일본의 대중국정책을 비판해 왔던 그가, 더욱이 제국주의적 침략전쟁에 나선 일본의 대중국정책의 본질을 간파하고 있던 여운형으로서는 당연히 취할 태도였다.

5. 건국동맹과 건국준비위원회

여운형은 동경방문을 끝내고 1943년 12월 21일 귀국 도중 시모노세키(下關)에서 일본경찰에 체포되어 "일본의 패배를 선전했다"[23]는 이유로 7개월간 투옥되었다. 그 이듬해 3년간의 집행유예로 출옥한 그는 일본의 패배가 멀지 않았다고 판단, 같은 해 2월 독립준비를 위한 지하조직을 준비했다. 악명 높은 치안유지법, 예방구금법 등으로 1940년 이래 사상통제가 극도로 심했던 때, 여운형은 상해시대 신한청년당의 조동우, 일본의 조선독립단의 최근우, 국내의 이만규 등과 협의해 비밀결사로서 건국동맹을 조직했다. 건국동맹은 불문(不文), 불언(不言), 불명(不名)의 3대 철칙을 지키며 친일분자, 민족반역자를 제외한 모든 항일세력을 통합하고, 공장, 학교, 대중단체의 세포조직을 만들어 나갔다.

건국동맹의 강령은,

① 각인각파를 대동단결시켜 거국일치하여 일본제국주의를 구축하고 조선민족의 자유독립을 달성할 것.
② 반추축제국과 협력하여 대일 연합전선을 형성하여 조선의 완전한 독립을 저해하는 일체의 반동세력을 박멸할 것.
③ 모든 행위를 민주주의적 원칙에 따라 할 것.
④ 특히 노동대중의 해방에 중점을 둘 것.[24]

등이었다.

이 건국동맹은 내무부, 외무부, 재무부 3부서를 두고 전국 각 지방대

---

23) 여운홍, 앞의 책, 116쪽.
24) 이만규, 앞의 책, 170쪽.

표를 선임하여 그 지하조직은 전국적으로 확산되었다.

이 건국동맹은 한국 현대정치사에서 최소한 다음과 같은 두 가지 의의를 가지고 있다.

첫째, 8·15와 함께 결성된 건국준비위원회의 중심세력으로서 민족통일전선 수립의 원형적 조직이었다는 점이다. 둘째, 8·15 이전에 존재했던 국내 민족주의운동의 전국적 조직체였다는 점이다. 구성원들의 이념적 성격을 보면 최근우, 이만규와 같은 중도파에서 여운형으로 대표될 수 있는 중도좌파 내지 민족좌파에 이르고 있다. 이들 세력은 오랫동안 국내적 기반을 갖고 있었다는 점에서 해외의 좌파 독립운동가 그룹, 특히 '러시아 한인'계 공산주의자 그룹과 다르며, 8·15 이후는 김구의 '임정파'와 이승만의 '미주 한인파', 송진우의 국내우파와 대립한 세력이었다.

1945년 8월 15일 일본의 포츠담선언 수락으로 제2차 세계대전은 끝났다. 조선총독부의 치안책임자인 니시히로(西廣) 경무국장은 미국 점령으로 이어지는 과도기의 치안유지를 위해 여운형과의 접촉을 원했다. 여운형은 8·15 전 수차에 걸친 일본 방문을 통해 일본 조야에 널리 알려진 인물로, 조선총독부가 중경의 김구, 미주의 이승만 등 해외의 민족우파 거물들이 입국하지 않은 상태에서 선택할 수 있는 최적의 인물로 판단했던 것 같다. 민족우파의 지도자 송진우와 조선총독부와의 접촉설에 대해서는 사실 확인면에서 쟁점이 있어 여기서는 논의하지 않기로 한다.

1945년 8월 15일 엔도(遠藤) 정무총감으로부터의 치안유지 요청에 대해 여운형은 다음과 같은 다섯 가지 요구사항을 내놓았다.

① 조선 각지에 구속되어 있는 정치범을 즉각 석방할 것.
② 8~10월 3개월분의 식량을 확보할 것.
③ 치안유지와 건설사업에 간섭하지 말 것.
④ 학생훈련과 청년조직에 대해 간섭하지 말 것.
⑤ 전국 각지의 사업장에 있는 노동자를 조선의 건설사업에 협력케 하는 데 방해하지 말 것.25)

엔도 정무총감은 여운형의 이 5개조 요구사항을 전부 수락했다. 이리하여 8월 15~16일에 전국의 형무소에서 1,100명이 넘는 정치범이 석방되고 많은 독립운동의 지하조직이 표면에 나타났다.

여운형은 1944년의 건국동맹을 확대하여 8월 16일 건국준비위원회를 조직, 스스로 위원장이 되었다. 8월 31일까지는 '건준' 지부가 전국적으로 설치되어 145개에 달했다.

이 건준 지부는 8·15 이후 조직된 최초의 지방조직으로서, 9월 6일 인민공화국 선언과 함께 지방인민위원회로서 발전적으로 해소되었다. 여기서 건준의 강령을 일일이 소개할 지면은 허용되어 있지 않으나, 이 건국준비위원회가 한국 민족운동의 역사에서 커다란 의의를 갖는 것은 무엇보다도 건준이 반제·반봉건의 전국적 규모의 민족통일전선이었다는 점이다.

앞에서 지적한 것처럼 여운형은 제1차 세계대전 후 민족자결주의에 대한 주체적 인식 위에 1922년 모스크바 극동민족대회에서의 경험, 상해 임시정부 수준에서의 민족통일전선 형성 실패의 경험 등을 바탕으로, 1944년 국내에서는 신간회 이래 최대의 민족통일전선 조직인 건국동맹을 형성했다. 8·15 직후의 건국준비위원회는 이러한 역사적 경험을 토대로 여운형 자신의 이니셔티브에 의해 형성된 한국역사상 최대규모의 민족통일전선 조직이라고 할 수 있다. 여기서 더욱 특기할 사항은 8·15 전에는 주로 반제·반식민 과제에만 집중되었던 민족운동이 일제의 인적·물적 유산을 청산하는 반봉건 민주화를 과제로 결합시킴으로써, 이념·정책 그리고 인물의 구성면에서 새로운 모습의 민족통합 조직체가 되었다는 점이다. 이렇게 볼 때 여운형에 대한 평가는 건국준비위원회의 평가에서 그 절정을 볼 수 있다. 그 후의 인민공화국, 좌우 합작운동에의 참여도 어디까지나 건준의 연장선상에서 파악해야 할 것이다. 건준의 이념적 성격은 민족자결주의를 바탕으로 하는 민족주의이며, 사회주의를 중심으로 하는 진보적 정치이념은 어디까지나 이 민족주의 과제의 실천

---

25) 여운홍, 앞의 책, 137쪽.

에 도움이 되는 범위내에서 포용될 수 있었던 것이다.

따라서 여운형은 이른바 건준의 발전적 해체라고 불렸던 인민공화국에도 초기에는 적극 참여하나, 결국 그 인공의 실질적 조직책임자인 공산주의자 박헌영과는 오래 동거할 수 없었으며, 미국의 점령정책 차원에서 제기되어 밑으로부터의 대중적 기반을 결여한 좌우 합작위원회에도 오래 머물러 있을 수 없게 되었다.

북한내 소련 점령지역에서는 8·15 직후 조직된 각 지방의 건준 지부가 8월 하순에서 9월 상순에 걸쳐 소련군 점령하에 결성된 인민위원회로 통합되었다. 그리하여 지방인민위원회에 통합된 건준 지부는 소련 점령하의 사회주의적 개혁을 위한 기본조직이 되었다.

미 점령군은 건준에 의해 '인공'이 선언된 지 이틀만인 9월 8일에 진주했는데, 미군은 점령 당초부터 중앙의 '인공' 및 지방의 인민위원회의 존재를 부인하고 교섭 상대로 보지 않는 이른바 불승인정책을 취했다.

에드가 스노우는 아무런 준비없이 점령한 미국이 건국준비위원회를 활용했더라면 한국의 건설이 더욱 신속했을 것이라고 피력하고 있다. 건준에 참가한 사람들의 이념과 정책은 미 점령하의 민주화와 — 적어도 그것을 일본의 맥아더 점령하의 민주화의 연장선에서 본다면 — 전혀 모순되지 않았으며, 설령 갈등의 측면이 있었다고 하더라도 압도적인 점령군의 통제력으로 충분히 조정 가능했을 것이다.

미군의 남한점령 초기 8월에서 10월까지는 4개의 정치세력이 남한내에서 활동하고 있었다. 각 세력은 한국을 각자의 목적에 맞는 방향으로 이끌어가려 했다. 이 4개의 세력은 ① 미군정부, ② 국내의 송진우, 미주의 이승만, '중경 임정'의 김구 등 민족우파세력, ③ 민족좌파와 공산주의자로 구성되어 있던 '인공'세력, ④ 잔존 친일세력 등이었다.

이 가운데 ①, ②, ④는 기본적으로 현상유지 세력이고 ③은 현상변혁 세력이라고 할 수 있다. 특히 '인공'은 전국적인 지방조직으로서 도·시·읍·면 인민위원회를 통해 좌파 통합에 의한 통일전선정부의 수립을 시도하여 12월 미군정에 의해 공식적으로 불법화되기까지 약 3~4개월간 활발한 움직임을 보인 정치세력이다.

미 점령군은 9월 20일 "미군정은 남한에서의 유일한 정부"26)라고 선포하고 '인공'을 정면으로 부인하려 했다. 또한 송진우를 중심으로 하는 한국민주당이 '인공'에 반대한 점, '인공'과 '임정'의 통합을 주장하여 '조선잠정정부'를 수립하고자 했던 여운형의 제안에 김구가 반대한 점, 그리고 이승만이 '인공'을 빨갱이의 책동이라 비난한 점 등은 미군정이 '인공'에 대하여 탄압적 태도를 취한 것과 궤를 같이했다. 해방 이후 남한에서는 이들 극우보수세력이 그대로 미국의 반공정책의 대변세력으로서 재편성되었던 것이다.

이처럼 미군정부가 남한 진주 당초부터 보수세력을 원조함으로써 반공의 토대를 강화한 것은 많은 자료에 의해 입증된다. 이를테면 알슈타인은 미군정 당국은 외관상의 불편부당을 유지하면서도, 그리고 이승만이 통일한국의 소리를 대변할 자격이 없다는 것을 알면서도 결국 이승만을 선택할 수밖에 없었다27)고 털어놓고 있다. 그리고 미군정부의 군정관을 지낸 사라판도 한국인의 여러 정파간의 정쟁에서 미군정은 중립을 지키려 하면서도 실제로는 대중의 지지를 받는 우익정당을 절실히 요망하고 있었다28)고 기록하고 있다. 그리고 전라남도 지방의 군정관을 지낸 미드는 미군정이 외관상 정치적 중립을 표방하면서도 우익의 승리를 보장할 수 있도록 노력한 것29)을 솔직히 인정하고 있다. 한편 미군정은 '건준'의 창립자인 여운형을 사기한이라 하고 '인공'건설을 여운형이 조작한 괴뢰극이라고 비난하고 나섰다. 앞의 미드는 "인공을 탄압하고 소수집단과 제휴함으로써 미국인은 한국인을 슬프게 하고 적으로 돌렸다"30)고 기술하고 있다.

---

26) "SCAP: Political Reorientation of Japan 1948. 9~1949. 9", *Report of General Section*, p.472.
27) Van Alstyne, *American Crisis Diplomacy* (Standford, 1952), pp.127-128.
28) Sarafan B. D., "Military Goverment: Korea," *Far Eastern Survey*, 1946, No.23, p.149.
29) Meade, E. C., *American Military Goverment in Korea* (New York: King's Crown Press, 1951), p.165.
30) Ibid., p.234.

이상에서 여운형의 민족주의 사상과 그 표현형태로서의 민족통일전선운동에 대해 살펴보았다. 그의 사상과 행동을 요약하면 다음과 같다. ① 여운형의 민족주의 사상은 우선 민족자결주의의 자각을 토대로 하고 있고 사회주의, 제국주의에 대한 인식의 심화를 통해 반제 민족주의로 발전했던 것이다. ② 다음으로 그의 반제 민족주의 사상은 반봉건 및 인민주권의 공화사상을 내용으로 하는 민주주의와 결합되어 있다. 이 경우 민주주의는 사회주의에서 말하는 이른바 사회주의적 민주주의라고 못박을 수는 없고, 민족주의와 인민주권이 결합한 서구 초기의 근대 시민혁명, 그런 점에서 자유민주주의와도 맥이 통하며 일부 후세 사람들의 평가대로 사회민주주의로서의 민주주의에 가까울지도 모른다. 그리고 유물사관의 역사발전 단계에서 말하는 인민민주주의라고 볼 수는 없으면서도 주장의 내용을 보면 모택동의 '신민주주의'와도 일맥상통함을 부인할 수 없다.

여운형의 민족주의는 그 실천과제의 내용에서는 박헌영의 노선과 유사한 점이 많으나, 민족주의를 어디까지나 유물사관의 발전과정에서 나타나는 하나의 종족변수로 보는 박헌영 등의 공산주의자들과는 분명히 선을 긋고 있고, 그렇다고 하여 철저한 반식민 민족독립을 주장하면서도 반봉건 민주혁명적 요소가 결여되어 있는 김구 류의 우파 민족주의와도 궤를 달리하는 것이다.

그의 정치이념에는 민족주의와 사회주의와 자유주의가 절충적으로 공존하고 있었으며, 그러한 절충적·혼합적 정치이념을 갖고 있었기 때문에 민주·공산 양 진영의 연합통일전선의 운동을 끝까지 이끌어왔던 것이다.

6. 결론

이상의 분석을 통해 볼 때 여운형에게는 원칙과 타협의 지도자라는 이름을 붙일 수 있다고 생각한다.

우선 원칙면에서 우리가 민족주의를 민족의 독립, 통일 그리고 산업화와 민주화를 포함한 민족의 발전을 지향하는 사상 및 운동이라고 본다면, 여운형은 사상 및 행동 양면에서 민족주의의 원칙을 지키고 실천해 왔다고 할 수 있다.

민족독립의 문제에서는 민족자결주의를 자신의 민족주의 사상의 기본 바탕으로 깔고 있었고, 통일문제에 있어서도 좌우의 연합전선을 통한 통일정부의 수립을 일관되게 주장했었다. 그리고 여운형이 주장하는 민주주의는 평등을 중심 가치로 보는 사회주의적 요소와 자유를 기본 내용으로 하는 의회민주주의적 요소가 혼재하고 있으며, 당시의 시대정신으로 보아 제2차 세계대전 당시 미국과 소련이 공유한 반파시즘·민주주의의 이미지를 갖고 있었다고 볼 수 있다.

타협의 측면으로 크게 제기된 여운형의 대일관계는 1차자료를 면밀히 분석해본 결과, 결코 원칙의 변경이 아니라 오히려 원칙을 고수하면서 그것을 현실에 적용한 리얼리즘으로서, 정치적 타협의 카테고리에서 이해할 수 있다.

정치적 타협의 참다운 의미가 통합으로의 기술(art to interation)이라면, 근현대 한국정치사에서 지겹도록 보아온 것처럼, 원칙이 내실 없는 명분으로 질주해 버리거나 타협이 무원칙적인 변절로 타락해 버린 정치문화는 어떤 형태로든 극복되어야 할 것이다.

이렇게 볼 때 원칙을 지키는 범위내에서의 타협이나 타협을 통한 원칙의 실천이라는 고도의 정치적 리더십은 몽양 여운형의 사상과 행동에서—우리가 그의 정치노선을 찬성하든 반대하든—하나의 모델을 발견할 수 있을 것으로 보인다.

새로운 정치적 이상을 찾아서
여운형의 정치노선과 변혁사상

강문구
(경남대 정외과 교수)

"왜들 우느냐, 무엇이 서러우냐, 어서 행진을 계속하라. 나는 죽지 않았다."
— 장녀 여연구의 애절문, 《우리신문》(1947. 8. 4)

1. 글머리에

몽양 여운형을 떠올리는 것은 우리에게 편하지 않은 일이다. 공산주의 블록이 쇠퇴하고 냉전시대가 지났다고는 하지만 분단구조가 넓고 깊숙이 뿌리내린 한반도에서 몽양을 논한다는 것은 여전히 지난한 일이다. 비록 성공하진 못했지만, 몽양이 걸었던 길을 통하지 않고서 자주적 통일민족국가 건설로 나아갈 수 있는 방법이 있었겠는가 하는 질문은 여전히 둔중한 의미로 다가오기 때문이다. 통일민족국가의 건설 앞에서, 정치적 현실주의와 정치적 이상주의, 좌익과 우익, 사회주의와 민족주의는 도대체 어떠한 비중과 어떠한 연관을 가져야 하는지에 대해 우리는 아직까지 혼돈스러워 하고 있다.

미국과 소련이라는 패권세력이 냉전의 양태를 구상하고 공고화하려는 비극의 무대가 된 한국의 해방공간은 늪과 소용돌이의 뒤엉킴으로 이루어진 연속 파노라마였다. 이 파노라마는 주로 미국과 소련의 '원심력'에 의해 틀잡힌 지형 위에서 외세와 연결되거나 이 원심력의 구도에 붙어서 이득을 노리는 국내세력들의 공작적 술책으로 짜여진다.1) 이 막강한 원심력에 저항하려는 세력은 별로 없었다. 뿐만 아니라 이를 어쩌지 못하는 대세라 판단한 기민한 자들과 세력들은 냉전의 낌새를 부추겨 분단 고착화에 관한 한 지울 수 없는 과오인 민족분열을 볼모로 하여 판세를 잡으려 했다. 이 외세에 의해 조정되고 조작되는 민족분열화 원심력에 저항하여 구심력을 만들어보려 했던 집단들은 민족분단의 고착화 과정에서 배제되고 분해되어 나갔다. 3·8선 이남의 파노라마가 훨씬 복잡하고, 그 원심력은 더욱 거셌으며 이에 편승한 세력들의 담합적 술수 또한 집요했다. 이런 복합적인 외세와 국내세력간의 얽힌 그물망 속에서 어쩔 수 없어 보이는 거대한 물결을 거슬러 민족통일국가를 향한 일관된 이론과 실천을 고수하려는 노력은 지극히 비현실적으로 보인다. 몽양 여운형의 고뇌의 중심이 여기에 있고, 그가 우리에게 부여한 딜레마의 본질도 여기에 있다.

빈곤한 여운형 연구에 비해 그에 대한 평가는 실로 다양하다. 자유주의자, 민족주의자, 공산주의자, 민주사회주의자, 중간파 등으로 불리기도 하며, 그의 정치사상은 중간좌파 혹은 온건좌파라고 평가되기도 한다.2) 이러한 다양한 평가는 당연히 노선과 정파의 입장에 따라 달라질 수 있음을 생각한다면 그렇게 곤혹스러운 것이 아닐 수도 있다. 우리에게 보다 큰 의미를 띠는 것은 여운형의 연설과 글들을 통해 드러나는 정

---

1) 이 '원심력'의 개념은 서중석, 『한국현대민족운동연구』, 역사비평사, 1991, 615쪽에서 참고.
2) 여운형에 대한 다양한 평가를 보기 위해서는 다음의 글들을 참조하시오. 여운형에 관한 대표적인 전기는 이만규, 이기형, 여운홍의 책들이 있다. 그리고 강영수, '여운형론」, 《정경연구》, 1965. 9; 송건호, 「여운형」, 『한국현대인물사론』, 한길사, 1984; 김준연, 『독립노선』, 돌베개, 1984; 김대상, 「8·15직후의 정치현상」, 『변혁시대의 한국사』, 동평사, 1980; 진덕규, 「미군정의 정치사적 인식」, 『해방전후사의 인식』, 한길사, 1979 등도 있다.

치노선상의 여러 갈래와 모습을 아우르는 어떤 큰 줄기가 있지 않나 하는 생각이다. 이를 나는 몽양의 변혁사상이라고 부르고자 한다. 이 변혁사상이 여운형의 일관적이지만 유연한 입장을 엮어주고 있다고 생각한다. 일제치하를 통틀어, 그리고 길지 않은 해방공간에서 여운형의 궤적은 분명 유연하고 탄력적이었으며, 그럼에도 불구하고 원칙을 벗어나지는 않았다. 그리하여 여운형의 정치노선 혹은 정치적 전술은 극단의 좌우 세력이나 다양한 정파로부터 갖가지 비판에 직면했던 것도 사실이다. 그의 정치노선은 현실적이고 동시에 원칙을 견지하면서도 타협과 협상을 병행할 수 있는 입장으로 연결되었다. 이런 현실적 노선이 이 글에서 가정한 여운형의 변혁사상에서는 하나의 수단이나 방법적 전략에 해당하며, 구체적으로는 진보적 성향의 대중정당론으로 나타난다. 여운형의 지향은 자주적 민족통일국가의 성취와 완성으로서 확고하며, 이것은 일제치하에서 추구했던 완전한 민족독립의 연장이다. 이 확고한 목표에의 지향과 현실적이고 포용적인 중간적 대중정당노선을 연결해 주는 매개적 고리는 좌우합작에 의한 민족통일전선전략이었다.

그러나 이 원칙을 성취하기 위한 방법과 수단, 노선에서 여운형은 누구보다도 유연했고 현실적이었으며 심지어 타협적이었다. 원칙에 대한 확고한 지향과 신념, 이를 성취하기 위한 현실적이고 탄력적인 정치노선의 결합은 해방정국에서 노정된 여운형 사상의 주요 특징처럼 보인다. 자주적인 민족통일국가라는 타협 불가능한 목표에의 지향과 일부 세력만을 제외한 모든 세력을 조직하고 통합하고자 하는 여운형의 정치노선은 대중정당론의 기본인식으로부터 통일전선, 좌우합작, 남북연합이라는 일관된 방법적 노선을 창출해 내었다. 그러나 외세가 주도하는 냉전구도의 원심력과 이에 편승하거나 이를 가속화하는 양극화된 정치세력들의 담합구조하에서 구심력을 형성하려는 여운형의 변혁사상의 지향과 현실적인 정치노선은 균열되고, 거대한 회오리의 와중에서 점차 형세를 잃어갈 수밖에 없었다. 이런 관점에서 "분단이 진행되어 가는 상황 속에서도 여운형은 여전히 민족통일국가를 지향하고 있는데 이러한 데에서 정치적 현실주의자로 출발한 여운형은 정치적 이상주의자로 귀결되게

된다"는 관찰은 적절하다.3)

이 글은 몽양 여운형의 변혁사상의 특징을 정치노선을 중심으로 살펴본 것이다. 특히 현실적이고 타협적이고 '융합적인' 노선인 대중 중간정당론과 매개적인 전략으로서 좌우합작과 정당통일운동에 의한 민족통일전선, 그리고 변혁사상의 궁극적 지향인 진보적 민주주의와 민족통일국가간의 긴장적 관계에 주목하고자 한다. 따라서 먼저 해방 전후 여운형의 주요 정치활동과 여기서 드러난 주요 정치노선의 내용들을 살펴보겠다. 그런 다음 대중정당노선과 민족통일전선을 여운형 정치노선의 두 개의 축으로 간주하여 재정리할 것이다. 마지막으로 여운형의 변혁사상의 성격과 위상을 이론적으로 논구할 것이다.

2. 여운형의 시기별 정치활동

일제가 패망하기 바로 직전 여운형은 건국동맹의 결성을 시발로 해서 짧지 않은 시기에 많은 활동의 족적을 남겼다. 건국동맹을 결성하여 해방을 준비하고, 해방 이후에는 건국준비위원회를 조직하여 위원장에 취임함으로써 본격적인 활동을 시작하였다. 이 건국준비위원회는 논쟁의 여지가 엄청난 인민공화국을 탄생시킴으로써 발전적인 해소를 꾀하였다. 11월 2일에는 건국동맹을 조선인민당으로 개칭하여 '중간당'의 위상을 갖는 인민당을 창당했다. 이후에 여운형은 좌우합작노선을 일관되게 견지하면서 또한 좌익 3당인 공산당, 인민당, 신민당의 3당 합당을 꾸준히 시도했으나 성공하지 못했다. 3당 합당이 추진되는 과정에서 발생한 내분으로 인해 인민당은 독자적인 노선을 유지하게 힘들게 되었다. 이 과정에서 여운형은 찬성하지 않았지만 사회노동당이 결성되고, 여운형은 남로당과 사로당을 다시 통합하기 위해서 노력했다. 그러나 남로당의 반대와 여러 가지 제약으로 인해 이 시도가 불가능하게 되자 여운형은

---

3) 김광식, 「해방직후 여운형의 정치활동과 '건준' '인공'의 형성과정」, 『한국현대사』 1, 열음사, 223쪽.

자기비판을 하고 정계에서 물러났다. 두어 달의 공백 뒤에 북한을 다녀온 여운형은 인민당 재건을 위해 노력하여 근로인민당을 결성하기에 이르렀다.

3. 건국동맹 시기

건국동맹은 '조선민족해방연맹'이라는 잠정적 명칭으로 1년여의 준비작업을 거쳐 조직된 결과물로서 1945년 8월에 조직되었다. '조선민족해방연맹'의 조직방향 중 하나는 먼저 상부구조를 꾸리고 국내동지들을 규합해 하부조직을 만드는 것이고, 다른 하나는 해외의 독립운동단체 및 투쟁단체들과 연계해 전민족적인 연합전선을 꾀하는 것이었다.4) 그리고 건국동맹의 목적은 두 가지로서, 패망을 눈앞에 둔 일제에 결정적 타격을 가하는 것이 그 하나이고, 다가선 해방조선의 정국을 보다 주체적이고 주동적인 힘으로 맞이하자는 것이 다른 하나였다.5) '건맹'이라는 약칭을 사용한 건국동맹은 1944년 10월 다음과 같은 세 가지 강령을 채택했다.

1. 각인각파를 대동단결시켜 거국일치로 일본제국주의 제세력을 구축하고 조선민족의 자유와 독립을 회복할 일.
2. 반추축(反樞軸) 제국과 협력하여 대일연합전선을 형성하고 조선의 완전한 독립을 저해하는 일체 반동세력을 박멸할 일.
3. 건설 부면에 있어서 일체 시위(施爲)를 민주주의적 원칙에 의거하고 특히 노농대중의 해방에 치중할 일.6)

건국동맹은 이 세 가지 강령 외에도 '삼불(三不)'이라는 세 가지 원칙을 채택했다. 그것은 건국동맹에 대해서 일체 말을 하지 않는다(不言),

---

4) 정병준, 『몽양 여운형 평전』, 한울, 1995, 76쪽.
5) 정병준, 앞의 책, 84쪽.
6) 이만규, 『여운형투쟁사』, 민주문화사, 1946, 170쪽.

문서에 남기지 않는다(不文), 이름을 말하지 않는다(不明)는 것이었다. 건국동맹의 정책세목을 살펴보면, 자주정권의 수립과 인민대표의 급속한 결성이 가장 앞에 나오고, 20세 이상 남녀의 선거권과 피선거권의 확립, 언론·출판·집회·결사 등의 자유, 식민지 문화정책의 잔재소탕과 자주적 문화의 건설, 최저임금제 및 8시간 노동제의 확립 등의 내용을 담고 있다.7)

여운형을 중심으로 중앙위원회가 조직된 후, 이를 골간으로 건국동맹 지방조직이 구성되었다. 그리고 농민동맹, 청년학생조직, 노동자·부녀·사무원조직, 학병·징병·징용 거부자 조직으로서의 보광당, 조선민족해방협동단, 산악대 등도 건맹과 관련되었다. 건국동맹의 조직에서는 군사조직이 가장 주요한 의미를 띠는데, 여운형은 만주군에 속해 있던 박승환(朴承煥)으로 하여금 군대편제 및 군사행동과 관련한 계획을 세우도록 했다. 지방·부문별 조직을 구축하는 것 외에도 건국동맹은 해외혁명단체와의 연대·연락사업을 중시했다.

건국동맹은 민족해방투쟁보다는 해방 후 '건국'준비사업에 보다 강조점을 둔 조직으로 보이며, 국내의 지방조직과 부문별조직, 해외혁명조직과의 연대 등을 통해 건국사업을 목표로 하는 민족통일전선을 형성해 준비작업을 수행하는 것이 기본과제였다. 분산된 조직으로는 민족해방투쟁뿐만 아니라 건국준비사업을 주체적이고 능동적으로 수행할 수 없기 때문에 조직적 역량, 광범한 민족주체세력을 집결시켜 건국사업에 신속히 대응하기 위한 취지를 가졌던 것이다.8)

4. 건국준비위원회 시기

1945년 8월 해방 직전 여운형은 이렇듯 건국동맹의 조직을 강화해가는 데 분주한 시간을 보냈고, 그의 독보적인 혜안처럼 광복이 다가오고

---

7) 심지연, 『인민당연구』, 경남대 극동문제연구소, 1991, 제2부 자료편, 225·226쪽.
8) 정병준, 앞의 책, 84쪽.

있었다. 8월 15일 아침 엔도 정무총감이 여운형에게 치안업무를 부탁하자, 여운형은 준비된 다섯 가지 요구사항을 제시했다.

    1. 전조선의 정치범, 경제범을 즉시 석방하라.
    2. 집단생활지인 경성의 식량 8, 9, 10월 3개월분을 확보하라.
    3. 치안유지와 건설사업에 아무런 구속과 간섭을 말라.
    4. 조선에서 추진력이 되는 학생의 훈련과 청년의 조직에 간섭을 말라.
    5. 전조선에 있는 각 사업장의 노동자들을 우리 건설사업에 협력시키며 아무런 괴로움을 주지 말라.[9]

엔도 정무총감은 이 요구사항을 즉시 수락했으며, 여운형은 건국준비 작업에 착수하여, 미군 진주 직전인 9월 6일 '조선인민공화국'으로 발전적인 해체를 단행할 때까지 활동하게 되는 건국준비위원회를 발족시켰다. 치안대, 자치위원회, 건국준비위원회 등 다양한 명칭으로 불리던 이 조직들은 1945년 8월 말 이미 전국 145개 군에 조직되었고 곧 건국준비위원회라는 이름으로 개편되었다.[10] 건국준비위원회는 선언과 강령을 통해, 바로 자주독립에 기초한 새로운 국가, 민족정권의 수립이라는 확고부동한 목표를 공표했다. 건준의 강령은 다음과 같다.

    1. 우리는 완전한 독립국가의 건설을 기함.
    2. 우리는 전민족의 정치적, 사회적 기본요구를 실현할 수 있는 민주주의 정권의 수립을 기함.
    3. 우리는 일시적 과도기에 있어서 국내질서를 자주적으로 유지하며 대중생활의 확보를 기함.[11]

건국준비위원회는 선언을 통해 진정한 민주주의적 정권이 될 새 국가의 건설을 예비하는 준비기관인 동시에 모든 진보적·민주주의적 제세력을 결집하기 위해 각계각층에 완전히 개방된 민족통일전선을 표방했다.

---

9) 이만규, 앞의 책, 188쪽.
10) 정병준, 앞의 책, 119쪽.
11) 《매일신보》, 1945. 9. 3.

즉 반민족적·반민주주의적 세력을 배제한 전민족 세력이 결집해 새로운 정권을 수립할 때까지 이를 원조·후원하는 신국가 건설의 토대가 되고자 했던 것이다.12)

그러나 조직 내의 갈등과 주도권 투쟁으로 세 차례에 걸친 조직개편을 단행하지 않을 수 없었으며, 거기에서 안재홍 중심의 신간회 계열과 우익진영이 탈락함으로써 건준의 민족통일전선적 성격은 다소 상실되었다. 이것은 건국준비위원회가 "인적 구성의 면에서뿐만 아니라 이데올로기적 측면에서도 변혁지향세력과 반대세력 모두를 융합하고자 했지만, 결국 후자의 측면에서 실패했다고 평가할 수 있다."13)

미군이 진주할 즈음 건준을 중심으로 정국을 주도해 나가고 있던 여운형은 미군의 진주 이전에 건준을 모체로 하여 국내 혁명세력 주축의 임시혁명정부 구성을 계획했으며, 박헌영의 가세로 '전국인민대표자대회'를 구상했다. 9월 6일 전국인민대표자대회에서 여운형은 임시의장으로 선출되고 조선인민공화국을 선포하게 된다. 이렇게 하여 건준의 발전적 해체를 단행하게 되었던 것이다. 그러나 이 조선인민공화국의 선포는 여운형에게 여러 가지 의미에서 불행의 시발로 해석되는 많은 징후를 내포하는 것이었다. 미군정과의 불화의 시작, 이승만을 축으로 하는 독립촉성회 등의 우익세력과의 갈등관계, 그리고 박헌영 세력과의 갈등관계 등이 그것이다.

해방이 된 지 3개월이 흐른 해방정국은 혼란을 거듭해 갔고, 이 와중에 여운형은 보다 공개적이고 합법적이며, 다양한 계층과 계급을 망라할 수 있는 대중정당을 구상하게 되었다. 이승만의 귀국을 계기로 점차 좌익과 우익의 대립이 격화되는 시점에서 광범한 민족통일전선 결성을 위한 기본 중심세력의 형성이 요구되었지만, 인공도 정당통일운동도 지지부진한 상태였다. 이런 상황에서 여운형은 자신의 일관된 신념인 민족통일전선을 보다 강력하게 추진할 수 있는 중심축과 지지세력을 묶어낼 수 있는 개방적인 대중정당 조직이 필요했던 것이다. 이것이 인민당의

---

12) 정병준, 앞의 책, 120쪽.
13) 김광식, 앞의 글, 194쪽.

창당 배경이자 존재이유가 되었다. 여운형은 그 감회를 다음과 같이 풀었다.

> 우리의 큰길은 민주주의이며 우리의 최고이념은 우리 민족의 완전해방에 있습니다. …이제는 사상운동도 아니고 정치운동으로 행동을 옮기게 되었으며 이제는 정치운동인 까닭에 때로는 양보가 있어야 할 것이요, 포섭이 있어야 할 것입니다. …이제는 진정한 민주주의의 배를 만들어 이것을 공화호(共和號)라 명명하고 장차 이 배로 수평선 저쪽 피난에 순항, 도착할 수 있을 것을 믿어마지 않는 바입니다.14)

조선인민당의 강령은 다음과 같다.

> 1. 조선민족의 총역량을 집결하여 진정한 민주주의국가의 건설을 기함.
> 2. 계획경제제도를 확립하여 전민족의 완전해방을 기함.
> 3. 진보적 민족문화를 건설하여 전인류문화 향상에 공헌함을 기함.15)

몽양은 국민개로(國民皆勞), 국민개병, 상호신뢰, 공동협력, 일치단결을 앞으로 건설할 조선사회의 다섯 가지 윤리라고 덧붙였다. 조선인민당 선언을 통해 추구하려는 기본이념과 현실과제가 천명되었는데, "근로대중을 중심으로 한 전민족의 완전해방"이 기본이념으로 설정된 한편으로 "완전독립과 민주주의국가 실현"이 현실과제로 설정되었다. 특히 이 선언은 "각계각층의 인민대중을 포섭·조직하여 완전한 통일전선으로 전개하고 관념적·반동적인 경향을 극복·타파함으로써만 현단계 과제인 완전독립과 민주주의국가 실현"을 완수할 수 있을 것이라고 결론지었다. 이렇게 볼 때, 인민당은 민족통일전선의 결성을 최고목표로 하는 공개적인 대중정당의 창출을 지향했던 것이다.

한민당이 지주, 자본가 등 자산계급을 대표하는 계급정당이고, 조선공

---

14) 여운형, 「나의 정견」, 『인민당의 노선』, 신문화연구소 출판부, 1946. 정병준, 앞의 책, 100쪽에서 재인용.
15) 《조선인민보》, 1945. 11. 12.

산당이 무산계급을 대표하는 계급정당인 데 반해, 인민당은 '반동분자만을 제외하고 노동자, 농민, 소시민, 지주까지도 포괄하는 전인민을 대표한 대중정당'이며 서민층을 위주로 하되 중간당이라는 것이다. 여운형은 공산당과의 차이에 대해서 "과거 지하운동 때에 우리 당원은 공산주의자와 결국 동일한 목표, 즉 일본제국주의 타도라는 점에서 일치하였으므로 개인적 교분도 두텁고 하여 혼동되었을지 모른다. 그러나 현재는 근로층과 노동자·농민을 위한 정당인 점에서는 동일하나, 그 방법에서 차이가 있다"고 설명했다.16) 여운형은 "조선의 역사적 특수성으로 인해서 노동자·농민이 프롤레타리아적 정치의식이 박약하며, 따라서 이러한 층을 계몽하여 다음에 오는 정치적 조직화에 대한 전단계적 훈련은 하는 것이 인민당의 역할"이라고 전제하고, 그 당시 공산당 산하로 집결하지 않는 층은 인민당 산하로 모이게 될 것이라고 전망했다.17)

인민당을 통해서 여운형이 가장 강조한 것은 다른 무엇보다도 통일전선의 구축이었으며, 이를 위해 정당통일운동에 매진했다. 여운형은 민족통합을 위해 어떤 세력도 특별히 배격할 필요가 없고 다같이 민주주의 국가를 건설하면 된다는 입장을 견지했다.18) 그러나 이승만 중심의 독립촉성회가 정당통일운동에 참여하지 않고 또 반통일노선을 걷고 있다고 판단한 뒤 정당통일운동은 난관에 직면하게 되었다. 이후 여운형은 '인공'과 '임정'과의 통합을 추진하려고 시도했다. 인공과 임정 양 세력을 대등한 관계에서 통합하려고 했던 인민당의 방침은 인공측에는 수용되었으나 임정측에서 거부하는 바람에 결국 실현되지 못하고 말았다.19) 임정의 법통론 주장으로 통합논의가 아무런 결실을 보지 못하자, 인민당은 새로운 통합논의에 나섰다. 이 통합논의는 인민당, 한민당, 국민당, 공산당의 통합논의로 시작되어 나중에는 신한민족당이 새로 참가하여 5정당회의가 되었다. 그러나 이 5당 회의는 한민당의 불참과 신민당의 반

---

16) 《자유신문》, 1945. 12. 8.
17) 《조선인민보》, 1945. 12. 7.
18) 여운형, 「신조선건설의 대도」, 7쪽. 심지연, 『인민당연구』, 47쪽에서 재인용.
19) 심지연, 앞의 책, 54쪽.

대로 결론 없이 산회되고 말았다. 정부 차원이 아닌 정당 차원의 통합을 모색했으나 아무런 성과를 내지 못하자, 인민당은 진보적 진용을 중심으로 통일전선 결성에 나서겠다고 밝혔으며, 이것이 이후 민주주의민족전선의 결성에도 관여하게 된 동기였다.[20]

5. 민주주의민족선선 결성 시기

1946년 1월 19일 인민당과 공산당을 비롯하여 29개 정당·단체가 참가한 가운데 열린 민주주의민족전선 주최측은 인공과 임정의 교섭과정 및 5당 회의의 결과에 대해 보고한 후, 통일전선 결성문제를 놓고 토의하여 민주주의민족전선 발기준비위원회를 구성했다.[21] 이 민전이 결코 좌익전선이 아니라고 단언하면서,[22] 인민당은 3상회담 결정의 정치적 노선에 합작하겠다는 자, 민주주의 원칙에서 통일하겠다는 자, 그리고 새로운 통일정부 수립에 열성을 가진 자는 좌우를 가리지 않고 환영하겠다고 밝혔다.[23] 여운형의 인식에서 민전은 계급이 다르고 사회적 환경이 다른 여러 계층으로 구성되어 있기에 각 계층을 대표한 정당과 단체가 있고, 이로 인해 사상과 정견이 다를 수 있으며 사상적 대립은 피할 수 없는 현상이었던 것이다. 따라서 현실적으로 필요한 것은 사상의 통일이 아니라 민족과 국가의 이익을 위한 행동통일이므로 인민당은 행동의 통일을 굳게 하자고 주장했다.[24]

인민당이 주축이 된 민전은 계급과 정당을 초월하여 조선의 완전독립이라는 3천만 민중의 역사적 과업을 진보적이고 현실적으로 명시한 것이라고 주장한 4개 항의 원칙을 제시했다.[25]

---

20) 심지연, 앞의 책, 57쪽.
21) 「민주주의민족전선 결성대회 의사록」, 70쪽. 심지연, 앞의 책, 66쪽에서 재인용.
22) 《조선인민보》, 1946. 1. 29.
23) 「인민당의 노선」, 54쪽.
24) 「인민당의 노선」, 51쪽.
25) 《조선인민보》, 1946. 2. 5.

1. 친일파 민족반역자를 제외할 것.
  2. 3상회담 결정의 원칙 하에서 민주주의 독립국가 건설에 노력할 것.
  3. 기성 정부의 법통을 고집하지 말 것.
  4. 명실상부하는 단체의 비례대표제를 승인할 것.

 인민당은 해방 이후의 여러 가지 문제들은 통일전선의 결성을 통해서만 해결될 수 있다는 확고한 입장을 견지하여 민전의 결성에 헌신했으나, 결국 우익진영과의 견해 차이로 우익진영을 배제한 채 민전을 결성하게 되었다.
 1946년 3월 20일 미·소공동위원회가 개최되었다. 인민당은 연합국의 원조와 협조 없이는 자주독립을 이룰 수 없다고 생각하고 있었기 때문에 미·소공동위원회에 커다란 기대를 걸고 있었다. 미·소공동위원회가 무기한 휴회되자 인민당은 공위의 속개를 주장했으며, 3상회담 결정을 수용하고 이를 뒷받침하기 위해 좌우합작을 한층 강조해 나갔다. 더구나 이승만 세력이 단정수립으로 방향을 잡자, 이 좌우합작의 필요성은 더욱 높아졌다. 여운형은 조선인의 대표기관이 없기 때문에 조선사람에게는 한 마디 상의도 없이 공위가 휴회되었다고 생각했으며, 따라서 미군정과 합의해서 좌우를 통일한 대표기관을 만들어 공위의 속개를 요구하려 했던 것이다.[26]

6. 좌우합작운동의 전개

 여운형과 김규식이 중심이 된 좌우합작 노력은 허헌(許憲), 원세훈(元世勳)이 참가한 4인회담으로 진전되었고, 민전에서도 이에 대해 공위 속개를 위해 국내통일을 기하려는 모임으로 지지했다.[27] 여운형은 우선 각 정당 및 단체의 중요 책임자가 개인 자격으로 연석협의체를 구성하

---

26) ≪중앙신문≫, 1946. 6. 12.
27) ≪청년해방일보≫, 1946. 6. 21.

여 격의없는 이해와 성의를 보임으로써 구체적 합작의 제2단계로 들어가야 하며, 그 다음에 북한으로도 사절을 보내 북한의 중요 정치세력까지도 합류시킬 수 있도록 확대하면서, 소련 대표단과도 만나 공위의 속개를 촉진해야 한다는 견해를 피력했다.[28] 미군정 당국도 여운형, 김규식의 합작 노력을 지지한다는 성명을 발표했으며, 여운형은 좌우합작은 민중 전체가 갈망하고 있기 때문에 성공하리라고 믿는다고 했다.[29] 그러나 현실은 여운형의 의도와는 다른 방향으로 거세게 몰아쳐 갔으며, 그 핵은 다시금 이승만의 자율정부수립노선 명분의 단독정부 수립 움직임이었다. 인민당은 단정수립이 민족을 영구히 분열시키는 것이라며 적극 반대했고, 통일정부의 수립은 민족의 정치역량의 합작을 요청하는 것이므로 합작을 거부하는 것은 통일정부 수립을 반대하는 것이라고 주장했다.[30]

1946년 6월 6일 민주의원을 대표하여 김규식과 원세훈, 그리고 민전을 대표하여 여운형과 허헌의 네 지도자가 첫 회합을 가졌으며, 6월 14일 제2차 회합에서 최초로 합작의 세 가지 조건을 밝혔다.

> 첫째, 대내외에 관한 기본원칙으로, 대내적으로는 부르주아민주공화국을 채택하고 대외적으로는 국제적으로 불편부당한 선린외교정책이라야 할 것.
> 둘째, 좌우를 막론하고 진실한 애국자이며 진정한 혁명가라면 절대로 배격이나 중상을 금하고 이를 적극적으로 옹호하여야 될 것.
> 셋째, 남북합작은 북조선에 있어서는 공산당 일당독재를 제외하고 언론·집회·사상의 자유가 허여된 후에야 비로소 합작이 가능할 것.[31]

그 후 좌익측의 민주주의민족전선에서는 좌우합작의 5개 원칙을 발표하고, 또 이에 대해 우익측에서는 합작대책 8원칙을 제시하였다. 좌익측에서는 토지개혁(무상몰수 무상분여), 중요산업의 국유화를 주요 원칙으

---

28) 《현대일보》, 1946. 7. 2.
29) 《현대일보》, 1946. 7. 9.
30) 《중외신보》, 1946. 7. 22.
31) 《조선일보》, 1946. 6. 19.

로 상정한 데 반해, 우익측에서는 신탁통치문제를 임시정부 수립 이후에 해결하기로 미루고 친일파와 민족반역자의 징치를 거론하였으나, 토지문제나 중요산업의 국유화에 관한 대책은 포함되어 있지 않았다.

이런 와중에 인민당 내의 좌우파 분열은 더욱 가속화되어, 당내의 우파가 탈당하는 사태에 이르게 되었다. 여운홍(呂運弘)과 함께 인민당을 탈당한 20여 명은 사회민주당을 결성했으며, 인민당의 동요는 예상 외로 커졌다. 사회민주당의 결성식이 1946년 8월 3일 이승만과 버치 중위 등이 참석한 가운데 거행되었는데, 여운홍은 여기서 소련식의 무산계급 독재도 적당하지 않고 미국식 자본독재인 자유민주주의도 적당하지 않다고 주장하고, 조선을 위한 조선민주주의를 실행해야 한다고 역설했다.[32]

7. 3당합동 시기

같은 날 인민당은 중앙집행위원회를 열고 만장일치로 (3당)합당을 제안하기로 가결했다. 당위원장 여운형 명의로 공산당 책임비서인 박헌영과 조선신민당 위원장인 백남운 두 사람에게 발송된 제안문에서, 여운형은 "민주주의 건설을 현단계의 과업으로 하고 있는 이상 그 세력을 분산시키고 때로는 무용(無用)의 마찰을 가져올 우려가 없지 않은 정당의 별립은 무의미"[33]하다고 지적하고, 3당은 하나의 거대한 정당으로 합동되어야 한다고 주장했다. 8월 10일 인민당 창립 3주년 기념식에서 발표한 '민주주의정당 합동문제의 기본적 규정과 우리의 노선'이라는 담화에서 인민당 중앙집행위원회는 "…민주과업을 달성하기 위한 주도체가 별립하여 있는 것은 비능률적이라는 교훈을 주었으며, 민전이 결성되었다고는 하나 정당활동까지 일원화하는 것은 아니기 때문에 당면 정치강령이 공통된 정당끼리 통합해야 할 필요성을 여러 각도에서 절감하게 되었

---

32) 《중앙신문》, 1946. 8. 5.
33) 《조선인민보》, 1946. 8. 5.

다"34)고 밝혔다. 또 합당의 의의는 민주적 과업을 가장 성실히 능률적으로 수행하기 위하여 주도력을 프롤레타리아트의 전위만이 아닌 광범한 인민의 정당으로 일원화함으로써 전체 역량을 능동적으로 강화하는 것이며 광범한 인민적 민주건국 과업을 수행하는 노선을 뚜렷이 인식해 가는 것이라고 설명했다.35) 그러나 합당문제는 공산당의 내분에다 인민당과 신민당의 내분으로 비화되어 난항을 거듭하게 되었다.

여운형은 인민당 좌파가 크게 반발하는 등 여러 가지 난관 속에서도 좌우합작을 추진하였으나 합작 7원칙을 발표하기 전에 납치되었다. 좌우합작위원회의 합작 7원칙은 ① 조선의 민주독립을 보장한 3상회담 결정에 의하여 남북을 통한 좌우합작으로 민주주의 임시정부를 수립할 것, ② 미·소공동위원회의 속개를 요청하는 공동성명을 발할 것, ③ 토지개혁에 있어 몰수, 유조건 몰수, 체감매상(遞減買上) 등으로 토지를 농민에게 무상으로 분여하며 시가지의 기지(基地) 및 대건물을 적정 처리하며 중요산업을 국유화하여 사회 노동법령 및 정치적 자유를 기본으로 지방자치제의 확립을 속히 실현하며 통화 및 민생문제 등을 급속히 처리하여 민주주의 건국과업 완수에 매진할 것 등이다. 나머지는 친일파 민족반역자의 처리문제, 정치운동자의 석방과 테러방지문제, 입법기구 구성의 문제, 언론·집회·결사·출판 등의 자유의 문제였다.36)

좌우합작 7원칙이 발표되자 박헌영을 비롯한 좌익들은 크게 반발하고, 미군정은 입법기구 수립조항 때문에 만족스러워했다. 그러나 이후 미군정이 좌우합작위원회의 형식을 빌려 입법기구 수립을 공식화하는 한편 그 내용을 무력화시켜감에 따라 여운형과 김규식은 또 다른 난관에 봉착하게 되었다. 박헌영측에 의한 납치, 대구 10월항쟁 등으로 이어지는 남한정국의 상황으로 인해 여운형의 입장은 더욱 어려워지고, 그의 입지는 더욱 좁아들었다. 3당합당 역시 남조선노동당이 정식으로 결성되고 사회노동당 준비위원회도 독자노선을 걷게 되자 그 가능성이 희박

---

34) 《조선인민보》, 1946. 8. 12.
35) 《조선인민보》, 1946. 8. 12.
36) 《독립신보》, 1946. 10. 7.

해졌으며, 좌우합작 노력도 공산당과 민전측의 격렬한 반대에 직면하고 미군정의 무력화 등으로 인해 여운형은 그야말로 사면초가에 갇히게 되었다.

해방된 지 1년이 조금 지난 1946년 12월, 여운형은 자신이 헌신적으로 추진해 온 두 가지 일이 모두 파탄지경에 도달했음을 깨달았다. 좌우합작은 미군정의 농간과 방해공작에 말려들어 과도입법의원의 수립으로 귀결된 상태였고, 3당합당은 온갖 시련을 겪은 후 치유하기 힘든 상처를 남기고 일단락된 지경이었다.37)

몽양 여운형은 자신이 사장으로 있던 ≪중외신보≫에 정계은퇴를 밝히면서 자기비판서를 발표했다.

> 좌익 3당합동문제가 제기된 이래 지도층의 경륜부족과 기술빈궁으로 이러한 오해와 충돌은 결국 좌익진영에 커다란 분열을 초래하였으니 이에 관하여 누구보다도 내 자신이 그 책임을 느끼게 되어 남로·사로 양당의 무조건 통일을 주장하였으나 성공치 못하고 최후로는 사로를 해체하고 남로에 통일하기를 간청하여 이것마저 실패하고 말았다.
> 합작운동은 전민족 통일을 의도함이요, 3당합동은 혁명역량을 단일화하려 함이다. 그러나 현상은 근본의의와는 정반대의 방향으로 나가고 있다. 이러한 국면을 타개치 못한다면 우리의 전도는 실로 암흑이다.38)

8. 근로인민당 시기

정계은퇴 이후 북한을 방문하고 강원도 원주에서 요양중이던 여운형은 3당합동으로 출현한 사로당이 계급적 편향성을 지양하지 못하고 오히려 인습적인 파쟁을 첨예화시켰기 때문에 대중정당으로서의 역할을 하지 못하고 있다고 판단하고 인민당 재건운동을 추진하게 되었다.39)

---

37) 정병준, 앞의 책, 367쪽.
38) ≪독립신보≫, 1946. 12. 5.
39) ≪경향신문≫, 1946. 12. 12.

1947년 4월 12일 신당준비위원회를 대표하여 여운형은 "합당문제를 계기로 혼란에 빠진 민주진영을 수습하기 위해 사로당 인민당 재건위까지 해산했는데, 이는 민주진영 강화를 위한 자기청산"이라고 주장했다.40)

근로인민당 준비위원회는 4월 26일 준비위원장 여운형의 명의로 발표된 창립선언에서, "건국의 위업을 완성할 것을 임무로 하고 노동자, 농민, 소시민, 전 근로인민과 거국적 정의인사의 전위당으로서의 창립"을 공표했다. 그리고 당의 기본적인 정치노선 네 가지를 다음과 같이 규정했다.41)

    1. 미·소 양국에 공정불편한 정책을 취하며,
    2. 민족통일을 기초로 한 신흥국가로서 표현되어야 하며,
    3. 봉건적 생산관계의 철저한 소탕과 개인적 창의를 허용하는 민주주의적 신경제체제를 수립하며,
    4. 민족의 우수한 문화를 계승·발양한다.

근로인민당은 노동자, 농민, 소시민 3계층의 공고한 제휴와 단결 없이는 현재 당면하고 있는 민주혁명의 사업은 성취될 수 없다는 전제하에서 이 3계층을 포용하여 통일적 조직으로 하는 것을 목표로 했으며, 이러한 공동전선을 근민당은 '인민전선'이라고 파악했다. 그리고 이 인민전선은 단계급전선이 아니라 복계급전선이며, 이를 영도하는 것도 단계급정당으로는 안되며 복계급정당이어야 한다고 주장하는 유연한 입장을 보였다. 이는 인민전선을 영도하는 정당은 다양한 인민의 전위로서 구성되어야 한다는 것으로, 그 이유는 계급의 정당이 아니라 인민의 전위당이 되어야 하기 때문이라고 설명하면서, 근민당의 인민전선적 성격을 강조했다.42)

근로인민당은 현실적인 공동투쟁과업이 계급과 사상 여하를 불문하고 애국애족하는 양심적인 조선인민이면 누구나 승인하지 않을 수 없는

---

    40) 《독립신보》, 1946. 4. 13.
    41) 《독립신보》, 1947. 4. 27.
    42) 《중외신보》, 1947. 5. 21.

투쟁과업을 제시해야 한다고 주장하면서, 그 실례로서 근민당은 반파쇼전선, 반제국주의전선, 반봉건주의전선, 반친일파 민족반역자전선에서 누구나 공동투쟁할 수 있으며, 이것이 민주단결을 가능하게 하는 기초라고 주장했다.43) 이 과업을 인민적 민주주의로 파악하면서, 근민당은 이것을 사상을 뛰어넘는 보편타당한 민주주의이며, 양심적 인민이면 누구든지 발견할 수 있는 이 민주주의는 인민노선을 체계화·구체화할 수 있고 정치변혁을 실천할 수 있는 강력한 물질적 기초라고 분석했다.44)

이 인민적 민주주의노선은 여운형이 일관되게 견지해 온 진보적 민주주의의 주요 내용을 그대로 담고 있다. 여운형은 자본가의 독재로 귀결되는 부르주아민주주의와의 차별성을 강조하기 위하여, 노동자와 농민 등 근로대중의 이익이 보전되고 소시민 자본가와 지주까지 참여할 수 있는 인민전선적 민주주의를 진보적 민주주의라고 했다.45)

9. 여운형 현실주의 정치노선의 특징: 대중정당노선과 민족통일전선전략

지금까지 몽양 여운형이 해방 직전 건국동맹 시절에서 건국준비위원회, 조선인민당, 근로인민당 등을 통해 활동하고, 이 과정에서 정당통일운동과 3당합동, 좌우합작운동 등을 일관되게 실천하고 추진해 온 궤적을 살펴보았다. 해방정국에서 드러난 여운형의 정치활동과 정치노선을 이론적으로 재구성하고 평가하는 작업은 분명 용이한 일이 아닐 것이다. 곰곰이 살펴보면, 해방정국에서 차지하는 여운형의 정치노선의 비중이나 상상하기 어려운 적극적 정치활동에 비해 여운형이 어떤 체계적인 이론이나 저작을 남긴 것은 아니며, 또 그의 글들 또한 단상이나 연설문 형식이 다수임을 알 수 있다. 더구나 여운형의 정치노선에 대한 다양한

---

43) 《중외신보》, 1947. 5. 17.
44) 《중외신보》, 1947. 5. 18.
45) 김오성, 「민주주의와 인민전선」, 108-111쪽. 김광식, 앞의 글, 213쪽에서 재인용.

평가나 스트레오타입식의 평가 또한 몽양의 정치노선을 변혁사상의 관점에서 투사하는 데 커다란 장애가 된다. 큰 맥락에서 되돌아보건대, 냉전구조 하에서 미·소 양국이 세계재편의 모델을 시험하고 강요해 가는 '패권적 원심력의 구도' 하에서 한반도, 그것도 남한에서 국내세력이 행사할 수 있는 역할이나 비중은 애시당초 제한적이었다. 이러한 외세주도의 원심력이 막강한 회오리를 일으키는 상황에서 국내세력이 결집하고 대동단결해도 그 소용돌이에 저항하거나 그것을 막아내기란 지난했을 터이다. 그런데 하물며 적지 않은 국내세력들이 이 원심력에 편승하고 심지어 외세주도의 원심력 구도의 정착을 가속화시킨 상황을 떠올린다면, 자주적 민족통일국가라는 확고한 목표를 지향하기 위해서 진보적 민주주의에 기초한 (다소 진보적인) 대중정당을 발판으로 민족통일전선(좌우합작, 정당통일, 4당합당, 3당합동, 남북연합) 전략을 일관되게 실현하고자 했던 여운형의 노선은 현실적 물꼬를 역전시키려는 힘겨운 투쟁으로 보일 수밖에 없다. 모든 세력과 현실이 분열되고 분해되는 막강한 원심력의 회오리 속에서 자주민족통일국가 형성의 구심점을 자처하고 통일전선적 구심력을 형성하려 했던 여운형 노선은 오늘의 현실에서 보면 너무나 정당하고 정확한 행로였지만, 당시의 현실에서 보면 형해화되고 분해되어 버릴 수밖에 없는 힘겨운 여정이었던 것이다. 여기에 여운형의 정치노선과 변혁사상의 딜레마가 존재한다.

여운형의 정치노선에서 분명하게 드러나는 것 중의 하나는 대중정당 노선이다. 여운형의 조직관은 건국동맹의 결성 때부터 일관성 있게 추진되어 온 방식으로서, '국내 각계각층의 동지들을 규합해 하부조직을 만들고, 이를 토대로 전민족적인 연합전선'을 결성하는 것이었다. 건국준비위원회에서는 '진보적·민주주의적 제세력을 결집하기 위해 각층각계에 완전히 개방된 민족통일전선'을 표방했다. 그러나 건국준비위원회 시기에 신간회 계열과 우익진영과의 갈등 때문에, 또 인공시기에는 좌익의 과도한 주도권 다툼으로 민족통일전선의 성격은 다소 약화되었다. 이런 상황에서 여운형은 민족통일전선을 지속적으로 추진할 수 있는 토대를 필요로 하게 되었으며, 그 결과 조선인민당을 결성했다. 조선인민당은

'각계각층의 인민대중을 중심으로 하여 완전한 통일전선으로 전개하여 완전독립과 민주주의국가 실현의 완수'를 추구해 갈 것이라고 선언했다. 여운형은 이 인민당을 반동분자만을 제외한 노동자, 농민, 소시민, 심지어 지주까지도 포괄하는 전 인민을 대표하는 대중정당이자 좌익중간당으로 규정했다. 여운형은 인민당을 통해서 통일전선의 구축과 정당통일운동을 일관되게 추구했으며, 어떤 정파나 사상에 관계 없이 민주주의국가의 건설만을 목표로 했다.

이러한 여운형의 노력은 민주주의민족전선의 결성으로 이어졌다. 이 민전의 결성에 대해 여운형은 이 민전은 계급이 다르고 계층이 다른 구성원들로 조직되었기 때문에 각 계층을 대표한 정당과 단체가 있으며, 현실적으로 필요한 것은 사상의 통일이 아니라 민족과 국가의 이익을 위한 행동통일이라고 주장했다. 그러나 이 민주주의민족전선 또한 우익진영을 포괄하지 못하게 되었다.

여운형은 계속해서 좌우합작과 3당합동을 추진시켜 나갔다. 3당합당은 프롤레타리아의 전위만이 아닌 광범한 인민의 대중정당으로 일원화를 강화하고 광범한 인민적 민주건국 과업을 수행하는 노선임을 천명했다. 여러 가지 난관 속에서도 여운형은 좌우합작을 추진하여 좌우합작 7원칙을 발표하기에 이르렀으나 여운형 자신의 납치사건, 좌익의 강한 반발 등으로 인해 성격이 다소 퇴색되었다. 정계은퇴 선언과 칩거생활, 북한방문 이후 여운형은 자기 생애에서 마지막 활동이 되는 근로인민당을 결성했다. 이 근로인민당은 노동자, 농민, 소시민의 3계층 제휴를 통해 민주혁명을 완성하는 것과 이 3계층을 포용하여 통일적 조직으로 하는 것을 목표로 했으며, 이 공동전선을 '인민전선'으로 규정했다. 특히 여기서 흥미로운 것은 다양한 전선을 통해 공동투쟁이 민주단결을 가능하게 하며 이 과업을 인민적 민주주의라고 파악했다. 여운형은 통일전선체를 중심으로 미국과 소련 양대국과 대등하게 협상에 임하려 했으며, 또한 미국과 소련에 대해 거의 동등한 입장을 취했던 것으로 보인다.

10. 여운형 변혁사상의 구조와 성격: 지향과 방법간의 내적 긴장

일제시대부터 해방 후에 이르기까지 좌우합작 혹은 좌우연합운동은 좌우익 양측에서 다양한 이론적 근거를 제공해 왔다. 조소앙과 안재홍 등은 "사회주의로부터 평등주의적이며 민중 중심적인 요소를 비판적으로 수용함으로써 사회주의와 연합전선을 형성할 수 있는 이념"을 제시했으며 다른 한편으로 "1920년대 중반 사회주의자들의 민족협동전선론이나 해방 이후 백남운의 '연합성' 신민주주이론, 배성룡의 좌우연합론과 '신형' 민주주의론 등도 사회주의자와 민족주의자의 연합전선 가능성을 모색한 노력들이었다.[46] 특히 좌우합작에 의한 통일전선전략은 "일제 식민지시대의 독립운동전선에서 형성되어 가던 민족연합전선 운동의 연장으로서, 좌우 대립을 해소하고 광복 후 통일민족국가를 건설해 가고자 하는 방법론에서 주요한 맥을 잇고 있었다."[47] 또한 여운형의 변혁사상은 중도진보의 이데올로기적 스펙트럼을 반영하기도 하는 것으로서 "프롤레타리아혁명에 대한 집착이 상대적으로 옅었고, 양심적인 지주·자본가를 동맹세력으로 설정하는 등 전술적으로도 제휴의 폭이 넓고 배제범위가 좁았던" 것으로 평가된다."[48]

이렇듯 여운형의 변혁사상은 자주적 민족통일국가라는 지향을 다소 진보적인 동시에 중간적 성격을 가지는 대중정당을 발판으로, 그리고 민족통일전선을 통하여 성취하고자 하는 구조를 가지고 있다. 대중정당에 관한 여운형의 입장은 일관되고 분명하지만, 현실적으로 세력의 구축에서는 애매했다고 볼 수 있다. 자본가계급과 지주 중심의 한민당, 무산자

---

46) 김기승, 『한국근현대사회사상사연구: 배성룡과 진보적 민족주의론』, 신서원, 1994, 15쪽.
47) 강만길, 「좌우합작운동의 경위와 그 성격」, 『한국민족주의론』 II, 창작과 비평사, 1983, 107쪽.
48) 정영훈, 「광복후 중도 민족세력의 정치사상」, 『한국의 정치와 경제』, 제5집, 한국정신문화연구원, 1994, 203쪽.

계급을 조직하고자 하는 공산당 사이에서 여운형이 일관되게 주창해 온 중간정당의 위상과 세력은 그렇게 뚜렷하지 못했다. 하지만 이 중간적 위상의 대중정당노선은 분명 여운형의 정치적 현실주의와 밀접하게 연관된다. 굳이 스포츠맨, 웅변가, 언론인, 외교가로서의 그의 탁월하고 인간적인 면모를 들먹이지 않더라도, 여운형은 신의와 명망, 원칙과 포용력을 겸비한 성격의 소유자였음은 누구나 동감하는 바이다. 여운형에게 자주적 통일국가의 건설을 대중정당이라는 정치적 현실주의를 통해 성취함에 있어서 통일전선을 통한 '연대'의 시도는 주요한 매개적 고리이자 전략이었던 것이다.

해방정국에서 외세라는 거대한 원심력적 존재가 있고, 이 소용돌이 속에서 각 정파와 정치세력들이 양극화되면서 갈등과 대결의 길로 치닫는 상황에서, 계급과 사상을 넘어선 포괄적인 근로대중인민의 중간적 대중정당이라는 현실적 노선과 모든 정치세력과 정당을 연대·제휴시키려는 통일전선이라는 이론적 노선은 상호보완적으로 작동하기 힘들었다. 유기철의 해석처럼, "양극단의 세력들과 가능한 범위까지 제휴하고 그러한 극단적 이데올로기를 제3의 이데올로기, 중간노선을 매개로 융합시키려 하였지만 오히려 그의 중간노선을 배제하고 입지의 장을 박탈하는 결과로 나타났던 것이다."[49] 대립과 분열의 양극화가 가속화되고 상호 상승하는 원심력 구도 하에서 중간적 대중정당노선과 연대(제휴) 지향의 통일전선전략은 서로를 약화시키고, 결국은 여기서 배제되는 결과를 가져왔다. "그(여운형)의 중간노선이 제3의 이데올로기 혹은 완충적 이데올로기의 창출이라기보다는 오히려 양극단 이데올로기로의 분립·이탈에 따른 '잔여 이데올로기'로서 존재할 수밖에 없었던 이유는 '혁명'과 '반혁명'이 첨예하게 대립되어 있던 해방정국의 상황에서 계급적 기반을 결여하고 따라서 현실적으로 어떤 구체적 집단의 행태나 사고를 규정할 구속력을 결여하고 있었기 때문"이었던 것이다.[50]

---

49) 유기철, 「해방정국과 여운형의 정치노선」, 『한국현대정치사』 1, 실천문학사, 1989, 382-383쪽.
50) 유기철, 앞의 글, 383쪽.

모든 정치세력과의 융합을 지향하는 여운형의 입장은 이 융합과 연대의 통일전선체를 중심으로 "외세를 마찰 없이 배제했을 때에만 통일민족국가의 건설이 가능하다는 현실인식"에 기초하고 있다고 이해된다.[51] 따라서 여운형의 정치노선의 두 축인 대중정당노선과 통일전선전략은 외세의 원심력 구도와 국내 정치세력의 양극화에 직면하여 현실적 토대와 세력의 공고화와 확장이 아니라, 해방공간에서 (자주적이고 거국적이며 반외세의 민족통일전선의 확고한 뿌리내림 없이는) 거의 불가능해 보이는 민족통일국가를 지표로 하는 구심점을 향해 가는 과정에서 분해되고 배제되는 지점에 이르게 되었다. 김광식에 의하면, "분단이 진행되어 가는 상황 속에서도 그(여운형)가 동시에 추구했던 융합과 변혁은 상호 모순으로 나타나게 되었다".[52]

이러한 점들을 고려할 때, 여운형의 변혁사상을 기존의 이데올로기나 사상의 틀을 통해서는 제대로 이해하기 힘들다. 만약 민족의 완전한 독립과 자주적 민족통일국가의 건설이 민족주의의 주요한 좌표라면, 여운형은 분명 민족주의자의 범주에 속한다. 그러나 해방 직후 외세의 원심력 구도와 국내의 양극화 흐름이 분단고착으로 치닫는 때에 여기에 편승고 이를 가속화하는 것을 주저하지 않았던 대다수 '한국적 민족주의자'와 여운형은 분명 다르다. "현실을 은폐하고 현상유지를 위한 민족주의를 추구한 것이 아니라",[53] 자주적 민족통일국가의 건설을 위해 이데올로기와 사상에 관계 없이 각 계층과 계급, 각 정파와 정당으로 구성되는 '대동적' 통일전선을 지향하는 민족주의자였던 것이다.

이런 맥락에서 여운형의 변혁사상은 자주적 통일민족국가라는 확고한 지향과 목표를 성취하기 위한 현실적 토대로서 중간적 대중정당노선과 이론적 매개로서의 좌우합작에 의한 통일전선전략 간에는 내적 긴장이 존재하는 것처럼 보인다. 이 문제는 다음과 같은 몇 가지 관찰과 밀

---

51) 김광식, 「해방 직후 여운형의 정치활동과 '건준' '인공'의 형성과정」, 『한국현대사』 1, 열음사, 1985, 222-223쪽.
52) 김광식, 앞의 글, 223쪽.
53) 김광식, 앞의 글, 223쪽.

접하게 연관된다. 첫째, 해방 직후의 상황은 미·소 양국에 의한 원심분리적 추세와 국내세력의 양극화 추세로 특징지어진다. '인민'을 염두에 두었지만 실제로는 소시민과 지식인층이 주력이 되는 조직체에 머물게 될 대중정당노선은 정국을 주도하기에는 그 세력과 영향력이 미미했다고 볼 수 있다. 분열과 대립이 더욱 증폭될수록 이러한 대중정당의 세력과 토대는 더욱 더 약화되어 갈 수밖에 없었다. 사상과 이데올로기와 정파를 초월하여 대다수 인민대중을 중심으로 심지어 지주계급에까지 문호를 개방한 중간적 대중정당노선은 현실적이고 융합적인 성격의 것이었지만, 복잡다단한 해방정국의 소용돌이에 의해 더욱 공고화되고 확대재생산되는 것이 아니라 형해화되고 분해되어 가는 운명에 처해졌다.

둘째, 좌우합작에 의한 통일전선전략은 이러한 약화되어 가는 대중정당노선에 의해 출발부터 일정한 한계를 안게 되었다. 대중정당의 구심점을 축으로 이를 더욱 공고히 하고 확산시키려는 구도를 갖는 통일전선전략은 약화되어 가는 구심점의 위상 때문에 흔들리고 불안정해질 수밖에 없었던 것이다. 또한 통일전선전략에 관한 한, 과연 이 전략이 계급이나 정향과 무관하게, 또는 이런 차별성을 극복하여 조직되고 발전되어 갈 수 있느냐 하는 문제가 재차 제기되지 않을 수 없다. 더구나 그나마 성공할 수 있었던 통일전선의 사례는 주로 제국주의세력을 공동의 적으로 하는 반제통일전선이었음을 고려한다면, 해방 직후 미·소 양국이 거의 국가의 위상을 갖는 영향력을 가지고 주도권을 행사하는 국면에서, 이들 양대국에 대한 협상파트너로서 작동할 수 있는 통일전선이란 한층 더 지난한 과제가 될 수밖에 없었다. 공동의 목표나 적도 존재하지 않고, 계급적·정향적으로 아주 차별적인 세력들이 구성하는 통일전선이 설사 형성되었다 하더라도 얼마나 지속적으로 영향력을 발전시켜 갈 수 있었는지도 의문스럽다. '건준'이나 '인공', '민전'의 경우에서 보듯이, 주로 우익진영이 배제된 채 좌익진영만 참여하는 사례가 많았으며, 이런 경우에도 여운형과 그의 세력이 확고하게 주도권을 행사하지는 못했던 것이다.

셋째, 바로 이런 관점에서 중간적 대중정당노선과 통일전선전략은 상호보완적인 구조를 가지지 못했던 것처럼 보인다. 구심점으로서의 대중정당이 토대로서 운동하고 통일전선을 통해 이 구심점이 더욱 두터워지고 공고해지는 방향과는 거리가 멀기 때문에, 외세 주도의 원심력과 국내세력의 양극화에 적극적으로 저항해 갈 수 없었다. 상호 보완적이지 못한 대중정당노선과 통일전선전략의 구도는 국내정치의 분열과 양극화 현상에 의해 더욱 상호 저해적으로 작동했으며, 미·소 양대국의 원심분리 추세에 대해서는 어떤 의미있는 입장을 취할 계제가 못되었다. 이러한 관점을 그림으로 나타내면 다음과 같다.

<그림> 해방정국 하의 여운형 변혁사상의 구조

```
                    ↑
                   분열
                    ↑
        ←  ┄┄┄┄┄┄┄┄┄┄┄┄┄┄┄  →
외세원심분리력 ←    ○    → 외세원심분리력
        ←  국내양극화  대중정당  국내양극화  →
                    ↓
                   분열
                    ↓
```

11. 결론에 대신하여

외세로부터 주어진 '미완의 해방'은 우리 민족에게 잠시의 기쁨 속에 해결하기 어려운 많은 과제를 부과했다. 민족해방과 민주변혁을 통한 자주적 민족통일국가의 완성의 길로 무리 없이 항해하기에는 우리 민족이 강요받은 현실이 너무 험란했고 너무 많은 장벽이 놓여 있었다. 외세 주도의 원심분리의 힘은 막강하였다. 여기에 저항하거나 맞설 수 있는 길은 하나밖에 없었다. 공동의 목표를 꾀하고 공동의 적에 대처하기 위해서 민족이 대승적으로 대동단결할 수 있는 길이란 대중성이 강한 다계급적인 통일전선 외에 다른 길이 있을 수 없었다. 만약 자주적 민족통일국가의 수립이 모든 정파와 세력의 공동의 확고한 목표였다면 이런 통일전선의 구축도, 또 이를 바탕으로 외세에 대한 대등하고 떳떳한 대응과 협상은, 그 결과를 낙관할 수는 없지만 일단 가능했을 것이다. 여기까지 여운형 정치노선의 낙관적 현실주의는 충분한 근거를 가지고 또 그만큼 정당한 것이기도 했다.

그러나 여운형에게 구심점이 되는 대중정당의 기반은 양극화와 분열로 치닫는 국내상황에서 취약했으며 갈수록 형해화되어 갔다. 이런 토대 위에 구축된 통일전선 또한 어떤 실질적인 헤게모니를 행사하기에는 역부족이었다. 지극히 취약한 토대 위에 형식적으로만 존재하는 통일전선으로 외세의 원심분리 압력과 국내의 양극화 추세를 돌려놓은 것은 고사하고 거스르기도 힘겨운 것이었다. 이런 상황에서 자주적 민족통일국가의 기치는 더욱 더 멀어져 갈 수밖에 없었다. 여기에 여운형의 변혁사상이 정치적 이상주의로 흐르도록 강요받게 되는 대목이 있다.

"여운형은 다양한 정치적 역량들과의 제휴를 통하고 스스로의 정치적 입장을 융통성 있게 적응시키면서 통일국가 건설을 꾀한 정치적 현실주의자였지만 때로는 정확하지 못한 수준에서의 제휴 노력까지 고집하는 이상주의에 치우치기도 하였다. 게다가 이러한 제휴 노력은 변혁을 위한 확고한 전략과 전술의 근거 위에 서지 못함으로써 동태적 계급동맹으로 나아가지 못한 채 좌우의 실세가 배제된 평면적 결합에 불과했다. 또한 그의 중간노선은 그것을 지탱해 줄 계급적 근거를 갖지 못함으로 인해서 '잔여 이데올로기'로 협소화될 수밖에 없었다."[54]

---

54) 유기철, 앞의 글, 384쪽.

자주적 민족통일국가라는 지향과 대중정당노선이라는 현실적 토대와 통일전선의 매개적 전략으로 구성되는 여운형의 변혁사상에는 '긴장'이 존재한다. 그러나 상호 보족적이지 못한 이 '긴장'은 외부로부터 강요된 성격을 갖는다. 부연하거니와, 대중정당을 토대로 좌우합작에 의한 통일전선을 통하지 않고 자주적 민족통일국가를 성취할 수 있는 어떤 길이 존재한다고 할 수 있겠는가. "미·소 점령군의 힘이 절대적인 상황에서 두 나라의 체제 이해관계와 연결된 극우·극좌세력이 좌우합작을 반대하는 한 민족통일전선 형성은 지난한 작업이 될 수밖에 없었던 것이다."[55] 그렇다면 여운형 변혁사상에 대한 다양한 평가나 상반된 훼예(毁譽)는 기실 여운형이라는 인물과 그 비극적 시대와의 관계를 총체적으로 파악하지 못한 데서 나왔을 가능성이 크다. "여운형의 다면적 모습은 바로 한국현대사의 우여곡절이 그에게 강요한"[56] 것의 표출에 다름 아니다.

여운형의 정치노선과 변혁사상에 대해 생각하기 시작할 때부터 나는 시공은 현격히 다르지만 칠레의 살바도르 아옌데를 줄곧 떠올렸다. 주지하다시피, 아옌데는 공산당, 사회당, 급진당, 사회민주당, 통일인민행동운동, 독립인민행동당 등으로 구성된 인민연합(Unidad Popular)을 통해 대통령에 당선되었다. 이후 아옌데의 인민연합정부는 급진적인 반미(反美) 사회주의 변혁노선을 실천해 나갔다. 아옌데 정부는 미국인 소유 구리회사의 국유화를 비롯해 주요기업의 국유화, 토지개혁의 가속화, 큰 폭(약 30%)의 임금인상을 포함하는 재분배정책, 어린이에 대한 우유공급을 포함하는 다양한 사회복지사업, 그리고 쿠바를 포함한 사회주의국가와의 외교관계 수립 등 독자적인 칠레식 변혁의 길을 과감하게 추진

---

55) 서중석, 앞의 책, 614쪽. 서중석은 "좌우합작운동은 반드시 성공할 것이라고 믿고 한 것만은 아니었다. 그것의 추진에는 내외의 조건으로 국토의 분단과 민족의 분열을 당장에는 막아내지 못한다고 하더라도, 극좌극우노선에 의해 양극화된 민족내의 대립을 중화시키고 약화시켜 상호간의 증오와 살상을 최소화하여야 한다는 판단도 작용하였다. 나아가서 좌우합작운동의 강화는 미·소의 초강대국 권력정치와 체제경쟁에 의해 한반도가 어쩔 수 없이 분단된다 하더라도, 남과 북에 보다 유연성 있는 민주세력이 집권할 수 있는 기반을 마련할 수 있고, 그것에 의해 민족재통합의 작업을 펴나갈 수 있으리라는 비전이 함축되어 있었다"고 평가하고 있다.

56) 정병준, 앞의 책, 9쪽.

해 나갔다. 여기에서 아옌데와 그의 인민연합정부에게 어떤 일이 일어났던가에 대해서는 자세히 논하지 않겠다.[57] 닉슨 정부과 미국기업의 집요한 공작과 위협, 국내세력 및 계급 양극화, 자본가계급에 의해 주도되는 적극적이고 치밀한 사보타지, 나아가 극좌세력과 공산당세력으로부터의 신랄한 비난과 방해공작, 그리하여 결과적으로 합법적이고 타협적인 방식에 의한 사회변혁을 추구한 아옌데 인민연합정부는 미국과 국내의 양극화된 세력의 공공연한 혹은 암묵적인 지원하에 감행된 피노체트의 군사쿠데타에 의해 3년을 채우지 못하고 몰락했다.

물론 시공이 현격하게 다른 몽양 여운형의 노선과 아옌데의 노선을 단순하게 비교할 수는 없다. 그러나 둘 사이의 몇 가지 공통점은 눈에 띈다. 진보적이지만 계급 배타적이지 않은 인민지향의 노선, 자기세력의 구축보다도 연합(통일)전선의 구축에 대한 상대적인 집착, 목표에 대해서는 확고하고 비타협적이지만 그 수단과 전략에 있어서는 유연하고 타협적인 입장, 정치적 타협주의와 현실주의에서 출발하지만 악화되는 현실의 상황을 동태적으로 파악하지 못하는 나이브함과 이상주의의 혼효 등은 여운형과 아옌데의 변혁사상에 같이 자리잡은 특징처럼 보인다.

여운형의 변혁사상은 건국동맹과 건국준비위원회를 통해 자주적 민족통일국가라는 확고한 지향을 설정하고 이를 추진해가는 구심력의 중심이 되고자 했다. 그의 신념처럼 국내의 모든 정치세력이 대동단결된 통일전선을 구축했다면 미·소를 대상으로 대등한 협상을 추진해 나갈 수 있었을 것이다. 외세가 주도하는 원심분리의 추세와 이에 편승한 국내세력의 양극화, 분열 및 대립구도는 중간적인 대중정당을 토대로, 민족통일전선을 매개적 전략으로 민족의 절대절명의 과업으로 나아가는 여운형의 변혁사상의 추동력을 반감시켰다. 그의 변혁사상에서 지향과 수단 사이에, 그리고 현실적 기초와 매개적 전략 사이에는 외부로부터의

---

57) 아옌데 인민연합정부의 붕괴에 관한 가장 리얼하고 극적인 영화는 엘비오 소토 감독의 「산티아고에 비가 내린다(Rain in Santiago)」일 것이다. 헬멧과 기관총을 든 아옌데가 쓰러져가고 미국과 연계된 피노체트 군대에 의해 대통령궁인 모네타궁이 폭격으로 폭파되는 장면들이 실감나게 묘사되고 있다.

균열이 강요되었다. 대중정당노선에 기초하고 좌우합작에 의한 민족통일전선을 통하지 않은 자주적 민족통일국가의 실현이란 불가능하다면, 현실적 선택은 분명하다. 외세에 편승하고 국내의 분열의 물줄기를 따라가는 자파 이득의 쟁취, 이것과 병존할 수 있는 한도 내에서의 목표 수정, 즉 단독정부 수립이다. 애시당초 이같은 현실주의적 선택은 여운형의 정치적 현실주의와는 그 성격이 전혀 다르다. 여운형의 현실주의는 완전한 민족독립과 자주적 민족통일국가라는 절대적인 지향을 향해가는 한에서 민족의 다양하고 차별적이고, 심지어 보수적인 세력까지도 포괄하려는 현실주의였던 것이다. 여운형의 변혁사상이 내포하는 이 융합적이고 타협적인 정치적 현실주의는 자주적 민족통일국가 건설이라는 지향을 변질시키지 않고는 실패할 수밖에 없는 것이었다. 이런 맥락에서 여운형의 변혁사상을 구성하는 지향과 수단, 그리고 매개적 고리는 내재적인 긴장관계에 놓여 있을 수밖에 없었다.

하지만 피살된 여운형, 그리고 기관총을 들고 싸우다 쓰러진 아옌데, 그들에 관해 쉽게 답해질 수 없는 질문이 이 시점에서도 꼬리를 문다. 그들이 처한 현실을 지금에야 떠올리면, 결과적으로는 실패했지만 몽양과 아옌데의 타협적 현실주의노선은 형용모순이 아닌가. 현실의 다기한 측면들을 고려하고 가급적 포괄적이고 타협적인 통일전선을 구축하려던 그들이 실패한 것은 거센 현실 때문인가, 대의명분에의 집착 때문인가. 이 둘 사이에 절충점으로 존재하지 않았던가. 타협적이고 현실적인 그들에게 원대한 정치적 비전과 정치적 이상주의의 근거는 또 어디서 연유하는가. 그들의 실패는 정치적 현실주의자로서의 실패인가, 아니면 정치적 이상주의자로서의 실패인가. 그들의 변혁사상은 민족적 지향을 위한 현실적 장벽의 극복이 아니라 애시당초 정치적 비관주의로 귀결될 수밖에 없었던 것은 아닌가.

청년의 마음, 정당통합을 위한 행보
몽양과 조선인민당

심지연
(경남대 정외과 교수)

1. 문제제기

　몽양 여운형 서거 50주년을 맞아 몽양의 생애와 업적을 재조명해보는 것은 의미있는 일이라고 생각된다. 일제 식민통치를 분쇄하기 위해 국내외에서 온갖 노력을 아끼지 않았던 몽양의 독립정신을 기리고, 해방 후 국토의 분단과 민족의 분열을 막기 위해 혼신의 정열을 기울였던 몽양의 청년정신을 되살리는 것이 오늘날의 난국을 극복하는 지름길이 되리라고 생각하기 때문이다. 독립을 쟁취한다는 각오로 치열한 국제경쟁에 대비해야 하며, 청년과 같은 마음가짐으로 통일을 대비하는 것은 시대적인 요청이기 때문이기도 하다.
　조선인민당(이하 인민당)은 해방 후 몽양이 과거 건국동맹 시절의 동지들을 규합하여 결성한 것으로, 중도적인 입장에서 좌우를 수렴하여 정국의 안정과 통일을 실현하려고 했다. 당시 한반도문제를 해결하는 데 있어 중도노선은 바람직한 것이라고 평가되나, 인민당이 견지했던 이 노선은 미·소 양군의 주둔으로 이데올로기가 양극화되는 현실과는 조화될 수 없었다. 민족적 역량에 비해 지나치게 비대했던 외세는 자국의 이데올로기에 충실한 집단과 제휴하고 그 밖의 집단은 배척하는 상황이었기에, 어느 한 나라에만 편향될 것이 아니라는 몽양의 입장은 양측으로부터 견제의 대상이 되었기 때문이다.

이처럼 불리한 여건에 처해 있음에도 불구하고, 인민당은 당시 대두한 민족문제와 계급문제를 포함한 제반 모순의 해결을 위해 모든 노력을 아끼지 않았다. 그리고 정치적인 문제가 제기될 때마다 대안을 제시하여, 양 진영의 극단론을 피하고 중도적인 입장에서 민족의 이익을 최대한 실현하려고 했다.

극단화되어 가는 정치현실 속에서 인민당의 노력은 가시적인 성과를 거두지는 못했지만, 그 후 전개된 현대사의 흐름을 볼 때 재평가하지 않을 수 없다고 생각한다. 양극화로 인해 초래될 민족적 비극을 예견하고 사전에 이를 방지하려고 했던 것이 인민당의 정책과 노선이었기 때문이다. 이러한 노선의 실현을 위해 가장 노력했던 인물이 당위원장인 몽양이었으며, 몽양의 정치이념은 그를 추종했던 당원들을 통해 현실화되었고 많은 공감을 불러일으켰다.

한국정치사에서 이러한 위상을 지니고 있기에 몽양과 인민당에 관한 연구는 중대한 의미를 지닌다. 민족적 비극을 종식시킬 수 있는 방안을 마련하는 데 도움을 줄 수 있으며, 또 민족적 비극을 발전적으로 해소시킬 수 있는 방안을 찾을 수도 있을지 모르기 때문이다.

2. 창당경위 및 배경

건국동맹은 1945년 11월 2일 임시총회를 열고, 명칭을 조선인민당으로 개칭하기로 결의했다. 건국동맹은 일제시대 지하운동을 했던 단체로서 그 규모와 성격이 해방 후의 현실에 그대로 적용할 수 없는 것이라고 판단했기에, 문호를 개방하여 대중적인 정당으로 새로 발족하기로 한 것이다. 일제시대 독립동맹을 비롯한 해외 독립운동단체와도 연락을 맺고 있었고, 군사투쟁까지도 전개하려 했던 것을 자랑스럽게 여기고 있으나,

건국동맹으로서 그 임무를 다 수행했기 때문에 해체하고 정당으로 재출발하겠다는 것이었다.

출범에 앞서 인민당은 모두 7만여 명의 당원을 포섭했다고 발표했으며,1) 인민당의 출발을 계기로 하여 고려국민동맹, 15회, 인민동지회 등의 정치단체가 해산하고 인민당에 합류하기도 했다. 인민당 결성대회는 11월 12일 오후 1시 천도교 기념관에서 이석구(李錫玖)의 사회와 몽양의 개회사, 이여성(李如星)의 선언 및 강령낭독의 순으로 진행되었다. 이 자리에서 몽양은 정견연설을 통해 인민당이 장차 시행하려고 하는 사항에 대한 견해를 밝혔는데, 그는 건국동맹이 일제와 용감히 싸웠다는 사실을 상기시키고 현단계에서 가장 시급한 것은 군정과의 협력이라고 주장했다.2) 그리고 자치와 평등을 기본으로 하여 입법·사법·행정업무를 추진하며, 앞으로 건설할 조선사회에서 반드시 필요한 다섯 가지 항목으로 국민개로(國民皆勞), 국민개병(國民皆兵), 상호신앙(相互信讓), 공동협력(共同協力), 일치단결(一致團結)을 들었다.3)

몽양과 건국동맹원들이 인민당을 결성한 것은 반민주주의 세력을 극복하고, 진정한 민주주의의 실현을 위해 강력한 민주정권이 수립되어야 한다고 생각했기 때문이다. 그리고 이 정권이 전민족의 총의를 대표하고 그 이익을 보호해야 하며, 이러한 정권이 수립될 때까지 건국준비위원회(이하 건준)는 치안을 자주적으로 유지하며 새 정권을 수립하는 산파적 사명을 다해야 한다고 생각했다.

건준의 해소문제가 제기되었을 때 몽양은 미군정이 인민공화국을 인정하지 않는 데 주목하여, 건준으로 하여금 미군정과의 교섭 등 외교적인 일을 처리하도록 하자는 입장에서 건준의 존속을 주장했었다. 그럼에도 불구하고 건준 중앙위원회가 해소를 결의하자, 몽양을 비롯한 건국동맹원들과 건준 존속파들은 자신의 정치이념을 구체화할 별도의 조직을 결성할 필요를 느꼈다. 그리하여 근로대중을 중심으로 전민족의 해방을

---

1) ≪自由新聞≫, 1945. 10. 26.
2) 朝鮮人民黨, 『人民黨의 路線』(新文化研究所出版部, 1946), 7쪽.
3) 위의 책, 9-10쪽.

실현할 것을 표방하며 인민당의 결성에 나섰던 것이다.

3. 조직과 구성요소

1) 조직

1945년 11월 12일 결성대회를 마친 인민당은 11월 16일 제1회 중앙위원회를 개최하여 집행위원을 선출하고 다음과 같이 부서를 결정했다.4)

총무국장 李傑笑, 당무부장 李如星, 정무부장 李林洙, 재정부장 玄又玄, 경제부장 金志雄, 문화부장 黃 雲, 조직부장 李錫玖, 선전부장 金午星, 노동부장 金世鎔, 청년부장 廉廷權, 부녀부장 申義卿

그러나 이는 11월 25일에 열린 확대위원회에서 바뀌게 된다.5) 중앙당의 조직을 마친 인민당은 당세를 확장하기 위해 지방의 지부조직과 아울러 서울의 지부조직에 나섰으며, 우익진영 내에서도 인민당을 지지하는 사람들을 포섭하기 위해 노력했다. 이러한 작업은 주로 총무부장인 이여성이 담당했는데, 이것이 효력을 발휘하여 임시정부 내의 김원봉, 김성숙, 장건상, 성주식 등이 임정에서 탈퇴해 인민당에 합류하게 되었다.6) 이 중 장건상은 중국에 있던 시절부터 친분이 있던 몽양을 만나 임

---

4) ≪朝鮮人民報≫, 1945. 11. 17.
5) 이날 바뀐 내용은 다음과 같다.
△총무부장 李如星 차장 李傑笑, 당무부; 玄又玄 申慶植 李宇宰, 정무부; 金世鎔 韓 鎰 崔吉濬, 재정부; 李林洙 金萬壽 朴容七, 경제부; 宋乙秀 姜時種 玄 文, 문화부; 黃 雲 崔秉喆 鄭 潤, 조직부; 李錫玖 金演義 金振國 廉近鏞, 선전부; 金午星 尹敬喆 洪昌구 韓錫五, 노동부; 李相燾 李殷植 金錤鎔, 청년부; 廉廷權 張 權 金鉉國 玄東旭, 부녀부; 申義卿 金 溫 李華卿 李마리아
△감찰위원장 金振宇, 부위원장 李萬珪, 심리부장, 金振宇, 감찰부장 呂運一
≪朝鮮人民報≫, 1946. 11. 26.

정을 떠나게 되었으며,7) 후일 인민당의 부위원장으로 활동하면서 몽양과 같은 정치노선을 견지했다.

　인민당의 지방조직으로는 전남지역과 경북지역이 가장 강했으며, 그 다음으로 경남과 경기지역을 들 수 있다.8) 이처럼 중앙과 지방에서 조직확대에 주력한 결과, 인민당은 1946년 7월 23일 현재 60개 지부를 결성했으며, 결성을 준비중에 있는 곳이 44군데나 된다고 발표했다.9) 당원수에 있어서도 7만여 명으로 출발한 당원이 1945년 12월에는 12~13만 명으로,10) 그리고 1946년 4월에는 18만 명으로,11) 다시 그 해 5월에는 30만 명이라고 발표되었다.12)

2) 구성요소

　한민당이 자산계급을 대표한 계급정당이고 공산당이 무산계급을 대표한 계급정당이라면, 인민당은 반동분자만을 제외하고는 노동자, 농민, 소시민, 자본가, 지주까지도 포괄한 전 인민을 대표한 대중정당임을 자처했다.13) 이는 어느 한 계급의 이익만을 대변하는 정당이 아니라, 소수의 친일파 민족반역자와 같은 반동세력을 제외하고는 전체의 이익을 대변하겠다는 것이었다. 반동세력의 구체적인 분류로서 인민당은 일제에 정치적으로 협력하여 근로대중의 부(富)와 노력을 착취하여 바친 자, 침략전쟁을 여러 가지로 방조하여 청년의 생명과 민족의 재화를 전쟁에 희생시킨 전범자 등을 열거하고, 이들은 결코 인민당원이 될 수 없다고 단언했다.14) 그리하여 양심적인 자본가나 지주까지도 포용하고 제휴해

---

6) 民主主義民族戰線 編, 『朝鮮解放年報』(文友印書館, 1946), 140쪽.
7) 張建相 外, 『事實의 全部를 記錄한다』(希望出版社, 1966), 424-425쪽.
8) 인민당의 서울 및 지방 조직현황에 대해서는 심지연, 『人民黨硏究』(경남대 극동문제연구소, 1991), 11-14쪽 참조.
9) 『朝鮮解放年報』, 143쪽.
10) 『人民黨의 路線』, 12쪽.
11) ≪解放日報≫, 1946. 5. 1.
12) ≪中央新聞≫, 1946. 5. 13.
13) 『人民黨의 路線』, 2쪽.

서 가장 대중적인 정당으로 발전하여, 국내문제를 현실적으로 해결한다는 포부를 갖고 있었다.15)

인민당으로서는 노동자, 농민, 소시민, 지식층, 중간계급 등 전 인민층에서 혁명세력을 집결하겠다는 것이었는데, 구체적으로는 완전독립과 근로대중의 해방을 인정하지 않는 민족반역자 및 극좌극우의 편향자를 제외한 전 인민의 정당이 되려는 것이었다. 이와 같은 의미에서 인민당은 계급적으로는 중간당을 지향했다고 할 수 있다.

그러나 근로계급의 정당인 좌익정당과 지주·자본가 중심의 우익정당 사이의 중간적 위치에 자신의 토대를 설정한다는 것은 현실적으로 매우 불안정한 것이었고, 인민당도 이 점은 시인했다.16) 정국의 흐름이 노동자·농민의 정당임을 자처한 공산당과 지주·자본가계급의 이익을 대변하는 한민당에 의해 극단화되어 가는 상황에서, 실질적으로 인민당이 뿌리를 내릴 수 있는 계층이란 지식인과 소시민을 비롯한 중간계층일 수밖에 없었다. 그리하여 인민당은 이들 중간층으로 하여금 건국에 적극 협조하도록 요청하는 내용의 담화를 발표하고, 인민당은 단지 특권을 가진 소수가 지배하는 나라가 되어서는 안된다는 것과 민족 전체의 경제발달을 꾀할 뿐이라고 주장했다.17)

그렇지만 사회적으로 중간층이란 언제고 그 신분이 유동적이기 때문에 인민당의 세력기반이라는 것도 확고하지 않아 유동적일 수밖에 없었다. 이러한 구성상의 여건으로 인해 인민당은 안정된 정치적 기반을 구축하기 위해서는 광범위한 인민전선 또는 연합전선을 주도적으로 결성할 필요가 있었다. 이러한 필요성에서 인민당은 민족통일전선의 결성을 끊임없이 주장했던 것이다.

중산층의 생활보장과 아울러 인민당은 애국적인 자본가·지주의 경제부흥운동도 적극 지지한다고 밝혔다. 이들이 기업의 열의를 잃고 사업추

---

14) 金午星, 「朝鮮人民黨의 性格」, ≪開闢≫, 제73호(1946. 1), 46쪽.
15) ≪朝鮮人民報≫, 1945. 12. 8.
16) 金午星, 위의 글, 46-47쪽.
17) ≪朝鮮人民報≫, 1946. 3. 11.

진을 주저하면, 산업의 부흥은 바랄 길 없고 생필품의 증산도 기대할 수 없기 때문에 이들의 기업활동을 적극 조장해야 한다는 것이었다.[18]

4. 강령과 주요정책

1) 강령

인민당은 3개 항의 강령을 내세웠는데, 이는 일제시대 건국동맹의 강령을 해방 후의 실정에 맞게 변형시킨 것이라고 할 수 있다. 건국동맹은 그 강령에서 다음과 같은 3개 항을 내걸고 활동을 전개했었다.[19]

    1. 각인각파를 대동단결시켜 거국일치로 일본제국주의 제세력을 구축하고 조선민족의 자유와 독립을 회복할 일.
    2. 반추축제국과 협력하여 대일연합전선을 결성하고 조선의 완전한 독립을 저해하는 일부 반동세력을 박멸할 일.
    3. 건설부면에 있어서 일체 시위(施爲)를 민주주의적 원칙에 의거하고 특히 노농대중의 해방에 치중할 일.

한편 인민당도 이와 유사한 내용의 강령을 제시했는데, 이를 보면 다음과 같다.[20]

    1. 조선민족의 총역량을 집결하야 진정한 민주주의국가의 건설을 기함.
    2. 계획경제제도를 확립하야 전민족의 완전해방을 기함.
    3. 진보적 민족문화를 건설하야 인류문화 향상에 공헌함을 기함.

여기서 건국동맹의 강령 제1항과 2항은 민족의 총역량을 집결하여 진

---

18) ≪朝鮮人民報≫, 1946. 3. 13.
19) 李萬珪,『呂運亨鬪爭史』(民主朝鮮社, 1946), 170쪽.
20) 『朝鮮解放年報』, 144쪽.

정한 민주주의 국가의 건설을 기한다는 인민당의 강령 제1항의 기본이 되었음을 알 수 있다. 한편 건국동맹 강령 제3항은 해방 후의 통일전선 개념을 적용시켜, 계획경제제도를 확립하여 전 민족의 완전한 해방을 기한다는 인민당 강령 제2항의 기본이 되었다.

인민당 강령 제3항의 경우, 민주주의 연합국의 협조가 공고하고 그들과 제휴하는 것이 국제노선이라고 파악한 마당에서 진보적 민주주의를 수용한 결과 나온 강령이라고 분석된다. 또 민족문화를 중심으로 하여 세계문화에 이바지해야 할 것이라는 신념에서,[21] 진보적 민족문화를 건설하여 인류문화의 향상에 공헌한다는 것을 강령으로 내세운 것이다.

강령상 나타난 인민당의 이념은 민족의 역량을 총집결하여 진정한 민주국가를 건설하며, 대내적으로는 계획경제제도를 확립하고 대외적으로는 인류문화의 향상에 공헌할 것을 내세웠다고 할 수 있다.

2) 정책

인민당은 정치, 경제, 사회, 교육, 문화 등 각 분야에 걸쳐 30개 항의 정책을 내세웠다. 여기서 인민당은 당시의 사회 분위기를 반영하여 정치적인 면에서 친일파 배제와 정부수립의 촉진을 요구했고, 경제적인 면에서는 토지문제를 농민 위주로 해결하려는 입장을 반영했다.

일차적으로 인민당은 인민대표대회의 소집과 헌법제정을 촉진한다고 밝혔다. 이는 국내 정계가 인공 지지세력과 임정 지지세력으로 나뉘어 정부수립이 지연되고 있다는 분석에 입각하여 인민대표회의를 소집해서 이 문제를 해결할 것을 주장한 것이었다.[22] 이는 주권자인 인민의 의사를 확인하고 그에 따라 정부를 선택하게 하자는 뜻이 담겨 있는 것이었다.

인민당은 선거권과 피선거권에서 민족반역자를 제외한다는 규정을 두었는데, 이는 당시의 민족적인 요구를 옳게 반영한 것이라고 볼 수 있

---

21) 『人民黨의 路線』, 8쪽.
22) 『人民黨의 路線』, 16쪽.

다. 한민당, 국민당을 비롯한 우익정당에서는 이에 대한 언급이 전혀 없거나 미온적이었던 것을 볼 때, 우익진영은 상대적으로 친일파문제에 있어 열등감을 느꼈음을 알 수 있다.

행정적인 면에서 인민당은 번잡스럽고 까다로운 조건이 많은 일제잔재를 버려야 하며 행정구역도 13개 도를 4개 도로 줄여, 서북·동북·서남·동남으로 할 것을 제안했다. 그리고 만주, 연해주 등에 산재해 있는 동포들을 간도방면으로 집단 이주시켜, 중국과 교섭하여 이들에게 자치권을 주거나 조선에 합병하여 5개 도로 할 것을 주장했다.

경제문제에 대해 인민당은 모두가 일하여 같이 번영하며 혼자만 잘 살려고 해서는 안된다는 유교적인 관념을 갖고 있었고, 이를 구체적으로 세분하여 12개 항에 달하는 정책을 제시했다. 여기서 중요산업을 국유화하며 계획경제제도를 채택하고, 봉건적인 토지소유관계를 청산할 것을 내세웠다.

당시 일본재산을 몰수하여 국유화한다는 것은 한민당을 제외한 대부분의 정당에서 표방했던 것이다. 인민당은 일본군국주의가 조선에 한 투자는 조선인의 결정체라고 파악하여 조선 내의 일본정부 재산은 절대적으로 조선의 것이라고 강력히 주장했다.[23] 일본국가 및 일본인 소유의 기업이 전체의 90% 이상을 점유하던 상황에서 국유화조치의 선언은 당연한 것이었다고 분석된다.

한편 몰수한 토지는 농민에게 적절히 분배하며 농민을 본위로 한 농지의 재편성을 주장했다. 이는 지주-소작인이라는 봉건적인 토지소유관계를 청산하고 토지를 소유하고자 하는 농민의 욕망을 충족시켜 주려는 것으로, 이를 통해 인민당은 농민을 해방하며 농업생산력을 향상시키고 근대적 농업발전의 기초를 닦으려 했다. 이를 실현하기 위해 인민당은 원천적으로 토지를 국유로 하며 농촌의 잉여노동력을 추출하여 장래의 공업, 운수, 통신, 기타 도시에서 요청되는 노동에 충당할 것을 주장했다.[24]

---

23) 《大同新聞》, 1945. 12. 4.
24) 李貞求, 「農業의 機械化」, 《人民科學》, 제1권 1호(1946. 3), 74-75쪽.

사회 및 복지문제에 대해 인민당은 7개 항의 정책을 제시했는데, 이는 진보적 민주주의의 기초 위에 새로운 사회를 건설할 것을 목표로 한 것이었다. 이는 건국사업에 봉건적 요소가 개입한다거나 파시즘세력이 대두하지 못하도록 마련한 것으로, 여기서 몽양은 청년들이 추진력이 되어줄 것을 요망했다.[25]

또한 인민당이 중점을 둔 것은 노동자의 복지문제로, 국민 누구나가 일하며 8시간 노동제와 최저임금제를 확립하고 각종의 사회보험제도를 실시할 것을 규정했다. 또한 건민운동의 추진을 통해 대중을 잘 인도하고 그들의 역량을 살리고 육성함으로써, 새로 탄생하는 국가를 되도록이면 건전하게 건설하자는 몽양의 의지를 실현하려고 했다.

인민당은 교육과 문화부문에 대해서도 깊은 관심을 갖고 있었다. 그리하여 교육강령으로 민주주의의 함양, 애국심의 배양, 과학사상의 육성, 신문화 창조, 신도덕 건설 등을 내세웠고, 교육이념으로는 진정한 민주주의, 순정한 애국심, 정치교육과 경제교육, 국민개조의 실현, 과학과 노동과 학문을 일원화한 보통교육, 기술자의 기술향상, 대중문화의 수준 향상, 남녀평등교육 등을 제시했다.[26]

문화부문에 있어 몽양은 민족문화를 중심으로 장차 세계문화에 이바지할 것을 목표로 했다. 그는 문화에 때가 묻어 있다면 이를 씻어버려야 하며, 이 작업이 바로 혁명이라고 했다.[27] 이처럼 문화에서 혁명성을 강조한 몽양은 문화란 정치와 분리된 것이 아니라 상호 연관되어 있다는 인식을 갖고 있었고, 몽양의 이러한 견해는 인민당의 정책에 그대로 반영되었다. 그리하여 인민당은 문화는 정치를 떠나서 존재할 수 없으며, 문화의 정상적인 발전은 정상적인 정치하에서만 가능하다고 주장했다.

---

25) ≪解放日報≫, 1945. 12. 14.
26) 李萬珪, 「建國敎育에 關하야」, ≪人民科學≫, 제1권 1호(1946. 3), 35-36쪽.
27) 『人民黨의 路線』, 8쪽.

5. 3당 합당과 인민당의 해소

1) 3당 합당

북한에서 북조선공산당과 조선신민당의 합당으로 북조선노동당이 창립되고, 북로당 창립대회에서 남한의 공산당·인민당·신민당 3당이 합당하는 것이 거대한 역사적 의의를 가진다는 내용의 결의문이 채택되자, 남한의 좌익진영은 크게 자극받아 합당을 추진하게 되었다.

북로당의 창당이 북한 나름대로의 필요성과 이유를 갖고 있었다고 한다면, 북한의 영향을 받기는 했지만 남한도 나름대로의 합당 이유와 필요성을 갖고 있었다. 합당의 필요성을 가장 절실하게 느낀 것은 공산당의 간부파였다. 이들은 위폐사건의 발생으로 공산당이 군중으로부터 고립되는 경향이 나타났고, 미군정에 대한 반대를 강력하게 전개하기 위해서는 좌익진영 내의 영도력을 보다 강화해야 했으며, 신전술 채용과 동시에 조직을 확대하려 했고, 당내 반대파에 대항하여 자파인 콤그룹의 지반을 강화하려 했기 때문에 3당 합당을 강력하게 추진했던 것이다.[28]

인민당에서는 1946년 8월 1~2일 이틀간 중앙정치위원회를 개최하여 합당문제를 구체적으로 논의했다. 이 자리에서 인민당은 현재 인민당이나 신민당이나 공산당은 동일한 정치노선을 실천하고 있으므로, 분리되어 있기보다는 합해서 나가는 것이 더욱 강대해질 것이라는 결론을 내렸다. 그리고 8월 3일 오후에는 중앙집행위원회를 열고 만장일치로 신민당과 공산당에 합당을 제안하기로 결의했다.

인민당의 합당제안에 대해 공산당과 신민당에서는 찬의를 나타내고 구체적인 교섭을 하자고 언명했다. 이로써 합당은 순조롭게 진행되는 것처럼 보였다. 3당이 모두 합당 취지에 대체적으로 공감하고 그 필요성을 절감했기 때문이다. 그러나 8월 7일 공산당에서 당대회 소집을 요구한 대회파를 징계하는 사태가 발생함으로써 그 전도가 순탄치 않음을 예고

---

28) 朴駉遠, 『南勞黨總批判』(極東情報社, 1948), 51-52쪽.

했다.

　이처럼 공산당 내에서 주도권 장악을 둘러싸고 갈등이 빚어지는 데 대해 인민당은 수속상 약간 지체될 것이나 별다른 지장은 없을 것이라고 낙관했다. 뿐만 아니라 인민당도 내분이 예상된다는 지적이 일자,[29] 항간에 마치 당내 의견대립이 있는 듯 말하나 대립은 없다고 단언했다.[30] 그러나 합당문제로 인한 내분은 공산당에만 그치는 것이 아니라 인민당과 신민당으로까지 비화되었다. 이는 공산당 내의 당권장악문제가 좌익진영 전체의 주도권 장악과 연결되어 있기 때문에 나타나는 현상이었다.

　인민당 내의 분열은 좌파와 우파 사이에서 전개되었다. 장건상·이여성으로 대표되는 우파의 경우, 합당의 원칙으로 군정에 협력할 것과 좌우합작을 촉진할 것을 주장했다.[31] 이와 달리 김오성으로 대표되는 좌파의 경우, 좌우합작을 중지하며 좌익 총역량의 전면적 확대·강화를 위한 무조건 합당을 염두에 두고 있었다.[32] 합당문제를 놓고 우파는 신중한 자세를 취한 반면 좌파는 적극적인 자세를 보여, 인민당은 신중파와 적극파로 갈라지는 양상을 보였다.

　인민당 내 좌우파의 이러한 견해 차이는 당의 노선과 합당의 방법론에 국한된 것으로 비쳤지만, 실제로는 공산당 내부의 권력투쟁과 밀접한 관계가 있는 것이었다. 이미 공산당 내부에서 권력투쟁이 전개되고 있었고 이것이 합당을 계기로 표출되었기 때문에, 합당문제에 관한 인민당의 내부대립은 공산당 내의 권력투쟁과 자연스럽게 연계된 것이었다. 그리하여 합당을 급속히 추진하려는 공산당의 간부파와 인민당의 추진파 사이에 연대감이 형성되었으며, 이에 반대하는 공산당의 대회파와 인민당의 신중파 사이에도 연대감이 형성되었고, 더 나아가 신민당과도 각각 연대관계가 형성되었다. 이로 인해 좌익진영은 3개 정당이 6개 파벌로

---

29) 《東亞日報》, 1946. 8. 13.
30) 《서울신문》, 1946. 8. 14.
31) 《東亞日報》, 1946. 8. 13.
32) 《東亞日報》, 1946. 8. 17.

나뉘는 사태에까지 이르게 되었다.

  2) 인민당의 해소

  인민당의 좌우파가 정치활동의 우선순위를 달리하며 대립하고 있던 상황에서 각 당의 합당 추진파들은 1946년 9월 4일 신민당 회의실에서 3당합당준비위원회 연석회의를 개최, 합당결정서를 정식으로 가결하고 선언 및 강령을 토의했다. 그리고 이들 준비위원으로 남조선노동당준비위원회를 구성하고 합당공작에 적극 착수하기로 했다.
  남로당준비위원회의 구성이 발표되자, 인민당 우파는 연명으로 인민당을 대표하여 타당과 교섭할 권한을 가진 사람은 위원장인 몽양밖에 없다는 내용의 성명을 발표했다.33) 이들은 당 지도부가 부재중임에도 불구하고 선전선동으로 이를 은폐하고 종파주의적 노선을 지상명령이라고 고집하는 것은 이해할 수 없으며, 당위원장 사임문제가 해결되지 않고서는 어떠한 문제도 진전되기 어렵다고 주장했다.
  사의를 표한 후 침묵을 지켜오던 몽양도 합당발표는 처음 듣는 말이며, 자신은 그 사실을 알지 못하며 경과도 모른다고 언명했다.34) 자신은 누구보다도 합당의 필요성을 주장했지만 합당의 결정과 발표에는 뭐라고 말하기 어려운 딱한 사정이 있다고 언급하여, 남로당으로 합당되는 것에 대한 반대의 뜻을 분명히 했다.
  인민당 내의 좌파가 이처럼 남로당으로 합당을 추진하자, 몽양은 이와는 별도의 합당을 추진했다. 즉 1946년 10월 16일 몽양은 자신이 입원하고 있던 서울대 병원에서 백남운(白南雲), 윤일(尹一) 등 20여 명과 함께 사회노동당 결성을 발표했다. 이들은 강화된 반동공세를 분쇄하고 조국을 위기로부터 구출하며 민주독립을 달성하기 위해 근로인민 대중은 단일한 체계와 통일된 지도하에 단결해야 한다고 선언했다. 그리고 3당의 합당은 광범한 민주적 통일과 반파쇼전선의 강화를 위한 기초가

---

33) 《民主日報》, 1946. 9. 6.
34) 《獨立新報》, 1946. 9. 7.

될 것임을 주장했다.35)

이들은 공산당, 인민당, 신민당 각 당별로 준비위원 9명씩을 임명하여 27명의 합당준비위원을 선출했다. 사로당 결성 발표 후 몽양은 3당 합당의 근본의도는 좌익 3당을 1개 정당으로 합당하여 역량을 집결, 건국사업에 이바지하려는 것이라고 주장했다.36) 그리고 그동안 의견의 불일치로 두 파로 갈라진 것은 유감이라고 언명하고, 좌익의 총집단과 미조직 대중 및 우익의 진보적 역량을 총집결하여 민주주의통일전선을 목표로 하여 나아가겠다고 밝혔다.

이로써 인민당 좌파는 남로당으로, 우파는 사로당으로 각각 합류하게 되었고, 이로 인해 인민당은 정당사에서 해소되는 운명을 겪게 되었다.

6. 맺음말

해방과 동시에 건준을 결성하여 봉건적인 제반 모순관계를 청산하고 생활의 향상을 도모했던 몽양은 자신의 정치이념을 구체적으로 실현하기 위해 인민당을 발족시켰다. 인민당은 처음에는 일제시대의 건국동맹을 비롯하여 개인적으로 몽양을 추종하던 사람들이 중심이 되어 각계각층을 총망라한 대중정당으로 출범했으나, 당내에는 공산주의자를 비롯하여 좌익계열이 늘어나는 양상을 보였다.

이는 당시의 우익진영이 상대적으로 친일적인 인사들의 집단으로 부각됨에 따라, 이에 반대하는 세력들이 이념적인 대안으로서 중도 또는 좌익사상을 택할 수밖에 없었기에 나타난 현상이라고 분석된다. 결국 인민당은 공산당을 우당으로 하여 각종 정치문제에서 같은 노선을 견지하게 되는데, 이로 인해 인민당은 미군정과 마찰을 겪기도 했다.

인민당은 또 당시의 정치상황에 비추어 비교적 합리적이고 현실적인 강령과 정책을 제시하고, 미·소 양국의 협조를 받아 통일정부를 수립하

---

35) ≪京鄕新聞≫, 1946. 10. 17.
36) ≪自由新聞≫, 1946. 10. 17.

려 했다. 일제로부터의 해방이 연합국의 승리에 기인한 바가 적지 않아 현실적으로 이들의 관여를 받지 않을 수 없다고 생각한 때문이다. 그리하여 몽양과 인민당은 가급적 민족의 자주성이 손상당하지 않는 범위 내에서 어느 한 나라에 치우치지 않고 미·소의 원조와 협조를 받으려 했다.

몽양과 인민당의 이러한 노선은 우익진영으로부터는 좌경적인 정치노선으로, 좌익진영으로부터는 기회주의적인 노선으로 간주되어 양쪽으로부터 견제당하는 바람에 정치적인 기반을 확대할 수 없었다. 또한 인민당이 주요 조직대상으로 간주했던 노동자·농민 등 근로대중이 공산당의 하부조직으로 흡수되어 인민당의 활동영역은 지식인·소시민을 위주로 할 수밖에 없었고, 이로 인해 인민당은 대중동원이나 조직력의 면에서 취약성을 띠게 되었다. 강령과 정책이 합리성을 띠었다고 할지라도, 실제로 이를 현실정치에 적용하고 구체화하는 상황에 이르러서는 이를 뒷받침할 만한 조직력이 뒤따르지 못한 것이다.

이러한 상황에서 3당 합당이 추진되었고, 이 과정에서 내분이 발생하여 인민당은 본래의 독자적인 노선을 견지할 수 없게 되었다. 그때까지 몽양의 리더십으로 결합되었던 당내의 좌우파가 별도의 합당을 추진하는 바람에 당이 양분되고 만 것이다. 이로써 원래의 인민당은 해소되고 말았으며, 인민당의 인맥 중 좌파성향의 인물은 남로당으로, 우파성향의 인물은 사로당으로 흡수되었다.

당시 친미노선과 친소노선을 조화시키려 했던 몽양과 인민당의 노선은 국토분단과 민족분열을 막을 수 있는 가장 유력한 방안의 하나였다. 그러나 당시 남북을 불문하고 기득권을 누리고 있던 정치집단은 이를 놓치지 않으려 했고, 이들 기득권 집단이 자신들을 후원한 외세와의 결합만이 가장 현실적인 노선이라고 강변하는 상황이 전개되었다. 그리하여 정국의 양극화가 국내외적으로 증폭되어 결국 무력으로 상대방을 제압하려는 사태에까지 이르게 되었고, 이로 인해 몽양과 인민당이 그토록 우려했던 동족상잔의 비극이 발생했으며, 그 비극이 오늘날까지 이어진 것이다.

제3부
여운형의 꿈, 통일민족국가를 향한 행진

한국민주주의·민족주의와 여운형

최장집
(고려대 정외과 교수)

1. 들어가는 말

몽양 여운형 선생이 암살당한 지 50년이 흘렀다. 그가 암살당한 때가 한반도에서 냉전이 본격적으로 진행된 시기이고 지금은 냉전이 해체된 시기이니만큼 지난 반세기는 냉전의 전 역사에 해당한다고 하겠다. 바꾸어 말하면 그것은 미국과 소련을 정점으로 하는 세계적 수준에서 전개된 냉전이 그 전선의 최전방 한반도를 분단시키고 6·25전쟁과 이를 통하여 준(準)전시상태의 대결적 남북관계를 고착화시킨 시기였다. 냉전하의 남북한 관계는 이데올로기적 양극화에 의한 극한적 체제간 대립으로 특징지을 수 있을 것이며, 이러한 조건하에서 '가능의 예술'로서 정치가 자리잡을 수 있는 공간은 거의 열려 있지 않았다. 이제 세계적 수준에서의 냉전의 해체, 남한의 민주화, 북한의 혁명적 사회주의 및 혁명적 민족주의의 실패에 의한 체제위기라는 급격히 변화된 조건에서 통일을 내다보는 상황은, 남한은 남한대로, 새로운 남북관계의 정립이라는 면에서는 그것대로 정치의 공간이 발견될 수 있는 조건이기도 한 것이다. 이제 가능의 예술로서의 정치의 공간이 열리는 시점에서, 해방 후에 활동했던 지도자들 가운데서 누구보다도 여운형 선생의 정치적 행적을 재조명해

보는 것은 대단히 의미있는 작업이라고 할 것이다.

그는 도그마나 아집 또는 권력욕에 따라 움직였던 당시의 많은 지도자들과는 달리, 이데올로기를 초월하여 민족분단을 막아보려고 노력하였던 진정한 민족주의자였다. 분단으로 이어질 수 있는 이데올로기적 양극화의 진행과 함께 생사투쟁으로 변하고 있던 당시의 비상한 위기에서 혁명적 사회주의와 대립되는 자유주의적 개혁, 관용과 사려깊음(prudence), 타협과 조정, 공존의 행동양식을 실천에 옮기고, 갈등하는 이데올로기가 공존할 수 있고 대중이 정치에 참여할 수 있는 정치적 경쟁의 규칙을 제도화하려고 시도했던 그는 진정한 자유주의자이자 민주주의자였다. 탈냉전이라는 급격히 변화된 조건에서 당시에 활동했던 지도자들에 대한 평가와 해석은 거의 모든 면에서 새롭게 이루어질 수밖에 없게 되었다. 통일을 내다보는 오늘의 시점에서 분단의 기원과 과정, 그리고 평화적 방법으로 탈식민개혁을 이루며 민주주의를 성취하고 분단을 저지하고자 노력했던 여운형의 노선은 통일이 다가올수록 오늘의 우리에게 시사하는 바가 더욱 커질 수밖에 없다.

2. 비교의 준거와 역사적 선택들

그동안 여운형에 대한 연구와 평가는 통일과 좌우합작에 주로 초점이 맞춰져 있었다(강만길, 1985). 이와는 달리 여기에서는 몇 가지 수준으로 나누어서 그의 노선과 정치적 실천을 보도록 한다. 첫째는 탈식민 개혁의제와 관련된 그의 개혁주의적 민주주의 노선과 실천에 대해서, 둘째는 그가 추구하고자 했던 민족주의에 대해서, 셋째는 특정의 문제와 사태를 인식하고 해결하는 지도자로서의 여운형의 자세 및 태도와 관련해서이다. 탈식민 개혁, 민주주의, 민족주의에 있어 그것이 좌와 우에서 모두 최대강령적(maximalist) 이념과 실천이 지배적이었던 정황에서 그의 리더십의 핵심은 최소강령적(minimalist) 이념이자 노선이며 실천으로 특징지을 수 있다. 그가 추구했던 이상은 현실에서 실현 가능한 최소한의 목표였다. 그는 탈식민 개혁을 이루되 혁명적이지 않고 개혁적이며, 민족주의로되 이념적으로 극좌나 극우가 아닌, 그럼으로써 양자가 민주주의적인 틀내에서 공존할 수 있는 온건하고 열린 민족주의를 견지하고, 이를 추구하는 방법에 있어서 절제와 관용, 공존을 정신으로 하는 지도자 상을 보여주었다고 할 수 있다. 이를 우리는 해방공간에서 자유주의적이고 민주주의적인 노선이며 실천이라고 특징지을 수 있다. 오늘에 이르러서야 우리는 최소강령적 노선을 통하여 이상을 추구한 그의 리더십이 큰 의미로 다가옴을 깨닫게 된다.

해방 이후 당시에 활동했던 지도자에 대한 객관적 평가를 위해서는 기본적으로 다음과 같은 몇 가지 요인이 고려되어야 할 것이다. 첫째는 당시의 구조적 조건에 대한 이해이다. 어떤 지도자나 노선에 대한 평가도 구조적 조건에 대한 현실적 이해를 전제하지 않고는 객관적으로 이루어질 수 없기 때문이다. 둘째는 당시의 시대적 과제와 그와 관련된 어떤 이념 내지 정신, 또는 의제를 고려해야 한다는 점이다. 무엇이 사회적으로 주요한 과제였는가를 살펴보지 않고는 그들이 추구한 노선을 평가하기 어렵다. 셋째는 다른 지도자의 사태인식 및 노선, 방법과의 비교이다. 동일한 구조적 조건, 동일한 과제에 직면하여 상이하게 대응하였던 노선을 비교할 필요가 있는 것이다. 그리고 마지막으로 이 글에서는 그렇게 하지 못하였지만 비슷한 국면에서－예컨대 독일이나 일본 등과 같은 나라에서－역사적 선택을 강요당했던 다른 나라 지도자들과의 비교이다.

그렇다면 해방 당시 현실적으로 가능했던 역사적 선택의 유형들에는 어떠한 것이 있었을까를 볼 수 있다. 식민시대에서 냉전시대로 옮겨가는 전환기의 탈식민사회에서 민족이익의 설정과 그것을 추구하는 전략은 어떠해야 했는가? 더욱이 한반도는 세계적 수준에서 전개되는 미·소를 중심으로 하는 강대국의 힘이 충돌하는 냉전의 최전선으로서 세계적 갈등의 진원지이자 전략적 요충지였다. 이러한 조건하에서 국제적 요인과 국내적·자주적 요인이라는 측면에서 가장 먼저 상정할 수 있는 선택은, 첫째는 미·소의 대결노선을 따라 이들의 정책을 추수하는 것이라고 할 수 있고, 그것은 아마도 가장 쉬운 길이었을 것이다. 그렇지 않다면 국제적 조건으로부터 이탈하여 독자적인 혁명과 건설을 추구하는 길도 있을 수 있었을 것이다. 마지막으로는 이 둘을 적절히 결합하여 탈식민 개혁과 통일된 국민국가를 이루어나가는 길이었다. 여운형은 이 가운데 마지막 길을 가려다가 실패하였고, 결국 남북한에서는 각각 첫번째의 길을 갔던 지도자들이 현실적으로 승리하면서 분단과 전쟁이 초래되고 말았다. 그것은 오늘날까지 이어지는 비극의 기원이 되었다는 것이 필자의 생각이다.

3. 민주주의자로서의 여운형

특정 지도자의 노선을 평가할 때 민주주의는 두 가지 차원에서 접근될 수 있다. 목표로서의 민주주의와 과정, 수단 또는 절차로서의 민주주의가 그것이다. 여운형은 이 두 가지 점에서 당시의 누구보다도 민주주의 원칙에 충실하려고 노력한 지도자였다. 그의 일관된 민주주의 노선을 보여주는 대표적인 사례는 조선건국준비위원회(건준)의 구성과 활동이다. 우선 건준의 선언과 강령에서 민주주의에 대한 강조는 일관되고 지속적이다(민주주의민족전선, 1946). 원칙적 수준에서 그는 결코 민주주의를 포기하려 하지 않았다. 그의 민주주의는 '진정한 민주주의'를 반복적으로 강조하고 있는 것으로 보아 당시 시점에서 이루어야 하는 사회적 의제에 대한 진보적 실현을 담는 정치체제를 의미하는 것이었다고 할 수 있다. '진정하지 않은 민주주의'의 함의는, 당시의 수많은 정치세력과 지도자들이 그 표현과 수사에 있어서 민주주의를 말하고 있었는데 그것은 좌우 모두에서의 최대강령 노선을 취하는 민주주의였다고 할 수 있을 것이다.

여운형이 지향했던 민주주의는 레닌이나 볼셰비키들이 말하는 마르크스주의 이론체계 내에서 독특한 의미를 갖는 민주주의, 즉 사실상의 프롤레타리아독재를 의미하는 '인민민주주의'와는 근본적으로 다른 것이었다. 그의 민주주의는 그것만이 진리를 배타적으로 담는 교리와 이데올로기로부터 목표와 행위의 지침들이 사전에 결정되고 위로부터 주어지는 내용을 갖는 것이 아니라, 그 자신의 정치적 실천에서 드러나듯 토론을 통해 다양한 사회세력들의 의사를 결집하는 의사결정과정에서의 민주주의적 방식을 담고 있었다. 여운형의 의사가 상당 정도 반영되어 있던 초기 건준에는 분명한 친일파를 제외하고는 보수적 민족주의자에서부터 공산주의자에 이르기까지 모든 독립운동세력이 망라되어 있었다(홍인숙, 1985). 그는 이들을 함께 결집시켰으되 누구도 조직 내의 독점적 헤게모니를 가질 수 없도록 노력하였다. 건준의 인적 구성만큼 이를 잘 보여주는 증거는 없다. 건준은 두드러진 친일파 외에는 모두에게 문호가 개방되었고, 그럼으로써 당시에 활동했던 정치조직으로서는 가장 폭넓은 구성을 보여주였던 것이다. 건준이 추구했던 목표 역시 좌우 모두로부터 지지를 받을 수 있는 최소강령적 건국노선이었다고 할 수 있다. 그것은 출발부터 이념적 성향에 있어서 좌우연합이었고, 이를 민주주의의 틀로서 융합하려 했던 것이다(송남헌, 1985; 김광식, 1985).

그렇다면 해방 당시 시점에서 민주주의적 최소강령 노선이라고 볼 수 있는 건준의 좌우합작 노선, 민족통일 노선은 처음부터 실현 불가능한 이상이었는가 하는 문제를 제기해 볼 수 있을 것이다. 지금의 시점에서, 즉 우파가 중심이 된 반공분단체제의 건설이 오늘의 한국국가의 토대를 놓은 조건에서 비판론자들이 말하고 있듯이 좌파는 처음부터 배제되어야 하고 우파 일색으로 되었어야 했는가 하는 문제이다. 그것은 북한에도 동일한 문제를 던질 수 있을 것이다. 즉 그곳에서도 우파 민족주의자는 처음부터 배제되고 좌파 일색으로 국가가 건설되었어야 했느냐 하는 것이다. 이 문제는 통일국가의 수립을 고려할 때 매우 중요한 점이 아닐 수 없다. 대답은 그렇지는 않다는 것이다. 즉, 해방 당시의 남과 북 모두에서 좌우는 상호 수용을 통한 공존을 모색해야 했다는 점이다(박명림, 1996). 그러한 최소강령 노선에 대하여 오직 이상주의라고 하는 비판은 역사를 너무 오늘의 관점에서만 바라보는 것일 것이다. 해방 당시 좌우 균열은 일제식민통치의 결과로 인해 이미 상당 정도로 진행된 상태였다. 그것은 사회를 예리하게 균열시켰고 그에 따라 이념적 분화도 상당 정도 진행된 상태였다. 즉, 일제하 민족독립운동 자체가 이미 좌우의 세력분화를 내포하게 된 것이다. 따라서 어느 쪽도 상대진영을 일방적으로 배제한 채 독립국가를 건설할 수는 없었다. 해방정국에서와 같이 좌우의 힘이 거의 백중한 상태에서 어느 일방이 확실한 우위를 점하게 된다는 사실은 그만큼 상대방의 힘을 약화시키거나 부정하는 것이 아니고는 불가능한 것이다. 그것은 커다란 폭력을 수반할 수밖에 없는 것이고, 곧 격렬한 내부갈등으로 발전할 가능성이 대단히 높은 위험한 상황이라고 할 수 있는 것이다. 현실적으로 이러한 내전적 사태가 국제적인 냉전과 결합할 때 분단의 가능성과 나아가서는 전쟁의 가능성이 엄청나게 높은 것이었다.

식민통치로 인해 진행된 좌우 균열은 제3세계에서 보편적인 현상이기도 하지만, 서구의 근대 자유주의와 민주주의의 발전과정에서도 일반적으로 나타나는 현상이라고 할 수 있다. 좌우의 대립은 이미 사회주의가 출현하기 이전의 프랑스혁명에서 그 기원을 갖는다(Bobbio, 1993). 따라서 이러한 갈등의 존재를 인정하지 않는 것은 역사적으로 민주주의가 발전할 수 있는 역사적 조건을 인정하지 않는 것과 같은 것이다. 역사상 명멸했던 좌파독재와 우파독재의 연원, 그리고 내전은 모두 각각 보수와 진보의 갈등을 근본적으로 부인하고, 배타적으로 권력을 독점하려는 열정의 산물이었다. 서구 역사가 보여주는 것처럼 그들 사이의 타협 없이 자유주의와 민주주의가 생장한 경우는 없었다.

여운형은 좌우 공존을 중시했고, 그가 어디에 있든 조직 내부의 중지를 모아가는 합의의 과정을 중시한 반면 파벌투쟁이나 헤게모니투쟁에는 관심도 능력도 없었다(김오성, 1946). 이것은 그의 독립운동 시절은 물론 건준을 포함하여 피살될 때까지의 일관된 노선이었다. 그 점에서 그는 민주주의체제를 갖는 건국의 목표도 중시했지만, 오늘날 강조되고 있듯이 그것을 실현하는 과정에서 다른 이념과 의견들 사이의 민주주의적인 절차와 합의의 과정을(Manin, 1994) 누구보다도 중시한 지도자였다. 이정식은 해방정국에서 김규식을 가장 합리적인 자유주의적이고 민주주의적인 지도자로 평가한 바 있다(이정식, 1974). 그러나 여운형 역시 그에 못지않게 해방정국에서 가장 자유주의적 관용과 민주적 가치를 존중하고 민주적 절차성을 실천한 지도자였다. 1946년 '좌우합작 7원칙'의 합의과정과 그 결과를 보면, 그는 박헌영 계열의 의견뿐만 아니라 우파의 의견을 대폭 수용하고 있음을 알 수 있다(강만길, 1985; 송남헌, 1985). 그는 정당한 목적의 설정과 추구라는 면에서뿐만 아니라 이미 화해하거나 타협하기 어려운 극한적 갈등이 지배하는 상황에서 목표를 추구하는 방법에 있어서도 근대 민주주의의 원칙에 충실하려 했던, 해방정국에서 드물게 보는 지도자였다.

그러나 그는 원칙을 포기한 지도자는 결코 아니었다. 이를테면 반민족적인 친일세력까지 타협의 대상으로 설정하여 민족주의, 사회경제적 개혁, 민주주의라는 건국의 기준을 타협하고 이를 훼손하려 하지는 않았다. 친일파 처벌의 문제는 당시로서는 가장 첨예한 문제였다. 그러나 그는 친일파의 범주를 최소화하고 건국과정에 최대한의 정치적·사회적 세력들이 참여해야 된다는 생각을 가졌다. 따라서 그는 의도적이고 악랄한 친일파는 결코 수용하지 않되, 최대 민족주의자연합의 구축과 건국을 위해서는 리더십 형성과 정치과정에 있어서 과감하게 문호를 개방하여 건국사업에 동참하도록 했다(홍인숙, 1985; 김광식, 1985). 따라서 필자는 그의 노선과 정치적 실천을 '원칙적 융합주의자'라고 특징지어 보고자 한다.

4. 여운형과 공산주의

그렇다면 여운형의 사회주의 노선은 어떻게 평가할 것인가? 그가 사회주의적 언술과 노선을 취했다는 사실은 보수적 비판자들로 하여금 여운형을 공산주의자로서 또는 자유주의와 민주주의보다는 공산주의에 가까운 사회주의자로서 보게 하는 핵심적 요인이 되었다. 우리는 해방 당시의 시점에서 '사회주의'라는 말은 대단히 애매한 정치적 용어이며 이념이라는 사실을 강조하는 것이 필요하다. 우선 공산주의는 이론적 혹은 이념적으로는 그들 스스로가 '과학적 사회주의'라고 말하는 뚜렷한 이론적 체계를 가지며, 실천적으로는 볼셰비즘, 즉 소련 공산주의체제의 위계적 지휘체계를 따르는 정치노선이며 실천을 말한다. 아마 공산당에 소속되지 않았다고 하더라도 이념적으로 마르크시즘을 준봉한다면 넓은 의미에서 공산주의자라고 말할 수 있을지 모른다. 이러한 두 가지 의미의 어느 것에서도 여운형은 정통 공산주의자는 아니었다. 이 시기 사회주의는 이념적 스펙트럼에 있어서 공산주의와 자유민주주의라는 양극의 어느 중간에 위치하는 것으로 규정될 수 있다. 그가 스스로를 사회주의 노선으로 규정하려 했던 것은 그가 공산주의자가 아니었듯이 자유민주주의자도 아니었다는 사실을 말해주는 것이다. 그러나 우리는 이 시기의 사회주의 못지않게 자유민주주의의 이념 역시 애매모호한 것이었다는 사실을 강조할 필요가 있다. 이 시기 한국사회에서 현실적으로 나타났던 자유민주주의는 보편적인 자유민주주의라고 보기보다는 어떤 상황적, 한국적 특성을 갖는 것이었다. 그러므로 그것은 자유민주주의라기보다는 오히려 '한국적인 자유민주주의'라고 부를 수 있을 것이다.

그가 스스로를 자유민주주의자가 아닌 사회주의자로서 표현하기를 좋아했던 데는 다음과 같은 세 가지 이유가 있었을 것으로 생각한다. 첫째, 당시의 자유민주주의는 극우적 반공주의를 정당화하는 이념적 기제로서 기능하였기 때문에 서구의 보편적이고 진보적인 자유민주주의가 아니라 극우보수적인 언술로서 수용되었다. 이 점에서 그는 자유민주주의자가 아니었을 뿐이다. 둘째, 공산주의가 소련의 후견하의 이념이라면 자유민주주의는 미국의 후견하의 이념으로 수용되고 있던 상황에서, 미국이나 소련 어느 한쪽을 택하기보다는 양자를 아울러 지양(止揚)하려 했던 여운형으로서는 스스로를 어느 한편으로 규정하기 어려웠다. 때문에 이 말은 그가 서구의 진보적이고 보편적인 자유민주주의에 반대했다는 의미가 아니라는 사실이다. 셋째, 제3세계적 시각에서 한국사회의 탈식민 개혁이 자유민주주의적인 방법과 내용으로 이루어지기 어렵다는 인식을 반영한다. 자유민주주의는 그의 지향점이었으나 출발점은 아니었다. 근대화를 위한 사회경제적 개혁, 그리고 자유민주주의가 되기 위한 조건을 만드는 개혁에 더 큰 관심을 가진 것은 차라리 그가 하루아침에 아무런 조건도 없이 자유민주주의를 실현하겠다는 관념론자나 이상론자가 아닌 현실주의자였음을 말하는 것이다. 요컨대 여운형은 공산주의자도 아니었고, 그 노선을 따른 바도 없는 당시 상황에서의 자유주의적 민주주의적 개혁노선이었다고 할 수 있다.

그가 공산주의자가 아니었던 만큼이나 이승만·김구와 같은 극우적 반공주의자도 아니었다(이정식, 1992; 정해구, 1992). 오히려 식민통치를 통해 억압받은 탈식민지 민중들의 정치적 자유와 사회경제적 평등을 실현하려 한 진보주의자였다. 그의 사상과 실천은 바로 이 자유와 평등의 균형이라고 할 수 있다. 해방정국에서 자유를 극대화한다는 것은 그들이 반공 모랄리스트였던 기득이익을 극대화하는 결과가 될 수밖에 없을 것이다. 반면 평등을 극대화하는 것은 자유를 폐기하는 공산주의 노선을 의미하는 것이었다. 여운형은 민주주의를 우선시하는 사회주의적 정책을 추구했다. 이 점에서 그의 정치노선은 서구의 영국노동당이나 독일의 사회민주주의정당의 노선, 또는 라틴아메리카에서 볼 수 있는 중산층·민중부문의 개혁정당에 가까운 것이라고 할 수 있다. 그에게 있어서 사회주의적 노선은 탈식민사회의 근대화의 한 방법이었다. 그것은 일제 식민통치를 거친 상황에서 반제 민족독립투쟁과정에서의 일면 당연한 습득물이었다고 보아야 할 것이다. 식민지하 지도자로서 여운형 정도의 진보노선을 갖는다는 것은 혁명적이거나 급진적인 것이라고 볼 수 없었다. 인도의 국민의회 지도자 네루의 국내정책이나 중국국민당의 지도자 손문의 프로그램 역시 사회주의 노선이었지 자유시장을 중심으로 하는 신자유주의 노선은 아니었다. 그들에 있어 사회주의는 탈식민국가나 반(半)식민국가라는 조건하에서의 근대화 이념이자 프로그램 이상이 아니었다. 이러한 점 때문에 사회주의와 자유주의, 그리고 민주주의가 대립적으로 인식되어서는 안된다.

당시에 이미 여운형의 노선을 평민주의(平民主義)이자 자유주의, 민주주의라고 평가하는 것을 종종 볼 수 있다(김오성, 1946). 여기에서 평민주의는 비(非)엘리트적인 대중주의, 밑으로부터의 참여, 억압받는 대중을 정치주체로서 자리매김하는 것이라는 의미를 갖는다. 그것은 민주주의의 핵심이다. 그러므로 여운형의 사회주의는 평민주의를 자유주의나 민주주의적 방법을 통하여 이루려고 한 데서 비롯된 것이지, 그가 공산주의적 사회주의를 선호했던 결과가 아니다. 그의 평민주의는 일반 사회성원들의 이해를 반영하려 한 대중노선임에 의심의 여지가 없다.

여운형은 차라리 급진주의와 폭력혁명을 거부했다는 점에서는 보수적이었다. 그러나 그가 기본적으로 사회구조의 근본적 개혁을 통한 근대화를 지향했다는 점에서 이념적 스펙트럼상 좌에 위치했고 진보적이었다. 따라서 여운형의 정치노선은 자유주의적 개혁주의자, 또는 개혁적·진보적 자유주의자로 특징지을 수 있을 것이다. 이러한 노선은 당시는 물론 오늘날에도 여전히 통일을 생각할 때 유력한 대안의 하나로 나타난다. 사회주의의 전면적 붕괴와 북한의 총체적 위기가 보여주는 바는 최대강령적 급진주의, 폭력혁명 노선의 허구성과 그 완전한 실패이다. 우리가 북한사태로부터 배우는 것은 이데올로기에 의한 정당성화의 기제가 어떤 것이든 최대강령적 노선과 그에 의한 전체주의는 가장 반(反)민중적이라는 사실이다. 동시에 우리는 한국사회의 민주주의의 경험으로부터 사회의 깊은 균열을 통합할 수 있는 구조적 개혁의 필요성과 개혁의 실패의 위중함을 배운다. 우리가 여운형의 노선으로부터 오늘을 위한 중요한 시사와 교훈을 얻을 수 있다면, 그것은 바로 이 점일 것이다. 오늘날의 민주주의이론으로 볼 때, 그것은 사회의 다수 성원들이 사회경제적 수준에서도 실질적으로 민주주의의 혜택을 입어야 한다는 '실질적 민주주의'의 이론에 가깝다고 할 수 있을 것이다.

5. 여운형의 민족주의: 국제적 조건에 대한 인식과 접근

여운형의 민족주의 노선을 평가하는 문제는 간단하지 않다. 당시 여운형의 사태인식은 근본적으로 국제적 조건을 고려한 위에서의 민족이익의 추구였다. 당시 시점에서 국제정세는 국내의 어떤 정치세력이나 지도자의 힘으로는 뛰어넘을 수 없는 구조적 조건이었다. 해방은 일차적으로 제2차 세계대전 종전의 결과로 주어진 것이었다. 따라서 일본군국주의를 패배시킨 강대국의 발언권이 막강하리라는 점은 의심의 여지가 없었다. 여운형은 해방 직후의 첫 연설에서부터 현실을 고려한 조건에서 이상을 추구하자고 역설하였다. 해방의 기쁨을 마음껏 누리되 방종하거나 함부로 날뛰지말 것도 호소하였다(국사편찬위원회, 1968). 그러나 그는 해방은 결코 주어진 것만은 아니라며 거기에는 우리 민족의 치열한 독립투쟁이 깃들어 있음을 강조하였다. 그는 해방은 왔지만 독립국가 건설의 의무와 책임은 전적으로 우리 민족의 노력에 달려 있다는 사실을 거듭 강조하였다.(몽양여운형선생전집 발간위원회 편, 1991). 그는 해방 직후 일찍부터 독립을 이루는 것과 어떤 민족국가를 건설하느냐는 문제는 다르다는 문제인식을 가졌고, 양자가 얼마나 서로 다른지를 해방정국의 전개를 통하여 날카롭게 인식했다.

사태를 좌우 양극으로 날카롭게 가른 탁치문제, 미·소공위, 좌우합작에 대한 그의 대응은 공산주의 못지않게 전투적이고 근본주의적·폐쇄적 민족주의가 아니라 국제적 조건을 고려한 위에서 민족이익을 추구하려는 것이었다. 모스크바 3상협정과 탁치문제, 조선민주주의임시정부 수립문제에 대한 여운형의 대응을 보면, 그가 신탁통치라는 국제적 결정과 반탁이라는 대중의 민족주의적 감정 사이에서 이 둘을 결합하고 통합하고자 얼마나 고뇌하고 노심초사했는지를 알게 해준다. 즉, 그는 이상과 현실을 결합시키고자 고민한 원칙과 타협의 지도자였던 것이다(이동화, 1979; 최상룡, 1986). 미·소공위와 좌우합작에 대한 대응 역시 마찬가지였다. 현실적 조건을 고려한 위에서의 민족주의적 이상의 추구, 필자는 이를 현실주의적이고 열린 민족주의라고 특징지을 수 있다고 본다. 북한의 혁명적·급진적·근본주의적 민족주의의 총체적 실패는 말할 것도 없고, 이승만 식의 극단적 반공민족주의가 끼친 문제점 역시 크다. 이 점에서 여운형의 열린 현실주의적 민족주의는 통일국가 건설을 위한 오늘의 노선으로서도 큰 가치를 갖는다.

여운형의 민족주의 노선과 관련하여 특별히 주목해야 할 점은 1946년 그가 미국과 소련 모두로부터 잠정적으로 대안적 지도자로서 상정되었다는 점이다. 우선 소련은 모스크바 3상회의 합의에 따른 조선민주주의임시정부의 수반으로서 여운형을 상정하고 있었다(《역사비평》, 1994년 봄호). 이것은 소련이 미국과의 협의를 고려하여 아직은 김일성, 박헌영과 같은 정통 좌파를 지도자로 내세우지 않았다는 점을 보여준다. 최초에 조만식을 내세우려던 구상이 탁치갈등으로 좌절되자, 온건좌파이자 최대 민족주의자연합을 추구했던 여운형을 대안으로 고려하였던 것이다. 실제로 여운형이 추구했던 이 최대 민족주의자연합은 설사 그가 박헌영 및 공산당과 동일한 표현으로서 '민족통일전선'이라는 용어를 사용하였다고 하더라도, 내용에 있어서 양자는 근본적으로 상이한 것이었다. 여운형이 최소강령적-최대 민족주의자연합(minimalist nationalist coalition)을 추구했다면, 박헌영은 최대강령적-최대 민족주의자연합(maximalist nationalist coalition)을 추구했기 때문이다. 그는 기본적으로 광범위한 다계층연합을 추구한 민족주의자였던 것이다(최장집, 1989).

특히 같은 시점에 여운형은 미국이 추구한 좌우합작의 가장 중요한 한쪽 당사자였다. 좌우합작은 미군정의 정책이었을 뿐만 아니라 여운형이 좌우파의 비난과 공격을 무릅쓰고 가장 심혈을 기울인 작업이었다. 따라서 그의 노선은 양극분화가 가속화되는 정국에서 대표적인 민족주의 노선이었다고 할 수 있다(강만길, 1985). 여운형에 대한 미·소의 공동 대안 모색, 그리고 그의 좌우합작 추구 및 북한·김일성과의 빈번한 접촉에 비추어 그의 민족주의·민족통일 노선은 적어도 이 시점에서는 분단을 막을 수 있는 마지막 기회이자 대안이었다. 그는 사실 해방정국에서 미·소 및 남북을 아울러 대안으로서 모색된 유일한 지도자였던 것이다(박명림, 1996). 우리가 통일을 앞둔 오늘의 시점에서 여운형의 민족주의를 다시 고려해야 할 이유도 여기에 있다. 그는 우리가 폭력과 전쟁, 대결을 전제하는 통일이 아닌 평화통일을 추구할 때 가장 앞자리에 서는 지도자가 아닐 수 없다. 즉 그의 타협노선은 평화노선으로, 그의 좌우합작 노선은 남북통일 노선으로 확대되어 평화통일운동의 한 선구적 사례를 이룬다고 볼 수 있을 것이다.

6. 민주적 지도자 모델로서의 여운형

분단시대의 여러 리더십을 경험한 뒤, 또 북한이 붕괴위기에 처한 오늘의 시점에서 비교적인 관점에서 리더십을 평가해 보는 것은 의미있는 일이다. 해방정국에서 여운형의 실패와 김일성, 박헌영의 '성공'은 극단주의의 성공을 의미하지만, 그것은 또한 진정한 민주주의와 민족주의의 완전한 패배를 의미하는 것이었다. 김일성, 박헌영은 언술로는 자주 민족주의와 민주주의를 말하였지만 그것은 보편적 기준에서 그러한 것이 아니라 다만 공산주의라는 이데올로기가 의미하는 바에서의 말일 뿐이었다. 공산주의 지도자들은 좌우합작을 어떻게든 파괴하려 기도하고, 분단으로의 길을 누구보다도 먼저 갔으며, 또한 모든 이견과 반대를 허용하지 않고 일당·일파벌만의 독점적 지배를 추구한, 더욱이 여운형과는 달리 항상 자기가 속한 파벌의 완전승리만을 추구했다. 이러한 그들을 그들이 스스로 칭한 대로 민족주의이며 민주주의세력이라고 말한다면, 그것은 허언에 지나지 않을 것이다. 여운형이 공존의 영역을 창출해내는 노선을 갔다면 그들은 생사투쟁적이었고, 또 자신들의 혁명이념을 실현하려는 최대강령주의에 입각하여 완전승리만을 추구하였다. 박헌영, 김일성의 그러한 특징은 노선이 다른 사람들과의 투쟁에서 그러했을 뿐만 아니라 자기 당내에서조차 항상 그러하였다(Suh Dae-Sook, 1967; 1988).

여운형을 이승만 및 김구와 비교할 때도 그러한 비교는 적용 가능하다. 이승만의 비타협적 노선과 독선은 처음부터 잘 알려진 대로이다. 비타협주의와 독선에 관한 한 김구 역시 이승만과 크게 차이가 없다. 김구는 뒷날 남북협상을 주창하기 이전 일찍이 여운형과 협력할 수 있었고, 초기부터 배타적으로 임시정부법통론과 봉대론만을 고집할 것이 아니라 건준, 좌우합작에 대해 보다 적극적인 수용의사와 자세를 보였더라면 그의 민족주의 역시 융합적이고 열린 민족주의의 범주에 포함될 수 있었을 것이기 때문이다. 그러나 그는 정치적 패배가 분명해진 뒤에야 극단적 반공에서 남북협상으로 전환했고, 그것은 시기적으로 때늦은 결단이 아닐 수 없었다.

많은 장점에도 불구하고 여운형 역시 여러 가지 비판의 표적이 되었던 것은 당시의 극한적 분열 상황에서는 피할 수 없는 것이었다. 그에 대한 비판 가운데 하나는 그가 현실을 무시한 이상주의자, 혹은 이상을 포기한 무원칙한 타협주의자라는 것이다. 우선 첫번째 비판은 이상과 현실을 결합하는 문제와 관련된 것인데, 이는 여운형 자신이 현실에 대한 냉철한 인식을 누구보다도 강조하였다는 점에서 타당하지 않다. 그는 현실에 근거하지 않는 이상에 대해서는 매우 비판적이었다(국사편찬위원회, 1968). 반대로 그는 이상주의자라기보다는 현실주의자였다. 그는 현실을 정확히 인식했기 때문에 분단으로 달려나가는 상황을 막아보고자 누구보다도 열심히 북한을 자주 넘나든 지도자였다(《중앙일보》, 1993; 정병준, 1995). 그러나 그는 대폭적인 양보를 통해 타협을 하더라도 민족주의와 민주주의, 통일이라는 기본원칙을 훼손하지는 않으려고 노력한 보기드문 지도자였다. 이는 일제시대에 혹독한 탄압을 받아 많은 좌파와 우파들이 훼절과 변절을 반복할 때도 그가 '유연하면서도 원칙을 견지'할 수 있었던 소이라고 하겠다.

또 다른 비판은 그가 기회주의 노선을 걸었다는 것이다. 당시에도 이미 여운형에 대해 좌우파는 물론 미군정조차 기회주의자라는 평가가 적지 않았다. 그러나 필자는 이 문제를 그렇게 보지 않는다. 이것은 합일점 없이 파국을 향해 달려가는 대립적 세력과 요소들을 결합하려는 데서 나온 절충과정의 고심일 뿐, 그것을 기회주의라고 말할 수는 없을 것이다. 좌든 우든 극단주의자, 최대강령주의자들은 공존을 추구하는 세력들을 언제나 기회주의자라고 비판하는 공통점을 갖는다. 김구가 나중에 남북협상에 나서자 극우파들이 그를 기회주의자라고 격렬하게 비판했던 것도 같은 이치에서이다. 따라서 여운형은 오늘의 관점에서 볼 때도 원칙과 방법, 이상과 현실을 결합하려고 노력한, 한국현대사에서 가장 훌륭한 지도자의 한 사람이라고 보아야 한다는 것이 필자의 생각이다.

7. 여운형의 리더십과 노선의 한계

끝으로 여운형 노선의 실패 요인을 보도록 한다. 이에 대해서는 몇 가지의 요약이 가능하다. 첫째, 무엇보다도 미·소의 힘이 대결하는 냉전의 심화를 들 수 있을 것이다. 이 문제는 세계적 수준의 힘이 충돌하는 전략적 요충지였던 냉전의 최전방에서 분단이 빠르게 굳어지고 있던 때에 여운형과 같은 온건중도노선이 과연 성공할 수 있었겠느냐 하는 문제를 성찰하게 만든다. 국가형성 시기의 여운형, 건국 직후의 김구, 1950년대 남한의 조봉암과 북한의 반김일성 세력의 실패는 냉전과 분단이라는 격렬하고도 극한적 대립구도 속에서 개혁노선이 실패했던 대표적인 사례들이다. 이들 실패는 냉전과 분단이 가져온 운신의 폭의 제한에서 구조적으로 연유한다고 할 수 있기 때문이다. 둘째, 최대강령주의에 집착하는 좌우파 정치세력의 극단주의와 비타협주의, 그리고 중도노선 파괴노력도 중요한 실패 요인이였다. 김일성과 박헌영, 이승만과 김구의 극단적 혁명노선과 극단적 반공노선은 대중의 직접적인 열정을 동원하고 지지를 끌어내는 데는 도움이 되었을지 모르지만, 대중을 교육하고 합리적인 대안을 모색하는 데는 좋은 선택이 아니었다.

셋째, 여운형을 비롯한 비판적 자유주의세력의 사회적 기반 구축의 실패를 들어야 할 것이다. 개혁주의노선, 비판적 자유주의는 항상 극단주의의 공격을 받으며 그만큼 성공하기가 어렵다(Moore, 1966). 시간이 흐르면서 여운형은 사회적·대중적 기반을 확산하기보다는 너무 중앙정치나 지도자들간의 타협에 치중하지 않았나 하는 느낌도 든다. 그것은 특히 인공이 지나고 인민당 창당과 활동시에 대해 그러한 지적이 가능할 것이다. 넷째, 타협과 합의를 이루어냈던 민주주의 학습경험의 부재 역시 중요한 실패 요인이었다. 여운형은 목적이 옳더라도 그것을 민주적인 방법을 통해 이루려는 지도자였다. 민주주의가 단기간에 이루어지는 것이 아니라는 점에서 그의 노력은 민주주의를 위한 사회적 조건이 갖추어지지 않은 상태에서 민주주의를 시도했던 것으로 볼 수 있을 것이다. 역시 위의 네 가지 이유 가운데서 첫번째와 두번째가 가장 중요한 요인이라고 할 수 있다. 그러나 우리가 외적 조건도 중요하지만 역사를 주체적으로 만들어 가지 않으면 안된다는 관점에서 볼 때 세번째와 네번째 요인으로부터도 많은 것을 배워야만 할 것이다.

여운형에게서 이상적인 지도자 상을 발견하려 할 때는 여전히 하나의 아쉬움이 남는다. 그가 좀더 대중을 장악하고 상황을 타개하려는 '적극적 덕(德, virtu)'을 소유하고, 사회적 기반을 갖추려는 노력을 기울였더라면 하는 아쉬움 때문이다. 그것은 비판 요소가 되는 그의 약점이기도 하다(김오성, 1946). 이 점은 사회개혁과 평화통일을 추구하는 세력과 지도자들이 오늘에도 유념해야 할 부분이라고 할 수 있다. 그의 활동이 후기로 오면서 점차 사회의 중심적 이슈로부터 멀어지고 다만 한 당파의 지도자로 전락하게 되는 과정(심지연, 1991)은 상황의 전개에 따른 불가피한 측면도 있었지만, 여운형 자신의 우유부단함이 가져온 하나의 결과이기도 하다. 그러나 이러한 약점에도 불구하고 여운형은 그의 리더십, 사상, 사태인식과 문제해결 방법 등 여러 측면에서 볼 때 1940년대 당시 한반도라는 특수한 조건하에서 한국사회의 지도자 가운데서는 물론 제3세계 지도자로서는 드물게 시대를 한 발 앞서 나갔던, 우리가 현실에서 발견할 수 있는 최대의 지도자 가운데 한 명이었다. 우리는 실패한 역사를 통하여 가능성의 공간을 열어준 여운형으로부터 하나의 희망과 위안을 얻는다.

<참고문헌>

Norberto Bobbio, *Left and Right: The Significance of a Political Distinction* (U. of Chicago, 1993).

Bernard Manin, "On Legitimacy and Political Deliberation", in Mark Lilla, ed., *New French Thought: Political Philosophy* (Princeton U. Press, 1994), pp.186-200.

Barrington Moore, Jr., *Social Origins of Dictatorship and Democracy* (Beacon Press, 1966).

Suh Dae-sook, *The Korean Communist Movement, 1918-1948* (Princeton: Princeton University Press, 1967).

──────, *KIM IL SUNG: The North Korean Leader* (New York: Columbia University Press, 1988).

대한민국 문교부 국사편찬위원회, 『자료대한민국사』 1, 1968.
몽양여운형선생전집발간위원회 편, 『몽양여운형전집』 1·2, 한울, 1991·1993.
민주주의민족전선 편, 『조선해방일년사』, 조선정판사, 1946.
소련군 정치사령부 제7국장 M. 부르체프, 「단평: 조선임시정부 각료 후보들에 대하여」, ≪역사비평≫, 1994년 봄호.
중앙일보 특별취재반, 『비록: 조선민주주의인민공화국』 하, 중앙일보사, 1993.
강만길, 「좌우합작운동의 경위와 성격」, 『한국민족운동사론』, 한길사, 1985.
김광식, 「8·15 직후 정치지도자들의 노선비교」, 강만길 외, 『해방전후사의 인식』 2, 한길사, 1985.
김오성, 「정치가형의 지도자-여운형론」, 『여운형전집』 2.
박명림, 『한국전쟁의 발발과 기원』 2, 나남, 1996.
송남헌, 『한국현대사』 1, 까치, 1985.
심지연, 『인민당연구』, 경남대학교 극동문제연구소, 1991.
이동화, 「8·15를 전후한 여운형의 정치활동」, 송건호 외, 『해방전후사의 인식』 1, 한길사, 1979.
이정식, 「해방기 한국의 정치지도자 4인에 관한 연구-이승만, 김구, 김규식, 여운형」, ≪계간 사상≫, 1992년 가을호.
──────, 『김규식의 생애』, 신구문화사, 1974.
정병준, 『몽양 여운형평전』, 한울, 1995.
정해구, 「여운형과 박헌영」, ≪세계와 나≫, 1992.
최상룡, 『미군정과 한국민족주의』, 나남, 1986.
최장집, 「미군정하 국가다원주의의 형성과 정치균열의 역사적 기원」, 『한국현대정치의 구조와 변화』, 까치, 1989.
홍인숙, 「건국준비위원회의 조직과 활동」, 강만길 편, 위의 책.

여운형의 독립운동과 체육문화운동

김광식
(21세기한국연구소 소장)

1. 머리말

　몽양 여운형은 정치가로서 독립운동과 건국운동을 전개했을 뿐만 아니라 다양한 사회활동을 펼쳐 나간 폭넓은 경륜과 깊이있는 인격의 소유자였다. 그 중에서도 체육과 문화분야에서의 공헌은 독보적인 것이어서 뚜렷한 업적을 남겨 놓았다. 그리고 그의 체육문화 활동은 그 자체로서 의미있는 활동이기도 하였지만, 여운형에게는 그것이 독립운동과 건국운동의 내용을 채워 나간다는 점에서 특별한 의미를 갖는 것이었다.
　체육인으로서 몽양은 항상 스스로 스포츠를 즐겼고 체육인들을 양성하였으며 조선체육회 이사와 회장을 맡아 체육계를 발전시켰다. 또한 몽양은 문화인이었다. 몽양은 조선중앙일보 사장을 지낸 언론인으로서 스스로 많은 글을 집필했던 사람이며, 항상 문화의 중요성을 일깨우던 사람이었다.
　여행가로서의 몽양도 주목할 만하다. 몽양은 20대 말에 중국으로 유학을 떠난 이후 동경, 동남아시아, 몽고, 모스크바, 시베리아, 북만주, 일본 등을 누비면서 독립운동을 전개했고, 여행과 관련된 웅장한 기행문을 남기고 있다.

2. 8·15 이후 몽양의 체육문화 활동

몽양이 체육인이고 문화인이었다는 사실은 8·15 직후 몽양의 활동을 보면 쉽게 알 수 있다. 여운형은 '조선체육회' 회장을 맡았을 뿐만 아니라 문화정책[1]에 깊은 관심을 기울였다.

1) 여운형과 조선체육회

여운형은 8·15 직후 재건된 '조선체육회'의 회장을 맡아서 활동했다. 당시 '조선체육회'의 강령과 간부진을 보면 다음과 같다.[2]

조선체육회 강령
- 본회는 조선민족의 강장(強壯)한 육체와 정신의 육성을 기함.
- 본회는 체육운동의 이론지도와 기술향상을 도(圖)하야써 국민체육의 완성을 기함.
- 본회는 운동정신 투지력 급(及) 단결력 향상에 완전을 기함.
- 본회는 체육단체를 통일하여 체육행정과 국방의무의 충실을 기함.
- 본회는 국민체육의 최고목표를 현현(顯現)하고 국제친선에 공헌함을 기함.

조선체육회 임원
- 고문: 김규식, 오세창, 조만식, 김성수, 원한경, 안재홍, 홍명희, 최규동, 이극로
- 회장: 여운형
- 부회장: 유억겸, 신국권

---

1) 1945년 11월 12일에 결성된 조선인민당은 30개의 기본정책 가운데 무려 9개를 문화정책에 할애하고 있다. 그 내용을 보면 다음과 같다. ① 부녀해방과 남녀평등권의 확립, ② 언론, 출판, 집회, 결사, 신앙의 자유, ③ 건민(健民)운동의 적극적 추진, ④ 의식주 개선 등 신생활운동의 전개, ⑤ 국가부담에 의한 의무교육 및 사회교육의 실시, ⑥ 학술 및 교육기관의 확충과 교육가, 연구가, 기술가 우대, ⑦ 우리 고유문화를 계발하여 민족적 긍지를 앙양, ⑧ 건실한 대중오락 기관의 설립 확충. 송남헌, 『해방3년사』 I, 까치, 1985, 179-180쪽.
2) 조선통신사, 『1947년 조선연감』, 조선통신사, 1946, 346쪽.

- 이사장: 이병학
- 상무이사: 이길용(사무국장), 조영하(체육부장), 김용구(총무부장)

일제시대의 한국체육은 전통적인 체육과 갑오경장 이후 유입되기 시작한 근대 스포츠 그리고 일제당국이 추진했던 군사체육이 혼합되어 있었다.3) 이와 같은 체육사를 감안할 때 8·15 이후 한국체육의 과제는 식민지 체육정책에 따른 폐해를 일소하고 우리의 체육적 전통을 복원하며 근대적 국민체육의 부흥을 도모하는 것이었다. 따라서 '조선체육회'는 국민체육의 완성을 기한다는 내용을 그 강령으로 담고 있었다.

이와 같은 '조선체육회'의 과제 확립은 단순한 상황적 대응이 아니라 일제 식민지시대 이래 체육계 인사들의 꾸준한 노력의 산물이라고 할 수 있다. 일제시대 당시 한국의 체육활동은 상당 부분 민족운동의 한 부분으로서 자리를 잡아 나가고 있었다. 1920년에 '조선체육협회'4)와는 별개로 설립된 '조선체육회'의 활동이 그러했고, 각 신문사와 청년단체들이 주최한 각종 경기대회도 민족적 열기로 가득차 있었다. 따라서 일제당국은 1938년 7월 4일 '조선체육회'를 '조선체육협회'에 편입시키고 각종 경기대회를 규제하는 데 나서게 되는 것이다.

따라서 8·15 이후 '조선체육회'와 각종 경기단체들의 부활은 민족체육과 국민체육의 부흥을 통해 건국의 내용을 채워 나가고자 하는 것이었다. 그리고 여기에 여운형이 앞장서고 있는 것은 몽양 자신이 일제시대 체육계의 중요 인사로 활동했고, 또 건국준비위원회의 대표로서 정치

---

3) 이학래, 『한국근대체육사연구』, 지식산업사, 1990, 9쪽 참조. 저자는 일제의 침략에서 민족자주적인 근대체육을 형성하고 독자적인 민족문화의 한 요소로서 근대체육을 정착시키려는 체육활동의 흐름을 민족주의적 체육으로 개념화하고 있다. 저자의 분류에 의하면 여운형의 체육활동은 민족주의적 체육활동에 포괄될 수 있을 것이다.

4) '조선체육협회'는 원래 조선에 있는 15개 정구단(庭球團)이 모여 1918년 가을에 결성된 경성정구회와 1919년 1월에 결성된 경성야구협회가 통합되어 만들어진 일본인들의 체육단체로, 1919년 2월 18일 창립되었다. 조선체육협회에는 정구부와 야구부를 두었으며 기관지 《조선체육계》를 매월 1회 발행하고, 필요에 따라 기타의 운동부를 설립할 수 있게 하였다.

활동을 벌여 나가는 것과 무관한 것이 아니었다.

조선체육회의 임원 구성을 보면 당시 체육계의 상황을 한눈에 파악할 수 있게 된다. 조선체육회의 고문인 김규식과 오세창, 조만식은 원로 독립운동가였고, 이 중 조만식은 일제시대 '관서체육회'5)의 회장을 맡았던 경험을 갖고 있다. 그리고 대학 체육의 양대 산맥을 형성하고 있던 보성전문과 연희전문을 대표하여 김성수와 원한경이 고문으로 참여하고 있다. 안재홍과 홍명희는 각각 조선일보와 동아일보의 편집국장을 역임했으며 이극로는 조선어학회 회장이었다. 한편 부회장인 유억겸은 '조선체육회'가 '조선체육협회'로 통폐합되기 전 오랫동안 '조선체육회' 부회장을 역임했던 인물로, 8·15 이후에는 YMCA 이사장직을 맡고 있었으며, 신국권은 건국동맹의 맹원으로서 상해방면의 연락을 책임지고 있던 여운형의 측근인사였다. 이와 같은 인물들과 함께 여운형은 조선체육회를 부활시키고 아울러 국민체육의 진흥을 위해 노력하게 되는 것이다.

2) 여운형과 문화활동

여운형은 8·15 직후 건국활동으로 바쁜 가운데서도 문화에 대한 관심과 지원을 아끼지 않았다. 8·15 이후 제1회 전국문학자대회에서 여운형이 행한 연설6)은 여운형의 문화에 대한 입장과 태도를 대변하고 있다.

"나도 지난날 여러 번 생각하였지만 내가 무슨 운동가로서 등산을 한다거나 무엇을 하고 다니는 것을 오락으로 한다고 생각할지 모르나, 나 자신은 문학가가 되지 않은 것을 퍽 후회하였습니다. 그리고 정치객이 된다고 날뛰기

---

5) 1925년 2월 27일 평양기독교청년회관에서 발기총회를 갖고 정세윤(鄭世允)을 회장으로 선출하면서 창립되었다. 1934년 당시의 조직을 보면 회장에 조만식, 부회장에 조종완, 총무 김병연, 회계 송석찬, 상무이사 김건형·오기영, 이사 강증구·조상증·차재익·지용은·박윤상·박인목·최응천·안창현·최능진·김만형·한봉상으로 구성되어 있었으며, 각 경기대회 개최 실행부서로 축구부·빙상부·야구부·씨름부·수영과 일광욕부·농구부·정구부·배구부·탁구부·육상부를 두고 있었다. 위의 책, 166쪽.
6) 여운형, 「제1회 전국문학자대회 축사」, 몽양여운형선생 전집발간위원회 편, 『몽양여운형전집』 1, 271쪽.

보다는 차라리 문학계에 들어갔으면 내 답답하고 서러운 시절에 시라도 한 구절 지으면서 즐길 수 있었을 걸 하고 생각하였습니다. 만약 여러분이 이제라도 나무라지 않으신다면 책상자를 걸머지고 여러분의 뒤를 따르며 배우고 싶습니다."

3. 성장기의 몽양과 체육문화 활동

 몽양이 이와 같이 체육문화 활동에 깊은 관심을 갖게 된 것은 그의 개인적·사회적 경험과 무관하지 않은 것 같다. 그래서 여기에서는 여운형의 성장과정을 깊이있게 살펴보려고 한다.
 성장기의 몽양은 불행한 일을 많이 겪었다. 10대 후반에 이미 상처를 하고 이어 조부와 부모를 잃었다. 이런 역경에도 불구하고 그가 힘을 잃지 않고 자기 활동을 펼쳐 나갈 수 있었던 것은 타고난 정신력과 함께 단련된 스포츠 정신이 있었기 때문에 가능한 일이었다. 사실 운동에 대한 관심과 몰두는 여운형을 건강하고 강인한 사람으로 만들었음이 분명하다. 여운형은 학창시절부터 축구와 철봉 등 스포츠에 몰두함으로써 자신의 에너지를 발산했고, 이러한 경험들은 몽양에게 삶의 의욕과 활력을 가져다 주었던 것이다.
 몽양의 이런 특성은 개인적인 것이기도 하지만 역사적 환경과 무관하지 않은 것이다. 불행중 다행으로 몽양의 성장시기는 일본제국주의가 우리나라를 넘보던 시기인 동시에 각종 근대 스포츠가 한국에 수입되던 시기와 일치한다. 그리고 근대 스포츠는 청년과 학생들을 통해 우리사회의 곳곳으로 전파되었다. 따라서 몽양 역시 배재학당과 흥화학교, 관립체신학교에 다니던 학창시절에 다양한 스포츠들을 접할 수 있는 기회를 가질 수 있었다. 이에 대한 몽양의 회고는 다음과 같다.

 "내 일찍이 유년기에 체질이 가히 약하고 또 다병(多病)하다가 거금 34년 전 처음으로 경성에 왔을 때에 각 병영에서 군인들이 철봉운동에 힘쓰는 것을 보고 나 역시 유희삼아 나의 처소에 철봉을 가설하고 조석으로 운동을 계속하였던 바 의외의 효과를 얻게 되어 약간의 잔병이 다 없어지고 신체도 강장(强壯)한 이 쾌태(快態)로 되었다."[7]

몽양이 이와 같은 개화문물을 접할 수 있었던 것은 그의 족숙(族叔)이었던 여병현에 힘입은 바가 크다. 여병현[8]은 여씨 가문에서 일찍 개화한 사람으로, 배재학교 교사로서 한국의 초기 YMCA운동에 관여하고 있었다. 그는 일본의 강제합병 이전에 황성 YMCA 이사와 의사부(議事部) 위원장을 지냈다.

청소년 시절 개화의 물결과 마주한 몽양은 체육과 함께 문화와 교육의 중요성을 스스로 깨닫고, 아울러 기독교에 깊은 관심을 갖게 된다. 여운형은 20대에 들어가면서 정식으로 기독교에 입교하고, 애국계몽운동을 전개하기 시작하였다. 당시 여운형은 기독교를 신문물의 창구로 인식했고, 기독교를 통해 민족자강운동이 가능하다고 보았던 것 같다. 여운형이 다녔던 교회는 승동교회로서 곽안련(Charles Allen Clark) 목사의 조수 일을 보는 것으로 사회활동을 시작하였다.

근대교육을 경험한 20대의 열혈청년 여운형에게는 안정된 직업을 구하는 일보다 애국계몽운동을 전개하는 것이 더 중요하였다. 여운형은 곧 고향인 양평에 기독교 광동학교(光東學校)를 설립했고, 이어 강릉의 초당의숙에서 교사로 활동하였다. 당시 광동학교와 초당의숙과 같은 사설학교들은 시사문제와 토론법 등의 강의와 함께 체조 등을 가르치는 애국계몽운동의 근거지 역할을 수행하고 있었다. 따라서 일제는 강제병합을 단행한 이후에 이와 같은 학교들을 해산시키는 데 집중적인 노력을 기울였으며, 여운형도 1911년 강릉의 초당의숙에서 퇴거명령을 받았다.

---

7) 여운형, 「현대철봉운동법 서문」, 위의 책, 127쪽. 『현대철봉운동법』을 쓴 서상천은 1930년대 초에 이미 중앙체육연구소를 창설하였고, 휘문고보에서 교편을 잡고 있으면서 「현대체력증진법」 등 여러 편의 관련논문을 쓰고 체육전문도서를 펴낸 한국체육발전의 큰 공로자였다. 한편 여운형은 『현대철봉운동법』이라는 책에서 스스로 철봉운동법의 모델이 되어 봉사하고 있다. 유수의 신문사 사장이 스포츠서적의 모델이 된다는 것은 아마도 전무후무한 일일 것이다.
8) 서울YMCA 편, 『서울YMCA운동사』, 1993, 131-132쪽.

이같은 상황에서 여운형은 마음을 달래기 위해 금강산을 둘러본 이후 단발령을 넘어 고향마을인 양평에 잠시 들렀다가 서울로 돌아왔다. 그리고는 잠시 곽목사와 함께 교회 일을 보다가 평양에 있던 장로교신학교에 입학하게 되는 것이다.

이러한 그의 이력을 거론하는 것은 그의 문화적 활동 배경을 이해하기 위해서이다. 여운형은 교회의 조수 일을 통해 실무적 경험을 쌓을 수 있었고, 동시에 광동학교와 초당의숙에서의 경험을 통해 사회교육과 문화활동의 프로그램을 자율적으로 입안하고 진행시킬 수 있는 능력을 키울 수 있었던 것이다. 그런데 종교와 교육활동은 다름아닌 문화적 기반 위에서 이루어지는 것이다. 따라서 이후 전개되는 여운형의 독립운동은 단순히 정치활동에만 집중되는 것이 아니라 외교활동, 문화활동, 체육활동 등을 포괄하게 된다.

4. 중국시절의 체육활동과 문화활동

여운형은 남경의 금릉대학에서 영문학을 전공하였다. 그리고 상해에 있는 협화서국이라는 서점에서 점원으로 일했다. 이 서점을 운영했던 사람은 미국인 선교사인 피취 박사(Dr. Fitch)였다. 그는 슬하에 2남 1녀를 두었는데 장남은 항주대학교 교장이었고, 차남은 상해 YMCA 총무였으며, 막내인 딸은 아버지를 도우면서 협화서국에서 일하고 있었다. 그런데 이들 3남매는 모두 여운형의 동생 여운홍이 다니고 있던 오하이오주 우스터 대학의 동창들이어서, 나중에 여운홍이 상해로 온 다음 그 사실을 알고는 여운형 형제와 더욱 친밀한 관계를 유지하게 되었다.

협화서국 생활은 여운형에게 적지 않은 체험을 가져다 주었다. 하나는 책의 중요성을 깨닫게 되었다는 것이고, 둘째는 YMCA 활동에 관심을 갖게 되었다는 것이며, 셋째는 곽안련 목사에 이어 외국인들과 다시 만남으로써 이후 그의 활동에서 외국인을 대하는 매너와 외교력을 익히게 되었다는 것이다.

그리고 이런 경험들은 3·1 운동 이후 상해에서 신한청년당과 임시정부를 조직하고 파리강화회의에 김규식 박사를 파견하는 데서도 적지 않은 도움이 되었던 것이다. 한편 여운형은 30대 중반 시절 마르크스의 『공산당선언』과 부하린의 『사회주의 ABC』, 『직접행동』을 번역하는 등 상해의 독립운동가에서 번역가로서 활동하기도 하였는데, 이와 같은 활동들도 어쩌면 협화서국의 경험과 무관하지 않은 것 같다.

여운형은 어디서나 교육사업에 상당한 능력이 있는 사람이었다. 상해에서도 국내의 경험을 살려 인성(仁成)학교를 인수하여 교민 자녀들을 가르쳤다. 인성학교는 본래 상해 한국인 교회에서 운영했던 간이학교인데, 여운형과 '상해 대한인거류민단'이 인수받은 후 1924년에는 국내 동아일보사의 지원을 받아 크게 발전하기도 하였다.

43세 되던 1928년 여운형은 상해 복단대학의 명예교수가 되었다. 그리고 이듬해에는 복단대학 축구단을 인솔하고 동남아의 싱가포르, 인도네시아, 필리핀 등지를 방문하면서 원정경기를 주선하였다. 물론 이 원정경기를 갖는 여행 동안에도 여운형은 독립운동가로서의 본분을 잊지 않았다. 여운형은 동남아에 대한 미국과 영국의 식민정책을 성토하고 아울러 '아시아 피압박민족대회'를 준비하려고 했던 것이다. 그러니까 여운형에게 체육활동과 독립운동은 상호보완적이었던 셈이다.

여운형이 스포츠 경기를 얼마나 좋아했는지를 알려주는 비극적인 에피소드가 있다. 즉 여운형이 상해에서 체포되어 국내로 압송되기에 이른 사건이 다름아닌 상해의 야구경기장에서 일어났던 것이다. 하루는 여운형이 상해의 원동(遠東)경기장으로 야구 구경을 갔다. 그런데 거기에는 여운형을 체포하기 위해 일본 형사들이 따라와 있었다. 결국 여운형과 일본 형사들 사이에는 격투가 벌어졌고, 결국 여운형은 영국 조계의 경찰서로 끌려가게 되었다. 몽양의 신분을 확인한 영국 경찰은 몽양을 일본 경찰에 넘기지 않겠다고 약속했다. 그러나 비열하게도 이튿날 새벽 여운형의 신병을 일본 영사관에 넘기고 말았다. 1929년 7월 8일, 여운형의 나이 44세 때의 일이었다. 앞에서 지적한 대로 여운형은 싱가포르에서 중국인들의 환영을 받으며 영국제국주의를 공격하는 연설을 한 적이 있는데, 이때의 반영(反英) 발언 탓에 영국 경찰이 몽양을 일본 경찰에 넘기게 되었던 것이다. 한편 이때의 고막 파열로 여운형은 이후 영영 한쪽 귀를 쓰지 못하게 되었다.

5. 여행가 여운형

"여행은 나의 가장 사랑하는 취미이며 오락이다. 세상에서는 스포츠를 나의 가장 좋아하는 취미로 생각하는 모양이나 나는 스포츠보다도 훨씬 더 여행을 사랑한다. 아니 여행이야말로 가장 종합적인, 가장 건전하고 인간적인 스포츠일 것이다. 만약 인류가 그들의 영구한 역사를 통해 꿈꾸고 열망하고 또 그를 위하여 찬탄하고 눈물지어오는 저 유토피아의 실현을 획득하는 날이 온다면 그때의 인간생활의 가장 뚜렷하고 특징적인 조건은 만인이 다같이 제한없는 여행의 자유를 가지고 있는 점일 것이라고 말한 저 웰쓰에게도 지지 않을 만큼 나는 여행의 애호자이며 예찬자이다."9)

여운형의 여행관(旅行觀)이다. 이처럼 여운형은 여행을 즐기고 사랑하였다. 여운형의 활동공간을 보면 국내만 해도 서울, 양평, 강릉, 평양 등지를 무대로 활동하였고, 중국에서는 남경과 상해, 천진 등 전역을 누볐으며, 위에서 언급한 대로 1929년에는 상해 복단대학의 축구팀을 이끌고 동남아 여러 나라를 방문하기도 하였다.

일본의 경우에는 청소년시절 야구선수로서 방문한 것을 비롯해 1919년 임시정부가 만들어진 직후 일본 당국의 초청으로 동경을 방문했고, 1935년 조선중앙일보사 사장 시절에도 오사카와 동경을 방문하였다.

그런데 많이 넓게 다닌 것도 중요하지만 여운형은 가는 곳마다 지기들로부터 환영을 받았고, 무엇보다도 여행의 느낌과 경험을 기행문으로 남겼다는 것이 중요하다. 특히 1936년 3~7월 ≪조선중앙일보≫의 자매지인 ≪중앙≫에 실렸던 기행문은 몽고의 고비사막을 넘어 모스크바를

---

9) 여운형, 「나의 회상기」, 위의 책, 41쪽.

방문하고 시베리아와 북만주를 거쳐 다시 상해로 돌아오는 웅장한 여정을 실감있게 그리고 있다. 본래 여운형이 계획했던 여정은 천진에서 봉천을 거쳐 시베리아로 들어가는 것이었지만, 일제의 밀정 때문에 북경에서 장가구 그리고 고비사막을 거쳐 울란바토르를 통과하는 여행계획을 세워 놓았다. 이 여행의 기행문들은 오늘날 읽어보아도 웅장한 느낌을 금할 수 없다.

"새까맣던 밤하늘은 차차 그 본래의 암람색을 회복하고 암흑속에 자취도 없이 사라졌던 먼 지평선도 이제사 그 암시와 약속을 품은 희미한 선으로 대지와 천공을 나누어 놓는다. 그리하여 하나씩 둘씩 반짝거리기 시작한 별들은 삽시간에 온 하늘을 덮어놓고 그 영원히 젊은 눈동자로 밤의 땅을 향하여 영구히 풀지 못할 수수께끼를 속살거리기 시작하였다. 나는 추위도 잊어 버리고서 한참 동안이나 이불 밖에 머리를 내어놓은 채로 이 한없이 아름답고 거룩한 사막의 밤하늘을 쳐다보았다. 아! 얼마나 장엄하고 얼마나 신비한 광경이었으랴. 그 광경은 이제 먼 옛날의 아득한 추억속에 희미해졌으며 또 나의 마음도 벌써 그때의 새롭고 보드라운 젊은 감수성을 많이 잃었으련만 그래도 그 밤의 기억만은 언제까지나 나의 마음속에 새롭다."10)

"장가구를 떠나서 닷새째의 석양 사막에 지는 해가 그 최후를 화려한 색채로 원하늘을 물들이기 시작할 즈음에 우리 일행을 태운 자동차는 멀리 '우란바톨호르' 곧 혁명정부에 의하여 '적색 거인의 도시'라는 새 이름을 얻은 고륜의 시가를 바라보면서 탄탄한 경사를 시원스럽게 한숨에 다름질쳐 내렸다. 사방을 산에 에워싸인 분지의 한복판을 흐르고 있는 넓은 냇가에 그 침울하고 전아한 자태를 고요히 가로누이고 있는 이 아세아식 도시는 위선 구릉 사이에 뾰족 솟아 때마침 황혼의 장미색에 곱게 물들인 하늘에 그 금색찬연한 광채를 맘대로 자랑하고 있는 라마사원의 고탑으로서 우리에게 환영의 인사를 보내었다."11)

"오랫동안 바다라는 것을 보지 못하고 단조하고 우울한 대륙풍경 속에 질식할 듯한 우수의 압박을 무의식중에 느끼면서 긴 여행을 하여온 우리의 눈

---

10) 여운형, 「몽고사막 횡단기」, 위의 책, 51쪽.
11) 여운형, 「적색구인도시 고륜」, 위의 책, 55쪽. 외몽고의 수도인 울란바토르에 도착한 소감을 적은 글이다.

앞에 이제 아무런 예고도 없이 돌연히 나타나 그 광활한 푸른가슴을 겨울아침의 젊은 태양 아래 마음껏 벌려놓고 우리를 맞아주는 이 바이칼 호수는 마치 넓은 바다나 같았다. 감벽의 호면에는 연파가 아침 미풍에 춤추고 둥실둥실 떠돌아다니는 얼음덩이는 그것이 이 자유롭게 유쾌하게 몸부림치고 춤추고 아양부리는 보드라운 수면을 무감각하고 침묵한 한 장의 얼음판으로 변하게 할 것이라고는 도저히 상상도 하지 못할 만큼 경쾌하게 물결 사이에 부동하며 태양의 반사에 이따끔 다시없이 고운 광선의 희롱을 시험하는 것이었다."12)

"대러시아의 중앙을 남북으로 꿰인 우랄의 대산맥은 거대한 테이블형의 고원을 형성하여 우리의 앞길에 가로누워 있었다. 기차가 이 고원의 경사를 올라갈 때에는 전후에 기관차를 달았다. 앞으로 끌고 뒤에서 밀고 해서, 기차의 속력은 실로 미미하여 안타까울 만큼이었다. 이 우랄의 산맥을 지나고 나니 연선에 보이는 촌락과 도읍에는 훨씬 농후한 구라파색이 지배하는 것을 볼 수가 있었다. 그러나 정거장마다 눈에 띠우는 것은 이 광대한 나라를 한가지로 쓸어덮고 있는 처참한 빈궁과 결핍의 상태였다."13)

여운형의 이 기행문들은 1922년 모스크바에서 열린 극동인민대표자대회에 참여하기 위한 여정을 기록한 것이다. 그러나 정치적인 내용들보다는 주변 경치와 여행의 구체적인 내용들을 서술하고 있다는 점에서 기행문의 요건을 완전히 구비하고 있다고 볼 수 있다. 여운형이 쓴 글들 가운데는 비교적 긴 글에 속하며, 또 본격적인 문필가의 모습을 보여주고 있다.

6. 언론인 여운형: 조선중앙일보 사장 시절

상해에서 체포된 여운형은 국내로 압송되었고, 대전형무소에서 2년8

---

12) 여운형, 「모스크바의 인상」, 위의 책, 67쪽. 이르쿠츠크에서 모스크바로 향하는 여정 중 바이칼 호수를 지나면서 쓴 글이다.
13) 여운형, 「모스크바의 인상」, 70쪽. 이르쿠츠크에서 모스크바로 가는 도중 우랄산맥을 넘는 소감을 쓴 글이다.

개월의 수형생활을 거친 이후 1932년 7월 26일 석방되었다. 여운형이 출옥 후에 한 일은 신문사를 운영하는 일이었다. 그는 출옥 후 8개월만에 ≪조선중앙일보≫의 사장직을 맡았다. 당시 몽양을 사장직에 추대한 사람은 이 신문의 이관구(李寬求) 주필과 김동성(金東成) 편집국장, 홍증식(洪增埴) 영업국장, 그리고 출자주인 최선익(崔善益)과 윤희중(尹希重) 씨 등이었다.

당시 이 신문의 편집국 진용은 신진기예들과 유명인사들의 집합처라고 해도 과언이 아니었다. 소설가 이태준(李泰俊)·김남천(金南天), 조각가 김복진(金復鎭), 아동문학가 윤석중(尹石重), 사회평론가 고경흠(高景欽), 시인 노천명(盧天命)·박팔양(朴八陽), 화가 노수현(魯壽鉉)·이승만(李承萬) 등이 바로 이 신문사에서 일하고 있었다. 그리고 이관구와 김동성, 홍기문 등 당시의 명논객들이 논설을 담당하고 있었다. 한편 각 지방의 지사는 지방 독립운동의 근거지가 되고 있었다.

몽양이 사장으로 취임하면서 신문 제호를 ≪중앙일보≫에서 ≪조선중앙일보≫로 바꾸었는데, 이것은 당시 중국에도 중앙일보가 있었기 때문이다. ≪조선중앙일보≫는 ≪조선일보≫, ≪동아일보≫와 함께 일제시대 3대 신문으로 일컬어졌다. 조선중앙일보사 사옥은 당시 주소로 경성부 견지동 60번지, 현 농협 서울지부 자리였다.

필자는 오래전에 사직동에 있는 종로도서관에서 ≪조선중앙일보≫의 일부가 복사·제본되어 있는 것을 읽은 적이 있는데, 거기에는 조선독립의 정당성과 가능성을 끊임없이 환기시키면서 동시에 국제정세에 대한 지식을 균형있게 전하려는 편집진들의 노고가 잔뜩 배어 있었다. 말하자면 ≪조선중앙일보≫는 우국지사들이 만드는 신문이었다.

직원들 가운데에는 본사만 해도 20명 이상이 독립운동의 경력을 갖고 있었으며, 일제 경찰에 체포되었던 운동선수들도 적지 않았다. 연희전문을 졸업한 축구선수 이영선과 정용수, 그리고 동양 챔피언이었던 권투선수 김창엽은 그 대표적인 예이다. 각 지국의 인사들도 본사와 크게 다르지 않았다. 그러므로 일제 당국의 감시와 탄압이 심할 수밖에 없었다.

≪조선중앙일보≫는 독립운동가였다가 독립운동을 배신한 박희도와

최린 등 총독부 권력에 기생하고 있던 친일파들의 비리에는 용감하게 필봉을 휘둘렀지만, 반대로 일반시민, 학생, 노동자, 세궁민, 농민들에 대한 기사에는 항상 따뜻함이 배어 있었다. 게다가 이 신문은 부대사업으로 청년교육사업과 역사유적 가꾸기, 스포츠 정신 함양, 이재민 돕기를 적극적으로 전개해 나갔다.

1) ≪조선중앙일보≫의 스포츠 지원

한편 몽양은 자신이 스포츠맨이었던 만큼 각종 경기를 주최하거나 후원하면서 청년학생들과 스포츠맨들에게 운동정신을 통한 조국사랑의 정신과 독립정신의 고취에 힘썼다. 몽양에게 영향을 받은 스포츠맨들로는 체육이론의 선구자라고 할 수 있는 서상천과 그의 제자인 김성집(태릉선수촌장 역임), 양정고보의 농구코치를 했던 이성구(대한농구협회 고문 역임), 농구선수 징상윤, 당시의 명축구선수 정용흥(대한체육인동우회 고문 역임), ≪조선중앙일보≫ 사원이었던 권투선수 김창엽, 권투선수 김유창, 유도사범 장권, 유도선수 김성곤 등 이루 헤아릴 수 없을 정도이다.

1933년 4월 초 몽양이 사장에 취임한 후 ≪조선중앙일보≫는 해외운동선수 초청 친선경기를 후원했다. 당시 성의경 사범이 창설한 '조선권투구락부'가 주최하고 조선중앙일보사가 후원한 일본 전수대학 권투부 초청이 그것이다. 그 무렵 권투도장이라고는 YMCA 권투구락부와 조선권투구락부 둘밖에 없었을 때이다. 이 친선경기에서 몽양은 신문사 사장 자격으로 개회사를 했다.

"피를 흘리면서도 싸우고 다운되어도 다시 일어나 싸우는 권투정신은 우리 청년들이 의당 본받아야 할 훌륭한 정신이다. 남성답게 씩씩하게 싸우라. 비겁하지 않고 정정당당히 스포츠맨쉽으로 싸우라. 나는, 청년은 누구를 가리지 않고 좋아한다. 무릇 청년은 진리와 정의를 위해서는 목숨도 아끼지 않는 불가슴을 안고 있기 때문이다."[14]

당시 조선권투구락부에 갓 들어온 김유창 소년도 이때 몽양을 처음 보고는 몽양의 팬이 되었다. 1934년경 조선 플라이급 챔피언이었고, 해방 이후 우리나라 복싱계의 원로였던 김유창 옹은 몽양을 처음 본 그날을 다음과 같이 회고한 적이 있다.

"운동을 하도 좋아하고 운동선수라면 무척이나 사랑해서 모두 친부모 이상으로 따르고 숭배했지요. 몽양은 YMCA 권투구락부, 조선권투구락부 그리고 황을수의 동양권투구락부를 수시로 드나들었고, 시합장에는 꼭 나와서 관전했습니다."15)

일제시대에는 흥미로운 운동경기가 있었다. 노동육상경기대회(老童陸上競技大會)가 바로 그것이다. 노동육상경기대회는 청장년이 함께 참여하는 운동경기대회이다. 제1회는 1934년 7월 7일 유억겸 씨의 개회사로 열렸는데, 여기에는 여운형의 동생 여운홍 씨와 유명한 무교회주의자 김교신(金敎臣) 씨 등 저명한 인사들이 참여하여 육상경기대회를 개최하였다. 제2회 대회는 여운형의 개회사로 1935년 7월 6일 용산철도운동장에서 열렸다. 이 대회에서 여운형은 투포환에서 1등을 하고, 동생 여운홍은 100미터 결승에서 1등을 함으로써 강인한 체력을 유감없이 발휘하였다.16)

---

14) 이기형, 『몽양 여운형』, 실천문학사, 1988, 113쪽.
15) 위의 책, 같은 쪽.
16) 이 경기에 참여한 인사들의 면면과 경기결과를 보면 다음과 같다.
　　50미터 결승: (30대)　　　1등 장권(YMCA)　2등 현정주(연희전문) 3등 오기주(중앙학교)
　　　　　　　(40대 이상) 1등 김동철(체육회) 2등 여운홍　　　3등 강낙원(연희전문)
　　100미터 결승: (30대)　　1등 현정주　　　2등 장권　　　　3등 오기주
　　　　　　　　(40대 이상) 1등 여운홍　　　2등 강낙원　　　3등 조철호(동아일보)
　　400미터 결승: (30대)　　1등 현정주
　　　　　　　　(40대 이상) 1등 김동철(체육회) 2등 홍창유(서울양복)
　　400미터 경주: (30대)　　1등 강낙원　　　2등 유준기(연희전문) 3등 장석영(연희전문)
　　400미터 종주: (30대)　　1등 축구협회　　2등 조선중앙일보
　　　　　　　　(40대 이상) 1등 연희전문　　2등 조선중앙　　3등 동아일보
　　높이뛰기: (30대)　　　　1등 오기주
　　　　　(40대 이상)　　　1등 강낙원
　　넓이뛰기: (30대)　　　　1등 현정주　　　2등 장권　　　　3등 오기주

2) 여운형의 청년지도 활동

조선중앙일보사는 각종 웅변대회를 개최하였는데, 이때마다 여운형은 심사를 맡았다. 그리고 애국적인 청년인재들을 속속 발굴하였다. 한편 여운형은 청년들이 결혼할 때 주례로 모시고 싶은 인물로 첫손가락에 꼽힐 정도로 청년들에게 인기가 있었다. 따라서 여운형은 상당수의 젊은 이들에게 결혼식 주례를 서주었고, 이렇게 해서 청년들과의 접촉 범위는 더욱 넓어졌다. 여운형의 주례에 관한 이야기는 당시 월간지 ≪삼천리≫에까지 소개될 정도였다.

"결혼행진곡! 이 풍금소리가 들리는 곳곳에 여운형 씨의 시원한 얼굴이 보이지 않는 때가 없다 하리만치 씨는 결혼식 주례를 많이 하기로 유명한데 대체 이 분이 한 해 잡고 몇 차례나 재자가인의 원앙의 꿈을 맺어주게 하는가 하면 작년에 53쌍 금년에 57쌍(11월 24일 현재)이라 실로 한 달 잡고 두 번 의례히 결혼식 주례를 하신다. 금년만 해도 동짓달 스무나흘날까지 오십칠쌍이요 섣달 들어서 십여 곳의 예약을 받고 있다니 아마 올해에는 70쌍도 더 넘을 것 같다. 이 모양대로 늘어가서는 명년은 아마 백쌍을 넘을 듯 성재라 결혼주례인저."(≪삼천리≫, 1936. 1)

여운형은 또한 조선중앙일보사 사장 시절 전국 방방곡곡을 돌아다니면서 청년들의 각성을 촉구하는 연설을 했고, ≪조선중앙일보≫와 월간 ≪중앙≫에도 청년에 대한 간곡한 당부의 이야기들이 실려 있다. 여운형이 청년들에게 강조한 것은 "새로운 지도자가 되어라!" "배움에 힘쓰라, 배움을 위해서는 정관(正觀)과 직각(直覺)이 필요하다." "농촌청년, 근로청년, 학원청년, 종교청년, 인텔리 여성들이 각기 자기 자리를 닦아 나가야 한다"는 것들이었다.

	(40대 이상)	1등 강낙원	2등 여운홍	3등 김동철
투포환: (30대)		1등 장권	2등 현정주	3등 오기주
	(40대 이상)	1등 여운형	2등 강낙원	3등 조철호
3종경기: (30대)		1등 현정주	2등 장권	3등 오기주
	(40대 이상)	1등 강낙원	2등 여운홍	3등 조철호

여운형의 청년에 대한 관심과 격려, 그리고 체육에 대한 관심은 청년활동과 체육활동을 통해 인재를 양성하고, 또 이를 통해 독립을 획득한다는 여운형 특유의 독립운동관이 깔려 있었다. 아닌게 아니라 이후 건국동맹과 건국준비위원회의 구성원들은 이렇게 해서 만나게 된 청년인재들과 체육계 인사들이 그 주축을 이루고 있었던 것이다.

3) ≪조선중앙일보≫의 역사유적 복구활동

여운형은 우리나라의 역사적 인물들 중에서 이순신 장군을 가장 좋아했다. 이순신 장군이야말로 몽양 여운형이 생각하는 가장 한국인다운 한국인이었던 것이다. 민족의 자주성과 나라를 수호하기 위해 왜적과 싸우되 벼슬자리를 문제삼지 않은 사람이 이순신이었고, 또한 문무를 제대로 겸비한 인물이 바로 이순신이었다. 이순신은 무과에 급제한 장군이었음에도 불구하고 거북선을 만드는 등 과학정신이 투철했으며, 또한 『난중일기』와 시조를 남기는 등 문학과 학문적 소양을 풍부하게 갖춘 인물이었다. 여운형 역시 이순신을 닮고 싶었을 것이다. 계동 자택의 응접실 삼면에는 이각경, 이철경 자매가 쓴 이순신 장군의 시조가 걸려 있었다고 한다.

이처럼 이순신 장군을 존경했기 때문에 몽양은 1934년 11월 어느날 충청남도 아산에 있는 충무공 이순신 장군의 묘소를 찾아갔다. 그런데 당시만 해도 이순신 장군의 묘소는 황폐해 있어서 몽양의 가슴을 아프게 했다. 그래서 몽양은 이순신 장군의 묘소단장 사업을 구상하게 되었다. 이순신 장군이 왜군과 싸웠던 점을 잘 알고 있던 총독부측의 방해가 없었던 것은 아니지만, 몽양은 1935년 봄 현직 신문사 사장이라는 방패막이를 가지고 이 사업에 착수한 것이다. 황폐한 묘소의 토역작업을 말끔히 마치고 나무를 심었으며, 이만규의 딸인 이각경의 글씨로 이순신 장군의 송덕비를 세웠다. 이렇게 해서 몽양은 이순신 장군의 조국애와 멸사봉공의 위업을 기리고 후손들을 위로하였다.

4) 일장기 말소사건과 여운형

민족운동의 차원에서 한국의 체육발전을 위해 노력했던 ≪조선중앙일보≫가 결국 손기정 선수의 세계제패 소식과 함께 제기된 일장기 말소사건으로 폐간되었다는 것은 아이러니가 아닐 수 없다. 이 대목을 이기형의 『몽양 여운형』에서 살펴보면 다음과 같다.

몽양은 베를린 올림픽에 참가하는 한국인 선수들인 농구의 이성구·염은현·장리진, 육상의 손기정·남승룡, 축구의 김용식, 권투의 이규환 등 7명에 대해 일제의 방해에도 불구하고 간곡한 격려인사를 전한 바 있다. 그런데 바로 이 올림픽에서 손기정 선수가 승리의 월계관을 쓴 것이다. 그 시각은 1936년 8월 10일 새벽이었다.

8월 10일자 아침 ≪조선중앙일보≫는 '손기정 마라톤 세계제패'라는 제목의 기사와 심훈 시인의 「오오 대한 남아여!」라는 즉흥시가 실려 있는 호외를 발행하였다. 그러나 손선수의 앞가슴에 붙어 있던 일장기는 깨끗이 지워져 있었다. 총독부 당국은 이것을 크게 문제삼았다. 이것이 바로 유명한 일장기 말소사건이다. 신문은 정간되고 몽양과 관계자들이 소환되었다. 여러 날을 두고 숙고한 총독부 당국은 사장을 바꾸라는 지시를 내렸다. 그러면 속간시키겠다는 것이었다. 그러나 주주들은 속간 대신 폐간을 선택하였다. 이렇게 해서 몽양의 조선중앙일보 시대는 막을 내리게 된 것이다. 1936년 9월 5일(4일 석간 제3035호)이었다.

7. 몽양의 체육활동

출옥 이후 여운형이 일을 맡은 것 중의 하나가 조선체육회 임원이 된 것이었다. 몽양은 1933년 5월 제14회 정기총회에서 '조선체육회' 이사가 되어 체육단체의 행정에 참여하였다. 당시 일본인들이 '조선체육협회'라는 별도의 단체를 가지고 있을 때이다. 당시 여운형은 박승빈, 김동철, 김영술, 이길용 씨와 함께 전형위원으로 참여하여 회장에 윤치로,

부회장에 유억겸을 선출하고, 아울러 이사에 여운형 외에 박승빈, 송진우, 백관수, 김성수, 현동완, 주요한, 김규면, 김철선, 서병의, 구자옥, 최재환, 김동철, 이원상, 김영술(이상 개인), 보전, 연전, 세전, 동아일보, 조선중앙일보, 조선일보, 배재, 양정, 휘문, 경신, 중동, 대동상, 조선축구협회, 고려육상경기회, 조선권투구락부 등을 추천하게 된다.

1937년 '조선체육회'가 총독부 당국에 의하여 강제로 조선체육협회에 통폐합될 때까지 몽양은 악전고투해 가면서 한국체육의 발전을 위해 노력하였다. 8·15 직후 몽양이 조선체육회장으로 추대된 것은 바로 이런 연유에서였다. 몽양은 체육을 스포츠 그 자체로서만 본 것이 아니라 민족체육이라는 관점에서 이해하였고, 동시에 체육을 통한 독립운동에 깊은 관심을 갖고 있었다. 그래서 몽양의 영향을 받은 일제시대의 운동선수들은 자신의 역할을 운동선수인 동시에 민족운동가로서 설정하고 스포츠에서의 기록만이 아니라 조국과 민족에게 희망을 주기 위해 노력했던 것이다. 손기정 선수의 마라톤 우승이 우리 민족에게 얼마나 큰 희망을 주었는가를 생각해 보면, 우리는 몽양의 체육관(體育觀)을 쉽게 이해할 수 있을 것이다.

여운형은 또한 체육이론가였다. 체육이론가로서 여운형은 참여체육을 강조하였다. 관전체육이나 상업체육이 아니라 직접 참여하는 참여체육을 통해 건강을 증진하고 억센 체력을 기르는 것을 체육의 목적으로 보았던 것이다. 따라서 당시 모든 운동경기의 끝에는 노인들과 젊은이들이 함께 경기에 참여하는 노동(老童)시합이 열리곤 했고, 이 자리에는 몽양 스스로 적극적으로 참여하여 젊은이들 못지 않은 활력과 기량을 보여주기도 하였다. 그리고 신문사에서도 매일 편집이 끝나는 오후 5시만 되면 전사원이 교대로 운동행사를 즐기기도 했다. 사장실은 글자 그대로 체육구락부를 방불케 했던 것이다. 몽양은 말로만이 아니라 참여체육을 솔선수범해서 실천하는 체육의 실천가이기도 했다. 그리고 이와 같은 적극성이 그로 하여금 체육이론서의 모델로 등장하게 되는 이유가 되기도 하는 것이다.

게다가 몽양은 체육의 사회적 의미를 강조하는 스포츠 철학자이기도 했다. ≪중앙≫ 1935년 5월호에 쓴 「체육조선의 건설」에 의하면, 우리 조상들은 건전한 체질의 소유자들이었으나, 조선시대를 통해 문약(文弱)에 흘러버린 결과 식민지 상태에까지 도달했다고 보고 있음을 알 수 있다. 따라서 우리가 찬란한 공훈을 가지려면 먼저 체육적 갱생을 도모하여야 하고, 다시 민족적 광채를 회복하려면 먼저 건전한 체질을 회복해야 한다는 점을 강조하고 있다. 이와 같은 체육적 갱생을 몽양은 '억센 체육조선의 건설'로 표현하였으며, 그를 위해서는 ① 체육의 보급, ② 체육정신의 함양과 체육을 통한 민족정신 회복, ③ 과학적 지도가 필요하다는 것을 강조하고 있는 것이다. 이상의 세 가지 방안을 통해 힘을 기르고 기운을 돋워야만 거기에 아름다운 문화도 있고 아름다운 생활도 있음을 몽양은 강조하고 있다.17)

몽양이 운동과 스포츠를 얼마나 높이 평가했는가는 것은 그의 연설문 내용을 살펴보면 쉽게 알 수 있다. 다음은 1935년 2월 평양축구단을 천진(天津)에 원정보낼 때의 격려사 내용이다.

"오늘 저녁은 우리가 자랑할 축구 조선의 의기를 국제적으로 스포츠 무대에 휘날려보려고 멀리 천진과 상해방면으로 원정을 가게 된 무적강군인 평양을 대표한 평양축구단을 위해서 체육과 경기에 대하여 말씀하고자 합니다.
우리의 역사상에서 고대 희랍사람들의 건강한 그 체격을 살펴봅시다. 그 얼마나 건전한 체격을 가졌는지요. 우리는 아침 저녁 단련시켜 이렇듯 건강한 체격을 가져야 할 것입니다. 대체 아름답다는 그 미 중에는 곡선미가 제일 좋은 것입니다. 그런데 이 곡선미를 잊어버리고 양도야지(洋豚: 필자)나 수숫대 같이 가늘게 되어서야 무엇에 쓰느냐 말입니다. 그리고 늘 하는 말이지만 정신을 건전히 가지기 위해서 운동이 필요합니다. 만사에 건전한 정신을 가지지 못하면 사업에 성공치 못합니다. 그러므로 건전한 정신을 가지기 위해서 제일로 우리의 몸을 건전하게 가져야 할 것입니다.
둘째로 어째서 체육을 장려해야 하겠느냐 하면 그것은 건전한 신체를 가지기 위하여 꼭 해야 합니다. 이 운동이 아니고는 도저히 튼튼한 체구를 얻어 가질 수 없는 것입니다.
그리고 셋째로는 우생(優生)을 낳기 위하여 체육을 장려해야 합니다. 말하

---

17) 여운형, 「체육조선의 건설」, 위의 책, 137-139쪽.

자면 좀더 나은 사람을 낳기 위하여 좀더 훌륭하고 튼튼한 국민을 만들기 위하여 운동을 아니하여서는 못씁니다. 우생학적 견지에서 체육이 필요합니다.

넷째로는 위생을 위하여 필요합니다. 우리들이 날마다 살아가는 데 있어 질병은 위생을 잘하고 못함에 따라 생기는 것입니다. 우리가 병없는 튼튼한 몸을 가지려면 위생이 필요합니다. 이 위생에 제일 조건은 운동입니다.

다섯째로 오래 살기 위하여 또한 운동이 필요합니다. 우리가 오래 살려면 백살을 살아도 오히려 약하여질 줄 모르는 튼튼한 몸을 가져야 합니다. 오래 살려는 사람이 튼튼한 몸을 아니 가지고는 도저히 오래 살 수 없으니, 오래 살기 위해서는 운동을 해야 합니다.

경기는 즉 취미를, 재미를 붙이기 위하여 내기를 하는 것입니다. 이 내기는 남보다 이기려는, 즉 투쟁심을 양성해 내야 합니다. 우리 조선에만 있다고 볼 수 있는 철학인 '남에게 져라. 때리거든 맞아라. 남을 때리지 마라' 하는 놈의 철학이 어디 다시 있겠소. 오직 망할 조선에만 있는 철학입니다.(만장박수) 그리고 운동은 판단력을 양성하여 줍니다. 또한 운동은 책임심을 양성하게 됩니다. 그리고 또 한 가지 단결력에 대하여 봅시다. 우리 운동선수는 화목해야 합니다. '네버마인'(염려마라) '내가 잘못했다' 저편에서 잘못한 것도 '아! 염려마라. 내가하마! 내가 잘못해서 그렇게 되었다.' 이렇게 실수하더라도 서로 잘못했다고 하여야 이것이 운동의 정신일 것입니다. 나는 잘했는데 '네가 왜! 그랬니' 하고 서로 잘못한 것을 남에게 미루는 정신을 응시하여야 할 것입니다.

너는 경기도 나는 평양 이렇게 지방관념을 버리고 한번 씩씩한 젊은이가 단합해서 모든 난관을 싸워 나가면 어떻겠냔 말입니다.(만장박수) 그리고 우리 사회에는 조로병(早老病)이 있습니다. 실은 흑사병보다 호랑이보다 더 무서운 것은 이 조로병입니다. 나이 많다고 운동을 못한다는 것이 이것이 무엇이냔 말입니다. 아무리 나이가 많더라도 운동은 해야 합니다. 신사체면 찾고 무엇 차리고 그래서 조로하고 마니 이런 무서운 병이 어디 있읍니까. 마지막으로 경기는 깨끗하게 하는 신조를 지켜야 합니다. 모든 경기는 깨끗하게 합시다. 나는 근래에 가끔 운동장에서 불쾌한 일을 봅니다. 일전에도 축구대회 어떤 곳에서 야비한 행동과 언사를 하는 것을 보았습니다. '까라' 하고 마구 외칩니다. 대체 무엇을 까란 말입니까. 사람을 어찌 깐단 말입니까? 짐승이 아니고서야. 도살장인 줄 압니까?(만장박수)"[18]

---

18) 여운형, 「상승군 평양축구단을 천진 원정에 보내면서: 체육과 경기」, 위의 책, 145-149쪽.

게다가 여운형은 체육인재들을 양성하고 그들의 미래에 대해 항상 깊은 관심을 기울였다. 원로체육인들의 회고담은 여운형의 관심과 사랑, 포용력을 증언하고 있다. 1934년 10월 어느날, YMCA 체육관의 역도시합에서 당시 휘문고보 3학년에 재학중이던 홍안의 소년 김성집은 역도 미들급에서 세계최고기록을 수립하였다. 바로 곁에서 어린 아들의 손목을 잡고 이 경기를 지켜보던 몽양은 김 선수의 등을 두들겨 주면서 여간 흐뭇해하지 않았다. "여선생은 시합 때마다 자제분의 손목을 잡고 내 곁에서 관전해 주셨습니다. 댁이 바로 저의 학교 옆이었으니까요. 비인기 종목인데도 빠지지 않았지요." 김성집 태릉선수촌장의 증언이다. 그는 1948년 런던 올림픽에 이어 1952년 헬싱키 올림픽의 역도 미들급에서 당당히 동메달을 따낸 세계적인 역도선수였다. 1936년 5월, 휘문고보 5학년의 18세 소년인 김성집은 일본 동경에서 열린 제1회 전일본역도대회 겸 베를린 올림픽 파견선발대회에 참가하여 미들급에서 라이트급의 김용성과 함께 당당히 우승을 차지하여 당시 신문들을 떠들썩하게 했다. 조선에 돌아오자, 김성집 선수는 제일 먼저 몽양을 찾아 인사를 드렸다. "여선생이 그렇게도 좋아하실 수 없었어요. 만면에 웃음을 띠시고 어쩔 줄을 몰라해요. 그 좋아하시던 모습을 잊을 수가 없습니다. 몽양 선생과 서상천 선생님, 김용성 선수와 넷이서 찍은 기념사진을 6·25 때 잃어 버렸는데 여간 아쉽지가 않아요."[19] 이런 인연들 때문에 김성집 선수는 1947년 8월 3일 몽양의 장례식 때 손기정, 석진경, 이제황, 김유창, 정상윤, 이성구, 이순재 등 체육인들과 함께 운구와 하관을 맡았던 것이다.

요컨대 여운형은 스포츠의 육성이야말로 훌륭한 국민을 만드는 첩경이라고 생각했고, 건강하고 튼튼한 국민이야말로 독립된 나라를 만드는 기초라고 생각했던 것이다.

---

19) 이기형, 앞의 책, 119쪽.

8. 여운형의 '참그리스도' 신학

교회의 조수 일을 보고 신학대에 다녔던 여운형은 신학에 대해서도 깊은 관심을 갖고 있었다. 그러나 여운형은 일제시대의 한국교회 현실에 대해 상당히 비판적인 시각을 갖고 있었고, 종교개혁과 새로운 참그리스도의 신학이 필요하다는 점을 지적하였다.

"조선의 종교를 말하자면 기독교와 불교 두 가지를 들겠는데 현대의 종교란 것은 세상과 간음한 종교다. 말하자면 오늘의 예수교 안에는 '벌거벗은 나사렛 예수', '골고다의 희생의 예수'는 잊어 버리고 성전을 강도의 소굴로 만든 매매의 예수교인들이 가득 차 있다. 이러한 현상은 직업적 예수교인인 목사와 일반교역자들에게 더 그러하다. 그러므로 그 안에 있는 청년들은 마치 소경을 따라가는 소경과 같고 이리를 따라가는 양의 무리와 같다. 불쌍한 처지에 있는 조선청년 중에서도 가장 불쌍한 조선청년이다.

그러므로 이들에게 보내고저 하는 말은 이러한 현황에서 탈퇴하지 못하겠거든 하루바삐 이 현상을 파괴하고 '참그리스도', '벌거벗은 나사렛 예수', '골고다의 희생의 예수'―그의 정신을 다시 부흥시키지 아니하면 현상의 조선기독교의 존재는 그 종교 자체의 존재가 불가능할 뿐 아니라 존재하면 존재할수록 조선사회에 해독만 줄 것이다.

불교 또한 그렇다. 불교의 정통은 실론(錫蘭)을 제한 이외에 없고 세계각지에 헤어져 있는 불교는 석가의 진종을 다 잃고 각각 그 국가의 환경에 따라 속화해 버렸다. 더욱이 조선에 있어서는 석존의 대승(大乘)의 진리를 찾아볼 곳이 없을 뿐 아니라 그 타락된 현상은 예수교의 그것보다도 몇 배 더 심하다.

최근 도시근교의 사찰은 청정해야 할 곳이 유흥장으로 화하여 버리고 각 본산 주지와 지도계급에 있는 이들의 대다수는 그 사생활의 추태는 말할 것도 없고 공생활의 '밥씨움'은 야소교의 그것과 조금도 다름이 없다. 그 안에 있는 청년들은 이것을 답습해서 더욱 타락의 길을 밟는다면 불교개체의 운명은 조종을 질타할 뿐이다. 만일 그대들이 추잡한 이 세계를 정토화할 능력이 없다면 그 모순된 생활에서 빨리 탈퇴함이 자비용감한 석존의 본의일 것이다."[20]

---

20) 여운형, 「청년에게 보내는 말」, 몽양여운형선생 전집발간위원회 편, 앞의 책,

이처럼 여운형은 종교의 타락과 친일종교의 폐해에 대해서 심각한 문제의식을 갖고 있으면서 동시에 종교의 본령에 대해 진지한 고민을 계속했다. 그런 영향을 받은 사람이 바로 가나안 농군학교를 설립한 김용기 장로였다. 김용기 청년은 몽양의 육촌동생인 여운혁과 함께 몽양의 재동 사택을 방문하여 여운형의 솔선수범하고 언행이 일치하는 지사적 삶을 보고 감화를 받았으며, 자신의 나머지 인생을 솔선수범하면서 살기로 다짐하게 되는 것이다.[21] 그리고 김용기는 1944년 10월에 결성된 농민동맹에 참여해서 활동하기도 하였다.

9. 조선중앙일보 이후

몽양이 조선중앙일보사 사장직을 그만두고, ≪조선중앙일보≫도 폐간된 1930년대 후반부터 8·15를 맞이하는 10년 동안 한반도의 정세는 참으로 어려운 상황을 맞이하고 있었다. 일제는 만주사변과 중일전쟁을 일으키고 1941년에는 드디어 태평양전쟁을 개시하게 되었다. 그리고 한국인들에 대해서는 전시총동원정책으로 재산과 노동력과 희망을 박탈해 갔다.

이런 상황에서 신문사 사장을 지냈던 몽양은 향후의 정세에 대해 촉각을 곤두세우게 되었다. 그리고 몽양은 정보를 취합하고 판단할 수 있는 소식통들을 갖고 있었다. 가장 대표적인 것은 단파방송이다. 이와 같은 정보력을 기초로 해서 몽양은 1937년 중일전쟁의 발발과 함께 일본의 패망을 확신하고 있었다. 따라서 중일전쟁 이후 몽양과 함께 독립운동을 하던 사람들은 일본의 패망에 대한 확신을 공유하고 있었다. 따라서 독립운동의 방법론도 어떻게 하면 민족을 보호하면서 독립을 쟁취할 수 있는가에 모아졌다. 몽양 스스로도 일본을 드나들며 동경에서는 일본의 최고정책과 외교 동향을 알아내고 조선에서는 총독부 고관들의 정치

164-165쪽.
21) 이기형, 앞의 책, 128쪽.

적 동향, 특히 법무국과 경찰국의 사정을 끊임없이 주목하였다. 몽양은 이 어려운 전쟁의 시기를 살아가는 데 소극적 저항과 적극적 준비 양면을 견지하면서 독립운동을 하루도 멈추지 않았던 것이다.

그것이 바로 1944년 '조선건국동맹'과 '조선농민동맹'의 결성이다. 조선건국동맹과 조선농민동맹에는 이상백, 신국권, 김유창, 김용기 등 여운형을 가까이했던 체육문화인들과 청년들이 즐거이 참여하여 다가올 해방을 기다리면서 통일된 새나라의 건국을 준비하고 있었던 것이다.

언론인 여운형

정진석
(한국외국어대 사회과학대학장
겸 정책과학대학원장)

1. 글머리에

몽양 여운형은 독립운동가이자 정치가로 널리 알려진 인물이다. 그러나 여운형은 일제시대의 민간 3대 신문의 하나였던 ≪조선중앙일보≫의 사장을 맡았던 언론인이기도 하다.

여운형이 본격적으로 언론계에 뛰어든 것은 1933년에 중앙일보의 경영을 맡은 후였지만, 그는 그보다 훨씬 전인 3·1운동 직후 상해에서 독립운동을 벌일 때부터 언론과 관련을 맺기 시작하였다. 여운형이 그 중심인물로 활동했던 신한청년당은 상해에서 등사판 소식지 ≪우리소식≫과 잡지 ≪신한청년≫을 발행했고, 여운형은 ≪동아일보≫와 타스통신의 통신원을 맡은 적도 있었다. 그는 일선기자로 활동하거나 논설을 담당한 경험은 없었으므로 글을 쓰는 직업적인 언론인은 아니었다. 그러나 사세가 약했던 조선중앙일보사의 경영을 맡은 뒤로는 이 신문을 ≪동아일보≫, ≪조선일보≫와 대등하게 키워냈다. 이같은 사실로 보아 그는 일제하의 언론사에서 중요한 역할을 맡았던 사람으로 평가할 수 있다.

그가 조선중앙일보사의 경영을 맡았던 기간은 군국주의 일제하의 언론탄압이 최고조에 달한 시기였는데도 이 신문은 손기정 선수의 일장기 말소사건을 일으켰다. 이로 인해 ≪조선중앙일보≫는 일제의 강압으로 오랜 휴간 끝에 폐간되고 말았다. 이는 언론사에 기록되어야 할 중요한 사건이다.

여운형이 신문에 직접 관계했던 기간은 길지 않다. 1933년 2월 16일 중앙일보의 사장에 취임하였다가 1936년 8월의 일장기 말소사건으로 실질적인 언론활동은 끝났으므로 3년 6개월 정도의 기간이었다. 그는 그동안 조선중앙일보사를 주식회사체로 만들었고 자매지 ≪중앙≫을 창간하는 등 언론육성에 이바지하였다. 광복 후에는 한때 ≪중외신보≫의 사장을 맡기도 했었다.

이 글에서는 이와 같은 여운형의 언론활동에 초점을 맞추어 살펴보고자 한다.

2. 상해에서의 독립운동과 언론활동

1) 상해에서 발행한 ≪우리소식≫

여운형은 그의 나이 28세였던 1914년에 중국으로 건너가 남경에 있는 금릉대학 영문과에 입학하여 3년간 영어와 철학을 공부하였다. 당시 이 대학의 일반학생들은 대개 20세에서 22~23세 정도였으므로 여운형은 나이 많은 학생이었다. 그러나 스포츠를 좋아하여 육상경기와 야구를 하면서 자신보다 어린 학생들과 어울렸다.[1]

1917년에는 금릉대학을 중퇴하고 상해로 가서 미국인이 경영하는 협화서국(協和書局)에 취직하였다. 협화서국은 여권 없이 미국으로 가려는 사람이나 사진결혼으로 미국으로 건너가려는 사람들을 미국 선박회

---

[1] 여운형, 「자서전」, ≪삼천리≫, 1932. 9, 425-427쪽; 여운형, 「남경 금릉대학 유학시대」, ≪삼천리≫, 1940. 6, 126-128쪽.

사나 관계당국에 교섭해주는 업체였다.

1918년 8월 하순경에는 상해의 프랑스 조계에서 장덕수(張德秀), 김철(金澈), 선우혁(鮮于赫), 한신교(韓愼敎), 조동호(趙東祜) 등과 모여 조선독립을 목표로 활동하기로 하고, 이 해 11월 28일 신한청년당을 결성하고 총무간사직을 맡았다.2) 이듬해 1월 신한청년당 대표들은 회의를 열고 파리에서 만국평화회의가 열리는 때에 대표를 파견하여 독립운동을 벌이기로 하였다. 이리하여 김규식(金奎植)을 파리로 파견하는 한편, 국내외로부터 약 10만 원을 모금한 자금으로 영문잡지를 발간하여 조선을 세계 여러 나라에 알리려 하였다. 여운형은 신한청년당 총무의 자격으로 조선독립에 관한 청원서를 작성하여 미국 대통령 윌슨의 특사로 중국에 온 크레인을 통해 윌슨과 만국평화회의에 제출하도록 하였다.3)

신한청년당은 《우리소식》4)이라는 등사판 통신을 주간으로 발행하기 시작하였다. 《우리소식》의 발간은 여운형이 일찍부터 언론의 중요성을 인식하고 있었음을 추측케 한다. 《우리소식》의 정확한 창간날짜는 알 수 없지만 3월 또는 4월경에 창간된 것 같다. 주요한(朱耀翰)은 1919년 5월 하순경 동경에서 상해로 갔는데, 이때에 이미 《우리소식》이 발행되고 있었다는 것으로 보아 그 이전부터 발행되었던 것으로 보는 것이다.

주요한은 5월 25일 상해에 도착한 안창호의 연설을 취재하여 등사판 신문에 실었다는데,5) 이 등사판 소식지가 바로 신한청년당의 《우리소식》이었을 것이다. 1919년 8월 21일 일본의 조선군 참모부가 작성한 비밀보고에는 《우리소식》을 상해거주 한인들의 '유일한 비밀 기관신

---

2) 신한청년당의 창설에 관해서는 「本黨紀略」, 《新韓青年》, 창간호(1920. 3), 77쪽)에는 1918년 11월 28일 창설로 기록되어 있으나, 1930년 3월 11일자로 작성된 「여운형 예심결정서」에 의하면 1918년 8월 하순경에 결성되었다고 한다.
3) 「여운형 사건 전말, 예심결정서 전문」, 《동아일보》, 1930. 3. 13~14; 「조선 × × 운동의 거두 여운형 예심결정서」, 《新民》, 1930. 4, 82-85쪽; 「여운형 판결 내용」 1, 2, 3, 《朝鮮通信》, 1930. 5. 5~7.
4) 이 등사판 소식지의 제호가 '我等의 소식'이었다는 설도 있다.
5) 주요한, 「기자생활의 추억」, 《신동아》, 1934. 5, 124쪽; 주요한, 『도산 안창호전』, 마당문고사, 1983, 125쪽 참조.

문'으로 규정하고 있다.6) 또한 9월 3일자 조선군 참모부의 보고는 상해 거주 한인들이 종래 발간해 오던 ≪우리소식≫을 폐간하고 새로 일간 독립신문을 발행한다고 쓰고 있다.7)

그러나 ≪우리소식≫은 독립신문이 창간된 뒤에도 한동안 계속 발행되었던 것 같다. 1919년 10월 7일자 ≪독립신문≫(제18호)에는 김석황(金錫璜)이 ≪독립신문≫에 5백 원, ≪우리소식≫에 1백 원을 출연했다는 광고가 실려 있다. ≪독립신문≫은 1919년 8월 21일에 창간되었으므로 10월 7일 무렵 김석황이 ≪우리소식≫에 1백 원을 출연했다면 ≪우리소식≫은 ≪독립신문≫이 창간된 뒤에도 한동안 발행되고 있었음을 알 수 있다. ≪독립신문≫은 ≪우리소식≫의 후신이 아니라 별개의 신문으로 창간되었던 것이다.

2) ≪신한청년≫과 상해판 ≪독립신문≫

여운형이 신한청년당의 ≪우리소식≫ 발행 실무를 맡았는지는 명확하지 않지만, 그가 신한청년당의 총무였으므로 이 소식지의 발행에 깊이 간여하였을 것이다. 신한청년당은 ≪신한청년≫이라는 잡지도 발행하였다. ≪신한청년≫은 1920년 3월 1일자로 한문판 창간호가 발행되었는데, 여기에 실린 「본당기략(本黨紀略)」에 의하면 ≪신한청년≫은 1919년 11월 1일에 창간되었다고 기록되어 있다. 이로 미루어 아마도 한글로 간행된 또 다른 ≪신한청년≫이 있었던 것으로 추측되기도 한다.8) 1920년 3월에 발행된 ≪신한청년≫의 주필은 박은식과 이광수였고, 대부분 3·1운동과 관련된 내용이 실려 있다.

국내에서는 ≪신한청년≫을 배포하다가 일제에 발각되어 처벌받은 사람도 있었다. 1921년 6월 김옥련은 ≪신한청년≫을 배포하였다가 6개월 징역형을 선고받았고,9) 안악군에서는 송승권(宋承權)을 취조하던 중

---

6) 金正明, 『朝鮮獨立運動』 II(民族主義運動 篇), 東京: 原書房, 1967, 196쪽.
7) 金正明, 위의 책, 46-47쪽.
8) 尹炳奭, 「解題」, 국가보훈처, 『해외의 한국독립운동 사료』 VII, 1993.

에 이 잡지가 발각되어 송응욱(宋應郁)과 송흥식(宋興植)이 체포된 일도 있었다.10)

상해 임시정부는 독립운동에 있어 신문과 선전의 중요성을 일찍부터 잘 알고 있었다. 1919년 5월 12일 임시정부 국무위원 조완구(趙琓九)는 국무원에서 결의한 시정방침 연설 가운데 '정치고문'과 '신문고문' 각 1명을 두어야 한다고 말했고,11) 임정의 중심인물이었던 안창호가 가장 열성을 기울여 추진했던 일도 선전사업이었다.

상해판 《독립신문》은 1919년 8월 21일에 창간되었다. 사장은 이광수(李光洙)였고 영업부장 김영렬(金英烈), 기자 조동호(趙東祜), 출판부장 주요한(朱耀翰)의 진용으로 출발하였다. 창간 당시 제호는 《獨立》이었는데 10월 25일자 제22호부터 《獨立新聞》으로 제호를 바꾸었다. 발행장소는 프랑스 조계 구륵로(具勒路) 동익리(同益里) 5호, 격일간으로 화·목·토 3회 발행이었다.

《독립신문》은 임시정부의 활동을 선전하고 독립운동을 지원하는 역할을 맡았으나 처음부터 경영난에 시달렸다. 임시정부 요인들은 신문 경영의 어려움을 해소할 근본대책으로 이 신문을 주식회사로 만들기 위한 모금운동을 벌였다. 우선 사장 이광수를 비롯하여 영업부장 이영렬, 출판부장 주요한 세 사람 명의로 경영의 어려움을 설명하고 신문을 도와달라고 호소하는 사고를 1920년 3월 25일자부터 여러 차례 실었다.

이 사고를 내면서 《독립신문》은 발기위원 9명과 찬성위원 11명을 구성하여 10만 원을 목표로 주식 모집을 시작했다. 여운형은 이 신문과 직접적인 관련은 없었지만 모금의 찬성위원 가운데 한 사람으로 참여하였다. 발기위원과 찬성위원의 명단은 다음과 같다.

발기위원: 安昌浩(위원장), 李光洙, 李英烈, 孫貞道, 尹顯鎭, 金錫璜, 李裕弼, 李春塾, 高一清

---

9) 《동아일보》, 1921. 6. 11.
10) 《동아일보》, 1921. 9. 4.
11) 金正明, 앞의 책, 196쪽.

찬성위원: 李東輝(위원장), 李東寧, 李始榮, 朴殷植, 金秉祚, 金時漸, 金嘉鎭, 呂運亨, 鄭仁果, 金徹, 鮮于爀

주식의 모집 규정은 다음과 같다.

1. 자본은 금화 10만 원으로 하고 2백 주(株)로 분(分)하여 매주(每株) 5백 원으로 한다.
1. 사업은 독립신문을 발행함과 동시에 국민에게 필요한 소책자를 발행하기로 한다.
1. 모집기간은 민국 2년 3월 말일까지로 한다. 주금(株金)은 일시에 출금하기로 한다.
1. 자금관리의 책임은 국토광복까지는 발기인에 있어서 부담한다.
1. 국외의 각지에는 발기위원장의 위임장을 유(有)한 모집위원을 파견한다.12)

그러나 주식 모집도 계획대로는 되지 않았다. 당초에는 1920년 3월 말까지 모금하려 했으나 목표액을 채울 수 없자 5월 말까지로 연기했다. 그래도 계획된 모금액을 달성할 수는 없었다.13) 그 후 ≪독립신문≫은 조금씩 들어오는 성금으로 발행을 계속했지만, 그것은 근본적인 해결책이 되지 못하였다. 창간 이래 주3회 격일간이던 발행회수를 1920년 5월 11일자 제57호부터는 주2회로 축소하지 않을 수 없었다. 그러나 또 다시 일본의 방해로 신문발행이 6개월간이나 중단되는 사태에 처했다.

6월 24일자 제86호를 발행하고 나자 프랑스 조계 관헌이 세번째로 이 신문의 정간을 명한 후 신문사를 봉쇄해 버렸기 때문이다.14) 이에 안창호와 여운형이 프랑스 영사관을 찾아가서 이유를 묻자, ≪독립신문≫은 전 영사 때에 이미 폐쇄하였는데 왜 신문을 속간시켰느냐는 일본 영사의 항의가 있었기 때문이라는 대답이었다. 여운형이 안창호와 함께 프랑

---

12) 국사편찬위원회,『한국독립운동사』자료 3, 임정편 Ⅲ, 277-278쪽; 김정명, 앞의 책, 106-109쪽.
13) 정진석,「상해판 독립신문에 관한 연구」, ≪汕耘史學≫, 제4집, 1990, 11-159쪽; 정진석,『한국언론사』, 나남, 1990, 337-369쪽.
14) 조선총독부 경무국,『高等警察關係年表』, 1930, 29쪽.

스 영사관에 찾아가서 항의했다는 사실로 보아 여운형은 《독립신문》의 발행에 깊은 관심을 가졌음을 알 수 있다.15)

3) 《동아일보》와 타스통신 통신원

여운형은 1922년 10월부터 이듬해 5월까지 《동아일보》의 상해주재 촉탁 통신원으로도 임명되었다. 그가 이 신문에 보낸 기명기사로는 「임성(臨城) 토비(土匪)를 방(訪)하야」(1923. 6. 6)와 「임성 토비 탐험기, 모국 관계설과 토비의 내정(內情)」(1923. 7. 22)이 있다. 그는 첫번째 글에서 자신은 "일종의 호기심이 발하야 그 진상을 탐색코저 개인의 자격으로" 취재한 것이라고 밝히고 있다. 7월 22일자 두번째 글은 한 면에 이르는 상세한 르포기사였다.

여운형은 러시아인이 경영하는 타스통신 통신원으로도 근무했다. 그가 타스통신 통신원이던 시기가 언제였는지는 확실하지 않다. 다만 타스통신 통신원이었다는 사실은 1930년 4월 국내에서 재판을 받을 때에 재판장의 신문에 답변한 진술내용에 나타나 있다. 《동아일보》의 기사에 의하면 재판장이 "로서아 사람이 상해에서 경영하는 다-스 통신사 통신원으로 근무"하였느냐고 묻자, 여운형이 "그렇다"고 대답한 것으로 보도하였다.16) 그런데 《조선일보》는 같은 기사에서 "로서아인이 경영하는 신문 다-스사의 통신원으로 잇섯는가"라고 물었다고 보도하였다.17)

두 신문의 기사로 보아서 여운형이 소련의 국영 타스통신사의 통신원이었는지, 상해에서 발행된 타스라는 또 다른 신문(또는 통신)의 통신원이었는지는 확실하지 않다. 상해에서 러시아 사람이 타스라는 통신(또는 신문)을 발행했을 가능성은 거의 없으므로 여운형은 러시아의 국영 타스통신의 통신원이었을 것이다. 그러나 여운형은 아직 본격적인 언론활

---

15) 도산기념사업회 편, 『安島山全書』中, 범양사, 1990, 357쪽.
16) 「최초의 병상 訊問 후, 의자에 안저 審理應對, 경력 물은 뒤 방청금지」, 《동아일보》, 1930. 4. 11.
17) 「서양인 橫暴는 풍속관습의 맹목」, 《조선일보》, 1930. 4. 11.

동을 시작한 것은 아니었다. 그는 언론인이 아니라 독립운동가로서 언론 활동을 했기 때문이다.18)

여운형은 상해 임시정부의 의정원 의원으로 활동하였고, 1920년에는 고려공산당에 입당하여 이듬해 모스크바에서 열린 극동피압박민족대회에 참석하였다. 국민들을 놀라게 한 것은 1919년 일본 척식국 장관 코가(古賀廉造)의 초청을 받아 장덕수(張德秀)와 함께 도일하여 일본 조야를 방문하고 동양정세에 관한 연설을 하였을 때였다. 그의 영어 실력과 뛰어난 웅변에 일본 신문기자들은 탄복하였고, 그를 만난 일본정계의 요인들에게도 깊은 인상을 주었다.

그는 일본 당국의 회유에 "돈은 필요하지만 지조와 교환하는 돈은 쓸 수가 없다"면서 30만 원을 거절했다는 풍설도 있고, "청도(靑島)의 종신직 총영사보다는 종신토록 하여야 할 딴 직분이 있다"면서 단연히 동경을 떠났다는 설도 있었다. 그 후 여운형은 모스크바로 가서 레닌과 회견하였으며 필리핀과 남양 등지로 돌아다니며 세계의 현황과 약소민족의 장래에 대하여 열변을 토하는 등의 활동을 전개하였다.19) 그는 상해의 동방(東邦)대학에서 영어교사로 근무한 적도 있었고, 일경에 체포되어 국내로 돌아오던 당시는 상해의 복단(復旦)대학 교수로 재직중이었다.20)

3. 민간 3대 신문 ≪중앙일보≫

1) ≪시대일보≫·≪중외일보≫

여운형의 본격적인 언론활동은 1933년 2월 16일 ≪중앙일보≫ 사장

---

18) 「여운형 사건 전말, 예심결정서 전문」, ≪동아일보≫, 1930. 3. 13~14; 「○○ 운동 거두 여운형 예심서」, ≪조선일보≫, 1930. 3. 13~14; 「조선 ×× 운동의 거두 여운형 예심결정서」, ≪新民≫, 1930. 4, 82-85쪽; 「여운형 판결 내용」 1, 2, 3, ≪조선통신≫, 1930. 5. 5~7.
19) 金科白, 「鐵窓裡의 巨物들」, ≪東光≫, 1931. 5, 46쪽.
20) 「서양인 橫暴는 風俗習慣의 맹목」, ≪조선일보≫, 1930. 4. 11.

에 취임하면서 시작되었다. 그가 경영을 맡은 ≪중앙일보≫는 어떤 신문인가를 알아본 다음 여운형의 언론활동을 살펴보기로 하겠다.

≪중앙일보≫는 ≪시대일보≫에서 시작해 ≪중외일보≫를 거쳐 ≪중앙일보≫로 바뀐 신문이었다. ≪시대일보≫는 1924년 3월 31일 최남선(崔南善)이 창간한 신문이었다. 최남선은 3·1운동으로 투옥되었다가 출옥한 뒤에 1922년 9월 3일 타블로이드판 20면의 주간신문 ≪東明≫을 창간하였는데, 이듬해 6월 3일까지 통권 41호를 발간한 후 이를 중단하고 새로운 일간지 ≪시대일보≫를 창간하였다.

≪시대일보≫는 편집내용면에서는 신선한 감각을 가지고 독자들의 관심을 불러일으켰으나, 최남선은 신문경영에 소요되는 막대한 자본을 댈 만한 능력이 없었다. 최남선은 창간 2개월 후인 6월 2일, 사교(邪敎) 집단이었던 보천교(普天敎)에 발행권을 넘긴다는 조건 아래 경영에 소요되는 자본을 끌어들이는 계약을 맺었다가 사회적으로 일대 물의를 빚게 되어 손을 떼고 말았다.

그 후 홍명희(洪命憙)가 사장에 취임하였으나 경영난을 타개하지 못하고 1926년 8월 중순까지 발간한 후 발행을 중단하게 되자, 이상협(李相協)이 ≪중외일보(中外日報)≫로 개제(改題)하여 9월 18일자로 총독부로부터 발행허가를 얻었다. ≪시대일보≫가 발행을 중단한 것은 무한책임사원 전원이 퇴사함에 따라 회사가 해산되었고, 발행허가도 소실된 때문이었다. 이로써 '시대일보'라는 제호는 없어졌고, ≪중외일보≫는 새로 창간하는 형식으로 지령을 1호부터 시작했다.

이 신문은 1926년 9월 18일자로 발행허가를 얻어 11월 15일 편집 겸 발행인 이상협, 인쇄인 김정기로 창간되었는데, 백인기(白寅基)의 출자로 운영되었다. 이상협은 당시 신문계의 귀재로 알려진 사람이었다. '가장 값싸고 가장 좋은 신문'을 표방하면서 구독료도 동아와 조선이 하루 6면 발행에 월 1원이었는데, 중외는 하루 4면이었지만 월 60전이라는 파격적인 염가정책으로 사세가 든든한 동아 및 조선과의 차별화를 꾀하였다.

1929년 9월 1일에는 마산에서 온 재벌 이우식(李祐植)이 실질적인 사주가 되어 ≪중외일보≫를 자본금 15만 원으로 주식회사로 만들었는데, 사장 안희제, 부사장 이상협, 상무로는 최윤동, 임유동, 이진만 등이 경영을 맡았다. 새 진용과 함께 ≪중외일보≫는 지금까지의 재정형편으로 인한 소극적인 경영정책을 탈피하고 적극적으로 발전성을 꾀한다고 하여 그때까지 다른 민간지가 감히 엄두도 못내던 한국신문사상 초유의 8면 증면을 단행, 언론계에 일대 파문을 불러일으켰다.

1929년 9월 17일자(제973호)부터는 대대적인 사고(社告)를 내어 9월 26일부터 조석간 4면씩 하루 8면을 발행한다고 선언하고 9월 26일(제982호)부터 우리나라 최초로 조석간 8면을 단행했다. 이에 자극을 받아 동아, 조선도 8면으로 맞서서 치열한 경쟁을 벌이게 되었다.

그러나 원래 재력이 빈약한 중외로서는 스스로 시작한 이와 같은 경쟁을 견뎌내지 못하고 자신의 수명을 단축하는 결과를 가져왔을 뿐이었다. 이듬해인 1930년 2월 5일자(제1114호)부터는 발행 겸 편집인을 안희제로 바꾸었으나(이전까지는 이상협) 여전히 재정난은 풀리지 않아 이해 10월 14일까지 발행하고 자진휴간에 들어갔다. 1931년 2월 15일(제1366호) 김형원 등의 사원들이 다시 속간해 보았지만 고질적인 재정난을 타개할 길은 도저히 없었다. 이리하여 6월 19일 지령 1492호로써 종간호를 낸 후, 9월 2일 주주총회는 주식회사의 해산을 결의했다.

2) 노정일의 ≪중앙일보≫

한 달 후인 10월 14일 ≪중외일보≫의 제호를 다시 ≪중앙일보≫로 고쳐 김찬성(金贊成)이 총독부로부터 발행허가를 얻었는데, 사장은 노정일(盧正一)이었다. 이 신문은 11월 27일 사옥을 기존의 화동(花洞) 183번지에서 견지동(堅志洞) 60번지로 옮기고 '대중의 신문, 여론의 지침, 신속보도, 엄정중립' 등의 사시를 내걸고 새출발하였다. 지령은 중외를 계승하여 1493호부터 시작했고 석간 4면 발행이었다. 창간 당시 임원진은 다음과 같다.

이사장 洪性肅, 이사 鄭漢明, 고문 安熙濟
책임이사 盧正一, 서무과장 權憲圭, 회계과장 金英濟, 편집국장 姜邁, 편집부장 金南柱, 정경부장 裵成龍, 사회부장 朴八陽, 지방부장 柳光烈, 학예부장 朴英熙, 영업부장 金贊成, 판매부장 吳翊殷, 광고부장 尹原求21)

≪중외일보≫는 비록 새로운 진용을 갖추고 제호를 바꾸어 출발했으나 경영난은 여전해서 사의 내분이 잇달았다. 1932년 4월 공무국 직원들이 밀린 급료를 내놓으라고 파업을 벌였고, 5월 4일에는 편집국장 이하 사동, 배달부까지 전 사원 76명이 2월부터 받지 못한 급료를 내어 놓으라고 단식농성까지 벌이는 등 경영주 노정일과 극한적인 대립을 보였다. 경영난이 가중되자 노정일이 판권을 팔려는 기미가 보였는데, 사원들은 판권을 팔아서는 안된다고 요구했고, 노정일은 5월 5일 당국에 자진하여 휴간계를 제출하여 이 신문은 창간 후 불과 5개월만에 "전대미문의 더러운 역사를 남기고"(≪비판≫, 1937. 4) 휴간하게 되었다.22)

이 무렵에는 ≪중앙일보≫만이 아니라 ≪조선일보≫도 발행권을 놓고 판권 다툼이 치열하게 벌어져 자진휴간에 들어가는 등(6월) 동아를 제외한 두 민간지 조선과 중앙은 내분으로 사회적 지탄을 받고 큰 시련을 겪고 있었다. 이처럼 판권 다툼이 일어났던 것은 무엇보다도 경영부실과 함께, 일제가 한국인들에게는 3개 이상의 신문발행을 허용하지 않

---

21) 한편 『新聞總覽』(1932년판), 464쪽에 실린 임원명단은 다음과 같다.
　　사장 盧正一, 편집국장 姜邁, 편집부장 金南柱, 정치부장 裵成龍, 학예부장 朴英熙, 지방부장 柳光烈, 사회부장 朴八陽, 영업국장 金贊成, 서무부장 權憲吉, 회계과장 金英濟
　　또한 ≪동광≫(1931. 12)에는 ≪중앙일보≫의 편집진을 다음과 같이 보도했다.
　　편집국장 姜邁, 영업국장 金贊成, 사회부장 朴八陽, 기자 金世鎔·申敬淳·李相昊, 정치부장 朴榮達, 경제부장 裵成龍, 지방부장 柳光烈 학예부장 朴英熙, 정리부장 金南柱, 기자 李鴻稙·李豊珪.
22) ≪중앙일보≫의 자진휴간 경위와 사장 노정일의 신문경영 자세에 대한 비난 등은 ≪비판≫, 1932년 6월호(통권 14) 및 8월호(통권 15) 2회에 걸쳐 舌火子라는 가명으로 실린 「검경에 비친 중앙일보와 노정일」; 「盧正一과 中央日報」, ≪제1선≫ 1932년 5월 창간호; 朴相浩, 「돌연 휴간한 中央日報 분규의 이면」, ≪東光≫, 1932. 6 참조.

왔으므로 판권이 하나의 이권(利權)처럼 되었고, 신문사 간부 자리가 사회적으로 명망이 높다는 등의 이유가 복합적으로 작용한 것이다.

≪중앙일보≫는 휴간 후 5개월이 넘게 속간하지 못하고 있었는데, 노정일은 발행권을 살 사람을 물색하던 중 ≪조선일보≫에서 발행권 장악을 둘러싸고 분규를 거듭하던 최선익(崔善益)과 협상이 이루어졌다.23) 이리하여 최선익은 조선을 포기하고 윤희중(尹希重)과 더불어 중앙을 인수하여 휴간 후 6개월이 다 되어가는 10월 31일에 속간했다. 이때의 간부진은 다음과 같다.

주간 崔善益, 전무 尹希重
편집국장 金東成, 편집국 차장 廉相燮, 논설반 주필 李寬求·申翔雨·裵成龍, 편집부장 徐承孝·朴八陽·申翔雨(겸)·裵成龍(겸), 정치부장 金東成(겸), 경제부장 李允鐘(겸), 사회부장 廉尙燮(겸)·申敬淳·朴尹錫·李鴻稙·李舜宰, 학예부 盧壽鉉·尹聖相·尹興學·李承根, 교정부 주임 愼隣範·李豊珪·金홍鎭24)

3) 여운형의 강제귀국

상해에 있던 여운형은 1929년 7월 8일 상해의 야구장에서 일본 영사관 경찰에 체포되어 같은 달 17일 국내로 압송되었다. 그가 체포되었다는 소식은 국내신문들이 크게 보도하였고 국내로 호송될 때에는 그가 탄 기차가 오는 수원까지 각사 기자들이 내려가 취재경쟁을 벌였다.25) 여운형은 제령(制令)과 치안유지법 위반으로 기소되었는데, 치안유지법 위반에 관한 부분은 증거 불충분으로 면소되고 제령 제7호 위반으로 공판에 회부되어 1930년 4월 26일 경성지방법원에서 3년 징역형을 선고

---

23) 壁上生,「中央日報 朝鮮日報의 그 뒤 消息」, ≪제1선≫, 1932. 12; 鄭泰哲,「飢饉든 言論界의 殘穗」, ≪제1선≫, 1932. 12.
24) 滄浪客,「朝鮮, 中央 兩新聞 復活內幕」, ≪삼천리≫, 1932. 11;「기밀실」, 1933. 8.
25) 金乙漢,「列車中의 呂運亨」, ≪삼천리≫, 1929년 초하호, 299-301.

받고 대전형무소에서 복역하였다.

그의 재판에는 방청권을 얻기 위해 그 전날 저녁부터 수백 명이 법원 문전에 몰려와 밤을 새우기까지 하였다. 옥중에 있는 동안에도 여운형은 관심의 대상이 되었다. 그의 예심이 종결되었던 1930년 3월 10일자 ≪중외일보≫는 예심종결을 알리는 호외를 발행하였다가 그 호외가 압수 당하기도 하였다. 호외 제1호는 다음과 같은 제목으로 여운형의 활동을 보도하였다.

- 현대 조선의 일대 풍운아, 여운형의 예심, 금일로써 수(遂) 종결, 10년간 동치서구(東馳西驅) 운동에 노력, 극동정국의 측면애사.
- 대세의 추이를 간파하고 미대통령 사절과 회견 평화회의 사절 구렌씨 환영회에서 조선인으로서 그 연설에 참석하야 공명, 민족자결주의에 공명.
- 신한청년당 조직, 평화회의에 대표 파견, ○○ 운동의 제일막.
- 각지에 3·1운동 발발, 상해 가정부 수립, ○○ 운동의 사정을 세계에 선전, 각처에서 다사(多士) 운집.
- 관제(官制)를 개정, 대통령 추대, 각원 총수 15명.
- 공산당 조직, 상해 이시파(伊市派)의 착잡.26)

여운형의 예심결정서는 동아와 조선이 그 전문을 게재하였다. 그의 독립운동가로서의 비중이 어느 정도였는가를 반영한 것이다. 여운형은 1932년 7월 26일 만 3년만에 수감중이던 대전형무소에서 가출옥하였다. 형의 만기일은 12월 2일이었는데 약 4개월을 앞당겨 가출옥한 것이다. 스포츠를 즐기고 활동적인 성격이었던 여운형은 형무소 생활에 시달리면서 소화불량에 걸렸다. 그가 형무소 생활로 인해 얻은 병은 다섯 가지나 되었다. 상해에서 체포될 당시에 운동장에서 경찰관과 격투하다가 귀를 얻어맞는 바람에 고막이 상하여 한쪽 귀는 들리지 않게 되고 말았다. 그 다음에는 형무소에서 주는 조밥을 먹다가 돌을 깨물어 이빨이 한 개

---

26) 총독부 경무국 도서과, 『諺文新聞 差押記事集錄』, 시대일보·중외일보, 1932, 287-296쪽; 홍종인, 「여운형 사건과 검사와 나, 예심 종결서 얻으러 쓰레기통에」, ≪삼천리≫, 1931. 10, 66-69쪽.

부스러졌다. 그리고 잇몸 전체가 상하고 염증을 일으켰다. 소화불량에 신경통과 불면증도 형무소에서 얻은 병이었다. 하루에 3시간 이상을 자보지 못할 정도의 불면증이었다. 형무소 안에서 치질에 걸려 네 차례나 수술을 받았다. 형무소에 들어간 지 6개월 후에는 머리와 수염이 하얗게 세었다.27)

여운형은 출옥 후 1933년 1월 2일자 ≪동아일보≫에 「'분투'와 '노력', 조선청년에 부탁」이라는 제목의 글을 실었다. 출옥 후 처음으로 공개적인 목소리를 낸 것이다. 그러나 여전히 그는 '의사발표의 부자유한' 상황이었다. 그는 이 글에서 모든 생물은 그 삶을 확장하기 위하여 움직이고 그 생을 보존하기 위하여 뭉친다. 단세포 동물 아메바의 활동도 그 생을 확장하려고 먹을 것을 찾는 것이며 개미와 벌들이 단결하여 사는 것도 그들의 생을 위협하는 외계의 침해를 방지하는 행위라는 말로 민족운동의 필요성을 암시하였다.

김동환(金東煥)은 ≪삼천리≫ 잡지에 공개 권유장을 게재하면서 여운형에게 해외에 나가 활동하라고 제안하였으나, 여운형은 국내에서 활동하겠다고 답변하였다.28)

4. ≪조선중앙일보≫와 여운형

1) ≪중앙일보≫ 사장 취임

1933년 2월 16일 여운형은 ≪중앙일보≫의 사장에 취임하였다. 여운형은 2월 17일자 신문에 취임사를 싣고 다음과 같이 자신의 포부를 피력하였다.

"世界의 風雲이 正히 急迫한 이 때에 내 敢히 이러한 重責을 지게 되니,

---

27) 「여운형 옥중기」, ≪신동아≫, 1932. 9, 64-65쪽.
28) 김동환, 「여운형에게, 해외가서 재활동하시요」, ≪삼천리≫, 1932. 10, 10-11쪽.

스스로 難堪한 생각을 禁할 수 업다. 本是 우리의 言論機關이란 그 經營의 艱難함이 千仞懸崖에 달리는 것보다도 오히려 더 심한 바이어늘 하물며 오늘날 이 굽이에 當해서일까부냐. 그러나 이만한 冒險을 敢히 하는 것은 앞날의 希望이 잇는 까닭이요 또 그 希望을 達하기까지에 言論機關의 任務가 중차대한 것을 인식하는 까닭이다. 여기에 우리는 보도의 정확신속을 圖하야 오늘날 緊張한 시국의 趨移를 밝힐 것을 약속하는 바이지만 그보다도 더 절실하게 늣기는 바는 共通한 환경속에 있는 조선의 언론기관은 맛당히 우리의 생활, 우리의 요구에 부합하는 목표를 세워 동일한 步調로 협력해 나아갈 것이다.

우리의 언론기관의 고귀한 전통에 비추이어 더욱이 오늘날 세계정국의 중대한 전환기에 臨하야 우리의 목적을 재인식하며 우리의 역량을 총집중하여야 할 것은 누구나 다 共鳴하는 바이겟지만 그러나 오늘날의 現狀은 多少 期待에 어그러짐이 업지안타. 이것을 뒤집어 사회의 進化로부터 나오는 分化現象으로 볼 것인가. 그러나 假使 그러타 삼아도 언론기관이란 언제든지 大衆의 監視 알에 있는 것이니 大衆의 要求를 標準삼아 거기에 忠實하지 안코는 도저히 存立을 許하지 안는다. 비록 姑息적 存在를 容納할 만한 어떠한 環境이 있다하자. 그러나 이것은 돌이어 長久한 計策이 안일 것이다. 艱難한 環境속에도 멋개 안되는 朝鮮의 言論機關은 우리의 共通한 目標를 세워 一致한 論陳을 베푸는 것이 우리의 自衛적 見地에서도 焦眉의 急함을 늣긴다. 오늘날 重大한 時局에 처하야 우리의 言論機關의 協力은 물론 나아가 大衆의 모든 力量도 集中함으로부터 스스로 앞날의 希望을 達成할 것을 믿는다.

내가 이 자리에 臨하야 교차하는 感懷를 펼 길이 업스나 한갓 一般의 大衆의 忠僕으로서 日夕에 대할 것이 힘적고 깃불 뿐이다. 그러나 일즉이 海外에서 만흔 春秋를 보내어 朝鮮의 實情에 익지 못하니 갑작이 이러한 重責에 臨하야 어떠케 堪當해 갈런지 매우 躊躇되는 바이나 微誠만은 다하고자 한다. 다행히 讀者諸位의 鞭撻을 힘닙어 言論機關의 本然한 使命을 遂行케 하기를 바란다."

여운형은 《중앙일보》의 경영을 맡은 후, 이 해 3월 7일부터는 제호를 《조선중앙일보》로 바꾸었다. 여운형이 오래 살았던 중국에 《중앙일보》라는 신문이 있었기 때문에 제호에 '조선'을 추가한 것이다. 6월 18일에는 견지동 60번지에 있던 사옥을 견지동 111번지의 전 조선일보

사옥으로 옮기고 7월 1일부터 증면을 단행하여 종래 4면이던 지면을 6면으로 늘렸으며, 11월 1일에는 혁신 1주년 기념호 12면을 발행하고 월간지 ≪중앙≫을 창간하는 등 사세를 차분히 키워 나갔다.

　11월 1일자 혁신 기념호에는 여운형이 사장에 취임한 후 13단제를 실시하였는데, 이로 인해 각 면의 기사 수용력이 2단씩 증가하였다고 밝혔다. 통신망도 점차 확충하였으며 기사와 광고가 폭주하여 4페이지 지면으로는 도저히 소화할 수가 없어 7월 1일에 증면을 단행하였다는 것이다.

　혁신 기념사업으로 잡지 ≪중앙≫을 발행하였는데 대중을 본위로 한 실익 취미 잡지라는 것이다. 여운형은 1933년 12월호 ≪중앙≫에 실린 송년사에서 ≪조선중앙일보≫를 맡던 당시의 '세계정세'를 다음과 같이 바라보고 있다.

　"지나간 1933년은 실로 세계사의 발전방향을 劃然하게 결정하고 말았다. 국제 자본주의의 시금석인 세계 경제회의는 무참하게도 실패하여 고립적 국가주의 경제로 박차를 더하게 하고 제국주의 국가들의 수호신 같이 받들은 국제연맹도 일·독 양국의 탈퇴로써 후광을 잃어 도리어 제국주의 국가간의 본질적 모순을 폭로시키고 말았다. …블럭의 방공이 격렬해짐에 따라 국가권력의 정면충돌을 피치 못할 위기에 임해 있다. …우리는 극동방면에 더욱 주목을 크게 한다. 만주사변을 계기로 중국을 싸고도 열국의 관계는 극히 험악해 가는 터이니 일-미간의 建船 경쟁은 대전 전의 영-독간의 그것과 다름이 없고 일-로간의 육군경쟁도 역시 당시의 독일 대 불-로의 그것을 연상케 한다. …영국이 전비를 최대한으로 확장하여 가는 품은 1914년의 대전 직전과 다름이 없다. 벌써 노-만 국경에는 군사상 경계가 느끼게 된다. 폭풍우의 전야 같은 1933년을 보내면서 우리는 스스로 단속하지 아니할 수 없는 바이다. …"

　여운형은 세계정세의 흐름을 요약·정리하여 조선이 세계 속에 처한 입장을 밝힌 것이며, 일제의 대륙침략을 예견하고 그에 따른 조선민족이 취할 태도와 방법을 촉구한 글이다. 일본의 만주침략 이후에 여운형이 본 세계정세는 모든 열강제국이 식민지 팽창주의로 일관하고 있으므로,

우리 민족이 나아갈 길을 찾지 않으면 안된다는 암시적 글인 것이다.29)

≪중앙≫은 1933년 11월에 창간하여 일장기 말소사건으로 ≪조선중앙일보≫가 휴간에 들어갔던 1936년 9월까지 통권 35호를 발행하였다. 편집 겸 발행인은 초기는 김동성이었으나 후기에는 윤희중이었다. 1935년 1월에는 ≪소년중앙≫도 창간하였다.

2) 주식회사 설립

1934년 4월 17일 조선중앙일보사는 주식회사를 창립하기로 하고 다음과 같은 주식모집 요항을 발표하였다.

주식회사 조선중앙일보사 주식모집 요항
1. 정관 작성년월일 소화 9년 4월 15일
1. 목적 신문 잡지 도서 간행 판매 급(及) 차(此)에 부대한 사업 경영
1. 상호 주식회사 조선중앙일보사
1. 자본의 총액 금 30만원야
1. 일주(一株)의 금액 금 20원야
1. 취체역의 소지할 주식수 100주
1. 본점의 소재지 경성부 견지동 111번지
1. 회사가 공고하는 방법 공사 점두(店頭)에 게재하여 공고함
1. 발기인이 인수한 주식의 수 1만 2천 주
1. 공모할 주식의 수 3천 주
1. 제1회 불입금액
1. 공모기일 소화 9년 5월 20일
1. 모집 결정 방법 응모주 수가 모집주 수를 초과할 시는 발기인이 적의 결정함
1. 주금 불입기일 소화 9년 5월 31일
1. 불입장소 동일은행 본점 급 주식회사 조선중앙일보사 창립사무소
1. 사업계획서 급 주식 신입증(申込證) 창립사무소로 청구하시는 대로 진정(進呈)함
        소화 9년 4월 17일 경성부 견지동 111번지
        주식회사 조선중앙일보사 창립사무소

---

29) 김영식, 「언론인 여운형 연구」, 한국외국어대 대학원 석사학위논문, 1993, 76쪽.

발기인은 창립위원장 여운형을 비롯하여 다음의 28명이었다.

尹錫斗, 盧奉植, 許萬鏞, 韓載德, 金鍾國, 蔡基錫, 李錫九, 金秉奎, 蘇完圭, 黃中顯, 朴彰緖, 尹璣炳, 李憲寧, 金聖道, 金鍾善, 金基永, 朴興植, 安泓, 金正浩, 孔鎭恒, 趙誠悖, 李龍成, 申興雨, 崔善益, 尹希重, 洪增植, 金東成[30)]

이리하여 조선중앙일보사는 이 해 6월 주식회사 창립총회를 열고 7월에는 자본금 30만 원의 주식회사를 만들었다. 이 때의 임원진과 주식배분은 다음과 같다.

주식회사 중앙일보 임원
취체역 사장 呂運亨, 취체역 尹希重, 崔善益, 金東成, 洪增植, 金潤秀, 孔鎭恒, 文觀浹, 朴彰緖, 姜偉淸, 尹璣炳, 감사역 蘇完奎, 愼鏡絳, 金淳興, 尹錫斗, 金聖道
취체역 부사장 崔善益, 전무취체역 尹希重, 고문 權東鎭, 尹致昊, 상담역 金秉奎 외 15인, 편집국장 金東成, 영업국장 洪增植[31)]

주식소유자
崔善益 7,400주 尹希重 2,000주 姜偉情 650주 呂運亨 100주
洪增植 100주 金純興 100주 蘇完奎 50주 呂運弘 50주[32)]

이와 같이 여운형이 경영을 맡은 이후의 조선중앙일보사는 30만 원 자본의 주식회사를 설립하고 동아, 조선과 경쟁을 벌이면서 착실하게 성장하였다. 주식회사 설립 후인 7월 16일부터는 종전의 석간 6면에서 조석간 각 4면으로 하루 8면 발행으로 늘리는 등 사세를 확장하였다. 여운형은 사회적 명망이 높은데다 뛰어난 웅변술로 신문사 사장이 된 후에도 전국 각지를 돌면서 연설을 하였다. 그가 연단에 올라서면 6척 장신

---
30) 《조선중앙일보》, 1934. 4. 18.
31) 《조선중앙일보》, 1934. 6. 29; 《동아일보》, 1934. 6. 29 석간.
32) 舌火子, 「風前燈火의 조선중앙일보」, 《비판》, 1937. 2, 80-86쪽.

의 풍채에다 카이젤 수염과 큰 눈, 좌우로 뻗어나간 두 귀, 그리고 시원스럽게 벗어진 이마 등 첫인상부터 든든한 모습으로 청중을 압도하였다.33)

3) 자본금 50만 원으로 증자

여운형은 조선중앙일보사 사장을 맡고 있던 시기인 1935년 7월에 주식회사 고려시보사 창립에도 참여하였다. 고려시보는 개성에서 창간될 예정이었다. 취체역 사장은 김정호(金正浩), 부사장 공진항(孔鎭恒), 주필 이선근(李瑄根), 편집국장 김병하(金秉河), 영업국장 홍이표(洪利杓), 학예부장 김학봉(金鶴峰), 사회부장 하규항(河奎抗), 조사부장 진호섭(秦豪燮)이었는데, 여운형은 9명의 상담역 가운데 한 사람이었다. ≪동아일보≫ 보도에 따르면 이 신문은 월 2회 발행될 예정이었는데, 일제가 허가를 내주지 않아 창간되지 못했던 것 같다.34)

1933년에는 방응모(方應模)가 ≪조선일보≫를 인수하였고, 여운형이 ≪조선중앙일보≫를 맡아 ≪동아일보≫와 3개 민간지가 신문사의 외형을 키우면서 치열한 경쟁을 벌이게 되었다.

조선중앙은 여운형이 경영을 맡은 후로 차츰 사의 기초가 확립되어 갔지만 아직껏 수지를 맞추어갈 수 없었으므로 날이 갈수록 재정난이 심화되었다. 그동안 전무 겸 편집국장이었던 윤희중이 사재(私財) 2만여 원을 들여와 국면을 미봉하면서 신재벌을 물색하였다. 그러던 중에 윤희중과 인척관계에 있던 동일은행(東一銀行) 전무 성낙헌(成樂憲)을 끌어들여 1936년 2월 23일에는 자본금 20만 원을 증자하였다. 이로써 조선중앙은 기존의 자본금 30만 원에서 그 총액이 50만 원으로 늘었다.35) 당시 조선은 방응모(方應模)가 인수하면서 자본금 50만 원을 전액 불입하였고, 동아는 75만 원의 자본금이라 하였으나 실제 불입금은 45만 원

---

33) 鷲公,「여운형씨 연설평, 반도의 웅변가들」, ≪삼천리≫, 1934. 8, 110-113쪽.
34) ≪동아일보≫, 1935. 7. 6 조간.
35) 舌火子,「風前燈火의 조선중앙일보」, ≪비판≫, 1937. 2, 80-86쪽.

이었으므로 조선중앙의 자본금도 동아, 조선과 같은 규모가 되었다.36)

이때의 증자는 그러나 일장기 말소사건으로 장기휴간 상태가 되었을 때 신문 속간에 장애요인이 되기도 하였다. 자본의 구성이 동아나 조선처럼 단순하지 않고 양대 세력이 주식을 배분한 형세였기 때문에 이해관계를 따져 사의 주도권을 장악하려 하였던 것이다.

이와 같이 증자가 이루어진 다음에 취체역 사장 여운형, 전무 취체역 윤희중, 고문 권동진(權東鎭), 윤치호(尹致昊), 편집국장 이관구(李寬求), 경리국장 김세호(金世鎬), 공무국장 홍덕유(洪悳裕), 정치부장 배성룡(裵成龍), 사회부장 박팔양(朴八陽), 지방부장 임원근(林元根), 학예부장 김복진(金復鎭), 판매부장 이민종(李民鍾), 광고부장 이장영(李章榮), 동경지국장 조한용(趙漢用), 대판지국장 박윤석(朴尹錫)으로 새로운 진용을 구성하였다.

증자 이후인 7월 1일부터는 조간 4면, 석간 8면으로 하루 지면이 12면에 달하였고 구독료도 월 1원으로 인상했다. 이와 함께 사옥을 증축하고 윤전기를 늘리는 한편 비행기를 구입하는 등으로 사세 확장을 꾀했다. 경영의 안정과 계속적인 사세 신장으로 구독자도 증가하여 1936년의 경우 조선중앙의 발행부수는 32,782부였다. 동아의 31,666부보다 앞서 있었고, 가장 독자가 많은 조선은 6만 부를 넘어섰다.37)

총독부는 이와 같은 조선중앙의 약진을 보면서 다른 신문에 비하여 비교적 사회주의적 색채가 농후하므로 상당한 주의가 필요하다고 평가하였다.38) 조선중앙에는 사장 여운형을 비롯하여 배성룡, 임원근, 안병주, 이천진, 홍덕유, 김복진 등 과거 사회주의자들이 다수 포진하고 있었다. 따라서 그 논조도 자연히 사회주의적 경향이 짙었던 것이다.

---

36) 鷲公,「中央의 躍起와 朝鮮, 東亞 制覇戰, 春秋戰國時代 같은 3대 新聞戰」, ≪삼천리≫, 1936. 4, 47-54쪽.
37) 조선총독부 경무국 도서과,『朝鮮出版警察槪要』, 1936, 27쪽.
38) 廣瀨四郞,「諺文新聞의 歷史及び現況」, ≪警務彙報≫, 1936. 6, 40쪽. 계훈모,『한국언론연표: 1881-1945』, 관훈클럽 신영연구기금, 1979, 765쪽에서 재인용.

4) 일장기 말소사건

여운형의 조선중앙일보가 회복할 수 없는 시련에 봉착한 것은 1936년 8월 베를린 마라톤에서 우승한 손기정 선수의 사진을 실으면서 일장기를 말소한 사건 때문이었다. ≪조선중앙일보≫는 8월 11일자 사설「마라손의 제패, 손·남 양 선수의 위력」에서 당시의 감격을 다음과 같이 쓰고 있다.

"마라손의 패권(覇權)이 꿋꿋내 조선이 나은 일 청년의 수중에 파지(把持)되었다는 소식이 한번 조선에 전하자마자 새벽 하늘에 울리는 종소리와 같이 조선 민중의 귀를 첫다. 이리하야 너무도 오랜동안 승리의 영예와는 연분이 멀어젓든 조선 민중의 최초의 망연(茫然)한 경악에서 지금은 의심없이 승리의 기가 우리들에게 도라온 것을 확신할 때 이 위대한 환희의 폭풍은 적막한 삼천리 강산을 범람하고 진감(震撼) 식힘에 충분하였다."

시인 심훈(沈薰)이 8월 10일 새벽 신문 호외를 받아들고 그 뒷장에다, "그대들의 첩보(捷報)를 전하는 호외 뒷등에 붓을 달리는 이 손은 형용 못할 감격에 떨린다. 이역의 하늘 아래서 그대들의 심장 속에서 솟음치던 피가 2천 3백 만의 한 사람인 내 혈관 속을 달리기 때문이다. 오오, 나는 외치고 싶다! 마이크를 쥐고 전세계의 인류를 향해서 외치고 싶다! '인제도 인제도 너희들은 우리를 약한 족속이라고 부를터이냐'"라고 써서 당시의 민족적인 감격을 표현하고 있다.

이러한 열광과 홍분이 민족감정을 불러일으킬 우려가 있다고 판단한 일제는 신문사 사장과 편집국장들을 불러 손기정 기사취급에 주의하라고 지시하였다. 우승을 축하하는 모든 행사와 축하회를 비롯하여 기념체육관 건립발기, 연설회 등을 모두 금지하였다.[39]

그러나 홍분은 가라앉지 않았고, 신문은 이를 대서특필하기를 멈추지 않았다. 일제는 한동안 "애써 관용의 태도를 취하여" 이를 묵인하였다.

---

39) 「동아일보 정간, 중앙일보 휴간」, ≪삼천리≫, 1936. 11, 27-28쪽.

그러나 마침내 8월 25일자 ≪동아일보≫가 손기정 선수의 가슴에 그려진 일장기를 말소한 사진을 실어 문제가 되고 말았다. 조선총독부 경무국 도서과가 발행한 비밀자료『조선출판경찰개요』에는 다음과 같이 적혀 있다.

"동아일보는 소화 11년 8월 11일자 사설에 '이제 손, 남 양 용사의 세계적 우승은 조선의 피를 끓게 하고 조선의 맥박을 생동시켰다. 그래서 한번 일어나면 세계도 수중에 있다는 신념과 기개를 가지게 했다' 운운이라 게재하여, 이것이 명백한 민족의식 앙양으로 인정되나 아직 노골적으로 제국을 물리쳐 독립의 소지(素志)를 달성하겠다고 강조하는 것과 같이 생각되지 않으므로 특히 계고(戒告)만으로 불문에 붙였다. 동사는 8월 25일자 지상에 손기정의 사진을 게재하면서 그 흉부의 유니폼의 일장기 마아크를 고의로 말살한 의심이 농후하여 발매 반포를 금지함과 함께 그 실정을 조사한 바, 이 사진을 8월 23일자 대판 조일신문에서 게재한 것인데 전기 일장기가 지면에 나타나는 것을 기피할 양으로 기공으로 하여금 말살케 한 사실이 판명되었다."[40]

≪동아일보≫가 일장기를 말소한 사진의 원본은 ≪오사카 아사히신문≫ 사진부 기자 사사키(佐佐木)가 촬영한 것으로, 그가 소속된 오사카 아사히나 ≪아사히 스포츠≫에도 게재된 적이 없는 사진이었다. 오사카 아사히는 동아일보의 요청으로 문제된 사진을 제공하였을 것으로 추측된다.[41]

이리하여 총독부 경무국은 동아일보 사회부장 현진건(玄鎭健)을 비롯하여 편집부 장용서(張龍瑞)·임병철(林炳哲), 사진과장 신낙균(申榮均), 사진부의 백운선(白雲善)·서영호(徐永浩), 운동부 이길용(李吉用), 전속화가 이상범(李象範) 등을 연행하고 8월 29일자로 무기정간 처분을 내렸다. 손기정의 사진을 실으면서 역시 일장기를 말소했던 ≪신동아≫ 9월호에 대해서도 일제는 정간처분을 내리고 편집부장 최승만(崔承萬)을 구속하는 한편 편집 겸 발행인이자 동아일보 영업국장 양원모(梁源

---

40) 조선총독부 경무국 도서과,『조선출판경찰개요』, 1937, 123쪽.
41) 崔仁辰,『韓國新聞寫眞史』, 1992, 207-239쪽.

模)도 일시 연행했다가 석방했다.

일제는 동아일보에 대한 수사를 진행하는 과정에서 새로운 사실을 밝혀냈다. 실은 조선중앙이 동아보다 열흘쯤 먼저 8월 13일자 제3036호 조간 제3면에 일장기를 지운 손기정 선수의 사진을 실었음을 알아낸 것이다. 조선중앙은 "머리에 빛나는 월계관, 손에 굳게 잡힌 견묘목(樫苗木), 유럽 올림픽 최고 영예의 표창 받은 우리 손 선수"라는 설명과 함께 문제의 사진을 실었으나, 일본 경찰은 가슴에 새겨진 일장기 마크가 지워진 사실을 눈치채지 못하고 있었다. 그러나 동아의 일장기 말소사건이 일어나자, 경찰의 조사 결과 조선중앙은 8월 13일자에 일장기 마크를 말소한 사실을 밝혀내게 된 것이다.42)

5) 조선중앙의 휴간

조선중앙의 일장기 말소 사진은 원래 전송사진을 사용하였기 때문에 선명하지 않은데다 인쇄상태도 좋지 않아 총독부는 이를 눈치채지 못한 채 넘어갔었다. 그러나 동아의 일장기 말소사건으로 관련자 여러 명을 구속하면서 경찰은 조선중앙의 체육부 기자 유해붕(柳海鵬)을 비롯하여 사진부원 홍병옥(洪秉玉) 등 관계자 4명까지 구속하였다.

사태가 이에 이르자 조선중앙은 총독부의 정간처분을 피하기 위한 수단으로 자진해서 2주간 휴간하겠다면서 총독부에 휴간계를 제출하였다. 그러나 총독부는 기한부 휴간은 받아들일 수 없다면서 이를 일축하였다. 이에 조선중앙은 9월 4일자로 "당분간" 자진 휴간하겠다고 선언하면서 다음과 같은 근고문(謹告文)을 게재하였다.

"근고 금회 동업 동아일보는 손 올림픽 선수 우승한 사진을 동 지상에 게재함에 당하여, 일장기 마크를 기술로써 말삭(抹削)하여 게재한 일이 판명되었기 때문에 발행정지 처분의 제재를 받음에 이르렀으나 여사(如斯)한 일은 실로 유감천만사로 생각한다. 본사에서도 이러한 일은 전연 없으리라고 믿었

---

42) 조선총독부 경무국 도서과, 『조선출판경찰개요』, 1936, 119-120쪽; 1937, 130쪽.

으나 동아일보 동양(同樣) 우(右) 손 선수의 일장기 마크를 말삭하여 게재한 혐의가 농후하게 되어 드디어 관권이 발동되고, 목하 사원 수명은 당국의 엄중한 취조를 받음에 이르렀음은 이는 실로 공구불감(恐懼不堪)의 소이이다. 이에 본사는 취조 결과의 판명을 기다려 그 책임 소재를 규명함은 물론이요, 당국의 처분이 내릴 때까지 근신하고자 금 5일부 조간부터 당분간 휴간한다. 다시 속간하는 날에는 배구(倍舊)의 애독 있으시기를 바람.
　　　　소화 11년 9월 4일 조선중앙일보사"43)

총독부는 조선중앙에 대해 정간처분을 내리지는 않았으나, 실질적 정간에 해당하는 휴간이었다. 조선중앙은 이 휴간을 선언한 뒤 수일 후 사장 여운형이 이사회에 사표를 제출하였으나 수리되지는 않았다. 여운형을 중심으로 뭉친 임원과 직원들이 여운형과 진퇴를 같이하겠다면서 여운형의 퇴임을 막았기 때문이다.44)

조선중앙은 이 휴간이 2주일 정도면 끝날 것으로 예상하였다. 그러나 예상과 달리 속간은 쉽사리 이루어지지 않았다. 광무신문지법에 의하면 일간지가 2개월 이상 휴간하면 허가를 취소당한다는 규정이 있었다. 그래서 11월 5일 전무 윤희중이 총독부 경무국 경무국장 미하시(三橋)를 찾아가 속간을 허락해 달라고 부탁하였다. 그러나 총독부는 조선중앙이 자진 휴간의 형식을 취했지만 '비국민적'인 과오에 대한 반성이 부족하기 때문에 속간을 허용할 수 없다고 속간 납본을 각하하였다. 철저한 지면개혁과 인사개편이 있어야 한다는 암시와 함께 별도의 지시가 있을 때까지는 휴간상태로 있으라는 것이었다.45)

속간 시기가 늦어질 것을 예상하고 있던 중 경기도 경찰부 고등과장이 여운형을 불러 일장기 말소사건을 책임지라고 요구하였다. 여운형은 자신이 퇴진하지 않고는 신문을 살릴 수 없겠다고 판단하여 즉시 사임하였다. 이렇게 되자 전무 윤희중을 비롯하여 편집국장 등의 간부도 모

---

43) 檀箕逸民,「停-休刊中の東亞日報と朝鮮中央日報は何うなる?」, 9-11쪽. 계훈모, 『한국언론연표: 1881-1945』, 관훈클럽 신영연구기금, 1979, 759쪽에서 재인용; 조선총독부 경무국 도서과, 위의 책, 1936, 120쪽; 1937, 130-131쪽.
44) ≪삼천리≫, 1936. 10, 33쪽.
45)「前途 多事한 中央日報」, ≪삼천리≫, 1936. 11, 10쪽.

두 사직하였다.46)

5. ≪조선중앙일보≫ 폐간 이후

1) 여운형의 사퇴

여운형을 비롯한 임원진이 총사퇴하였으므로 즉시 주주총회를 소집하여 새로운 운영진을 구성하여야 했다. 휴간상태에 있었기 때문에 새로운 진용을 하루 빨리 구성해야 속간에 필요한 수속을 밟을 수 있게 되었다. 그러나 사내에는 원래의 지배주주(株主)였던 최선익-여운형 파와 1936년 2월에 20만 원을 증자한 신주주 성낙헌 파와의 갈등이 표면화하였다.

조선중앙의 대주주는 최선익으로서 7,800주를 소유하였고, 성낙헌이 9천 주를 가졌으나 4천 주가 유령주였으므로 실제 소유주는 5천 주였다. 윤희중의 3천 주와 강위정(姜偉情)의 800주는 1주당 20원으로 전액 불입하였는데, 돈으로 환산하면 최선익이 15만 6천 원, 성낙헌 10만 원, 윤희중 6만 원, 강위정 1만 6천 원을 각각 투자한 것이다.47)

그런데 휴간의 책임을 지고 여운형이 사임하자, 성낙헌 측에서는 성낙헌을 사장에 옹립하려는 움직임이 일어났다. 그러나 최선익 측에서는 이를 용인하지 않았다. 이 세력 싸움은 증자 이전의 30만 원에 관한 권리를 주장하는 최선익-여운형 계와 증자 후의 20만 원에 관한 권리를 가진 성낙헌 계의 발언권이 충돌한 것이다. 이 분규는 전국의 지국과 분국에까지 파급되어 지국장과 분국장들이 상경하거나 성명서를 내는 등의 사태로 발전하였다.48) 신문의 속간을 위해서는 총독부의 허가가 있어야

---

46) 「波瀾 만흔 中央日報, 呂社長 등 現幹部 總辭職」, ≪삼천리≫, 1936. 12, 12쪽.
47) 「양 신문사의 정보」, ≪삼천리≫, 1937. 1, 11-12쪽.
48) 「成氏 財閥 動搖說 眞否, 主筆과 編輯局長은 辭任」, ≪삼천리≫, 1936. 11,

하지만, 이와 함께 10만 원 정도의 운영자금 증자가 필요했는데, 최선익과 성낙헌 양측의 갈등으로 인해 이를 마련하기가 어려운 상황이었다.

이듬해인 1937년 3월 중순에는 성낙헌이 증자한 20만 원 가운데 8만 원은 신문사에 입금하지 않은 사실이 문제가 되었고, 이로 인해 수사 당국의 조사를 받는 사건이 일어났다. 문제의 8만 원은 동일은행 남대문지점에서 어음으로 차입한 것이었는데 회사에는 입금이 되지 않았던 것이다. 수사 당국의 조사를 받아 성낙헌 등이 불구속으로 검사국에 송치되자, 성낙헌과 윤희중은 5월 20일까지는 8만 원을 신문사에 내놓겠다고 약속해서 총독부 당국의 양해만 있으면 속간이 될 것으로 예상되기도 했었다.49) 그런 가운데 일반의 여론은 조선중앙이 살아나는 길은 기존 주식을 평가절하하고, 새로운 재단의 영입을 위해 최선익 측이 소지한 주식의 권리를 포기해야 한다는 소리가 많았다.50)

그러나 양측은 타협하지 못한 채 시일이 흘렀다. 1937년 6월 1일, 동아는 279일이라는 최장기 정간 끝에 복간되었으나, 재정적 기반이 취약했던 조선중앙은 휴간 동안에 새로운 임원진을 구성하지 못한 채 재정 상태가 재기 불능으로 악화되어 끝내 복간을 못하였다. 마침내 1937년 11월 5일에는 신문발행 허가의 효력이 상실되어 영영 폐간되고 말았다. 해를 넘겨 1938년 1월 15일에는 폐간된 조선중앙의 주주총회가 열렸다. 몇 차례의 유회를 거듭한 뒤였다. 이 주주총회에서는 주식회사의 청산을 결의하였다.

여운형은 이로써 신문사로 다시 돌아갈 길도 막히고 말았다. 조선중앙이 재기하지 못한 사태에 대해 사장 여운형의 책임을 묻는 소리도 있었다.51) 그러나 여운형은 이 신문의 대주주가 아니었다. 다만 신문을 위탁받아 운영하면서 조선중앙의 사세를 키운 사람이었다. 강압에 의한 장

12-14쪽.
49) 「8만원을 내노키로, 愁雲을 편 중앙일보」, 《삼천리》, 1937년 5월 상순호, 34쪽.
50) 「동아 중앙에 대한 대중적 토의」, 《비판》, 1937. 4, 14-18쪽.
51) 岸冬水, 「일 사회인으로서 여운형씨께 보내는 공개장」, 《비판》, 1938. 8, 24-28쪽.

기휴간 상태에서 총독부는 여운형의 퇴진을 신문 속간의 필수적인 조건으로 내세웠으므로 그가 나서서 할 수 있는 일은 아무 것도 없었다. 게다가 신문사의 양대 지배 주주인 최선익 측과 성낙헌 측은 타협점을 찾지 못하고 사태를 악화시켰다. 여운형은 이같은 사태의 '피해자'였다.52)

폐간 후 조선중앙의 사원들은 뿔뿔이 흩어졌다. 대부분 직업을 바꾸거나 직장을 구하지 못했지만 박팔양(사회부장)은 ≪만선일보≫로, 윤석중은 ≪조선일보≫로 옮겼고, 총독부 기관지 ≪매일신보≫로 간 사람도 있었다.53)

2) ≪중외신보≫ 사장

광복 후에 김성수(金性洙)와 방응모(方應謨)가 신문의 복간을 서둘러, 동아와 조선은 1945년 말까지는 새로 발간되기 시작했다. 그러나 여운형은 정치 일선에서는 크게 활약한 반면 일제하 민간 3대지였던 조선중앙을 복간하지는 않았다. 동아, 조선과는 달리 여운형은 조선중앙의 실질적 소유주가 아니었기 때문이다.

그러나 여운형은 1946년 11월부터 ≪중외신보(中外新報)≫의 사장직을 맡았다. 중외는 이 해 4월 19일 서울 북창동 93번지에서 창간되었는데, 편집인 겸 발행인 강진희(姜震熙), 주필 한일대(韓一大), 편집국장 김정도(金正道), 인쇄인 서대영(徐大泳)이었다. 신문사 사옥과 인쇄시설은 일본인이 경영하던 강리구인쇄소(江里口印刷所)였는데, 강진희가 시 상공과(商工課)로부터 관리권을 얻은 것이었다. 그러나 9월 26일 출판노조가 총파업을 벌일 때에 발행이 중단되어 휴간상태로 있다가 11월 28일부터 사장에 여운형을 추대하면서 속간하였다. 이때부터 신문은 근민당(勤民黨)과 밀접한 관계를 가지게 되었다.

이듬해 4월 18일에는 여운형을 비롯한 63명이 중외를 주식회사로 만들기 위한 발기준비위원회를 구성하고 취지서를 신문에 게재하였다. 이

---

52) 여운형, 「나와 조선중앙일보」, ≪비판≫, 1938. 10, 38-39쪽.
53) 「구 중앙일보 사원의 근황」, ≪비판≫, 1938. 8, 24-28쪽.

취지서는 나라를 근심하는 일에 있어서 가장 필요한 것은 교육이며 교육의 수단으로서 신문을 발간하게 된 것이라고 밝혔다. 취지서는 다음과 같이 계속한다.

"우리들은 인민의 사우(師友)이며 위대한 애국자이신 여운형 선생을 우리들의 진두에 모시게 되었다. 우리 사는 민족의 공기로서의 자기의 대 사명을 완수하기 위하야 무엇보다도 그 물질적 기초를 전 국민의 우에 두어야 할 의의를 높이 평가하고 이에 주식회사 중외신보사를 발기하는 동시에 주(株)를 널리 동포의 앞에 모집하게 되는 것이다. 우리는 여(呂) 선생과 같이 전 동포 제씨의 앞에 외치노니 여러분은 불타는 애국 정열의 일단을 이에 기우리어서 이 위대한 사업의 완수에 가치 나아가자."

그러나 주식회사의 발족을 보기 전인 1947년 7월에 신문사 사옥을 애국부녀동맹(위원장 朴恩聲)에 명도하였다. 신문사 측이 시 상공과로부터 관리권은 얻었으나 재산관리처와 계약이 없었기 때문이었다. 그 직후인 7월 19일 여운형은 한지근(韓智根)의 저격을 받아 절명하고 말았다.

이에 앞서 1947년 7월 1일에는 ≪조선중앙일보≫가 새로 발간되기 시작했지만, 이 신문은 여운형이나 일제 때 발간되던 신문과는 아무런 연관이 없었다. 이때의 조선중앙은 1947년 1월 30일 정청(鄭靑)이 창간 했던 ≪서울 석간≫이라는 신문을 이달영(李達永)이 사서 제호를 바꾼 것이었다. ≪서울 석간≫에는 일제하 일장기 말소사건으로 정간당하던 때에 체육부장이던 유해붕(柳海鵬)이 편집위원장이었으므로 이달영이 판권을 사면서 여운형으로부터 '조선중앙일보'라는 제호의 사용을 허락 받았고, 여운형은 속간호에 축사를 써주기도 했다.

3) 파사현정(破邪顯正)의 언론대도

여운형은 일제 말기의 어려운 상황에서 동아, 조선에 비해 사세가 약했던 조선중앙의 운영을 맡았다가 일장기 말소사건으로 폐간되는 시련을 겪었다. 그는 친일파들의 사생활을 폭로하는 기사를 대대적으로 보도하여 그들을 응징하는 방법을 썼다. 친일파들의 변절행위를 정면으로 비판할 수 없는 상황이었기에 그들의 불륜관계나 잘못된 사생활을 폭로함으로써 지도층 인사들에게 큰 경종을 울렸던 것이다.[54] 1934년 3월 29일자에 실린 박희도(3·1운동 때 33인의 한 사람)의 불륜행위를 폭로한 것이 그러한 기사의 한 예였다.

그는 신문사 사장으로서 아무도 손대지 못했던 파사현정(破邪顯正)의 언론대도를 걸은 것이다. 이것은 정치가로서의 역량을 보여준 것이며 언론인으로서도 큰 공로라 할 것이다.[55]

---

54) 조용만, 「몽양 여운형」, 『한국언론인물사화』, 8·15 전편(상), 대한언론인회, 1992, 303-310쪽.
55) 조용만, 위의 글, 306쪽.

제4부
우리는 위대한 지도자를 만났었다

나의 아버지 여운형[*]

여연구

나의 아버지 여운형은 일제에 빼앗긴 나라를 되찾기 위해 산설고 물설은 이국땅으로 떠나간 이 나라의 수많은 독립투사들 가운데 한 사람이었다. 아버지가 고국을 떠난 것은 1914년 가을이었다. 경기도 양평군 양서면에서 대대로 명문가였던 우리 가문은 청렴결백과 불의를 용서치 않는 것을 가풍으로 여겨왔다. 외세에 의해 국권이 기울어져 가던 시기인 1886년에 태어난 아버지도 어려서부터 남달리 정의감이 강했다.

다른 많은 독립투사들처럼 아버지도 독립운동의 첫걸음을 국민계몽사업으로부터 시작했다. 국권 상실의 요인을 당시 통치배들의 무능과 실정으로 인한 '나라의 후진성'과 일제의 교활한 침략에서 찾은 아버지는 고향집 사랑채를 개축하고 1909년에 광동(光東)학교를 세웠으며 청년들에 대한 신식학문과 반일교육에 힘썼다.

1. 신식학문과 반일교육에 힘쓰다

일제는 아버지를 요시찰 인물로 점찍고 이토 히로부미(伊藤博文)의

---

[*] 이 글은 1996년 사망한 북한 최고인민회의 부의장 여연구의 육필수기로, 월간 WIN, 1997년 8월호에서 재수록한 것임.

수양딸인 배정자(裵貞子)로 하여금 아버지의 일거일동을 감시하게 했다. 아버지와 배정자는 승동교회 시절부터 아는 사이였다. 아버지는 을사조약이 체결된 후 한때 서울에 올라가 승동교회에 들어간 적이 있었다. 예수를 믿어서가 아니라 서양의 문물을 받아들이자면 기독교를 통해야겠다고 생각했기 때문이다. 훗날 배정자는 아버지가 독립운동을 벌이고 있는 연해주까지 쫓아가 아버지를 유혹하려고 갖은 요사를 다 부렸다고 한다.

아버지는 일경의 감시를 피해 강원도 강릉의 초당의숙(草堂義塾)으로 자리를 옮기고 교편을 잡았다. 내가 1991년 「아시아의 평화와 여성의 역할」에 관한 제2차 토론회에 참가하기 위해 서울에 갔을 때 만난 아버지의 제자였던 한 노인이 그때 초당의숙에서 아버지에게서 배운 노래를 부르는 것이었다.

무쇠골격 돌주먹 소년남아야
애국의 정신으로 분발하여라.

내가 어렸을 때 아버지의 무릎에 앉아 부르던 이 노래를 60년이 지나서 다시 듣는 나의 감회는 참으로 깊었다.

교편을 잡은 지 얼마 지나지 않아 일제경찰은 반일교육을 했다는 이유로 아버지에 대한 체포령을 내렸다. 아버지에게는 결국 일제관헌의 촉수가 미치지 않는 해외로 나가는 길밖에 없었다. 아버지는 나라를 독립시키려는 비장한 각오와 용암처럼 끓는 맹세를 안고 중국으로 건너갔다.

아버지는 1919년 1월 파리에서 열강들의 강화회의가 열린다고 하자, "이 기회를 이용한다면 조선도 독립을 이룩하는 길에 새로운 국면을 열어놓을 수 있지 않겠는가. 그렇다면 어떻게 할 것인가"를 모색했다. 아버지는 드디어 우리도 이 회의에 대표를 파견해 조선의 독립문제를 다루고 해결하도록 청원하기로 결심했다. 활기에 넘친 아버지는 조동우(趙東祐), 장덕수(張德秀) 등 여러 사람들과 토론해 신한청년당을 조직하고 그 명의로 파리강화회의와 미국 대통령에게 보내는 독립청원서를 썼다. 그러나 파리강화회의에 대한 기대는 하나의 꿈이었다. 미국 대표는 조선 대표를 만나는 것조차 거절했다.

아버지는 주저앉지 않고 다시 새 길을 모색했다. 때마침 일본정부에서 아버지를 초청한다는 연락이 왔다. 파리강화회의에 조선민족대표를 보낸 여운형이 도대체 어떤 인물인가 하는 것을 보자는 심산이었다. 아버지의 친구들 중에는 일본 방문을 반대하는 사람들도 많았다. 아버지가 놈들의 요구에 불복하는 경우 살려보내지 않을 것이기 때문이었다.

"범의 굴에 가야 범을 잡을 게 아닌가. 설사 내가 형장의 이슬로 사라진대도 조선의 독립의지를 만천하에 천명할 수 있는 절호의 기회를 놓칠 수는 없네."

아버지가 일본에 갔을 때 백전노장으로 자처하는 육군대신 다나카(田中義一)가 아버지를 불러 회유하려다 도리어 드센 역습을 당하게 되자 버럭 화를 내며 "너는 조선독립을 한다면서 맨주먹밖에 없다. 우리가 마음만 먹으면 조선국민 2천 만을 당장 몰살해 버릴 수도 있다"고 위협했다.

그러자 "네 말대로 천 만을 일시에 다 죽일 수도 있고 여운형의 목을 벨 수도 있을 것이다. 그러나 2천 만 명의 혼까지도 죽일 수는 없을 것이고 여운형의 마음까지 벨 수는 없을 것이다. 하물며 여운형이 지닌 철석 같은 조국애의 일편단심과 영원불변의 독립정신까지 벨 수야 있겠느냐"고 아버지는 외쳤다. 그 자는 얼굴이 시뻘개지며 "내가 한 말은 농담이다. 어서 술이나 먹자"고 했다.

한번은 아버지가 여러 명의 대신들과 청도·대만·관동군 사령관 등 거물들이 모두 모인 좌석에 불려가 차례로 대결했다. 나는 아버지에게 물었다.

"아빠, 그때 정말 무섭지 않았나?"

"물론 나는 혼자요, 저놈들은 방대한 무력을 틀어쥔 대적이니 힘으로는 대비가 안되지. 그러나 생각해 보면 나는 저놈들에게 빚진 것도, 죄진 것도 없는 정당한 사람이요, 저놈들은 조선에 대죄를 지은 강도들이다. 나는 정의요 저놈들은 부정의니 내가 저놈들을 두려워할 까닭이 없었지. 세상에 정의와 진리만큼 강한 무기는 없는 거야."

결국 아버지 일행은 승리의 개가를 올리며 돌아왔다. 그렇지만 일본 정계 유력자들의 이성에 호소해 스스로 침략을 포기하게 하려던 아버지의 노력은 응당한 결실을 가져오지 못했다. 훗날에도 아버지는 동경행에 대해 사람들이 묻는 것을 좋아하지 않았다. 한번은 나에게 그때를 생각하면 화가 나서 머리로 하늘을 치받고 싶다면서 제국주의와는 타협이나 이해가 성립될 수 없다는 것을 폐부로 새기게 한 기회였다고 말한 적이 있다.

아버지는 국내외 정세와 우리나라 형편으로 보아서 민족주의 운동으로써는 조선의 독립이 불가능하며 오직 진보적인 사회운동을 통해서만 독립을 성취할 수 있다고 보았다. 때문에 민족주의 운동의 집결체라고 볼 수 있는 상해 임시정부를 조직하는 문제가 제기됐을 때 아버지는 그것이 우리나라 현실을 모르고 정치적으로 암둔한 사람들의 생각이라고 간주하면서 반대의 입장을 표시했다. 그때 아버지가 주장한 것은 정부가 아니라 당이었다. 하기야 아버지는 벌써 1918년 말에 신한청년당을 조직했다.

'3·1봉기' 후 아버지는 정세의 요구에 비추어 신한청년당을 가지고서는 독립운동자들을 모두 망라할 수 없다고 생각했다. 그래서 통일적인 운동조직을 만들고 조선독립이라는 대의명분으로 각계각층, 각양각파를 모두 하나로 묶어세울 것을 구상했다. 이 구상은 러시아에서 혁명적 당을 건설하고 사회주의 10월혁명을 영도해 노동자·농민이 주인이 된 인민의 주권을 세우는 데 성공한 레닌의 권고에 따른 것인지도 모른다.

2. 독립방략 논의하기 위해 레닌 찾아가

아버지가 레닌을 찾아간 것은 1919년 2월이었다. 아버지는 그 직전에 각지의 독립운동가들과 연계를 맺기 위해 북만주와 서북간도, 연해주 일대를 일주했다. 연해주에서 만난 이동휘(李東輝)로부터 러시아에서 10

월혁명의 승리와 레닌에 대한 이야기를 들은 아버지는 레닌에 대해 매력을 가졌고, 그와 만나기 위해 모스크바를 찾아갔던 것이다. 레닌은 아버지에게 조선은 지난 날 동방의 문명국으로 이름높았지만 오늘은 뒤떨어진 식민지 봉건국가로 전락했다면서 농촌계몽사업이 중요하다는 것과 혁명가들이 해외에 오랫동안 머물면 동포와 멀어지고 타락할 수 있으니 국내에 들어가 인민대중과 친숙하는 것이 필요하다고 강조했다. 레닌은 특히 아버지에게 당을 조직해야 각계각층을 묶어세울 수 있다고 조언을 주었다고 한다.

아버지는 상해를 거점으로 조직을 가지고 전민족적 범위에서 투쟁을 벌인다면 독립의 길은 열리리라고 믿었다. 그러나 아버지의 의도와는 달리 표결 결과 망명정부가 세워졌다. 아버지는 1921년 모스크바에서 진행된 극동민족근로자대회에 참가하여 레닌을 다시 만나 조선독립운동 실태를 놓고 상세한 토론을 진행했으며 많은 조언을 받았다.

아버지는 조선독립 문제를 중국혁명과의 밀접한 관계 속에서 그 일환으로 보고 중국혁명의 승리가 바로 조선혁명을 승리로 이끌 수 있는 첩경이라고 간주했다. 이때 중국에서는 쑨원(孫文)이 삼민주의의 기치 아래 민주주의 혁명을 성과적으로 진척시키고 있었다. 이미 두 번에 걸쳐 쑨원을 만난 적이 있는 아버지는 1924년에 다시 만나 그를 따라 혁명에 참가할 뜻을 표시했다.

쑨원은 아버지를 열렬히 환영하면서 자신의 정치고문이 되어달라고 했다. 아버지는 그의 권고대로 국민당에도 들어갔다. 아버지는 국공합작의 실현을 위해 중국공산당 간부들과도 만나 진지한 토론도 했다. 마오쩌둥(毛澤東)·저우언라이(周恩來)도 만났다. 아버지는 모스크바 사관학교를 졸업한 수십 명의 조선청년들을 쑨원의 남방혁명에 참가시키기도 했다. 이처럼 아버지는 쑨원의 국민혁명에 깊숙이 참여해 분투했다.

쑨원이 죽고 장제스(蔣介石)가 국민정부를 세운 후 아버지에게도 체포령이 내려졌다. 이런 형편에서 아버지는 얼마간 중국을 떠나기로 결심했다. 아버지는 소련과 유럽 나라들에서 그리고 약소민족들 속에서 사회주의운동과 그 변혁을 보고 싶어 결연히 세계여행의 길에 올랐다. 아버지는 1928년 한 해 동안 미국을 제외한 아시아·아프리카·유럽대륙의 여러 나라들을 혼자서 여행했다. 나는 어렸을 때 아버지에게 그때 여러 나라에서 본 이야기를 해달라고 자주 졸랐다.

"난 아빠가 정말 부러워. 나도 아빠처럼 그 나라들을 돌아보고 싶어."

"세계여행도 제 나라가 있고서야 즐겁단다."

나는 그때 아버지의 말을 이해할 수 없었다. 1970~80년대에 나는 대외활동차 동구와 서구, 아프리카 등 여러 나라들을 갈 기회가 있었다. 국빈으로 초대되어 가도 며칠만 지나면 집이 그립고 벗들이 그립고 자녀들이 보고 싶어진다. 그럴 때마다 나는 아버지를 생각했다. 식민지 나라의 불우한 방랑객, 오라는 사람도 없고 반겨주는 친지도 없이 혼자서 떠돌아다닌 아버지의 심정이 얼마나 외롭고 쓸쓸하고 서글펐으랴.

아버지의 마지막 행선지는 소련이었다. 아버지는 크레믈린 궁전에 가서 스탈린을 만났다. 아버지의 이야기를 들은 스탈린은 깊은 동정과 공감을 표하면서 힘껏 도울 것을 약속했다. 그 해 가을 아버지는 가족의 곁으로 돌아왔다.

아버지가 상해와 이르쿠츠크에서 활동할 때 만났던 공산주의자들은 나라와 민족의 운명에는 관심없고 오직 자파세력의 확장을 위해 수단과 방법을 가리지 않는 음모꾼들이었다. 상해의 고려공산당에서 함께 일했던 박헌영(朴憲永)은 자기만이 정통파라고 떠벌리면서 민족주의자들은 모두 타도대상으로 치부했다. 김구(金九)가 반공이념이 그리도 강했던 것은 바로 박헌영 때문이었다고 말해도 과언이 아니었다. 박헌영은 군중 앞에서는 혁명적 언사를 남발하고 뒤에서는 너절하게 행동했다. 매일밤 홍등가에서 화류계의 미인들을 찾아 돈을 물 쓰듯 하는 그를 모르는 사람이 없었다.

1929년 7월 내가 3살 때, 아버지의 얼굴도 제대로 익히지 못했을 때, 아버지는 일제경찰에 체포됐다. 그 운명적인 날 아버지는 간편한 운동복 차림으로 상해 공동조계지에 있는 경마장에 야구시합 구경을 갔다. 일제는 오래 전부터 아버지를 눈엣가시처럼 여기고 부단히 미행·감시하면서 체포를 시도했다. 아버지는 곧 부산을 거쳐 서울로 압송됐다.

3. 자파세력 확장에만 몰두하는 공산주의자들에 실망

"일본의 조선에 대한 정치는 너무나 나쁘다. 일본은 조선민족으로부터 모조리 빼앗아가는 수탈·억압정치를 하고 있으니 조선민족은 살기 위해서 부득이 독립하지 않으면 안된다. 저 노방에 피로곤핍한 민중을 보라. 빈부가 문제인 것이 아니라 어떻게 먹고 사느냐가 문제다."

아버지의 격한 목소리는 공판정을 뒤흔들었다고 당시 출판물들은 쓰고 있다. 아버지는 징역 3년을 언도받고 대전감옥으로 이송됐다.

훗날 나는 아버지의 옥중일기 한 구절을 보며 그때의 아버지 심정을 엿볼 수 있었다.

"바깥에는 눈이 내리고 한없이 추운 겨울날 밤 싸늘한 독방에서 모진 잠이 깨어 다시는 잠을 이루지 못하고 있을 때 근방에서 들려오는 몇 줄기 닭의 울음소리는 고적한 심정에 다시 없는 위안이 되었던 것이다. 나는 담 너머로 은은히 흘러오는 그 계명(鷄鳴)은 우리 조선이 암흑에서 광명의 길을 맞이할 날이 멀지 않았다는 예고로 들렸다. 그래서 닭 울음소리가 들리면 힘이 나곤 했다."

일제는 그 족쇄로 아버지의 육체는 묶을 수 있었으나 그의 독립의지와 불변의 신념만은 묶을 수 없었다.

아버지는 1932년 7월에 형기를 마치고 출옥했다. 옥살이 3년에 아버지는 보기에도 끔찍할 정도로 수척하게 변했다. 체중은 20kg이나 줄고 윤기돌던 머리칼은 희어지고 이도 부서졌다.

아버지는 출옥한 이듬해 봄에 조선중앙일보사 사장으로 취임했다. 이 소식을 듣고 제일 먼저 찾아온 젊은이가 있었다. 아버지가 총애하던 제자인 축구선수 이영선(李永善)이었다.

"선생님, 이해할 수 없습니다. 왜놈의 검열 밑에서 나오는 신문이나 만드시겠습니까. 선생님의 존엄과 인격을 그렇게 버리시다니. 한때 내가 존경하던 애국지사들이 거의 다 변절했습니다. 그런데 이젠 선생님마저…"

"범에게 물려가도 정신만 차리면 된다는 말이 있지 않나. 자네가 나를 믿었다면 끝까지 믿어야지. 검이 못하는 일을 붓이 하는 때도 있는 거야."

이영선은 그제서야 희색을 띠었다.

신문사에는 우수한 인재들이 많이 모여들었다. 조선의 인텔리로서 친일을 하지 않으려는 사람들이 신문사에 들어왔다. 아버지는 사회주의운동과 민족주의운동을 하다가 감옥살이를 하고 나와 직업을 구하지 못한 사람 20여 명을 기자 혹은 문선공으로 받아들였다.

신문지면에 민족의식을 고취하는 기사가 나갈 때마다 경찰당국으로부터 "이 기사는 삭제하라. 이 신문은 회수하라. 신문을 정간시키겠다" 하는 지령이 내려오곤 했다. 그때마다 아버지는 우가키(宇坦一成) 총독을 찾아가서 무사히 넘기곤 했다. 우가키는 아버지를 회유하기 위해 감옥에서 나온 날부터 집요하게 회유하고 있었다. 아버지는 보도관제가 내릴 때마다 우가키를 찾아갔다.

"내가 신문을 좀 경영해 보려는데 긴섭이 너무 심해 할 수가 없다."

"경찰과 충돌이 있거든 직접 나와 상의하라. 내 힘껏 도와주마. 그리고 나에 대한 비난이 민간에 유포되거든 기탄말고 솔직히 내게 일러주기 바란다."

이렇게 하여 아버지는 우가키를 업고 총독부 코 앞에서 쓰고 싶은 글을 다 써냈다.

한번은 우가키가 농촌진흥책의 일환으로 「자작농 창설령」을 발표했는데 친일파들이 앞장서서 지지하고 나섰다. 아버지는 신문에 자기 이름으로 된 반박논설을 썼다. 그 논설을 본 많은 사람들이 속으로 시원해 했으나 혹시 아버지에게 무슨 화가 미칠까봐 마음을 졸였다. 아닐세라 우가키가 아버지를 불렀다.

"왜 그런 글을 썼는가. 섭섭하다. 당신이 나를 그렇게 반대할 줄은 정말 몰랐다."

"성내지 마시오. 그저 내 생각을 썼으니 그 글에 잘못된 데가 있으면 지적해 주시오."

"글쎄 잘못된 데는 없지만 그래도 너무 하지 않은가. 나와 토론도 없이 내다니."

"사장이 자기 신문에 글 하나도 마음대로 못낸다면 그거야말로 너무 하지 않소."

아버지가 이렇게 말하지 우가키는 아무 말도 못했다고 한다.

내가 보통학교 다닐 때였다. 한번은 아버지를 따라 중앙고보 뒷산 솔밭에 아침 운동하러 나갔는데 윤치호(尹致昊) 등 친일거두 서너 명과 맞닥뜨렸다. 그들은 매일 아침마다 모여 '동방요배' 의식을 가졌다. 윤치호가 아버지를 보고 "몽양도 우리와 같이 참가하시오"라고 말했다. 아버지는 엄한 목소리로 "절은 아무데나 대고 하는 게 아니여. 자네들이나 하게"라고 하고는 나의 손목을 잡고 그들의 곁을 유유히 지나갔다. "나라를 빼앗긴 것만도 원통한데 나라를 빼앗은 적국의 우두머리한테 절을 하다니 말이나 될 법인가."

나는 가슴이 조여왔다.

"아버지, 그러다 경찰에 고발하면 붙들려가시려구."

"잘못한 것이 없는데 왜 잡아가. 날 못잡아 간다."

아버지의 그 도도함과 태연자약함은 조국광복의 새날이 기어이 오고야 말리라는 철석 같은 신념에서 비롯된 것이었다.

1936년 8월 7일 손기정(孫基禎) 선수가 마라톤 경기에서 1등을 한 소식이 전파를 타고 온세상에 울려퍼졌다. 물론 그는 일본인으로 보도됐다. 전송해 온 손기정 선수의 입상식 사진을 받아쥔 아버지는 기쁨에 앞서 끓어오르는 분노를 억제하지 못했다. 신문에 이대로 내야 하는가. 아니다. 아버지는 단호한 결심을 하고 사내 간부들을 불러 사진 동판에서 선수의 가슴에 단 일장기를 지워버릴 것을 제기했다. 그러나 모두 반대했다. 그렇게 되면 신문의 폐간은 물론 모두 감옥귀신이 될 것이었다.

4. 조선중앙 사장시절 손기정 선수 일장기 말소 주도

"모든 책임은 내가 지겠으니 안심하십시오. 절망에 빠진 우리 인민에게 민족적 기개와 자긍심을 안겨줄 수 있는 절호의 기회입니다."

8월 10일 조선중앙일보에는 「오오, 대한의 남아여!」라는 즉흥시를 비롯해서 손기정 선수의 특집기사와 일장기를 지워버린 선수의 사진이 크게 실렸다. 사진부 기자의 친구인 동아일보 기자가 이 동판을 빌려가서 동아일보에도 꼭같은 사진이 났다. 이 신문이 나가자 사회계가 법석 끓었다. 총독부는 물론 일본 사회계도 법석했다. 아버지는 곧 총독에게 찾아가 이 일은 내가 한 것이니 사장직을 사임할 것과 신문을 자진 폐간하겠다는 것을 제기했다. 그래서 다른 사람들은 구속되지 않았다.

아버지는 졸지에 실업자가 됐다. 총독부는 우리 가정이 겪는 경제적 어려움을 이용해 다시 아버지를 회유하기 시작했다. 총독은 아버지를 불러 좋은 일자리를 주겠다고 했다. 요구한다면 호남벌의 땅도 주고, 거액의 자금도 주겠다고 선심을 썼다.

아버지가 다 거절했다는 것을 안 친척 한 분이 "수염이 댓자라도 먹어야 양반이지 맨주먹 빨고 싫겠는가"고 지청구를 했다. 그러나 아버지는 단호했다.

"부당한 이득은 손해와 같은 거요. 마음에 금전을 가지지 않는 사람이 제일 부유한 사람이라는 걸 모르시오. 산 사람 입에 거미줄 치지 않으니 안심하시오."

중일전쟁이 장기화될수록 일제는 조·중 인민의 강한 반발과 인적·물적 자원의 고갈로 헤어날 수 없는 수렁에 깊이 빠져들었다. 일제는 그 출로를 찾기 위해 전쟁의 과중한 인적·물적 부담을 조선인민에게 지우며 조선사람의 마지막 넋까지 완전 소멸하기 위한 '황민화' 운동의 돌개바람을 일으켰다.

그 시절에 있었던 일들이 지금도 생각난다. 우리집 주변에 있던 친일파들 집에서는 새로 지은 일본이름을 누가 먼저 호적에 등록하는가 경쟁하듯 경찰서로 줄지어 찾아갔다. 그때 우리집에도 여러 번 독촉이 왔지만 아버지는 듣는둥 마는둥이었다.

하루는 총독부에서 화려한 장식을 한 종이에 우리집 식구의 이름을 일본말로 고쳐서 인쇄한 것을 보내왔다. 그것을 받아쥔 아버지는 쭉쭉

찢으며 "왜놈에게 나라를 빼앗긴 것만도 원통한데 선조 대대로 받아내려오는 성을 갈다니 어불성설도 유만부동이지"라며 소리질렀다.

아버지가 버티면 버틸수록 일제는 아버지를 친일의 길에 돌려 세우려고 갖은 수단을 다했다.

한번은 총독부 기관지 매일신보 주최로 「여운형, 장덕수가 시국강연에 출연」이라는 거짓 광고가 났다. 그랬더니 사람들이 물밀듯이 부민관(府民館)으로 밀려갔다. "몽양이 강연을 한다지요?" "그도 결국 손을 들었는가?"

그러나 아버지는 병비탈로 나가지 않았다. 결국 장덕수 혼자서 연단에 섰다.

하루는 종로경찰서에 아버지를 호출했다. 서장이란 자가 놋바리 1백개, 놋수저 1백조를 '국방헌금'으로 바친 윤치호 내외의 사진을 크게 낸 신문을 보여주며, "몽양선생, 가책을 받아야 합니다. 왜 대일본제국에 협력하기를 한사코 거부합니까. 신사참배도 안하고 국방헌금도 안냈지요?"라고 말했다.

"신사참배를 하고 안하는 것은 내 자유다. 국방헌금을 내고 안내는 것도 내 자유일 따름이다. 나는 낼 돈도 없다."

"어디 두고 봅시다. 언제까지 버티나."

노골적인 위협이었다.

끈질긴 강요와 시달림 속에서 버텨나가는 아버지의 고통은 이만저만이 아니었다. 아버지를 '황민화'운동에 기어이 끌어들이려던 그들의 기도가 파탄되자 일제는 악이 받쳤다. 그러나 놈들은 아버지를 포기하지 않았다. 태평양전쟁을 일으키지 않을 수 없게 된 일제는 큰 걸림돌로 되는 중국의 항일세력을 약화시키는 공작에 아버지를 이용해 보려고 했다.

1940년 3월 어느날 조선군사령부의 정훈(鄭勳) 소좌가 아버지를 불러 은근히 "선생님은 중국사정이 밝고 왕정위(汪精衛)와 친분이 두터우니 대륙으로 가서 왕(汪)정권을 도우면서 일·중 친선에 협력해 주기 바란다"고 했다. 아버지는 이놈들이 일·중화평을 꾀한다는 것은 전쟁에서 패하고 있다는 증거라고 생각하며 마음속으로 쾌재를 불렀다. 그러나 내색을 안하고 "나는 중국을 떠난 지도 오래고 그동안 정세가 많이 변했기 때문에 가더라도 별로 효과는 거두지 못할 것이다"라고 모호하게 말했다. 그러자 놈은 바싹 다가앉으며 "사실은 육군성 병무국장 다나카 류키치(田中隆吉)에게서 만나자는 연락이 왔으니 가보라"고 하면서 여비를 풍풍히 주겠다고 했다.

'옳거니, 이놈들이 궁지에 빠져 허우적대는구나.'

이렇게 생각하며 아버지는 흔연하게 말했다.

"도쿄는 이 일이 아니라도 내 당질이 있어서 가끔 간다. 갈 때 소개장이나 써주면 좋고 여비는 내 일로 가니 안받겠다"고 했다.

아버지가 도쿄에 가서 무슨 일을 했는지 나는 후에 경구 오빠에게서 듣고서야 상세히 알았다. 도쿄에 건너간 아버지는 경구 오빠네 집에 머물면서 오빠를 통역으로 데리고 다녔다. 아버지는 일본말에 능했지만 일본인과는 절대로 직접 말을 하지 않고 꼭 통역을 시켰다. 그것도 아버지의 민족적 자존심이었다.

5. 죽음 각오하고 일왕 만나 격론 벌여

처음 아버지는 다나까 소장에게 불려갔다. 그는 정부로부터 아버지를 회유하라는 과업을 받았다. 그는 아버지에게 중국에 가서 장제스와 왕정위를 잘 구슬려 일본과 화평하고 공산당과 싸우게 해달라고 간청했다. 그는 요구하면 무엇이든지 주겠으니 그저 중국에만 가달라고 애걸했다.

아버지는 "나는 거짓말을 할 줄 모르는 사람이다. 이런 일은 안한다"며 딱 잘라 거절했다.

돌아오는 길에 경구 오빠는 "그렇게 단도직입적으로 거절하다가는 그들의 손에 죽을 수 있지 않는가"라고 물었다.

"그놈이 애걸하는 걸 보지 않았나. 물에 빠진 놈 지푸라기라도 잡는다고 절대로 나를 쉬이 죽이지 못한다. 두고봐라. 이제 더 높은 놈이 나타날 테니."

아버지의 말이 맞았다. 다음날에는 전 수상 고노에(近衛文麿)가 도쿄 회관으로 아버지를 불러내 중국에 가달라고 애원도 하고 위협도 했다. 이번에도 역시 아버지는 점잖게, 사리정연하게, 그리고 단호하게 거절했다. 궁지에 빠진 놈들은 이 문제를 마지막으로 일왕에게 제소했다. 아무리 도도한 여운형이라도 감히 일왕의 명이야 거절하지 못할 거라고 생각했던 것이다. 일왕이 부른다는 전갈을 받고 아버지는 긴장감을 감추지 못했다고 한다. 일왕까지 나서리라고는 생각 못했던 것이다.

어떻게 할 것인가. 거절할 수도 없는 처지이고 보니 생각이 무거웠다. 지금까지는 유연하면서도 대바르고, 지조를 굽히지 않고, 능란한 임기응변으로 일제와의 관계를 유지해 왔다. 그런데 이제는 정말 막다른 골목에 이른 것이다.

아버지는 드디어 최후가 왔다는 것을 알았다. 그 순간 아버지 머리에 떠오른 것은 '피값이라도 해야 한다'는 단순한 생각이었다고 한다. 아버지는 마음을 진정하고 최후 순간에 어떻게 할 것인가를 곰곰이 생각했다.

아버지는 죽음으로써 조선민족의 기개를 떨치고 인민들에게 애국심을 고취하는 데 이바지할 수 있다면 서슴없이 나설 각오가 되어 있었다. 어차피 사람은 한 번 죽기 마련인데 값있는 죽음이야말로 얼마나 바람직한 것인가. 하물며 그 죽음이 일제의 패망을 촉진하는 도화선이 될 수 있음에랴. 이렇게 생각하니 오히려 마음은 든든해졌다.

그러나 아버지가 일왕과 대결했던 이야기는 아직까지 세상에 알려지지 않았다. 해방을 전후해서 한동안 소문이 떠돌았으나 그때 아버지가 그 소문을 일축해 버려 점차 가라앉았다고 한다.

1976년 경구 오빠는 운명하기 직전에야 "너의 아버지는 일왕 한놈쯤 해제길 자신이 있었다. 그놈이 꺼꾸러지면 일제의 아성은 무너질 것이며 조선의 독립도 쉬이 될 것이라는 생각까지 했었다"면서 그때 일을 기록한 것을 나에게 넘겨주었다. 그 내용은 다음과 같다.

하루는 저녁식사 후 아저씨(여운형)가 나를 조용히 윗방으로 불렀다. "나라와 민족을 위해 죽을 각오가 되어 있느냐?" 갑자기 웬일일까 생각하며 나는 그렇다고 대답했다. "내일 나와 같이 가면 다시 살아오지 못할 수가 있는데 아내와 아이들이 앞으로 살아갈 수 있는가?" 나는 긴장하며 이미 각오가 돼 있다고 했다. "내일 일왕을 만나게 된다." 나는 놀랐다. 나는 가슴이 떨리는 것을 겨우 참고 있었다. 그러나 아저씨는 태연하게 "나는 그놈과 만나 일본말을 하고 싶지 않고 통역을 데리고 가자니 아무나 선정할 수 없어 너를 택했다. 하룻밤 동안 잘 생각해 보고 내일 다시 만나자"고 말했다. 다음날 내가 결심이 되었다고 했더니 가족이 눈치채지 못하게 나가자고 했다. 그는 나에게 다음과 같은 주의사항을 주었다.

첫째, 어떤 환경에 처해도 내가 하는 대로 따라하며 주눅이 들거나 당황해 하지 말 것, 둘째, 나는 조선말을 하겠으니 통역을 정확하게 하며 내가 어성(語聲)을 높이면 같이 높일 것, 셋째, 눈길은 앞만 바라볼 것, 넷째, 최후의 시각에도 조선사람의 기개를 떳떳이 보여줄 것.

나는 그대로 하겠노라 다짐했다. 그는 혼잣소리처럼 '무기는 휴대할 수 없으니 여차하면 한두놈쯤 메다꽂고 무기를 빼앗아야지' 하더니 "드디어 기회는 왔다. 우리 잘 싸우자. 사람은 어차피 한 번은 죽게 마련이다. 오래 산다고 해서 값있는 삶이라고 할 수 없다. 세상에는 산 사람보다 더 값있는 삶을 지니고 있는 죽은 사람도 있다. 우리 잘 싸우자"고 말했다. 나도 결사의 각오를 하고 나니 오히려 마음이 평온해졌다.

지정된 장소에 이르니 까만 승용차가 대기하고 있었다. 앞뒤로 엄엄한 호위 속에 궁성다리 앞에서 차를 내렸다. 그러자 다리 건너 건물로 안내했다. 건물 주위는 온통 무장한 호위병으로 겹겹했다. 긴 복도를 따라가는데 갑자기 무릎을 꿇고 기어가라고 명령했다.

"나는 일왕이 상봉을 청해온 외국인이다. 나는 우리의 예법대로 한다"며 아저씨는 곧장 걸어갔다. 놈들은 총창으로 앞을 막고 당장 엎드리라고 강박했다. 이때 황홀한 단상에 높이 앉아 있던 사람이 손짓을 해서야 무기를 거두었다. 자세히 보니 그 사나이가 바로 일왕이었다. 그는 군복을 입고 있었다. 일왕 앞에 이르자 아저씨가 말했다.

여: 일왕이 왜 조선인 여운형을 만나자고 했는가.

일: 과시 듣던 바와 같군. 남아라더니.

여: (재차 같은 질문)

일: 당신이 조선인으로 태어난 게 아깝다.

여: 농담할 시간이 없으니 용무가 없으면 돌아가겠다(한 단어도 빼놓지 않고 통역하려고 애쓰는 나의 이마에는 진땀이 났다).

일: 한 가지 부탁이 있는데 대일본제국을 위해 수고를 해줄 수 있겠는가.

여: 할 만한 일이면 하고 못할 일이면 못하겠다.

일: 중국에 간 나의 사신들이 무주고혼(無主孤魂)이 되었는데 일본사람을 보내서야 안되겠으니 나의 사신이 되어 달라.

여: 목적은?

일: 중국에 가서 일본군대가 지나갈 길을 빌려달라고 청탁하는 것이다.

여: 내가 친일주구인 것이 드러나면 그가 나를 살려두겠는가.

일: 그러기에 당신의 재능과 수완을 믿는 것이다.

여: 친일과 반일은 수화상극(水火相剋)이어늘 일본이 조선민족에게 큰 재난을 들씌우고 어찌 조선사람에게 친일을 설교하는 것인가. 나에게 재능과 수완이 없어 일왕의 마음을 돌려세우지 못하는 것이 한스럽다.

일: (노하여) 내가 사람을 많이 만나 보았으나 너처럼 오만무례한 자는 처음이다. 네 생명이 경각에 달려 있거늘 나의 명령을 듣든지 죽든지 어느 한 길을 택하라.

여: 죽는 것이 무서워서야 어떻게 내가 반일을 하겠는가. 이 길에서 이미 많은 조선사람들이 생명을 바쳤거늘 앞으로도 독립이 이룩될 때까지 민족의 넋을 지켜 죽는 사람들이 끝없이 늘어날 것이다.

일: 그럼 너는 죽여달라고 청을 들려고 나한테 왔단 말인가.

여: 아니다. 나는 모르는 것을 알려주려 왔다. 조선사람을 죽일 수는 있지만 조선민족은 없애지 못한다. 조선인민은 친일주구 몇 놈 때문에 일시적 치욕을 당하고 있으나 우리 인민은 영웅들을 무수히 낳고 우리 힘으로 치욕을 씻게 될 것이다. 이것은 진리다. 그런데 너의 곁에는 이

진리를 아는 자도 없고 또 알아도 말해주는 사람도 없으니 내가 수고로이 온 것이다.
　일: (침묵)
　여: 내 말을 알아듣고 못듣는 것은 그 편의 총명성에 달려 있겠으니 이제 나의 용무는 끝났다.
　말을 마치고 돌아서는데 어느새 무장한 괴한들이 꽉 둘러쌌다.
　'이젠 죽었구나. 아저씨와 함께 결사전을 벌여야 한다.' 나는 마음을 도사리고 두 주목을 쥐었다. 이때 일왕이 손을 들어 제지시키더니 풀죽은 목소리로 말했다.
　일: 여선생이 조선사람인 것이 아깝다. 내 부하 중에 선생 같은 이가 없으니 나를 좀 도와주시오.
　여: 자기 죄를 뉘우치고 중국과 조선에서 자기 군대를 다 철수시키면 가능할 수 있다.
　일: 과시 듣던 바와 같군. (김빠진 소리로 호위병들에게) 길을 내주고 나를 대신해서 문 밖까지 안전하게 배웅하라. 그리고 여선생, 오늘의 일은 없었던 것으로 하자. 피차를 위해….
　우리는 궁성 밖으로 무사히 나왔다. 나의 속옷은 물론 겉옷마저 땀에 화락 젖은 것을 밖에 나와서야 알았다. 그런데 아저씨는 유유히 걸어나오셨다. 죽을 고비에서 살아났다는 생각은 꿈에도 없는 듯 아저씨는 조용히 말했다.
　"난 사실 결사전을 각오했다. 그런데 그의 말을 들어보니 명이 다하였더군. 살아나가서 광복전을 준비해야겠다고 생각했다."
　돌아오는 길에 아저씨는 활기에 넘쳤다. "경구야 너도 보았지. 그놈이 얼마나 바빠하는가를. 이제 일제의 패망은 시간문제다. 그놈이 우릴 살려준 것은 자비심이 있어서가 아니라 무서워서 그랬어. 내가 그저 순순히 잡혀죽을 사람이 아니라는 것쯤은 그 자도 알아차렸거든."
　아저씨는 나에게 "오늘 일왕과 만난 일은 너와 나만 알고 있자. 일왕에게 갔다가 살아왔다면 오해가 생길 수도 있고 복잡한 일이 있을 수 있으니 비밀을 지켜라. 가족에게도"라고 당부했다.

오빠는 죽을 때까지 이 비밀을 지켰다. 그러므로 그때 아버지가 도쿄에 가서 다나카와 고노에를 만난 이야기는 출판물에도 나고 널리 퍼졌지만 일왕과 만났던 사실은 누구도 몰랐다.

아버지는 옆집에 마실갔다 오듯 흔연히 집으로 들어섰다. 우리 형제들은 마당으로 달려나가 팔과 어깨에 동동 매달리며 기뻐 어쩔 줄 몰랐다. 나는 경구 오빠에게서 받은 이 자료를 보면서 그때 아버지가 영영 돌아오지 못했을 수도 있었다는 것을 생각하고 몸서리를 쳤다.

일제의 아성이 골병에 든 것을 목격하고 돌아온 아버지는 그 어느 때보다도 활기와 열정과 신심에 넘쳐 있었다.

광복 전야는 아버지에게 가장 준엄한 시련의 시기였던 동시에 가장 보람찬 투쟁의 시기이기도 했다. 어느날 조선군참모부에 근무하는 친지가 아버지를 찾아와 "입수한 소식에 의하면 학살자 명단 첫줄에 선생님이 기입돼 있답니다. 선생님 미리 출국하시죠. 도와드리겠습니다"라고 말했다. 아버지는 "아니, 목숨이나 건지자고 비겁하게 탈출하고 싶지는 않네"라고 대답했다.

6. "아니, 목숨이나 건지자고 탈출하고 싶지는 않네"

조선독립의 날이 멀지 않았다는 것을 직감한 아버지는 더 적극적으로 반일애국역량을 묶어세울 것을 계획했다. 아버지는 각도에 핵심청년들을 파견해 지방에서도 반일역량을 묶어세우도록 대책을 취했다.

1944년 여름 아버지가 오랫동안 준비해 온 비밀결사가 드디어 빛을 보게 됐다. 8월 10일 도시 중심의 조선건국동맹이 결성되고 10월 8일에는 농촌을 중심으로 하는 농민동맹이 결성됐다. 결성식에서 아버지는 감개무량한 어조로 말했다.

"우리는 이미 늙었으니 명예나 지위는 다 잊어버리고 다만 밑거름이 됩시다. 그리하여 모든 책임과 영예를 청년들에게 전하는 것이 우리의 임무입니다."

건국동맹과 농민동맹은 각 도에 하부조직을 두었으며 공장, 학교, 회사, 농촌에 조직을 건설했다. 1년도 못돼 전국적으로 7만 명 이상이 조직적으로 결속됐다.

아버지는 1945년 5월 봉안에서 조직책임자들의 회의를 열었다.

"승리가 가까워 올수록 경각심을 더 높여야 합니다. 빠르면 금년 10월 늦어도 내년 1~2월이면 그날은 올 것이라고 생각합니다."

말하는 사람도 듣는 사람도 끓어오르는 격정을 금치 못했다.

7월 어느날 서울에서 한 연락원이 왔다. 일본경찰이 갑자기 검거선풍을 일으켜 서울과 지방에서 수많은 애국자들이 구금됐다는 소식을 가져왔던 것이다. "여기 일은 걱정마시고 어서 자리를 뜨십시오." 너도 나도 아버지에게 권고해 아버지도 최후의 날이 다가오고 있다는 것을 알고 있었다. 그러나 아버지는 여느 때처럼 태연했다. 만약 아버지가 예견했던 것처럼 일제가 10월이나 아니 그 후에 망했더라면 아버지는 영락없이 학살당했을 것이다. 그런데 일제의 패망이 그 누구도, 심지어 일왕도 예상치 못했던 8월 15일로 앞당겨짐으로써 수많은 애국자들이 위기를 모면할 수 있게 됐다.

무릇 아침은 시간적으로는 전날의 연장이지만 1945년 8월 15일의 아침만은 14일의 연장이 아니었다. 정녕코 아니었다. 41년의 억울한 노예살이의 지리한 밤이 끝나고 광명의 새 역사의 시작을 알리는 새 조선의 거룩한 아침이었다. 압제에서 해방으로, 예속에서 독립으로, 속박에서 자유로 전환하는 비약의 아침이었다.

여운형과 중국국민혁명
중국국민당 2전대회에서의 연설을 중심으로

미즈노 나오키(水野直樹)
(일본 교토대학 교수)

머리말

　1920년대 중반 중국에서 일어난 국민혁명에는 많은 조선인이 관련되어 있었다. 나는 전에 발표했던 논문「황포군관학교와 조선의 민족해방운동」(≪조선민족운동사연구≫, 제6호, 1989)에서 그 한 부분을 밝힌 바 있다. 또 국민혁명기의 광주(廣州)와 무한(武漢)에서는 조선인을 비롯하여 중국에 거주하고 있던 아시아인의 공동투쟁이 전개되었는데, 그것에 대해서는「동방피압박민족연합회(1925～1927)에 대하여」(狹間直樹 편, 『중국국민혁명의 연구』, 동경대학 인문과학연구소 연구보고, 1992)에서 검토하였다.
　이 글에서는 국민혁명기에 중국에 있던 조선인 활동의 하나로서, 저명한 조선인 활동가인 여운형의 행동에 관한 자료를 소개하려 한다.
　1926년 1월 중국 광주에서 중국국민당 제2차 전국대표대회가 개최되었을 때 여운형은 거기에 출석하여 연설했다. 그때 여(呂)와 함께 내빈으로 출석하여 연설했던 사람은 베트남인 호찌민이었다. 이 글의 목적은 지금까지 그다지 알려져 있지 않았던 이 사실에 대해 검토하려는 것이다. 아울러 대회 의사록에 의거하여 여운형과 호찌민의 연설을 소개하려 한다.

1. 여운형과 손문, 중국국민혁명

여운형이 중국국민당 제2차 전국대표대회(이하 '2전대회'로 줄임)에 출석했던 배경, 그리고 그의 연설 내용을 이해하기 위해서는 그와 손문, 국민당과의 관계를 살펴봐야 한다.

손문과 여운형의 만남에 대해서는 이미 잘 알려져있다. 안우식(安宇植)은 「여운형 노트⑤-손문과의 만남」(≪지의 고고학(知の考古學)≫, 제6호, 1976. 1·2)에서 동생 여운홍(呂運弘)이 쓴 전기『몽양 여운형』(靑廈閣, 1967)과 이만규(李萬珪)의『여운형투쟁사』(叢文閣, 1946) 등에 의거하여 여운형과 손문의 관계에 대해 간단히 서술하고 있다. 먼저『여운형투쟁사』의 기술을 들어보자.

"몽양은 조선에 있던 때부터 손문을 사모하여 왔다. 1917년에 字林報의 중국인 기자인 陳漢明의 소개로 상해에서 손문을 처음 만났다. 그 당시의 손문은 너무 차갑고 교만해 보여서 인상이 별로 좋지 않았다."1)

손문과의 친교가 1917년부터 시작되었다는 것에 대하여 여운형 자신도 일본 당국의 취조에서 "원래 나는 孫逸先(仙)과는 1917년부터 친교가 있었다"2)고 말하고 있는 데서도 확인할 수 있다. 여는 "나는 손문이 살아있을 때 그와는 10여 년간 알아온 지기였다"3)고 말하고 있지만, 실제로는 1917년 이후 손문과의 관계가 줄곧 지속되었던 것 같지는 않다. 3·1운동, 5·4운동 이후 계속된 격동의 시기에 여운형으로서도 손문으로

---
1)『呂運亨鬪爭史』, 79쪽.
2)「呂運亨 調書」, 金俊燁·金昌順 공편,『한국공산주의운동사 자료편』I, 고려대학교 아세아문제연구소, 1979, 340쪽.
3) 같은 책, 255쪽.

서도 각자의 과제를 추구하는 것으로 추적된다. 여운형은 1920년대 초반에는 대한민국 임시정부와 고려공산당 활동으로 분주한데다 중한호조사(中韓互助社) 운동의 중심 간부였다고 말할 수 있지만 거기서는 손문과의 교류가 드러나지 않았다.

그러나 중국 국민혁명이 시작되면서 여운형은 조선의 민족해방의 가능성을 중국 국민혁명 속에서 발견하고 거기에 적극적으로 관여하게 되었다.

여운형은 "1925년부터 1928년 6월까지는 중국 국민혁명에 전력을 기울였다"4)면서 다음과 같이 말하고 있다.

"1924년 봄 중국국민당과 중국공산당이 합당했고 그때부터 각 당원들과 왕래해 왔지만 실제로 관계했던 적은 없었는데, 1925년 5월 30일 상해 南京路에서 영국 경찰관이 중국 학생 20여 명을 살해한 일로 영국 배척과 함께 혁명운동은 고창되고 한편으로 러시아는 중국혁명을 열심히 원조하여 특히 카라한이 나에게 혁명을 도와달라고 하면서 그 해 6월부터 관계하게 되었다."5)

1925년 상해를 비롯하여 홍콩, 광주 등지로 확대된 5·30운동 과정에서 여운형이 국민당과 깊은 관계를 가진 것은 분명하다. 여는 북경 주재 소련대사 카라한으로부터 중국국민당, 공산당, 그리고 소련 사이의 연락을 의뢰받았다고 하지만,6) 여기에는 약간의 과장이 있다고 생각된다.

여운형과 손문의 관계로 돌아가보면, 손문이 죽기 직전 두 사람의 관계가 꽤 긴밀했다는 것은 알려져 있다. 손문은 1924년 11월 북경으로 가던 도중 상해에 들렀고 1925년 3월 12일 북경에서 죽었는데 상해에서는 여운형을 만났던 것이다. 그때의 일을 여는 2전대회의 연설에서도 언급했고 또 1935년에 쓴 문장에서도 기술하고 있다. 후자는 손문 서거로부터 10년이 지나서 자신이 사장으로 있던 ≪조선중앙일보≫에 기고한

---

4) 같은 책, 255쪽.
5) 같은 책, 304쪽.
6) 같은 책, 256·304쪽.

추도문 「손중산 선생의 10주기에 부쳐-인상깊은 추억의 일절」(≪조선중앙일보≫, 1935. 3. 12)이다.[7]

> "今日은 三月 十二日, 卽 中華民國의 國父 孫中山 先生이 北京에서 最後를 마친 날이다. 歲月은 어느덧 지나가 그의 十週年 忌日을 맞게 되니 그의 高潔한 內影이 다시금 追憶되는 同時에 一片의 感想이 솟아오름을 禁할 수 없다.
>
> 내가 先生을 最後로 만난 것은 一九二五年 一月 初였는데 先生이 段祺瑞의 招請을 받아 北京으로 向하던 途中 上海에 들렀을 때 埠頭에서 반가이 맞았다. 自動車로 함께 프랑스령 租界 莫愛利路에 있는 그의 私邸로 가서 한참 동안 이야기하였다. 그것이 선생을 마지막으로 對한 것인 줄 어찌 알았으랴? 그때에 얼굴을 맞대고 各 方面에 걸친 談話로 여러 時間을 보냈는데, 그 中에 한 가지 강한 印象을 나에게 준 一節이 있다. 그의 白髮이 星星한 것을 보고서 '先生의 머리는 벌써 白髮이 되었으나 先生의 革命은 붉어졌소이다, 그려!'라고 말하니 그는 침착한 語調로 '人間의 머리털은 늙어지면 희어지고 革命은 늙어지면 붉어지는 것이다'라고 明瞭한 음성으로 하던 말이 아직도 腦裏에서 떠나지 않는다.
>
> (中略) 先生이 逝去한지 不過 十年에 中山流의 革命은 말살되어 片影조차 없게 되었으니 그는 帝國主義와 싸워가면서 革命 土臺를 死守하였던 것이나 그의 死後에는 中山流의 革命分子는 分裂되여 資本主義 乃至 帝國主義와 合流되고 말았다. 萬一 孫中山 先生의 靈이 있다고 假定한다면 그는 얼마나 寒心해 할 것이며 현재의 狀態에 얼마나 憤激할 것일가? (下略)"

여가 말하는 '중산류의 혁명'이라는 것은 바로 국민혁명을 말하는 것일 것이다. 이 추도문에는 국민혁명 추진을 위해 성립했던 국공합작이 손문이 죽은 10년 후에는 아무 흔적도 없이 붕괴되고 말았던 것을 한탄하는 심정이 강하게 나타나 있다.

---

7) 이 문장은 앞서 언급한 여운홍의 『몽양 여운형』의 부록 「유고와 대화」에 수록되어 있는데 출전이 기록되어 있지 않다. 안우식은 이것에 기초하여 추도문의 일부를 소개하고 ≪조선중앙일보≫ 1935년 3월 15일자에 게재된 것으로 보고 있지만, 게재일은 손문 서거로부터 정확히 10년째인 3월 12일이다. 몽양여운형선생 전집발간위원회 편, 『몽양여운형전집』 1, 한울, 1991, 129-130쪽에 수록되어 있다.

이 글에서는 여운형이 마지막으로 손문과 만난 것이 '1925년 1월 초'라고 되어 있지만 손문이 북상 도중 상해에 들렀던 것은 이미 서술했다시피 1924년 11월의 일이다. 좀더 자세히 살펴보면 손문이 광주를 출발한 것은 11월 13일이고 동행자는 부인 송경령(宋慶齡)과 왕정위(汪精衛) 등 10여 명이었다. 17일 오전 9시 반 상해 황포탄 프랑스 조계의 부두에 상륙한 손문은 각계 인사 4천여 명(2천 명이라고도 한다)의 환영을 받은 뒤, 자동차로 막리애로(莫利愛路) 29번지에 있는 사저로 갔다. 거기서도 신문기자, 각계 대표와의 회담 등으로 연일 분주했고, 22일에 나가사키(長崎)를 거쳐 코오베(神戶)로 향하는 일본 기선 상해호(上海丸)에 승선했다.[8]

따라서 여운형과 손문의 회담은 11월 17일부터 22일 사이의 어느날에 이루어졌다고 생각된다. 여의 추도문에 따르면 상해 도착 당일이 된다. 하지만 상해에 도착한 손문은 단 한 마디라도 그와 이야기를 나누려는 사람들에게 둘러싸여 있었으므로 여와 함께 자동차에 오르는 상황이 가능했을지 의심스럽다.

회담 장소에 대해 여의 추도문에는 '프랑스 조계 막애리로'로 되어 있지만, 그것은 손문의 사저가 있던 막리애로(Rue Moliere, 현재의 香山路)의 오인인 듯하다. 2전대회 연설에서 여운형은 회담 장소를 '상해의 우거(寓居)'라 하고 있다. '우거'라면 여운형이 살고 있던 곳이 된다. 일본 관헌의 엄격한 감시하에 있던 여운형이 사는 곳을 손문이 방문했다는 것은 생각할 수도 없는 일이므로 회담은 몰리에르 가에 있던 손문의 사저에서 이루어졌을 것이다.

두 사람의 회담 내용에 대해서는 여의 추도문과 2전대회 연설 사이에 큰 차이가 없다. 여운형의 말은 거의 같았고 손문의 이야기도 표현은 다르지만 내용은 같아 보인다.

그렇다면 손문과 여운형의 회담은 실제로 이루어졌을까? 손문의 행동에 대해서는 많은 연구가 있고 상세한 연보도 간행되어 있지만, 거기에

---

8) 陳錫祺 主編,『孫中山 年譜 長編』(下), 中華書局, 1991, 2061-2072쪽.

는 여와 회담했다는 것은 기록되어 있지 않다. 당시 중국신문에도 상해 체재중의 손문이 조선인인 듯한 인물과 만났다는 것을 시사하는 기사는 보이지 않는다. 그러나 여운형이 두 번에 걸쳐 거의 같은 내용을 서술하고 있다는 것, 게다가 그 중의 한 번은 손문의 북상에 동행했던 송경령과 왕정위가 출석하고 있던 국민당 2전대회에서 연설을 했다는 것을 고려한다면, 여가 북상 도중의 손을 만나 이야기를 주고받았다는 것은 사실로 봐도 좋다고 생각된다.9)

여운형이 2전대회에 출석한 배경을 살펴볼 때, 손문과의 교류 이상으로 중시하지 않으면 안되는 것은 여운형이 상해에서 피압박민족연합회을 결성하려 했다는 것이다. 1925년 7월 광주에서 피압박민족연합회가 결성된 것과 때를 같이하여 상해에서는 여운형과 중국인 오산(吳山) 등에 의해 동일한 명칭의 조직을 결성하려는 시도가 있었다. 여와 오는 중한호조사의 간부였고 두 사람은 그것을 다른 아시아인도 참가하는 국제적 조직으로 확대하고자 했던 것이다. 그러나 베트남인과 인도인의 참가가 이루어지지 않았기 때문에 결성에는 이르지 못했다.10)

그렇다면 광주에서 피압박민족연합회를 적극적으로 원조하고 있던 중국국민당이나 공산당으로서도 상해에서의 여운형의 활동이 중국 국민혁명의 달성을 위해 좋은 것이라는 점은 분명하다. 여운형과 함께 2전대회에 초청된 인물이 광주 피압박민족연합회의 중심 활동가인 호찌민이라는 것은 결코 우연이 아니다. 여운형, 호치민과 나란히 2전대회에서 연설했던 인도인 哥巴淸도 확신할 수는 없지만 피압박민족연합회의 성원이었다고 생각된다. 여운형이 연설에서 "나는 이번에 어떤 단체를 대표하여 온 것이 아니라 한 사람의 손님으로 왔을 뿐이다"라고 말하고 있듯이, 그들은 피압박민족연합회 혹은 각 민족조직의 대표로서 2전대회

---

9) 2전대회에서의 여운형의 연설 가운데 손문과의 회담에 대해 서술한 부분은 陳旭麓·郝盛潮 主編, 『孫中山集 外集』, 上海人民出版社, 1990, 317쪽에 「與朝鮮呂光先的談話」(朝鮮人 呂光과의 談話)라는 제목으로 수록되어 있지만 겨우 여섯 줄 분량이다. 손문의 조선관을 논한 최신연구로는 森悅子, 「손문과 조선문제」(≪孫文研究≫ 제13호, 1991. 12)가 있다.
10) 상세한 것은 앞의 글, 「동방피압박민족연합회(1925-1927)에 대하여」를 참조.

에 초청된 것은 아니다. 그러나 국민당은 반제국주의 투쟁을 위한 아시아인의 엽합을 과시한다는 의미에서 피압박민족연합회에 관계하는 중국에 있던 아시아인을 2전대회에 초청했다고 볼 수 있을 것이다.

2. 여운형의 광주 방문

1926년 1월 4일부터 19일까지 광주의 광동성 의회 예당에서 중국국민당 제2차 전국대표대회가 개최되었다.

여운형은 이 대회에 출석하기 위해 상해에서 광주로 왔다. 국민당 중앙정치위원회 주석 왕정위(광주 국민정부 주석, 군사위원회 주석 겸임)의 초청에 의한 것이었다. 동시에 조선인 운동에 대한 중국국민당 및 공산당의 지원을 얻는 것도 여운형의 염두에 있었던 것으로 보인다. 5·30운동이 고조되고 국민혁명이 진전되는 가운데 여운형이 조선의 민족해방운동에서도 어떤 경로를 찾으려 했던 것은 당연하다. 그가 의도하고 있었던 것은 아마도 중국의 국공합작과 유사한 것을 조선인의 운동에도 만들어서 국민혁명의 전개와 동시에 조선의 운동을 고조시키는 것이었을 것이다.

광주에서의 행동에 대해 여운형은 다음과 같이 공술하고 있다.

"1926년 1월중 광주에서 국민당 제2회 대표대회가 개최될 당시 국민정부 주석 왕정위의 초대에 의해 출석한 보로딘, 왕정위, 나 3명은 보로딘의 집에서 회합하여 회의의 지도책에 관해 협의하고 1월 18일 그 회의에서 모두 연설을 했는데, 중국혁명에 대한 국민당의 사명에 대해서였다.
약 1개월 체재하고 상해로 돌아와서 (하략)"[11]

"1926년 1월 광주에서 개최된 국민단(당) 제2차 전국대표대회 즈음 국민정부 수석(주석) 왕정위의 초대를 받아 방청차 출석하여 비공식적으로 왕정위, 러시아 정부 고문으로서 국민정부에서 온 보로딘과 나 3명은 대표대회

---

11) 『한국공산주의운동사 자료편』 1, 257쪽.

지도방침을 토론하고 그 달 18일 그 대회에서 연설하여 혁명을 북돋우고 (하략)"12)

공술에는 여운형이 연설한 것은 1월 18일이라고 되어 있지만 실제는 1월 14일이다. 또 공술에서와 같이 대회의 '지도책' '지도방침'과 관련하여 여운형이 국민정부 고문 보로딘, 왕정위와 협의를 했다는 것은 의문이다. 국민당의 방침을 결정할 만큼의 영향력을 여운형이 가지고 있었다는 것은 과장 같다. 여운형은 일본 당국의 취조에 대해 자신의 행동을 꽤 자세히 공술하고 있지만, 1925년 이후에 대해서는 조선의 공산주의 운동, 독립운동에의 관여에는 그다지 저촉되지 않는 중국 국민혁명에의 참가를 강조하는 경향을 보이고 있다. 그 해 4월에 시행된 치안유지법의 적용을 극력 피하려고 했기 때문인 듯하다.

그러나 여운형이 취조에 대해 진술하지 않은 행동의 일부는 일본측에 의해 파악되어 있었다. 당시 중국 각지의 일본영사관은 여운형의 행적에 주의를 기울이고 그 정보를 통지하고 있었다. 다음의 자료는 1925년 2월 6일자로 상해에 있던 다시마(田島) 총영사 대리가 광동에 있던 시미즈(淸水) 총영사 대리에게 보낸 통보 요지이다.13)

"광동에서의 여운형의 행동

현재 상해 임시정부 의원으로서 공산계의 유력자인 여운형은 1월 10일 상해를 출발하여 광동으로 여행하고 그 달 25일 상해로 돌아왔는데, 본인의 歸來談과 광동에 있는 조선인 孫斗煥으로부터의 통신은 다음과 같다.

記
1. 여운형의 歸來談

광동 체재중에는 呂光이라 칭하고 있었는데 그 지역의 중국공산당원으로부터 성대한 환영을 받았으며 그 지역 공산주의 선전연설회 석상에서 '금후 동방에서 공산주의 선전의 방법'이라는 제목으로 선전 강연을 하여 동지들간에 상당한 감동을 주었다.

---

12) 같은 책, 304-305쪽.
13) 『外務省警察史』, 26719쪽(外務省文書 SP 205-6, 마이크로필름 릴 SP. 130).

廣東 國民黨 主領 蔣介石도 면회하여 主義上의 의견을 교환하고 장래 그와 연락을 취하기로 약속했다. (하략)"

공산당원과의 교류, 장개석과의 의견 교환을 통해 여운형은 국민혁명과 조선 민족해방운동의 관계를 정하는 데에 필요한 정보를 얻으려 했던 것으로 보인다. 여운형이 접촉했던 상대가 국민당, 공산당의 쌍방이었다는 것도 주의해야 할 것이다.

여운형은 2전대회 종료 후 일단 상해로 돌아왔지만, 3개월 후 다시 광주를 방문하였다. 그의 공술에는 "그 해(1926) 4월 국민군이 광주를 출발하여 북벌을 개시할 즈음 나는 광동에 가서 그 군인을 위문 원조하는 한편 노동자 학생에게 국민군을 후원하게 했다. (하략)"14)라고 되어 있지만, 북벌이 시작된 것은 1926년 7월 초의 일이기 때문에 그의 진술 시기는 정확하지 않다. 여운형이 광주에 간 것은 '북벌선언'이 발표되기 직전인 6월 중순부터 하순에 걸친 일이다. ≪광주민국일보≫ 1926년 6월 23일자 기사「韓國獨立政府總機關遷移來粵」(한국독립정부의 총기관이 광주로 이전)는 다음과 같이 전하고 있다.

"(전략) 지난 주 상해에서 (한국의 동지들은) 비밀리에 중요회의를 소집하여, 상해에 있는 총기관은 현재 제국주의의 엄중한 감시를 받고 있기 때문에 상해에 있는 총기관을 광동으로 이전하고 더욱 분기하여 대규모 復國運動을 전개할 것을 결의했다. 출석자는 대표 5인을 뽑고 이 달 12일 상해에서 기선 秉坤號를 타고 광동성으로 향하였다. 대표 여운형 등은 어제 광동에 도착하여 총기관의 광동 이전 수속을 적극적으로 준비하고 있다고 한다."

'상해에 있는 총기관'이란 무엇을 지칭하는가? 기사에 따르면 대한민국 임시정부인 듯하다. 그러나 여운형의 광주 방문 목적이 임시정부의 광동 이전에 있었던 것인지는 의심스럽다. 여운형은 그 당시 임시정부의 의정원 의원이었지만 임시정부의 간부라고 할 만한 지위는 아니었다. 그 해 2월 18일에는 의정원 부의장직을 그만두기도 했다.15) 그의 광주 재

---

14) 『한국공산주의운동사 자료편』 1, 305쪽.

방문은 차라리 중국 국민혁명에 대응하는 조선인의 새로운 운동을 일으키는 것에 그 목적이 있었다고 보는 것이 자연스럽다. 2전대회에 즈음하여 광주에서 많은 사람들과 만나 의견을 교환했던 그는 광주에 자리잡고 있던 많은 조선인을 조직화함으로써 조선의 운동을 고양시키려 했던 것은 아닐까? 그러나 여운형의 광주 도착 직후 개시된 국민혁명군의 북벌로 광주에서 조선인의 새로운 조직을 만드는 것은 의미가 없어졌다. 그는 다시 상해로 돌아와 북벌의 진전에 대비하게 되었던 것이다.

3. 중국국민당 2전대회에서의 연설

중국국민당 2전대회에 출석한 대표는 해외 화교를 포함하여 256명, 그 중 100명 내외가 공산당원이었다고 한다. 이 대회에서는 국민당 우파를 형성하고 있던 서산회의파(西山會議派)에 대한 대응 등 국민당 내부의 조직문제가 쟁점이 되었지만, 2전대회에는 또 하나의 다른 특징이 있었다. 그것은 2전대회가 극히 국제적인 색채를 띠고 있었다는 점, 단적으로 말하면 제국주의 반대의 입장을 명확히 하고 세계 피압박민족과의 연합을 강조했던 점이다.

대회는 첫날(1월 4일)에 '전세계 피압박민족과 일치하여 압박계급과 투쟁할 것을 표명하는 통전(通電)'을 결의했다. 통전은 "우리들은 각 약소민족의 해방운동과 세계 각 선진국의 피압박계급의 해방운동이 서로 연결되어 있고 밀접한 관계를 가지고 있다는 것을 인식하고 있다. 즉 국민혁명은 세계혁명의 일부분인 것이다"[16]라고 하고 있다. 특히 1월 13일에 채택되는 '중국국민당 제2차 전국대표대회 선언'은 제국주의 제국의 아시아 등 식민지에 대한 압박현상에 대해 기술한 후, "세계의 모든

---

15) 在上海 日本 總領事館 警察部 第二課, 『朝鮮民族運動年鑑』, 1932(복각판, 서울, 東文社書店, 1946), 206쪽.

16) 中國 第二歷史檔案館 編, 『中華民國史檔案資料叢刊·中國國民黨 第一, 二次 全國代表大會 會議史料』(上), 江蘇古籍出版社, 1986, 192쪽.

피압박민족의 혁명운동은 연합전선을 할 필요가 있다"고 하고 있다. 선언은 또 중국이 생존하는 길은 첫째 "밖으로는 제국주의 타도에 있다"고 하고 그것을 위해 "세계혁명의 선진국과의 연합" "세계의 모든 피압박민족과의 연합" "제국주의자 본국 내의 대다수의 피압박 인민과의 연합"이 필요하다는 것을 강조하고 있다.17)

여운형 등이 연단에 오른 것은 이 대회선언이 채택된 다음날이었다. 제국주의 타도를 위해 피압박민족은 연합해야 한다는 분위기가 대회장을 뒤덮었다. 이런 상황에서 아시아인 대표 3명이 나와서 연설을 했던 것이다.

이날 회의는 오전 10시 20분에 시작되었다. 출석한 대표는 193명이었다.18)

주석(의장)은 왕정위, 비서장은 오옥장(吳玉章)이다. 비서장이 개회를 알리고 전원 기립한 가운데 주석이 총리(손문)의 유촉(遺囑)을 낭독한 후 주석으로부터 의사일정의 변경이 제안되었다. 의사록에 따르면 "왜냐하면 베트남의 혁명동지 왕달인(王達人) 선생, 고려의 혁명동지 여광극(呂光克) 선생 및 인도의 혁명동지 哥巴淸 선생 등 몇 사람이 우리 당의 이번 대회를 참관하러 오셨기 때문입니다. 주석단의 생각으로는 이들 동지에게 먼저 연설을 하게 하고 그 후 각지의 당무보고를 했으면 합니다. 출석자께서는 이의가 없습니까? (이의 없이 박수로 환영 표시)"19)라고 기록되어 있다.

처음 연단에 나선 사람은 베트남의 왕달인, 즉 호찌민이다.20) 호의 연설은 이부춘(李富春)에 의해 중국어로 번역되었다.21) 이부춘은 '근왕검

---

17) 같은 책, 432-449쪽.
18) 같은 책, 298쪽. ≪廣州民國日報≫ 1926년 1월 18일자의 「黨務消息·全國代表大會之第十日」에 따르면 회의는 오전 10시에 시작했고 217명이 출석한 것으로 되어 있다.
19) 中國 第二歷史檔案館 編, 앞의 책, 298쪽.
20) 王達人이 호찌민의 이명이라는 것은 黃錚, 『胡志明與中國』, 北京, 解放軍出版社, 1987, 35쪽 참조.
21) 中國 第二歷史檔案館 編, 앞의 책, 298쪽.

학생(勤王儉學生)'의 한 사람으로 프랑스에서 공부한 적이 있어서 프랑스어인 胡의 연설을 통역하는 데는 적격이었다.

다음으로 연설한 사람은 의사록에는 '고려의 혁명동지 여광선(呂光先) 선생'으로 되어 있다.22) 주석 왕정위가 소개할 때에는 여광극(呂光克)이었는데 연설 부분에서는 여광선으로 기록되어 있는 것이다. 한편 ≪광주민국일보≫ 1926년 1월 18일자 기사에는 呂光으로 기술되어 있어서 앞에서 본 일본측의 기록과 일치하고 있다. 왜 의사록과는 다른 이름이 나오고 있는지는 명확하지 않다. 의사록의 착오라고 여겨진다.

2전대회에서 연설한 조선인을 여운형으로 보는 근거는 ≪광주민국일보≫의 기록과 일본측의 기록이 일치한다는 점 외에도 연설자가 손문·레닌과 만났다고 했던 점에 있다. 특히 손문과의 회담에 대해서는, 이미 서술했다시피 송경령과 왕정위가 출석한 2전대회에서 사실과 다른 연설을 했다고는 볼 수 없을 것 같다. 손문 사후 10년째의 추도문 내용으로 보아도 2전대회에서의 연설자는 여운형 이외에는 생각되지 않는다.

여운형 연설의 통역자 이름은 의사록에 기록되어 있지 않다. 이 점에 대하여 이만규의 『몽양여운형투쟁사』는 다음과 같이 서술하고 있다.

"1926년 1월에 中國國民黨 第二次 代表大會가 廣東에 열렸을 때 (여운형은) 二千餘名의 會員앞에서 吳玉章의 通譯으로 英語로 祝辭를 하였다. 그때 印度人은 英國을 攻擊하고 베트남인은 프랑스를 공격하여 말의 內容이 各各 自己 感情 爆發의 範圍를 벗어나지는 못하였다. 夢陽은 日本의 中國에 對한 행동을 말하고 '帝國主義가 打倒되는 때에 弱小民族이 모두 解放될 것이다. 우리 弱小民族은 全力을 다하여 中國의 革命을 도와야 한다. 孫先生의 큰 理念을 通해 中國의 革命이 成功하면 弱小民族은 모두 解放될 것이다'라고 부르짖었다."23)

그러나 여운형의 연설을 통역한 사람은 오옥장이 아니다. 그는 중국

---

22) 같은 책, 301쪽.
23) 『몽양 여운형 투쟁사』, 85-86쪽; 여운홍, 『몽양 여운형』, 74쪽; 이기형, 『몽양 여운형』, 실천문학사, 1984, 80쪽에도 거의 같은 내용을 기술하고 있다.

동맹회 회원으로 신해혁명에서 활약했고 1925년 공산당에 가입한 인물로, 앞에서도 언급했다시피 2전대회에서는 비서장을 맡았다. 여운형의 전기는 비서장 오를 통역자로 잘못 파악하고 있는 것이다.

≪광주민국일보≫ 1926년 1월 18일자 기사에 의하면 영어로 된 여운형의 연설을 통역한 사람은 범홍할(范鴻劼)이었다. 범은 1897년 호북성 악성형(鄂城縣)에서 태어나 북경대학 재학중 5·4운동에 참가했고 1920년에 북경공산주의소조, 1922년에 중국공산당 북경구위원회 위원·선전부장·위원장 등을 지냈고 이대교를 도와 북방에서 혁명운동을 지도했다. 국민당 2전대회 후 북경북방구위원회 조직부장으로 활동하던 중 1927년 4월 장작림(張作霖) 군벌에 의해 체포되어 처형되었다.24)

강덕상(姜德相)은 「중국국민당과 여운형」(≪계간 삼천리≫, 제49호, 1987. 2)에서 2전대회에서의 여운형의 연설을 소개하고 있다. 강은 일본 당국의 자료「大正15년 3월 10일 在廣東總領事森田寬藏報告」에 기초하여 '연설 내용의 전문'이라고 하지만, 그것은 2전대회에서의 여운형의 연설과는 완전히 다른 것이다. 강의 논문에서 일부를 인용해 보자.

"(전략) 우리가 이른바 공산주의라고 하는 것은 무엇을 의미하는가, 또 무엇을 이루려는 것인가, 즉 약소민족과 모든 국가들을 망라하여 규합하는 일, 이른바 공산주의입니다. 따라서 우리는 同文同種이고 또 특수한 이해관계가 있는 우리들이 약소국과 함께 서로 제휴하여 속히 그 실현에 착수하는 것입니다. 요약해 보면 中韓共存 위에 구축된 連盟主義를 의미하는 것입니다. 우리 한국과 중국은 외교면에서 서로 떨어질 수 없는 중대한 관계에 있으니, 이 양국이 서로 결합하여 공통의 이익과 광영을 위해 협력하고 분투할 수 있다면, 이른바 공산주의의 실현도 결코 어렵지 않습니다. (중략) 종교예찬식으로 말해서 신의 속박으로부터 인간을 해방함으로써 인도와 박애가 구현된다면, 우리가 주장하는 공산주의에 의해 우리 피압박민족의 자유와 평등이 해방되고 아울러 세계의 평화와 인류행복을 기대할 수 있게 됩니다. (후략)"25)

일본 당국이 여운형의 것으로 보고하고 있는 이 연설은 피압박민족인

---

24) 李盛平 主編, 『中國近現代人名大辭典』, 中國國際廣播出版社, 1989, 427쪽.
25) 강덕상, 앞의 논문, 173-174쪽.

중국과 조선의 제휴를 주장하면서 공산주의의 실현을 역설하고 있어서 국민당 대회의 연설로는 부적합한 내용으로 보인다. 손문의 이름으로 나타나지 않는 것도 부자연스럽다. 여운형의 연설이라 하더라도 2전대회와는 관계없이 다른 기회에 행해진 것 같다. 앞에서 인용한 상해 총영사대리의 통보라고 기록되어 있는 '공산주의 선전 연설회'에서 행한 '금후 동양에서의 공산주의 선전의 방법'이라는 제목의 강연에 해당되는 것일지도 모르겠다.

훗날 여운형은 국민당대회에서의 연설에 대해 다음과 같이 회상하고 있다.26)

"내가 演說한 적은 한두 번이 아니고 또 演說하고 있는 중에 흥분되지 않을 때가 없었지만 나로서는 새로운 기록을 이루었다고 생각하는 것은 1926년 1월 17일 廣東에서 열린 國民黨 第三次 代表大會에 초대받아 (연설을) 할 때였다고 생각한다.

演題는 '中國國民 革命의 全世界的 使命'이었는데 聽衆은 그리 많지 않아 中國 各處에서 모인 華校(華僑?) 代表와 軍政要僚(군대·정부의 요인) 等이었고 그 밖에 傍聽한 사람들 중에는 러시아인, 베트남인, 필리핀인 등이 섞여 있었다.

겨우 二千名에 지나지 않는 사람들이었지만 1시간 동안이나 계속된 긴 演說에 처음부터 끝까지 몹시 感激과 흥분으로 (귀 기울여) 끝을 마쳤다. 이야기는 英語로 했다. 英語가 아니면 一般聽衆이 다 들을 수 없었기 때문이다.

勿論 나도 정열적으로 이야기했던 만큼 듣는 사람들도 몹시 긴장하던 일이 지금도 눈앞에 보이는 듯하다.

원체 演題가 내 힘을 돋우고 熱을 올리게 했던 때문이겠지만 많은 聽衆을 對하던 때보다 몇 배 이상 誠意를 보이게 되었던 것으로 생각된다.

그때 했던 이야기를 여기에 그대로 옮겨보면, 첫째로 檢閱問題가 될 것이고, 둘째로는 地面관계상 不自由하다고 생각되기에 이제 그 요체만 들어서 한 마디 적어보고자 한다.

'中國은 革命해야 한다. 그것은 단지 中國을 위한 使命일 뿐만 아니라 全

---

26) 『몽양 여운형 전집』 1, 87-88쪽. 「감격을 가져다 준 나의 연설 — 광동의 국민당대회 당시에」라는 제목으로 잡지 ≪삼천리≫에 게재되었다고 각주에 기록되어 있지만 게재지의 발행년월은 불명.

世界로 파급되는 중대한 問題이기 때문에 中國 國民은 무엇보다도 제일 먼저 그 使命을 깨달아야 한다. 다시 말하면 中國 革命의 完成은 世界 革命의 完成을 意味한다'는 등등의 이야기였다."

명연설가로 알려진 여운형이 스스로 '새로운 기록을 만들었다'고 서술하고 있는 2전대회에서의 연설은 조선인이 중국 국민혁명에 대한 기대가 크다는 것을 보여주는 것이었다. 앞서 인용했던 이만규의 『몽양 여운형 투쟁사』에서 서술하고 있듯이 인도인과 베트남인의 연설이 "자신들의 감정 폭발의 범위를 벗어나지 못하였다"는 것에 비하면, 여운형의 연설은 손문과의 교유에 이르면서 국민혁명에 대한 기대를 표명하는 내용으로 중국인의 공감을 불러내 큰 환영을 받았던 것이라 할 수 있다.

맺음말

2전대회 당시 1886년생인 여운형은 40세, 1890년생인 호찌민은 36세였다. 2전대회에서 만난 후 두 사람이 다시 만난 적은 없지만 모두 민족해방을 위해 자신의 생애를 바쳤다. 여운형은 1929년에 체포되어 조선 국내에서 복역한 후 국내에서 신문사 사장 등으로 근무하면서 민족해방에 대비했다. 한편 호찌민은 모스크바, 홍콩, 연안(延安), 곤명(昆明: 운남성 성도) 등 각지를 돌면서 베트남 해방을 위한 활동을 계속했다. 1945년까지 두 사람의 행보는 상당히 차이가 있었다고 하지 않을 수 없다.

일본이 패전을 맞을 당시 조선 민족과 베트남 민족은 스스로의 의지와 힘으로 새로운 독립국가를 건설하는 행동을 개시하였다. 그 중심에 있었던 사람이 바로 여운형과 호찌민이다. 1945년 8월 15일 여운형은 서울에서 건국준비위원회를 조직한 후 9월 6일에는 그 위원장으로서 조선인민공화국 수립을 선포하였다. 그 4일 전인 9월 2일 호찌민은 베트남(베트남독립동맹)의 지도자로서 하노이에서 베트남민주공화국의 성립을 선언하였다.

그 뒤 두 사람의 행보는 다시 크게 달라지게 되었다. 조선의 분단을 극복하려고 노력했던 여는 1947년 7월 민족의 통일과 완전독립의 꿈을 완수하지 못하고 암살자의 손에 피살되어 남은 생애를 마감했다. 호는 프랑스, 미국과의 오랜 투쟁 도중에 죽었다고 하더라도 통일과 독립을 쟁취한 베트남의 지도자로서 세계에 알려져 있는 것은 말할 필요도 없다.

2전대회에서 여운형과 호찌민이 나란히 연설을 했던 것은 두 사람의 행보가 어느 시점에서는 어우러졌다는 것을 보여주는 동시에 1920년대 중반 중국 국민혁명 속에서 아시아 제민족의 연대 가능성을 맹아로 해서 계속 자라나갔다는 것을 보여주는 것이다.

아래에서는 호찌민과 여운형의 연설 전문을 소개하려 한다. [ ]안은 내가 보족 또는 정정한 것이다. 출전은 中國第二歷史檔案館 編, 『中華民國史 檔案資料 叢刊·中國國民黨 第一,二次 全國代表大會 會議 史料』(上)(江蘇古籍出版社, 1986)의 298-304쪽이다. 이 사료집은 2전대회 직후에 간행된 의사록을 기초로 하고 있다. 또 하나는 速記科 編, 『中國國民黨 第2次 全國代表大會 會議 記錄』(中國國民黨 中央執行委員會 刊, 1926)이다. 여운형과 호찌민의 연설은 98-102쪽에 수록되어 있다. 이 두 가지를 종합했는데, 『회의사료』에 수록되어 있는 호의 연설에 편자 주가 몇 개 있을 뿐 차이는 없다.

의사록은 교토대학 인문과학연구소 교수 하자마(狹間直樹) 씨가 소장하고 있는 것이며, 번역은 그 연구소 조수인 이시카와(石川禎浩) 씨의 힘을 빌렸다. 감사를 표하고 싶다.

<자료>
중국국민당 제2차 전국대표대회 회의기록
(1926년 1월 4~19일, 광주)

1926년 1월 14일 제9일
시간: 오전 10시 20분부터 12시 반까지
출석대표: 193인
주석: 汪精衛
비서장: 吳玉章
기록: 속기과

비서장이 종을 울려서 개회를 알리다.
주석이 총리의 유촉을 정중하게 낭독, 전원 기립.

1. 주석이 오늘의 의사일정을 변경할 것을 선포하다. 왜냐하면 베트남의 혁명동지 王達人 선생, 고려의 혁명동지 呂光克 선생 및 인도의 혁명동지 哥巴淸 선생 등 몇 사람이 우리 당의 이번 대회를 참관하러 오셨기 때문이다. 주석단의 생각은 이들 동지에게 우선 연설을 하게 하고 그 후 각지의 당무보고를 한다는 것이다. 출석자들은 이의가 없습니까? (이의 없이 박수로 환영을 표시)

2. 주석: 먼저 베트남의 동지 王達人 선생께서 연설해주시기 바랍니다. 왕선생은 프랑스어로 연설할 것이므로 특별히 李富春 동지께서 통역을 맡아주시기 바랍니다.

[王達人의 연설] (생략: 역자)

3. 조선의 동지 呂光先의 연설

나는 중국어를 할 수 없는데 변명의 여지가 없다고 생각합니다. 하지만 만약 나에게 약간 준비할 시간을 주신다면 뭔가 몇 가지 이야기를 할 수 있을지도 모르겠습니다. 그러나 오늘은 10시에 도착해서 시간이 별로 없었기 때문에 영어로 이야기하고 통역으로 여러분께 전해 드리겠습니다.

나는 여러분과 이야기할 수 있었으면 하고 생각해 왔습니다. 재작년 中山선생 ― 우리의 혁명의 領袖 ― 이 北上했을 때 나는 상해의 내 집에서 그와 만났는데, 그때 그의 머리가 이미 백발이 성성했고 몸도 이전과 달리 원기가 부족했으며 정신도 이전처럼 좋지는 않았습니다. 나는 그에게 "당신은 이제 머리가 백발이 되고 몸도 전처럼 좋지 않지만, 나는 당신의 혁명이 성공하리라는 것, 그것이 나날이 불타오르고 있다는 것을 깊이 확신합니다"라고 이야기했습니다. 그런데 그는 나에게 "우리의 혁명공작이 나날이 치열해지지 않는다면 그것은 혁명이 아닐 것입니다"라고 말했습니다. 그 후 그는 北上을 하였습니다. 그가 상해를 떠날 때 나는 배웅을 하면서 "부디 건강에 유의하십시오"라고 말했습니다. 그는 "고맙네, 젊은 친구. 자네가 힘을 다해 혁명을 위해 분투해 주길 바라네"라고 이야기했습니다. 나는 또 1914년[1922년]에 모스크바에서 동방피압박민족연합회[극동제민족대회]가 개최되었을 때, 레닌이 나와 만나주어서 특별히 기뻤던 일을 기억하고 있습니다. 그때 일본의 동지도 자리를 같이했는데 그 자리에서 일본 동지에게 [레닌은] "당신은 자신을 희생하여 조선을 도와 일본제국주의를 타도하겠다고 생각합니까"라고 물었습니다. 그는 "물론입니다"라고 답했습니다. 다음으로 레닌은 나에게 "그는 이미 성의를 다해 돕겠다고 이야기했습니다"라고 말했습니다. 나는 "모든 진정한 민족이 연합하여 제국주의를 타도하기 위해 일어서고 그들과는 협력하지 않기를 바랍니다"라고 말했습니다. 우리는 그 자리에서 일어서서 악수를 하였습니다. 그때 중국의 張國燾 동지도 자리를 함께 했는데, 레닌은 그에게 "나는 중국과 조선의 우호 친선은 문제가 없으니 당신들이 반드시 단결하여 일어서서 공동으로 제국주의를 타도할 수 있다고 확신합니다"라고 이야기했습니다. 게다가 그는 "나는 1920년 중반경 中山선생에게 편지를 보낸 적이 있었는데 영국제국주의자에 의해 도중에 검열을 당하였습니다. 만약 그가 받아볼 수 있었다면 그 결과는 반드시 만

족할 만한 것이었다고 확신합니다. 中山선생은 동방혁명의 어머니이므로 그는 반드시 당신들을 인도할 수 있었을 것입니다"라고 언급하였습니다. 하지만 매우 안타깝게도 지금 서방과 동방의 領袖는 두 사람 다 이 세상을 떠났습니다. 그러나 우리는 우리의 목적이 무엇인가를, 우리의 활동이 어떠해야 하는가를 알아야만 합니다. 우리의 목적은 제국주의를 타도하고 자본가를 타도하는 것입니다. 우리의 활동은 중국의 자유와 평등, 그리고 조선 등 모든 피압박민족의 해방과 독립을 구하는 것입니다. 그러므로 우리는 여기에서 우리의 방침을 결정하고, 우리의 위대한 공작을 추진하고, 또 中山선생의 정책하에서 세계혁명으로 발전시켜야 합니다. 왜냐하면 우리의 領袖인 中山선생은 하나의 강력한 발동기를 준비하여 우리를 하나의 혁명의 길로 인도해 왔기 때문입니다. 그의 三民主義와 五權憲法은 마치 궤도와 같고 그의 혁명적 정신은 발동기와도 같아서, 우리 당원 모두가 공작하는 사람인 것입니다. 나는 우리의 이 공작이 정확히 진행되고 또 매일매일 진보하고 있음을 깊게 믿습니다. 그렇지만 우리는 다른 측면, 즉 모든 반혁명세력 역시 나날이 팽창하여 전세계로 퍼져 나가고 있는 것을 보고 있습니다. 그러므로 우리는 연합해서 함께 우리의 원수를 타도해야만 합니다! 우리를 방해하는 제국주의를 공동으로 파괴해야만 합니다! 그들은 우리를 파괴하려 하지만 우리는 일치하여 있으므로 그들이야말로 우리에 의해 파괴될 것입니다. 그들은 유럽에서는 전력을 다해 소비에트 러시아를 타파해야 한다고 생각하고 있습니다. 일본, 프랑스 등은 밤낮으로 중국의 혁명세력을 압도하려 하고 있고 日野군벌의 반란을 원조할 방법을 강구하고 있습니다. 예를 들면, 일본은 만주에 출병해 있습니다. 이것은 한편으로는 일본제국주의자들이 중국의 군벌을 원조하는 행동이지만, 그것은 동시에 다른 한편으로는 구주의 영국인의 원조와 허가를 받고 있는 것입니다. 그러므로 영·일 두 제국주의는 이미 공동으로 우리를 압박하고 우리를 향해 진공하고 있습니다만 이것은 일종의 현상일 뿐입니다. 그들은 한편으로는 여러 가지 방법으로 그들 세력을 확장하고 중국·조선에서 필사적으로 우리 혁명세력을 압박·타도하려 함과 동시에 반혁명세력을 이용하여 여러 가지 방법으로 우리 혁명세력을 분열시키려 하고 있습니다. 그러나 이것은 불가능한 일입니다. 왜냐하면 우리는 일치해 있어서 다른 사람의 기만에는 편승하지 않을 것이기 때문입니다. 또한 우리는 세계의 제국주의자는 이미 근본에서부터 동요하고 있고 세계의 혁명도 이미 강고한 기초를 구축하고 있다는 것을 알아야만 합니다. 우리는 두려워해서는 안됩니다. 그들은 표면상 사나운 호랑이처럼 보이지만 실제로는 이미 종이 호랑이에 불과합니다. 그러므로 우리 혁명세력이 통일하여 일어선다면 반드시 그들을 타도하여 물속 깊이 가라앉힐 수 있을 것입니다.

조선의 혁명은 1919년에 시작된 데에 불과합니다. 그때에는 아직 겨우 지식계급 분자만이 일어서서 혁명을 주장한 데에 불과했습니다만, 지금에 이르러서는 이미 나날이 진보하여 전민중의 혁명으로 변해가고 있습니다. 일본제국주의의 압박으로 말하자면 전세계인이 이미 다 알고 있으므로, 나는 단지 최근의 조선혁명의 상황을 약간 설명해볼까 합니다. 대체로 조선의 민중은 노동자보다도 농민이 많습니다. 이제까지 일본은 오로지 무력을 사용하여 압박해 왔지만 현재는 세계 제국주의의 압박 방법의 조류에 따라 경제적 압박으로 바꿔 가고 있습니다. 고려에는 종래에 하나의 대규모 公司가 있어서 遠東墾植公司[동양척식주식회사일 것]라고 불리었는데, 많은 토지를 매수하고 모든 조선의 토지를 약탈하여 단지 2/10의 토지만 인민이 소유한 데에 불과합니다. 이 때문에 조선인은 경제상 빈곤을 겪게 되고 자연히 해외에서 생계를 유지할 길을 찾을 수밖에 없어서 부득이하게 중국으로 건너오고 있습니다. 이것이 인민이 적은 한 원인입니다. 그러나 이들 국내 인민과 국외에 있는 교민은 여러 가지 압박으로 고통받고 있으므로 여타 인민에 비하면 보다 혁명성을 지니고 있습니다. 현재 그들은 매우 큰 조직을 지니고 상당한 세력을 갖추고 있는데, 그 중에 청년운동이 가장 많은 수를 확보하고 있습니다. 실업에 대해 말해보면 당연히 일본의 손아귀에 완전히 장악되어 있으므로 노동자가 받는 압박도 상당히 심한 것입니다. 하지만 전인구를 합계해 보면 노동자 수는 그리 많지 않아 수만 명에 불과하지만, 우리는 그들과도 크게 연합해서 공동으로 하나의 勞農學의 단체를 조직하여 혁명공작에 노력하고 있습니다. 따라서 최근 조선의 혁명은 이미 全民運動의 시기에 도달하고 있습니다. 조선의 혁명당 사람들은 모두 혁명 領袖의 지도 하에 있기를 바랄 뿐만 아니라, 특히 온 정성을 다해 열렬히 中山선생의 지도를 환영하고 있다고 나는 말할 수 있습니다. 그들은 중국의 혁명, 특히 이번 제2차 전국대표대회에 대해서는 더 한층 열렬한 희망을 가지고 있습니다. 왜냐하면 대회는 향후 혁명의 방략과 약소민족의 독립을 원조하겠다고 결정할 것이기 때문입니다. 중국혁명의 성공은 바로 세계혁명이 절반은 성공했다는 것을 의미합니다. (박수) 나는 이번에 어떤 단체를 대표하여 온 것이 아니라 한 사람의 손님으로 왔을 뿐입니다. 하지만 감히 조선의 인민을 대표하여 한 마디 해보면, "조선 인민은 이미 혁명운동에 들어갈 준비를 갖추고 中山선생이라는 발동기의 영도하에 있기를 바라고 있다"는 것입니다. 시대도 다르고 정황도 차이가 있지만 혁명의 길만은 잠시도 전진하지 않는 때가 없습니다. 그러므로 우리는 중국국민당의 성공이 중국혁명의 성공이고 세계혁명의 성공이 되리라 희망하는 것입니다. 동지 여러분, 일어섭시다! 연합해서 일어나 일치단결하여 제국주의를 타도합시다! 우리는 이 자리에서 '중국국민당 만세'라고 축하합니다.

주석: 참석자와 함께 '한국 독립의 성공 만세'를 외치다. 다음으로 인도의 哥巴淸 동지에게 연설을 부탁드립니다.

4. 인도의 혁명동지 哥巴淸이 연설. 단 인도말은 통역할 사람이 없어서 그 이야기를 상세히 기록할 수 없다. 대강의 뜻은 "중국혁명이 성공하고, 그 후에 세계의 모든 피압박민족과 연합하여 함께 분투할 것을 희망한다"라는 것이었다.

주석: 참석자와 함께 "전세계 피압박민족의 해방 만세! 전세계 피압박계급의 해방 만세!"를 외치다.

5. 그러면 의사일정에 따라 우선 劉侯武 동지에게 安南의 당무보고를 부탁드립니다.
    [이하 생략]

대중국화평공작·'아시아연맹' 구상과 여운형
오카와, 다나카, 고노에와의 교류를 둘러싸고

강덕상
(일본 히토츠바시대학 교수)

　　조선의 비타협적 민족주의자 여운형과 일본의 우익사상가 오카와 슈메이(大川周明)는 친한 친구사이였다. 두 사람이 만날 수 있었던 기회는 여운형의 세번째 방일(1940년 3월) 이후, 그의 두번째 체포(1942년 12월) 때까지 6번밖에 없었다(이 사이 여운형의 방일이 5번, 오카와의 조선 방문이 1번).
　　그러나 두 사람의 만남과 교류를 축으로 이루어진 일, 즉 일본의 대중국(對中國) 화평공작에 대한 여운형의 일정한 '관여' 및 '아시아연맹' 구상은 중경(重慶)에 있던 김구 등 임시정부 요인에게 '투적유도(投敵誘導)' 공작으로 오해를 사게 되어, 해방 후 조선정국에 부정적인 영향을 미쳤다.
　　한편 여운형은 화평을 위한 의견제시의 대가로 행동의 자유 확보, 고도의 기밀정보 입수, 재일동포·유학생에 대한 계몽활동 등 이면(裏面)공작이 가능해졌고, 일본 패퇴 후 자주건국의 준비가 가능했다는 의미에서 오카와를 축으로 하는 일본 지배층과 여운형의 '접전'은 개인적인 우정의 범위를 넘어선 해방투쟁사의 복잡한 단면을 보여주고 있다. 이 글은 그런 복잡함 속에서 어떤 때는 농락당하면서도 신념을 잃지 않고, 타협하면서도 절개를 지키다가 결국 흉탄에 쓰러진 여운형의 삶의 한 단면을, 여운형이 3~5번째 도일한 1940년 봄·가을, 그리고 1941년 여름을 대상으로 고찰한 것이다.

주지하듯이 1940년 당시 여운형은 베를린 올림픽의 '일장기 말소사건'으로 인해 그가 경영하던 ≪조선중앙일보≫는 폐간됨에 따라 사장직을 물러날 수밖에 없는 상황이었다. 게다가 1936년 12월 시행된 사상범보호관찰령에 의해 '엄중감시'를 받고 있었다. 여운형의 일상은 사상점검을 위한 보호관찰소로부터의 정기적인 소환 심문, 엄격한 여행제한, 특별고등경찰의 일상생활 간섭 등으로 숨이 턱턱 막히는 나날의 연속이었다(필자, 「황민화정책하의 여운형」, 학습원대학 동양문화연구소, 『조사연구보고』 No.24, 1990년 9월 참조).

이렇게 자유를 속박당한 채 우울한 나날을 보내고 있던 여운형을 누가 동경으로 불러, 대중국 화평공작의 '진언자'가 되게 했는지는 아직 잘 모른다. 잘 알지 못한다는 것은 결정적인 자료가 없다는 말인데, 아래에서는 당시 일본의 대중국 화평공작의 '상황'과 몇몇 관련 수기나 이미 간행된 전기[1]를 두루 소개하면서 '누가' 무엇을 어떻게 했는가, 다양한 인물과의 만남과 교류가 야기한 파문을 가능한 한 밝혀보고자 한다.

일본의 대중국 화평공작은 전쟁의 단계적 확대와 함께 조건의 변화를 수반하고, 나아가 다수의 루트를 갖는 점에 특색이 있었다. 개전 직후는 제3국, 특히 독일 외교관에 의한 중개(仲介)공작(트라우트만 공작)이 일정한 진전을 보였으나, 남경함락 등 일본군의 작전의 유리한 전개가 교섭무용론, 장개석정권 부정론을 낳아 "이후 국민정부를 상대하지 않는다"식의 중단(제1차 고노에 성명, 1938. 1. 16)으로 끝났다.

그 후에는 외상(外相) 우가키(宇垣一成)의 화평구상을 대표로 하는

---

1) 여운형의 전기로는 李萬珪, 『여운형투쟁사』(민주문화사, 1946); 呂運弘, 『몽양 여운형』(靑廈閣, 1967); 李基炯, 『몽양 여운형』(실천문학사, 1984) 등이 있다. 이 세 가지는 친구나 동생, 측근에 의해 쓰여진 것인데, 완전히 반대 입장을 지닌 韓民聲, 『추적 여운형』(서울, 흑백문화사, 1982) 등도 있다.

국민정부와의 직접교섭을 노린 것에서부터, 그 반대로 확대한 점령지에서 국민정부를 대신하는 신중앙정부 수립공작 등 각종 의도가 경합·대립하여, 결국 우가키의 외상 사임을 초래하고 끝났다.

우가키의 실패 후에는 일본의 모략기관의 책동도 있어서 반(反)장개석 색깔이 강한 왕정위(汪精衛)가 반공구국의 입장에서 중경에서 하노이로 탈출하자(1938년 12월 20일), 왕정위에 호응한 일본정부가 '선린우호, 공동방위, 경제제휴'의 고노에 3원칙(1938년 12월 22일)을 발표하여, 화평공작을 왕정위에 의한 점령지 괴뢰정권 수립으로 바꾸려는 책동이 강해졌다.

1939년 5월 말 왕정위의 방일 및 일본 정부 요인과의 일련의 회담은 그러한 움직임을 반영한 것이었다. 왕정위는 6월 10일, 당시 히라누마(平沼) 수상과의 회담을 시작으로 육상(陸相) 이타가키(板垣征四郎), 해상(海相) 요나이(米內光政), 장상(藏相) 이시와타(石渡莊太郎), 외상 아리타(有田八郎) 등과 연일 개별회담을 거듭하고, 6월 14일에는 추상(樞相) 고노에(近衛文麿)와 회담했다.

여운형이 이른바 대중국 화평공작의 '진언자'가 된 계기는 이 왕정위-고노에 회담에 있었을 가능성이 높다. 몇 가지 설이 있다. 박갑동(朴甲東) 씨는 양자 회담의 "뭔가 이야기 끝에 왕정위가 갑자기 고노에에게 '조선의 여운형은 무엇을 하고 있습니까'라고 여운형의 안부를 물었다. 그러나 고노에는 여운형이 누구인지 전혀 몰랐다. 고개를 갸웃거리며 대답할 수 없었다. 왕정위는 여운형이라는 인물을 설명하고, 자신과도 친하고, 장개석과도 잘 아는 사이라고 말했다. 고노에가 내무대신(木戶幸一: 필자)에게 여운형을 알고 있느냐고 묻자, 그도 여운형을 알지 못했다.[2] 조선총독부에 조회해서 겨우 여운형이 어떤 인물인지 자세히 알

---

2) 여운형은 왕정위, 장개석과의 교우관계를 스스로 다음과 같이 설명하고 있다. "1926년 1월중 광동에서 국민당 제2회 대표대회가 개최될 당시 국민정부 주석 왕정위의 초대로 출석하여, 보로딘, 왕정위, 나 세 사람이 보로딘의 집에 모여 회의의 지도책에 대해 늘 협의하고 1월 18일 그 회의에서 연설을 했는데 그것은 중국혁명에 대한 국민당의 사명에 대해서였다"(「여운형 조서」, 『한국공산주의운동사』 자료편 1, 257쪽). 또 "국민당이 북경을 점령하기까지는 국민당과 공산당은 서로 제휴

수 있었다. 그리고 고노에는 여운형을 장개석 정권에 파견하여 화평공작의 중개를 시키려고 생각하고 동경으로 불렀다"3)라고 한다.

박씨는 이 '고노에 지시설'을 고노에의 측근으로서 친한 대학 선배인 가자미(風見章)로부터 직접 들었다고 한다. 왕정위는 자신의 정권 만들기에 옛 친구 여운형의 협력을 구하고 싶었다. 한편 여운형의 '중국관련 이력'을 안 고노에는 반대로 중경정권과의 화평공작에 이용하려고 생각했다. 두 사람의 엇갈린 의도 속에서 오카와를 축으로 하는 일본 요인과의 관계도 시작되었다고 하는 것이다. 단순히 고노에가 불렀다고 하는 설은 당시 재일조선인 사이에서 넓게 퍼져 있었던 것 같다. 그것은 조선을 대표하는 인물에 대한 평가와 기대를 담은 근거없는 말에 가까운데,4)

하는 것으로만 생각하고 있었는데 그 전에 장개석이 그러한 일을 했으므로 반대했다, 국민당은 공산당을 배척할 뿐만 아니라 좌파인 왕정위까지 배척하였다, 왕정위는 현재 프랑스에 가 있어서 나는 지금까지 그와 통신을 하고 있다. …그 후 장개석은 나를 자주 불러 아시아민족대회를 개최할 상담을 했다, 그리고 나에게 학생을 연결하여 南洋으로 가 올해 6월 20일경 상해로 돌아오는 羅完民과 상담한 다음 남경으로 가 장개석과 협의하려 하고 있을 때, 즉 7월 10일 일본영사관 경찰에 체포되었다."(「여운형 조서」, 『한국공산주의운동사』 자료편 1, 353쪽).

3) 박갑동, 「환상의 터널: 그 시작과 끝」, 《중앙일보》, 1989년 11월 16일자.

고노에가 내무대신에게 질문한 것과 관련하여, 왕-고노에 회담이 있었던 6월 14일 이후 木戶가 고노에를 만난 마지막 날은 7월 3일이다. "동경구락부에서 고노에 공과 회담, 사변을 전망하고 정세 등에 관해 격의없이 의견을 교환, 5시 반에 물러남"이라고 되어 있다(『木戶幸一‘日記'』 下, 730쪽). 더욱이 6월 8일자에도 "1시 반부터 3시경까지 고노에 공과 회담, 주로 文隆君의 件이다"라고 되어 있다. 文隆君의 건이란 자식인 近衛文隆이 對重慶 화평공작에 관여하고 있어서 그가 깊이 빠져들까 우려하고 있는 것으로, 이 날을 중심으로 계속 마찬가지의 기술이 있다. 기도, 고노에는 앞서의 개인적 사정 때문에도 왕정위가 일본에 온 후 새로운 국면에 대해 신경질적으로 정보를 교환하고 있었다고 생각되며 그 가운데 여운형이 화제에 오르는 것은 충분히 있을 수 있었다.

4) 증언자로는 李錫寅씨 (당시 와세다대 생, 현 《통일일보》 논설위원), 許雲龍씨 (당시 쥬오대 생, 현 조선장학회 대표이사), 池昶輔씨 (당시 쥬오대 생, 현재 미국 롱아일란드대학 교수), 李恩泰씨 (당시 메이지대 생, 전 한국 국회의원) 등이 있다. 일반인들 사이에는 "고노에 공이 내각을 조직했을 때 어떤 조선인 위인을 비행기로 불러 그와 회견하고, 고노에 공은 그 조선인에게 자신은 조선독립을 용인하려 해도 일본 군부에서 이에 반대하고 있으므로 조선독립은 불가능하다고 말했다"(《特高月報》, 1944년 2월호, 78쪽)는 식으로 전해졌다.

과연 고노에가 전혀 알지도 못하는 인물과의 면회를 직접 지시했던 것일까?

이것과 좀 다른 것이 김을한(金乙漢) 씨의 설이다. 김씨는 "당시의 일본 수상 고노에는 어떻게 해서라도 중·일화평을 실현시키려고 했는데, 강경한 군부의 반대로 교섭은 암담한 상태였다. 마침 그때 오카와 슈메이가 여운형은 아시아의 거물로 일본과 중국 사이의 화평교섭에 그 이상 적임자는 없다"라고 추천하자 "고노에 수상이 만나고 싶어하니 여운형을 급히 일본으로 보내라고 말했다". "오카와의 생각으로는 곤란에 처해 있던(보호관찰처분: 필자) 여운형을 구해주는 한편, 가능하다면 일본의 화평교섭에도 한번 이용해 보자는 일석이조의 생각으로 편지를 보냈던 것인데, 어쨌든 여운형은 그 편지 한 장으로 쉽게 일본으로 탈출할 수 있었다".

'편지의 수신인'은 오카와가 '의형제의 연을 맺은 적이 있는 이타가키(板垣征四郎) 조선군 사령관'으로, 편지의 내용은 "조선총독과 이야기하여 여운형을 조속히 동경으로 보내라"는 것이었다. 또 오카와가 이렇게 행동한 이유는 여운형이 "서울에 있으면 어떤 식으로든 봉변을 당할 것 같아 잠시 일본으로 피하고 싶은데 경찰이 도항(渡航)증명서를 발급해 줄 것 같지 않다. 어떻게 좀 편의를 봐 주지 않겠는가"[5]라고 오카와 앞으로 구원 의뢰를 했기 때문이라고 한다.

김을한 씨의 설은 말하자면 오카와-여운형 합작설이다. 서울에서 총독부의 감시를 받으며 줄곧 전향을 강요당하던 여운형이 '피신'을 원했던 것도, 뒤에서 보듯이 오카와가 여운형을 일·중 화평공작에 이용하려 했던 것도 사실이지만, 김씨는 오카와와 여운형이 언제 알게 되었고 어떤 관계로 여운형이 오카와에게 '구원 의뢰를 하고' 또 오카와가 '즉시' 편의를 봐 주었는가에 대한 설명을 빠뜨리고 있고, 여운형의 방일 일시(1940년 3월)도 김씨가 말하는 고노에 수상 시기(1차: 1937년 6월 4일~39년 1월 4일, 2차: 1940년 7월 3일~41년 7월 16일, 3차: 1941년 7월

---

[5] 金乙漢, 「夢陽과 民世의 해방전야」, ≪世代≫, 1971년 8월호.

18일~41년 10월 16일)나 이타가키(板垣)의 조선군 사령관 시기(1941년 7월~45년 4월)와도 차이가 있어 제2차 또는 제3차 고노에 내각 때의 일과 혼동하고 있는 듯하지만, 왕정위-고노에 회담에 의한 여운형의 등장설과 모순되는 것은 아니다.

한편, 이만규(李萬珪) 씨의 『여운형투쟁사』는 조선군 참모본부 기타(喜多) 소좌 등의 면회 강요와, 그 관계로 육군성 병무과장 다나카 류키치(田中隆吉: 1939년 1월 16일~1940년 3월 8일)를 알게 되고, 다나카의 소개로 오카와를 알게 되어, 오카와가 "선생의 정견은 고노에 수상(전 수상: 필자)과 상의할 필요가 있다고 생각하기 때문에 만나 주시오"라고 했다고 하는 서울·군참모의 말단 현장에서 중앙으로의 이행설이다.

이만규는 여운형으로부터 직접 들은 이야기에 근거하고 있다고 생각되며, 뒤이어 간행된 여운홍(呂運弘)의 『몽양 여운형』, 이기형(李基炯)의 『몽양 여운형』도 약간의 차이는 있지만 거의 이만규의 설을 답습·채용하고 있다. 여운형의 방일 목적이나 그 절차를 봐도, 또 일본 관료기구로부터 봐도 이행설에 타당성이 있다고 생각되는데, 아래의 3종의 전기 기술을 종합하고 약간의 역사적 사실을 덧붙여 이행의 과정을 재구성 해보면 다음과 같다.

여운형이 갑자기 조선군 참모부로부터 면회를 요구받은 것은 1940년 2월 말 혹은 3월 초이다. 처음 몇 차례는 면회 요청을 무시하고 있었는데 친구 장덕수(張德秀)가 중개를 하고, 전향자로 성격이 잘 안맞는 신흥우(申興雨)까지 자택으로 들이닥쳐 '한번 참모부에 출두하시오'라고 강하게 요청해 왔다. 하는 수 없이 가 보니, 조선을 가장 잘 아는 인물로 '오늘의 연꽃'이라는 별명을 가진 기타(喜田俊三) 소좌(보병, 미에[三重] 출신, 1941년 10월 중좌, 육대[陸大] 18기, 1942년 1월 제4군 참모, 1944년 3월 전사), 그 밖에 정훈(鄭勳) 소좌, 오바타(小幡) 소좌와 신흥우가 함께 기다리고 있었다. 기타는 조선 재임 15년에 이르는 정보담당 베테랑으로, 당연히 여운형의 사상과 행동을 잘 연구하고 있던 인물이었다. 또 정훈은 일본인 '가마(蒲) 집안'에 양자로 입적하여 황민화정책과

시국(時局)정신의 충실한 주선자로 이름이 높아, 일본인 치안담당자로부터도 '까다로운 사람'[6]이라고 정평이 나 있는 친일 인물이었다.

신흥우는 임시정부 교통총장을 지내고 《우리소식》을 발행, 미국에 있던 이승만과 관계가 깊은 직업적 기독교도이자 교육가였는데, 1939년 흥업구락부(興業俱樂部) 사건에 연루되어 검거되자 솔선하여 '교직에 남는 것은 교육의 신성을 모독하는 것이라고 하여 사직'하고 전향을 맹세한 친일파였다. 기다리고 있던 면면만 봐도 한쪽은 협력 요청, 한쪽은 협박에 가까운 자리였다.

"그들의 이야기는, 당신은 중국사정에 밝고, 또 왕정위와도 친하니까 중국에 가서 왕 정권을 도우면서 일·중 친선을 위해 노력해 달라"[7]는 것이었다. 특히 기타는 성급하게 여운형의 중국행을 재촉했다.

여운형은 "나는 중국을 떠난 지 10년이 지났다. 그 사이 중국 사정도 변해서 지금 중국에 가도 별다른 효과를 거둘 수 없을 것이다"라고 말했다. 그러자 기타는 "나는 곧 중국에 가는데 꼭 함께 가기를 희망한다"라고 강경하게 말했다. 긴박한 사명감과 목적의식이 뚜렷했다.

신흥우나 정훈도 '나라를 위해'라든가 '봉공의 좋은 기회가 아닌가'라는 등의 조언을 했다고 생각된다.

여운형은 정색을 하며 "이렇게 중대한 문제는 적어도 중앙정부와 협의해서 결정할 성질의 문제이지, 여기에서 결정할 일이 아니다"라고 거부했다. 그러자 기타는 그러면 "동경의 다나카 류키치와 만나보라, 여비도 줄테니까"[8]라며 문제를 동경으로 돌려, 보다 권위있는 중앙의 다나카와의 회담이 마련되었다. 여운형은 여비의 수령을 거부했으나 기타와 다나카 등의 중국행 강요는 일개 조선군 참모나 친일파 무리의 흉계가 아니었다.

그 후 기타는 "1~2년 더 조선을 충분히 연구하고 싶었는데, 그것을 이루지 못한다는 것이 유감입니다. 그러나 내선일체(內鮮一體)는 반드

---

6) 八木信雄, 『日本と韓國』, 227쪽.
7) 이만규, 『여운형투쟁사』, 143쪽.
8) 이기형, 『몽양 여운형』, 137쪽.

시 실현될 것으로 확신했습니다. 여명기의 조선의 발전을 기원합니다"9)라고 말하고, 3월 13일 3시 46분 용산발 급행으로 조선을 떠났다. 앞에서 언급한 것처럼 대중국 화평공작은 단계에 따라 조건도 다르고 루트도 복잡했는데, 1940년경의 공작은 '일-중 신관계조정방침(日支新關係調整方針)'(1938년 11월 30일 어전회의 결정)에 따르고 있었다. 조건은 '중국에 의한 만주국 승인', '방공(防共)군사동맹의 체결', '일정지역의 군대주둔권', '경제제휴' 등을 골자로 했다. 육군 주도의 공작으로, 그 중심인물의 한 사람이 육상(陸相)에서 '지나'파견군 총참모장(1939년 9월~41년 7월)으로 전출된 이타가키(板垣征四郎)였다. 동경재판의 오카다(岡田芳政)의 증언에 의하면, 이타가키는 고노에 내각의 "육상시절(1938년 6월~39년 8월) 오패부(吳佩孚)와 연락해서 화평공작을 추진함과 동시에 북중지나 각지에 화평촉진회를 설치하여 호소하고 있었다. 오패부는 1939년 1월 전국화평구국 통전(通電)을 내고, 이 반향은 산서성의 염석산(閻錫山)에게 파급되어, 염씨는 열심히 화평을 부르짖기 시작하는 한편, 당시 산서성 대원(大原)에 주둔하고 있던 산서군 참모장 다나카 류키치 육군소장의 허락으로 연락자를 파견해 왔다. 1940년 다나카가 이것을 총사령부에 보고해 왔기 때문에 이타가키 총참모장은 이를 열심히 지지하여 누차 참모장교를 파견해서 전면 화평에 이를 수 있도록 북지군(北支軍)에 지시했다. 이 공작은 결국 염석산과 제1군 사령관간의 회견으로까지 성공했다".10)

또 이타가키는 같은 동경재판 증언에서 파견군으로서 작전 행동에 방해되지 않는 한 왕정위 정권에 편의와 원조를 제공해 "특히 왕조명 씨의 화평구축운동을 지지하고 남경정부가 궁극적으로 중경(重慶) 합류를 목표로 하기를 염원했다. 그리하여 1940년 초부터 홍콩기관에서 송자문(宋子文) 씨의 동생 자걸(子傑) 씨를 통해 장개석 씨와의 화평교섭 가능성이 엿보이자 자신은 더욱 열심히 지지하고, 스스로 나서서 장개석 씨와 장사(長沙)에서 회견할 것을 기대"11)하기도 했다.

---

9) 《京城日報》, 1940년 3월 14일자.
10) 「岡田芳政 證言」, 《朝日新聞》, 『東京裁判』 제4집, 165쪽.

기타의 중국행은 이 이타가키의 공작에 참가하기 위해서였고, 그의 여운형 공작은 다나카의 지시하에 가능하면 여운형을 직접 중국으로 동행시키려고 한 것이었다.

한편, 여운형이 동경에 가서 회담을 했던 다나카 류키치는 관동군 참모(1935년 3월~37년 8월)의 경력이 있어서 같은 무렵 관동군 참모장이었던 이타가키의 좋은 막료로서 손발 역할을 자임하고 있었다. 다나카는 존경하는 사람의 '첫번째는 우가키 씨, 두번째는 이타가키 씨, 또 한 명은 시모무라(下村定) 씨'[12]라고 할 정도로 심취하여, 나중에는 이타가키 내각 만들기에 분주하기도 한 동지였다.

이렇게 해서 여운형은 1940년 3월 초순 동경에 갔다. 어수선한 방일이 되었던 것은 다나카 류키치가 급하게 중국으로 가게 된 것에 맞추어 출발 전에 꼭 만나야 한다는 요청이 있었기 때문이었다. 여운형은 동경 도착 후 "여장을 풀 틈도 없이 다나카와 회견했다". 대략 3월 10일 전후의 일이다. 왜냐하면 다나카는 1940년 3월 9일자로 소장으로 승진하여, 병무과장에서 제1군 참모장(1940년 3월~12월)으로 옮기는 기타를 쫓아 3월 16일 부산을 경유하여 임지에 부임했다. 그의 임지는 산서성 대원으로, 임무는 앞서 오카다 증언에서 언급된 산서군 염석산과의 화평공작을 추진하는 일이었다.

다나카는 이미 기타로부터 여운형의 중국관련 이력에 대한 보고를 받은 상태였다. 다나카는 여운형이 손문(孫文)의 정치고문이고, 중국혁명의 동지이며, 중국요인 중에 많은 친구를 두고 있다는 것, 귀국 후에도 변화하는 중국정세에 깊은 통찰력을 가지고 자신이 경영하던 신문에 '장개석론'이나 '왕정위론'을 게재한 것을 알고서 여운형을 기다리고 있었다고 여겨진다.

후배 이정구(李貞求)가 다나카와의 연락을 취했다. 여운형은 조카 여경구(呂駉九)를 통역으로 하여 회담에 참석했다. 회담 내용은 뒤에서 다루는 '전기'에 실린 단편적인 것밖에 남아 있지 않지만, 다나카가 가장

---

11) 「板垣征四郎 證言」, ≪朝日新聞≫, 『東京裁判』 제4집, 150쪽.
12) 田中隆吉, 『軍閥暗鬪史』, 182쪽, 伊藤隆 해설.

우선적으로 찾았던 것은 여운형이 알고 있는 중국요인, 특히 당면한 상대인 염석산, 오패부에 관한 정보여서 거듭 중국 동행과 공작 가담을 요청했다.

여운형은 "염석산과는 오래 알던 사이로 조선인 비행사 안창남(安昌男)을 염석산에게 소개해 취직시켰다"13)고 한다. 오패부에 대해 여운형은 완미파(頑迷派)라고 평하고 있었는데, 오패부 역시 같은 식으로 여운형을 평가하고 있었다. 북벌전쟁 때 여운형은 '오의 부하였던 조선인 장교들에게 오패부는 가망이 없으니 단념하고 남방혁명군으로 이적(移籍)해야 한다는 의견을 낸 적이 있었다. 그 때 그들은 의리상 오패부 군에 남겠다고 대답했다. 그러나 사실은 남방혁명군의 북벌 성공을 믿지 않았기 때문이었다. 얼마 후 오패부 군이 불리해진 것이 명확히 보이자 그들은 스스로 남방군으로 옮기고 싶다고 여운형에게 중개를 의뢰해 왔다. 그때 여운형은 '의리'라는 것은 이렇게 오군이 불리할 때일수록 더 지켜야 하는 것이라며, 유리할 때는 의리를 내세우다가 불리해지자 배신하는 것은 용서할 수 없다면서 남방군으로의 알선을 거부한 일이 있었다. 오패부는 여운형의 이러한 의리있는 행동을 높이 평가하고 있었다. 또 여운형이 조직한 노병회(勞兵會)의 장교, 병사, 기술자의 양성을 오패부가 떠맡은 적도 있었다.

다나카 류키치는 여운형의 염석산, 오패부를 비롯한 중국요인과의 인연을 꼭 활용하고 싶었음에 틀림없다. 다나카는 "나는 참모장으로서 산서에 부임할 때 마음속으로 생각했다. 산서에는 십수 년 동안의 친한 벗인 소체인(蘇体仁) 씨가 성장(省長)으로 있고, 적이라고는 하지만 수년 동안 알고 지내온 염석산 씨가 군의 정면에 있다. …씨를 움직이게 한다면 조건 여하에 따라서는 국면 타개에 어느 정도 기여할 수 있을지도 모른다. 이 공작은 어쩌면 비난 공격의 표적이 될지도 모르나 나 이외에 누가 가능하랴, 설령 많은 곤란이 있어도 혼신을 다하여 해보자"14)라고 결의의 정도를 밝히고 있다. 이러한 자신감은 상당한 배후(오카와, 이타

---

13) 「여운형 조서」, 『한국공산주의운동사』 자료편 1, 267쪽.
14) 田中隆吉, 『敗困を衝く』, 16쪽.

가키, 고노에)가 있었기 때문에 가능했고, 그만큼 다나카가 여운형의 중국인맥에 거는 기대도 컸다.

아래는 이만규의 저술을 비롯한 몇몇 '전기'가 전하는 다나카와의 회담 요지이다.

다나카는 여운형에게 "중경에 가서 장개석을 설득하여 남경에 가서 왕정위를 달래어 일본의 진의를 이해시켜 달라"고 말했다. 여운형이 "일본은 어째서 영·미가 아니라 이웃나라 중국하고만 싸우는가"라고 응수하자, 다나카는 "3년 이내에 영·미와도 싸울 참이다"라고 대답했다. 여운형이 "3년 이내에 일본이 중국에서 패전하면 어떻게 할 셈인가"라고 반문하자, 다나카는 화를 내면서 "세계에 비할 데 없이 충직하고 용감한 황군이 어찌 중국에 패배하겠는가"라고 소리를 질렀다. 여운형 역시 벌컥 화를 내고 책상을 치면서 "일본군은 교만하다. '군사가 자만하면 패한다'는 속담도 있다. 구주대전에서 독일군은 분전했다. 그러나 독일군은 패했다. 중국의 초·한 전쟁에서 항우는 강했다. 그러나 항우는 패하지 않았는가. 지금 일본군은 자군의 충용만을 믿는 그 자신감은 교만으로 보인다. 나는 이것을 경고하는 것이다"라고 말하자, 다나카는 호탕하게 웃으면서 "그 속담처럼 군사가 교만하면 패한다. 우리도 그 점을 주의하고 있다"고 대답했다. 다나카는 말을 이어 다시 중경행을 권하며 "활동비로 2천 만 엔을 준비하겠다"고 했다. 여운형은 "내가 만일 2천만 엔을 가지고 조선독립운동에 써 버리면 어쩔 셈인가"라고 반론하자, 다나카는 "우리들이 하루에 사용하는 화약만 해도 2천 만 엔이다. 당신이 자유롭게 쓰고 가지고 오지 않아도 된다"라고 말했다. 여운형은 "나는 거짓말은 하지 않는다. 이런 일은 할 수 없다"며 거부했다. 마침내 여운형은 일본의 대중국 정책의 근본적 오류를 지적하고, 그러한 정책에는 중국이 타협하지 않을 것이라는 점과 왕정위의 인기가 없다는 점을 역설했다. 다나카는 흥미를 가지고 질문했지만, 결국에는 "나는 군인이다. 싸우라면 싸울 뿐이다"[15]라며 피해 버렸다.

---

15) 이만규, 『여운형투쟁사』, 150쪽.

이같은 '전기'의 기술에서는 여운형과 다나카가 서로 대립된 의견을 나눈 것으로만 되어 있다. 다나카는 여운형에 관해서는 어떤 기록도 남겨놓지 않았기 때문에 '전기'의 기술이 그대로 사실인지 어떤지는 알 수 없다. 그러나 여운형이 회담에서 지적한 일본군의 '교만', '부패', '왕정위의 인기없음'을 다나카는 현지에서 곧장 체험하게 된다. 다나카는 다음과 같이 말하고 있다. "쇼와 15년(1940년) 봄, 제1군 참모장으로서 북지나의 산서에 있을 때 그는 한 차례 나를 찾아왔다. 그리고 지나에서의 일본군의 치안공작에 대해 매우 절망적인 판단을 언급하고, 그 주요한 결함이 군대의 부패에 있다면서 일본군의 군기 이완에 분개했다."16)

인용문 속의 '그'는 다나카의 친구인데, 다나카 자신도 "일본군의 군기 이완과 재중국 일본인의 무자각적인 우월감, 지칠줄 모르는 공리적 행위"로 인해 인심이 "배반의 일로를 더듬어 가고 있음을 알게 된" 동시에, "남경에 수립된 왕정위 정권의 실력에 대한 심각한 의혹을 갖기"17)에 이르렀다고 말하고 있다.

다나카가 여운형으로부터 배운 것은 피압박자의 눈으로 전장(戰場)을 바로보는 것이었는지도 모른다. 다나카는 여운형이 지적한 '교만', '부패', '왕정위의 인기없음'을 사실로 받아들이고, 자신의 전쟁관 및 중국관을 수정했다고 해도 좋을 것이다. 다나카의 조기 '전쟁종결론'은 이 체험에 기인하고 있다.

그러면 오카와 슈메이와의 만남으로 이야기를 돌려보자.

3종의 '전기'의 또 하나의 공통점은 다나카가 여운형에게 동경에서 무엇을 하고 싶냐고 물었을 때, 여운형은 "일본을 연구해 보고 싶기 때문에 훌륭한 학자와 만나고 싶다"고 한 대답이었다. 또 그 의뢰에 대해 다나카가 주저없이 오카와 슈메이라는 이름을 대고 그 자리에서 전화연락을 하고 편지를 써주었다는 것도 공통점이다.

다나카에게 오카와는 "평생 잊을 수 없는 벗… 그의 이름은 오카와

---

16) 田中隆吉, 『裁かれる歴史』, 106쪽.
17) 田中隆吉, 『敗因を衝く』, 16쪽.

슈메이 씨"라고 할 정도로 문자 그대로 친우이며, 중국문제에 대해서도 같은 생각을 가진 동지였다. 다나카의 이러한 말을 빌려 동지관계의 일단을 소개하면 "1939년 1월 내가 병무과장에 취임한 직후이다. 오카와 씨로부터 급히 만나고 싶다는 것이었다. 만철(滿鐵) 조사국에 가니까 오사카의 니시카와(西川末吉) 씨와 참모본부의 다나하시(棚橋) 소좌가 와 있었다. 또 귀족원 의원인 세가와(瀨川彌右衛門) 씨도 왔다. 오카와 씨가 나에게 말했다. 중일전쟁의 해결은 일본의 장래를 생각하면 급히 서둘러야 한다. 그러나 육군의 우쭐해 하는 현재의 태도로는 도저히 해결이 불가능하다. 따라서 차제에 가능하다면 미국으로부터 거액의 차관을 들여와서 중국측이 항전을 단념하게 하는 수밖에 없다. …오카와 씨는 계속해서 말했다. 자네는 이타가키 씨와 좋은 사이이니 이타가키 씨와 연락해서 이 공작을 측면에서 지원해 주게. …나는 이타가키 육상이 진심으로 중일전쟁의 조속한 해결을 바라고 있다는 것을 알기 때문에 쾌히 승낙했다."18) 미국으로부터의 거액의 차관교섭은 1940년 시점에서는 "작업의 제1단계는 이미 99%가 성취되었고 다음달 중에는 실현되어 확실히 일본을 움직이는 힘으로 인정하도록 만들게 되는데, 다음의 제2단계 중국공작은 아마도 내년 3월을 전망으로 완성"19)될 것으로 여겨지고 있었다.

이와 같이 두 사람은 한쪽에서는 대중국 화평, 한쪽에서는 대미 교섭

---

18) 原田幸吉, 『大川周明博士の生涯』, 179쪽; 『田中隆吉著作集』, 33쪽.
大川의 제자 山岸敬明은 "그 당시 1941년 봄까지 大川 선생은 일본과 미국은 결코 전쟁을 하지 않을 것이라고 판단하고 있었다. 그리고 자신도 德川義親侯를 비롯한 각계의 유력자와 함께 미국측 정·재계인, 특히 국무차관 같은 사람과도 연락하여 비밀리에 대미 절충에 노력하고, 예의 범태평양통상항해주식회사의 설립에 대해서도 거의 성공의 자신감을 가지고 있었기 때문에 전쟁은 피할 수 있다고 생각했던 것이다. 이 새로운 회사는 미국자본과 일본의 기술을 합하여 중국대륙에서 면화재배 등 여러 가지 대규모 산업개발을 목적으로 하는 합병회사인데, 이러한 대구상이 실현되면 미·일 양국간에 전쟁의 필요가 없어지고 중국문제도 한꺼번에 해결될 것이라고 자부하고 있었던 것이다. 그리고 나도 이 신회사의 상해지점장에 예정되어 있었"라고 하여 회사의 인사까지도 구체화되고 있었다고 회상하고 있다(山岸敬明, 「瑞光寮寮長二年の回想」, ≪みんなみ≫ 1호).
19) 「研究所瑞光寮日錄」, 1940년 2월 8일조, ≪みんなみ≫ 5호.

에서 일본의 목숨을 걸고 중일전쟁의 종결을 꾀한 동지였다. 참고로 여운형 방일 직전의(1940년 1~2월) 오카와, 다나카, 이타가키의 긴밀한 관계를 오카와의 『일기』를 통해 재현해 보면 다음과 같다.

"표정(瓢亭)에 감. 다나카 대좌, 다케우치(竹內賀久治), 엔도(遠藤柳作)와 함께… 대취" 1940년 1월 16일
"9시부터 이타가키 군을 관저로 방문하여 11시까지 간담" 1940년 1월 2일
"저녁에 2층에서 이타가키, 다나카 등과 식사중 상황을 전해들음" 1940년 1월 8일
"이타가키 군으로부터 절강(浙江)재벌에 관한 건 잘 알았다는 편지 옴" 1940년 1월 17일
"요츠야(四谷)에서 오랜만에 경시청의 아오키(靑木) 군, 다나카 대좌와 간담" 1940년 1월 25일
"밤, 동아회(東亞會), 다나카 군을 둘러싸고 좌담" 1940년 2월 29일[20]

여기서 말하는 '좌담', '간담'이라는 것은 '공작', '운동'의 다른 말로 봐도 좋을 것이다.

그때까지 전혀 안면도 없던 오카와와 여운형, 조선의 좌익 민족주의자와 일본의 우익 민족주의자의 기묘한 만남과 동상이몽의 우정은 이러한 정치의 얽히고 설킨 인간관계 위에서 형성되었고, 다나카의 주선으로 시작되었던 것이다.

여운형이 말하는 일본연구는 역사와 문화가 아니라 최고위급의 '정치동향 탐지'였는데, 다나카는 그것을 알고 오카와를 소개했다고 생각된다. 여운형은 다나카를 호담하고 쾌활하며 도량이 넓은 무인다운 무인이라고 평가했고, 다나카 역시 오카와에게 보내는 소개장에 "조선인은 대개 저항할 줄 모르고 위력도 없는데 여운형만은 조선인답지 않은 조선인이다"라고 하여 편견에 가득찬 자신의 조선관을 수정하게 한 인물이라고 평가하고 있다. 여운형과 만나고 나서 그의 넓은 기량에 반했다고 할까, 이용하기에 충분한 인물이라는 확신을 갖는 한편, 이 이용가치가

---

20) 『大川周明日記』, 205-214쪽.

있는 인물의 뒷일을 오카와에게 부탁했다고 하는 편이 정확할지도 모른다.

여운형과 오카와는 자주 의견교환 기회를 가졌다. 두 사람은 중일전쟁은 불가하다는 점, 일본에 지도자가 없다는 점, 일본의 정치는 중앙과 현지(現地)가 통일되어 있지 않다는 점, 독선주의가 횡행하고 있다는 점, 왕정위 정권이 중국 민중에게 신뢰를 받지 못하고 있다는 점, 장개석을 상대로 하지 않는 한 이 전쟁은 끝나지 않을 것이라는 점 등에서는 의견이 일치했다. 또 오카와는 앞에서 언급한 미국으로부터의 차관, 대미협조에 의한 전쟁종결책을 확신있게 이야기했다. 여운형도 항상 다음과 같이 생각하고 있었다. 중국시장의 "일본독점은 영·미 양국이 절대로 허락하지 않는다. 일본이 독점하려 하면 양국은 반드시 협력해서 일본에 대항한다. 자본주의의 큰 요소인 ① 원료시장, ② 소비시장, ③ 투자시장 이 세 가지가 중국에 구비되어 있다. 이렇게 좋은 시장인 중국이 경제적으로 자립할 수 없으니까, 저기압이 생긴 곳으로 대기가 흘러들어가듯이 자본주의는 이 저기압 시장으로 밀려드는 것이다. 한 나라의 독점은 불가능하다. 여러 나라가 침입하는 가운데 한 나라의 독점을 제지하는 한편, 중국은 갱생의 길을 발견할 수 있을 것이다. 자본주의국인 미국이나 영국이 이 시장을 어느 한 나라의 독점으로 놔 둘리 없을 터인데, 하물며 그들이 한 수 아래로 보고 있는 일본의 독점을 절대 허용할 리 없다. 영·미는 반드시 중국의 항일운동을 통해 일본과 싸울 것이다. 미국 한 나라만으로도 일본에 대항하기 충분한데 두 나라가 대항한다면 일본은 자멸할 것"21)이라고. 참고로 여운형과 자주 의견교환을 하던 무렵(1940년 4월 18일 강연) 오카와의 중일전쟁관을 소개해 둔다.

"…일본은 왕조명(汪兆銘: 왕정위) 정권이라는 것을 수립해 전폭적인 지지를 보내고, 정부 수뇌는 이것으로 중일전쟁이 해결된 것처럼 국민들이 믿도록 하고 있으나 참으로 한심하다. 중국측은 왕정위라는 인물이 일본의 꼭둑각시라는 것을 알고 있어서, 그 전의 유신정부의 기대와 조금도 변함없이

---

21) 이만규, 『여운형투쟁사』, 139쪽.

받아들이고 있는 편이다. 또 일본 지도자들은, 장개석을 지원하는 나라가 있기 때문에 중경정부가 항일전을 계속하고 있는 것처럼 국민들이 믿게 하여, 그것을 타파하면 장개석을 굴복시킬 수 있을 것처럼 믿도록 꾸미고 있지만, 사실은 전혀 반대인 것이다. 그 전에 이미 영·미·독 등의 대사가 중경에 들어가 있었고, 그 목적은 일본과의 화평을 권유하기 위해서였지만 장개석이 그 조건을 보고 단호히 거부했던 것이다. 그는 앞으로 수년 내에 일본 국내가 붕괴할 것이므로 지금 머리를 숙여 화평을 구걸할 필요는 없다면서, 설령 외국의 원조가 없어도 단언코 항일전은 계속될 것이라고 말하고 있다. …모든 싸움은 그 상대와 교섭하지 않으면 해결되지 않는 것으로, 일본은 왕정위 정권 수립 전에 ≪大公報≫에 비친 장개석의 심정을 살펴 대응하면 간단히 해결될 일이었는데, 현재 일본에는 그럴 만한 대정치가가 없다는 것이 유감이다. …중일전쟁은 한층 더 혼돈스런 상태이고 왕 정권을 세워 기뻐하고 있는 것은 장래에 대한 예측을 하지 않고 어둠을 찾아 어둠 속으로 들어가는 것이라고 할 수 있다."22)

오카와의 강연은 여운형의 견해에 아주 가까운 것으로, 이는 두 사람이 각자의 입장을 초월하여 서로 마음을 터놓고 의견교환을 한 성과를 반영하는 것이라 할 수 있다.

오카와는 여운형과 만나면 만날수록 조선에 이런 큰 인물이 있었나 하는 놀라움이 계속되었고, 다나카와 마찬가지로 자신의 내부에 있던 차별감을 반성하게 되었다.

여운형에게는 사람을 매혹시키는 힘이 있었는데, 오카와의 제자로 여운형과 오카와와의 회의에 동석할 기회가 많았던 가노(狩野敏)는 "그가 얼마나 조선을 깊이 사랑하고 또 일본을 깊이 아는지를 깨닫고는 새삼스럽게 더욱 경복하게 되었다. 솔직히 말해 이제껏 조선인을 별로 좋아하지 않았던 나는 여 씨를 알고나서 조선인을 다시 보게 되었다"23)라고 말하고 있다.

오카와는 조선에 대해 별다른 관심을 갖고 있지 않았다. 저작도 인도

---

22) 「研究所瑞光寮日錄」, 1940년 4월 18일조, ≪みんなみ≫ 5호.
23) 狩野敏, 「呂運亨と大川先生」, ≪新勢力≫, 1968년 11월, 大川周明 特輯號, 69쪽.

와 비교한 소론이 있을 뿐이었다. 그러나 여운형과 알고 지내면서 오카와의 조선 인식에 변화가 생겼다는 것은 뒤에서도 알 수 있듯이 그의 일기에서 보듯 조선인과의 교류가 급격히 확대된 것만으로도 분명해지는데, 특히 고경흠(高景欽), 박영출(朴永出), 이상백(李相伯), 여경구(呂駉九), 신국권(申國權) 등 여운형 인맥과의 교류가 활발했다. 여운형 인맥이란 단순히 말하면 좌파 민족주의자로서, 일본의 압제하, 광기의 황민화정책하에서 소극적 저항과 적극적 조선독립 및 건국준비를 하고 있던 그룹이다.

앞에서 여운형과 오카와의 관계를 '동상이몽'이라고 했는데, 이 관계는 다음의 '아시아연맹' 구상에서 더욱 선명해진다.

오카와는 여운형의 경륜이 일본정치에서 꼭 활용되도록 하고 싶었다. 그리고 그를 이해하고 활용할 수 있는 인물은 고노에(近衛文麿)밖에 없다고 생각했다. 고노에 역시 왕정위가 말하는 중국을 잘 아는 조선인과 만나보고 싶었다. '전기'에서 말하듯이 오카와가 여운형-고노에 회담을 마련한 것은 정책을 포함한 인간관계의 자연스러운 흐름이었다.

고노에의 비서가 최초로 지정한 회견일은 3월 15일이었다. 여운형은 복통을 이유로 이 회견을 3일 연기했다. 일본 최고 정치지도자의 사상, 정견, 성격 등의 예비지식을 갖지 않고서는 회견에 임할 수 없다고 생각했기 때문이었다. 이것은 여운형에 있어서 오카와와의 친교가 다나카 인맥으로부터 우연히 이루어진 것처럼, 고노에와의 회견도 예정 밖의 일이었음을 의미하며, 여운형의 의지와는 무관하게 앞의 왕정위-고노에 회담을 시발점으로 하는 여운형 찾기, 즉 위로부터의 포섭공작의 존재를 더욱 보강하는 것이기도 하다.

여운형이 고노에와 만난 것은 3월 18일, 장소는 고노에가 자주 이용하는 동경구락부였다. 조카 여경구가 통역으로, 일본사정에 밝은 고경흠이 비서로서 동행했다.

아래는 다시 앞에서 언급한 '전기'에 보이는 회담 요지이다. 왠지 모르지만 회담에 관한 고노에측의 자료는 보이지 않는다.

중국문제에 대해 고노에는 "나에게는 정벌의 의지는 없었다. 남경함락 후에 곧 독일대사를 통해 3원칙을 제시했는데, 장개석이 거부하고 한구(漢口)로 옮겨갔기 때문에 실패했다"고 말했다.

여운형은 "중국문제는 이처럼 애매한 3원칙 성명만으로는 해결될 문제가 아니다. 중국인이 3원칙에 대해 들었을 때는 ① 선린외교는 복종외교로, ② 공동방공은 영구주둔으로, ③ 경제제휴는 시장독점으로 해석할 것이다. 일본이 진정으로 중국민족을 원조하고 선린의 길을 마음속으로 원한다면 각하가 직접 장개석을 만나 성의를 피력한다면 서로 눈물을 흘리며 이해할 수 있을지도 모른다. 독일 대사에게 의뢰했다고 하는데 독일 대사가 반드시 일본에 호의를 가진다고 확신할 수 있는가. 중국에 가서 일본의 약점을 전부 이야기하면서 중일전쟁을 지속시키지 않을 거라고 누가 보증하겠는가. 중국인과 일본인 사이의 감정 충돌과 오해는 '성명' 하나로, 또 구미인의 중개로 풀 수 있을 정도로 간단한 것이 아니다"라고 말했다. 고노에가 왕정위의 인물됨을 칭찬했을 때, 여운형은 "왕정위는 개인적으로는 좋은 인물이다. 그러나 지금 중국민중과는 멀리 떨어진 사람이 되었다. 중국의 곤란을 타개하고 수습할 힘은 전혀 없다"고 단언했다. 고노에는 "나도 불안을 느끼고 있지만 달리 좋은 방법이 없다"고 대답하고, 또 "중일사변은 양국의 불행이다. 하루 빨리 화평을 희망한다. 선생이 친히 중국에 가서 외교공작을 해 주기를 간절히 바란다"고 했다.

여운형은 "나는 중국을 떠난 지 이미 오래다. 그 사이 정세는 크게 변했다. 일찍이 나는 장개석 총통과 친한 사이였지만 그때는 그가 나를 조선의 독립지사로 대우해 주었기 때문인데, 그런 내가 지금 일본의 특사로 간다면 그가 나를 어떻게 대접해줄지 모른다. 지금 내가 중국에 간다 해도 특별한 효과는 없을 것이라고 생각한다. 진심으로 일본이 중국과의 화평을 희망한다면 각하가 직접 장개석 총통과 만나보는 것이 가장 좋은 방법이라고 생각한다. 영국의 체임벌린이 몇 차례나 독일로 가서 히틀러를 방문했다고 해서 그의 체면이 깎인 것은 아니다. 각하가 친히 가시는 것은 개인적으로든 국가적으로든 아무런 손실도 없다. 오히려 대국의 도량을 보여주어 효과가 클 것이라고 생각한다"고 말했다.

고노에가 "나는 지금 총리도 아니고 책임자도 아니므로 다른 날 기회가 있으면 다시 선생과 의논합시다"24)라고 말해 회담은 끝났다.

이상은 이만규의 『투쟁사』에 실려 있는 회담 요지로, 남경함락 후에 3원칙을 제시했다는 등 사실관계에 다소 혼란이 있고 정확함이 좀 떨어지는 부분도 있는데, 여운형의 발언은 고노에의 중국정책이 이른바 '통수(統帥)와 국무(國務)' 사이에서 동요하고 있고 제3국의 중개에 대해 '국민정부는 상대하지 않는다'고 말하거나 우가키 외상의 공작에 반대하는 군부의 압력에 끝없이 후퇴하거나, 왕정위 끌어내기 공작에 맞춰 고노에 3원칙을 낸 것인가 하고 생각하면, 내각을 팽개치는 우유부단책에 대한 엄한 비판이었다. 결연히 고노에 스스로 국민여론을 후원하며 군부를 누르고 상대에게 달려들 각오를 촉구한, 문자 그대로 '의견제시'와 같은 것이었다.

심복인 가자미(風見章)는 이 당시 고노에의 심경을 "사변에 대한 책임을 피하려 한다든지 하는 일은 꿈에도 생각지 않았다. 때문에 다행히 왕정위 씨의 주선에 의해 화평교섭이 이루어진다면 몸소 나서서라도 중경에까지 들어가겠다고까지 굳게 결심하고 있었던 것이다. 이것은 내가 직접 그에게 들은 것으로, 그때 나도 기뻐서 동행하겠다고 약속했다"25)고 말하고 있다. 고노에의 중경행 '각오'에는 여운형의 영향이 있었는지도 모른다.

이상, 몇몇 장면에서 여운형의 대중국 화평 '진언'을 검토했는데, 특기할 만한 것은 '진언'의 어느 하나에서도 중경 국민정부를 비방·중상한다거나 불이익을 초래하는 언동이 없었고, 거꾸로 일본측의 의도나 기대에 반대하여 왕정위 정권을 대담하게 비판하고 일본군부를 기탄없이 경고했다는 점이다. 일부에서 여운형을 친일 브레인이라고 몰아세우는 것은 틀림없이 사실과 다른 것이다.

고노에와의 회견 4일 후, 여운형은 전 조선총독 우가키를 방문한다.

---

24) 이만규, 『여운형투쟁사』, 153쪽.
25) 風見章, 『近衛內閣』, 188쪽.

민족지 폐간 반대를 진정(陳情)하려고 방일한 송진우(宋鎭禹)도 동행했다. 우가키로부터 면담요청이 있었기 때문이다. 우가키로서는 고노에 내각의 외상으로서 혼신을 건 화평교섭이 군부의 반대로 무너지자, 내각 안에서 우가키를 옹호하려는 배려조차 보여주지 않은 고노에와 여운형의 회견에 관심이 쏠렸던 것으로 생각된다.

'전기'에서 말하는 회담 내용은 온통 우가키의 화평공작 실패담으로 일관하며, "고노에 공이 한 번 출마할지도 모르나 그때는 민족적 감정을 잠시 배제하고 협력해 준다면 양 민족 모두에게 다행한 일이 아니겠는가"로 끝나고 있다. 하지만 우가키는 여운형과 고노에의 회담내용 일부를 일기에 써 두고 있다.

"여운형 씨는 자기가 중국에 있던 20여 년의 경험에 의하면 왕조명 씨로는 어떤 큰 일도 불가능하다. 역시 가장 유력한 장개석 씨를 상대로 시국을 수습하는 것이 현명하다고 생각한다. 이 일은 고노에 추상에게도 진언했다. 그쪽에 의해 불려왔지만 지금 상태로는 아무것도 할 수 없다는 것을 인정하기 때문에 조용히 지켜보고 있다. 시국을 수습하기 위해서는 각하의 출마가 필요하다. 이런 경우에는 온 힘을 다해 견마지로를 다해야 한다고 했다. 결국 시국의 수습은 일본인 단독으로 이룰 수 있는 성질의 것이 아니라, 조선인은 물론 만주인, 중국인까지 총동원해서 이루어야 할 성질의 것이라는 생각이 끊이지 않는다는 취지를 이야기했다(3월 23일)."26)

'전기'에서 보이는 여운형-고노에 회담의 전모가 일방적으로 쓰여진 것이 아님을 잘 알 수 있다. 여운형은 그 후 도이하라(土肥原賢二)와도

---

26) 송진우 씨가 여운형과 동행했던 데는 다른 목적이 있었다. 송진우는 총독부의 동아일보, 조선일보 폐간 조치에 대해 일본의 조선관계 유력자인 丸山鶴吉, 宇垣一成, 關屋貞三郎에게 협력을 요청하기 위해서였다. 여운형은 이 당시 총독부의 황민화정책에 대해 "강압을 가지고 외형을 급히 정비하려는 경향으로서 대체로 영합 따위를 제외하고는 불유쾌, 압박감만 현저해졌는데, 그 예로 학교에서의 조선어 금지, 성명의 변경, 誓詞를 勅語와 병용, 안창호·윤치호 일파에 대한 압박, 매일신보 이외의 조선어 신문 금지 등을 들 수 있다"고 솔직히 비판하고 있다. 비판을 들은 宇垣은 "1917~18년경의 공기를 방불케 한다"고 기술하고 있다. 『宇垣一成日記』 제3권, 1940년 3월 22일조.

만났는데, 회견 내용은 전혀 알 수 없다.

앞에서 여운형과 오카와의 만남에 대해 박갑동, 김을한, 이만규의 '전기'에서 보이는 세 가지 설이 있다고 했는데, 앞의 두 가지 설은 서로 대립하는 것이 아니라 보완하는 관계이다. 일본 당국에 '조선의 여운형'이라는 존재를 일러준 것은 왕정위이다. 그리고 여운형의 경력을 알고 그를 이용할 것을 가장 먼저 생각한 것은 이타가키, 다나카, 오카와 라인이었다. 이만규 외의 '전기'의 설도 기타, 다나카, 오카와로 이어지는 인맥과의 접점을 거꾸로 왕정위-고노에 회담에서부터 시작했을 때, 앞의 두 사람의 설과 모순되기는커녕 각각의 시점에서 각자에게 부여된 임무, 대중국 화평공작과 여운형 출마공작은 이미 서술한 바와 같이 부합하고 있다. 다른 말로 하면 왕정위가 화제에 올린 여운형이라는 존재를 이타가키, 다나카, 오카와 등 화평공작파가 알게 되어, 그 경력이나 인품을 기타, 다나카, 오카와가 단계적으로 음미하고 시험하는 과정에서 역으로 최고위급의 고노에에게까지 영향을 준 것이다.

김을한 씨의 설은 뒤에서 다룰 다나카, 오카와와 여운형의 관계 심화, 즉 오카와의 조선여행(1940년 8월 11일) 및 여운형과의 회견, 오카와의 귀국 인사와 여운형이 오카와 앞으로 보낸 답신, 오카와의 밀사 가노(狩野敏)의 여운형 방문 등으로 관계가 깊어짐과 동시에, 보호관찰하에 있는 여운형의 신분을 정치적으로 처리하려고 했던 다음의 단계와 중복되고 있는 것이다.

앞에서 언급한 여운형-고노에 회담에서 여운형의 의견에 대해 고노에는 "나는 지금 총리도 아니고 책임자도 아니다. 다른 날 기회가 온다면 다시 선생과 의논하겠다"고 회답을 피했는데, 고노에의 재등장은 의외로 빨랐다. 1940년 7월, 요나이(米內) 내각은 하타(畑) 육군대신의 반란으로 무너지고 고노에가 다시 수상으로 지명되어 제2차 고노에 내각이 성립했다. 고노에는 구미를 석권하는 나치스 독일과 제휴해서 미국을 견제하는 한편, 소련과 손을 잡고 남방의 영국, 프랑스, 네덜란드의 식민지를 손에 넣어, 영·미의 '장개석 지원 루트'를 끊는 정책을 추진하려고 했다. 외상 마츠오카(松岡洋右)는 그러한 외교정책의 추진역으로서, 독일 중시의 외교로 전환했다. 고노에는 7월 19일 내각의 중심 인물을 적외장(荻外莊)으로 초대해서 회담을 했다. 흔히 말하는 적외장 회담이다. 출석자는 외상 마츠오카, 육상 도죠(東條英機), 해상 요시다(吉田善吾)였다. 의제는 일본, 독일, 이탈리아 3국동맹의 체결과 그 시기 및 방법이었다.

마츠오카는 외상 취임에 즈음하여 "3국동맹은 물론 새로운 정책으로서 중요하지만, 현하의 중요문제로서 중일전쟁의 해결이라는 긴요한 문제가 있습니다. 이것을 조기에 해결하려는 움직임이 있었음에도 불구하고 이제까지 끌어온 것은 현지와 중앙의 일체화가 불충분했기 때문이라고 생각합니다. 현지가 중앙의 의도대로 행동했다면 조기에 정리되었을 문제를 현지에서 단독으로 했기 때문에 사변이 확대되었다고 하는 지적도 있습니다. 따라서 3국 군사동맹이라는 중대한 시기에 돌입함에 맞춰, 외교에 있어서는 중앙에 모든 것을 일원화하고 통제한다는 조건하에 입각하려고 생각합니다"라고 말하고, 다음과 같이 자신이 취할 외교원안을 제시했다.

  1. 중일전쟁의 처리와 세계신정세에 대응해야 할 우리측의 시책
    1) 전시경제의 확립·강화를 내외정책의 근간으로 한다. 이를 위해 군에서 절대 필요한 사항을 제외한 일체를 정부에서 일원화하여 장악한다.
    2) 세계정세의 급변에 대응하여 조속히 동아신질서를 건설하기 위해 일·독·이 추축(樞軸)의 강화를 도모하고, 동서 상호간에 대응하여 중요정책을 수행한다. 추축 강화의 방법 및 그 실현 시기에 대해서는 세계정세에 맞춰 기선을 잃지 않도록 한다.
    3) 대소련 관계는 소련과 일본·만주·몽고간의 국경불가침협정(유효 5~10년)을 체결하고, 이 유효기간 내에 대소련 불패의 군비를 충실히 한다.
    4) 동아에서 영국, 프랑스, 네덜란드의 식민지를 동아신질서 속에 포함시키는 처리를 수행한다.
    5) 미국에 대해서는 쓸데없는 충돌을 피하지만, 동아신질서 건설에 있어서는 단호히 그 실력 간섭을 배제해야 한다.

2. 중일전쟁 처리
1) 장개석을 지원하는 여러 세력의 차단에 중점을 둔다.
2) 남경정부를 지원하고 중경정부가 화평을 요구해 올 때는 다음과 같은 점에 대해 우리쪽의 요구를 수락시킨다.
① 동아 공동방위의 실현
② 동아 경제권의 확립
③ 전쟁을 재발하지 않는다는 보증
④ 공산주의 배격

위의 원안에 자주 등장하는 동아신질서는 1938년 11월 고노에의 '일·만·중 3국의 선린우호, 공동방공, 경제제휴'의 3원칙을 유럽정세에 맞춰 아시아의 프랑스, 영국, 네덜란드 제국의 식민지에까지 확대, 아시아 민족의 연합동맹권을 조직하고, 일본이 그 위에 서는, 이른바 대동아공영권 구상이기도 했다. 1940년 7월 26일 각의에서 결정한「기본국책요강」은 다음과 같다.

"황국의 방침은 팔굉(八紘)을 일우(一宇)로 하는 조국(肇國)의 대(大)정신에 기초하여 세계평화의 확립을 가져오는 것을 근본으로 하고, 우선 황국을 핵심으로 일·만·중의 강고한 결합을 근간으로 하는 대동아의 신질서를 건설하는 데 있다".

이렇게 해서 마츠오카는 고노에 내각의 외교방침을 '남방을 포함하는 대동아공영권의 건설'에 둔다고 분명히 말했다.

고노에 내각의 '동아신질서 구상'은 유럽으로부터의 '아시아 해방운동의 일본 대표를 자부하는' 오카와에게는 수년 전부터의 포부를 묻는 절호의 기회였다. 오카와는 자신이 주재하던 잡지 ≪신아세아≫ 주최의 좌담회를 열었다. 일시는 1940년 7월 9일, 주제는 '대전의 전도와 아시아의 장래를 말한다'였다. 출석자는 이시하라(石原廣一郎), 가지(嘉治隆一), 다카오카(高岡大輔), 이마이(今井登志喜), 다이라(平貞藏), 고사(匜瑳胤次), 오카와(大川周明) 등 10명이었다.

그들의 일치된 견해는 지금이야말로 '아시아 부흥'의 적기라는 점이다. 일본은 남방의 여러 나라를 포함한 '동아연맹'을 형성하지 않으면 안된다. 그러기 위해서는 중일전쟁의 조속한 종결과 독일 협조 외교가 불가결하다는 것이었다.

오카와의 발언요지는 "일본은 프랑스, 네덜란드, 영국의 영토를 우리의 생활권으로 끌어들일 궁리를 하지 않으면 안된다", "아시아 국가들은 저마다 각각의 입장이 있고, 이해를 달리하고 있다", "평등의 입장에서 동아연맹이 이루어지리라고는 절대 생각할 수 없다", "누군가가 지도해야 한다. 중심세력이 누구냐 하면 바로 일본이다", "일본이 일어나느냐 아니냐에 따라 정세가 완전히 바뀐다"27)는 것이었다.

그러나 남방진출과 '동아연맹'의 결성을 강하게 주장했던 오카와의 불안은 중국과의 진흙탕 전쟁을 계속하는 일본을 아시아의 민족들이 어떻게 볼 것인가, 그리고 일본은 항상 아시아 속에 존재한다고 하더라도 과연 아시아를 그 내부로부터 이해하려 하고 있는가 하는 의문이었다.

그 때문에 오카와는 1938년 동아경제조사국 부속 연구소, 이른바 오카와숙(大川塾)인 '서광료(瑞光寮)'를 설립하고, "남아시아 땅에 거목이 될" 청년, 즉 "일본의 눈, 귀, 손발이 됨과 동시에 일본인으로서 일본의 진면모를 남방민족에게 알려주어야 할 혼의 실천자"28)가 될 청년을 양성하고 있었다. 말하자면 아시아를 향한 밑으로부터의 풀뿌리 내리기를 노리고 있었던 것이다. 그의 사숙 제1기 졸업생이 동아신질서 정책의 전개와 궤를 같이하여 1940년에 남방으로 부임하기 시작하고 있었다. 오카와의 두번째 두려움은 숙생들의 실천이 단순히 이권에 파묻히거나, 또는 일본군이나 외무성의 허드렛일을 하는 스파이로 전락하는 것이었다.

오카와는 일본은 남방에서 단지 자원만을 구하는 것이 아니라, 일본의 남진은 구미제국의 속박에서 벗어나려는 인도, 버마, 타이, 베트남, 말레이지아, 인도네시아, 필리핀 등의 민족독립운동에 대한 협력·지원이라는 로망과 '이상'을 갖는 '아시아연맹'의 결성과, 나아가 남방 여러 민족들에게 일본의 '진면모'를 주지시키지 않으면 안되는 그런 것이었다.

---

27) ≪新亞細亞≫, 1940년 8월호, 122-145쪽.
28) 「硏究所瑞光寮日錄」, 1940년 4월 25일조, ≪みんなみ≫ 6호.

그리고 자신이 직접 양성한 숙생들 사에에서만 그 '진면모'가 있다고 생각하고 있었다. 오카와는 자신의 신념과 '이상'의 실현을 위해 오카와숙을 최대한 활용했다. 다나카(田中隆吉), 마츠오카(松岡洋右), 오하시(大橋忠一), 도쿠가와(德川義親), 마츠이(松井石根), 이타가키(板垣征四郎), 가네코(金子定一) 등 국내의 쟁쟁한 인물을 비롯하여 인도의 망명지사 A. M. 사아파이(국민회의파 일본대표), 라스·비하리·보스(인도 국민군 의장), 베트남의 쿠옹·데(왕족, 일본명 南一雄) 등을 사숙 주위로 결집, 동지를 규합하고 있었다. 오카와와 여운형의 재접촉도 오카와의 동지 규합의 일환이었다.

오카와는 1940년 8월 조선 강연 여행을 떠났다.(이기형의 『몽양 여운형』은 오카와의 조선방문을 여운형의 초청으로 보고 있다.) 공식적인 주최는 경성일보사, 후원은 국민정신총동원 조선연맹, 국민정신총동원 경성연맹이었다. 주제는 '일본적 이상'으로, 미나미(南) 총독의 통치 슬로건인 '황도선양(皇道宣揚), 국체명징(國體明徵)' 사상의 보급, 국민적 사명의 각성을 꾀하는 내용이었는데, 기획자는 학무국장 시오바라(塩原時三郎)였다.

그러나 오카와의 이 조선 강연 여행에는 의문점이 많다. 오카와의 동경 출발은 8월 9일, 동경으로 돌아온 것은 같은 달 22일이다. 항공기편이었는지 배편이었는지는 확실치 않으나, 시모노세키, 부산 경유라면 오카와는 늦어도 8월 11일에 조선의 어딘가에 있어야만 했다.

오카와는 8월 16일부로 황해도 연백군 은천면에 있는 백천(白川)온천에서 친구 히다(肥田春充) 앞으로 "소생은 9일 동경을 출발하여 조선에 와서 강연을 했습니다. 감기에 걸렸는데도 매일 6시간씩 많은 이야기를 나누며 시간을 보낸 탓에 기침이 멈추지 않아, 오늘은 백천이라는 온천에서 하루 휴양중입니다. 내일밤은 경성, 그 다음날은 대구에서 강연회가 있고 23일에는 동경으로 돌아갈 예정입니다"[29]라고 8월 9일 출발 후

---

29) 1940년 8월 16일부 大川周明, 『肥田春充宛書簡』, 大川周明顯彰會 宮田確三氏 提供.

16일까지의 움직임과 그 후 일정을 써보내고 있다. 오카와는 적어도 8월 11일 이후 조선의 어딘가에서 누군가를 상대로 '매일 6시간'의 피로할 정도로 많은 이야기를 했다고 하는데 그것이 어디인지 전혀 알 수 없다. 알 수 있는 것은 16일 숙박하고 있던 곳이 "해주선 개통으로 경성에 가까운 온천으로서" 무리를 계속한 오카와가 휴양하기 좋은 백천온천이라는 사실뿐이었다.

오카와의 강연회 개최를 예고하는 ≪경성일보≫의 첫 기사는 8월 17일자로, "황도사상의 앙양, 오카와 박사의 강연, 드디어 오늘밤 공회당에서"라는 제목 아래 "신체제하의 황국을 짊어질 국민의 새로운 결의를 일깨우는 대열변" "꼭 청강하시기를"30)라고 안내되어 있다. 이어서 8월 18일자에 오카와는 "만주 강연 여행에서 돌아오던 중 황해도 해주에 머물고 있었는데, 본사 및 정동(精動)조선연맹의 청을 들어주어 17일 오후 7시부터 경성 하세가와쬬(長谷川町) 공회당에서 대강연회를 갖게 되었다"라고 쓰고, 오카와의 약력도 언급하고 있다. 이렇게 해서 오카와는 스스로 '내일밤은 경성'이라고 말한 17일 오후 1시 50분 해주를 경유해 경성역에 도착했다. 해주 경유라는 것은 백천온천에서 조선철도 황해선을 이용했음을 의미하는데, 경성에 들어와 환영집회에서 그 큰 키와 비쩍 마른 모습을 보였다. 오카와는 곧바로 조선신궁을 참배하고, 그 후 하세가와쬬 소재 비젠야(備前屋) 여관에 투숙, 총독관저와 군사령관 관저를 방문하고 오후 7시부터 강연에 임하고 있다. 즉 17일을 시작으로 '쇼와유신(昭和維新)의 이론적 지도자'의 조선에서의 공식 일정이 이루어진 것이다. '시대의 총아' 오카와는 이날 초만원의 청중과 푹푹 찌는 더위 속에서 때때로 팔을 흔들어 올리며 논지를 펼쳤다. "일본은 바야흐로 국제 신정세의 한가운데 서 있다. 지금 국민이 자각하지 않으면 망국의 백성이 되는 것이다. 대독일의 전승을 보라. 일본은 아시아공영권의 독일이 되지 않으면 안된다. 독일의 기계문명을 그대로 일본에 옮겨놓을 수는 없다. 일본에는 일본적 환경이 있고, 전통이 있고, 정신이 있는 것

---

30) ≪경성일보≫, 1940년 8월 17일자.

이다. 여기에서 일본적 이상이 싹트지 않으면 안된다"31)로 이어지는 강연은 '대성황리에' 오후 9시가 넘어서 끝났다고 한다.

　오카와는 그 후 18일 오후 2시 42분 경성발 급행편으로 대구로 출발하여32) 19일 오후 6시 대구 공회당에서 같은 제목의 강연을 했는데, 그의 "검은 로이드안경 속에서 타오르는 눈빛, 저음이면서 침착하게 흐르는 목소리의 강연"은 청중들에게 "감명을 주었다"고 한다. 조선 강연이라고는 하지만 오카와의 공개강연은 경성, 대구 두 곳뿐이다. 대구에 견줄 만한 평양, 함흥, 부산 등의 도시에서는 없었다. 대구 강연을 끝낸 오카와는 20일 밤 11시 30분 부산발 관부(關釜)연락선에 승선, 21일 오전 9시 25분 시모노세키발 동경행33) 급행에 승차하여, 예정보다 하루 빠른 22일 오전 7시 30분 동경에 도착했다. 약 2주간의 오카와의 강연 여행은 17일 이후의 동정은 아주 명확한 데에 비해, 전반 16일까지의 행적은 불확실하여 성격이 다른 별도의 '공작'이나 '강연'이 있었다고 생각된다.

　앞의 ≪경성일보≫에 의하면 불명확한 날들의 '매일 6시간의 변'은 '만주'에서의 강연이었다고 할 수 있다. 그러나 당시 '만주'의 주요 일어신문에는 오카와의 동정을 전하는 기사는 한 줄도 없다. 그 무렵 '만주'에는 이시이(石井漠) 무용단의 공연이나 기쿠치(菊池寬) 일행의 문예강연회가 있어 그 동정의 일부가 계속 보도되는 것에 비해, 오카와의 동정이 묵살된 것은 이상한 취급이다. 기사만 추적해 보면 이때 오카와가 '만주' 강연을 한 흔적은 없다. 오카와 자신도 '조선에 가서 강연을 했다'고 말하고, 「瑞光寮日錄」에도 '8월 12일(日) 오카와 소장 도선(渡鮮)'34)이라고 쓰여 있지만 '도만(渡滿)'이란 글자는 한 자도 없다.

　그러면 왜 ≪경성일보≫는 가지도 않은 "만주 강연 여행에서 돌아오던 중에 황해도 해주에 체재" 등을 기사로 쓴 것일까? 또 8월 11일에서 16일까지 5일간 어디에서 누구를 상대로 무슨 이야기를 한 것일까?

---
　31) ≪경성일보≫, 1940년 8월 18일자.
　32) ≪경성일보≫, 1940년 8월 19일자.
　33) 『大阪每日新聞』1940년 8월 21일호. "大川周明씨 下關發 9시 25분 급행에 승차"라고 되어 있지만, 이 열차는 다음날 오전 7시 30분 동경역에 도착이다.
　34) 「研究所瑞光寮日錄」, 1940년 8월 12일조, ≪みんなみ≫ 7호.

생각해 볼 수 있는 것은 오카와가 그 동정의 공개 보도를 바라지 않았던 '조선군'이나 '정동(精動) 조선연맹' 간부, 친일파 무리를 대상으로 비밀강연을 했다는 것, 또 하나는 이미 서술한 오카와가 자신의 남진 구상의 구체화를 위해 동지를 규합하고자 은밀행동을 했다는 것이다. 오카와의 조선 강연 기획자가 시오바라(塩原時三郎)였다는 것은 이미 언급했다. 시오바라는 미나미 총독의 브레인으로, 각광받는 황민화정책의 중심인물이자 당시의 권력자였다. 그런 그가 '황도선양' '국체명징' 사상의 보급을 위해 오카와를 초청했다고 한다면, 딱 2회뿐인 강연회는 그 목적에 맞지 않는다고 할 수 있다.

주최측인 경성일보사가 가지도 않은 '만주' 강연을 날조하면서까지 오카와의 동정을 고의로 숨긴 점, 동정이 공개된 8월 17일 남대문역에서 오카와를 출영한 사람이 시오바라였다는 점은 오카와의 행적을 아는 데에 시사적이다. 황도주의자 시오바라는 한편으로 대단한 남진론자였다. '구미의 침략에 대한 아시아 해방은 일본의 책무다'라는 지론을 가지고, 그 정책의 실행수단으로서 스스로 향상숙(向上塾), 흥동학사(興東學舍)를 운영하며 숙생을 양성해 아시아 여러 지역에 파견하는 등 미니 오카와 같은 존재였다.35) 말하자면 두 사람은 마음이 맞는 남진론의 동지였다. 시오바라의 초대에 오카와가 응한 것은 남진의 호기를 어떻게 살릴지와 조선에서의 동지 규합을 겸한 강연 여행이며, 전반 일정은 규합 공작의 일정으로 한다는 양해가 있었기 때문이다. ≪경성일보≫는 협력자였다. 조선에는 이미 '조선인 명사'까지 멤버로 하는 대아세아협회 지부가 있고, 유명한 가네코(金子定一) 소장이나 정동(精動)의 고문인 가와기시(川岸文一郞) 중장 등 규합해야 할 동지가 많았다. 뒤에 언급하겠지만 오카와가, 남진 일본이 아시아의 마음을 사로잡는 것을 이상으로 여겨, 그것을 위해 비일본민족인 '일본인' 여운형의 협력을 필요로 한 마당에, 이들 조선 요로와의 협의 또한 불가결했고 비밀도 보장되어야만 했다.

---

35) 岡崎茂樹, 『時代を作る男 塩原時三郎』, 55-58쪽.

오카와는 시오바라 등 몇몇 동지에게 '포부'와 '이상'을 말하고, 시오바라는 오카와의 조선 체재에 모든 편의를 제공했다고 생각된다.36) 오카와가 여운형과 재회한 것은 이러한 남진 은밀공작의 일환이었다. 시오바라, 가와기시 등을 개입시킨 총독부의 지지와 양해 없이 보호관찰하의 여운형이 오카와와 만날 이유도 없었기 때문이다. 오카와와 여운형의 재회 장소는 앞서 말한 연백의 백천온천으로, 날짜는 8월 16일이었다.

단독회견은 아니었던 여운형은 "여러 친구들도 그분을 뵈었다"라고 말하고 있다. 누가 동행했는지는 알 수 없다. 별도로 여명구(呂明九) 씨와 여운형이 오카와를 온양온천(충청남도 천안 교외)에 초대하여 간담했다고37)(1991년 8월 26일 필자 청취) 하는데 일시는 알 수 없다. 회담이 며칠동안 계속되었는지, 백천온천과 혼동하고 있는지도 불확실하다.

두 사람은 숙소를 같이 쓰면서 재회를 기뻐했다. 1886년 생의 동갑으로 둘 다 한학에 소양이 있고 기독교에 관심이 있었으므로 화제가 끊이지 않았다고 생각된다. 최고의 관심사는 제2차 고노에 내각의 출현, 3월 이래 현안이었던 중일전쟁의 종결, 일본의 남진 등이었다. 오카와는 특히 구주정세의 급변과 일본의 취해야 할 행동, 남진정책을 위해 여운형의 전면적인 협력을 요청했다. 그러면 오카와가 여운형에게 기대했던 역할은 무엇일까?

오카와의 여운형 공작에서 중대한 역할을 한 사람은 오카와의 문하생인 가노(狩野敏)였다. 가노는 만철 동아경제조사국을 거쳐 흥아국 근무, 대정익찬회 부장, 척식대학 이사장이 된 인물로서, 그 경력이 보여주듯이 오카와를 본보기로 삼아 배우고 있었는데, 그는 오카와의 기대를 다음과 같이 정리하고 있다.

---

36) 塩原와의 관계를 시사하는 것으로서 大川日記에 "塩原군(조선), 여운형군에게 전화하다. 無事하다고 알리러 온, 南一雄군(쿠옹 데: 필자) 來賀"라고 되어 있다. 『大川周明日記』 1942년 1월 7일. 그런데 무엇 때문에 大川에게 無事를 알리러 와야만 했는지는 알 수 없지만, 塩原時三郎, 여운형이 행동을 같이했던 것은 분명하다.

37) 1991년 8월 26일 필자의 聽書에 의함.

"오카와 박사처럼 아시아의 부흥을 생애의 비장한 소원으로 삼고, 아시아 민족을 세계 막부로부터의 해방을 외쳐온 사람에게 중일전쟁의 혼미는 몇 배나 더 고통스러운 것이었다". 때마침 구주정세가 격변하고 있을 때 "일본을 중심으로 아시아의 여러 나라가 단결하여 추진해 나간다면 새로운 세계사의 창조도 기대할 수 있는데", "중일전쟁 혼미의 여파가 동아 전역에 파급되어 동요를 일으키고 민심이 나날이 일본으로부터 멀어져 일본을 배반하고 있다", "지금과 같이 민심이 흩어지고 무너져서는 아시아 해방은 영원히 희망을 잃게 될 것이다", "박사는 어떻게 이것을 저지할까를 생각했다", "조속히 일본의 진의를 전해, 그 오해를 풀 방책을 구체적으로 취하지 않으면 안되는데, 중일간의 상태를 이대로 두고 과연 무엇을 구실삼아 누구를 통해 이것을 이룰까. 이것은 연목구어와 같이 어려운 문제였다. 일본인이 아무리 진정을 토로한다 할지라도 이미 기회를 놓쳐 버린 지금 일본을 가장 잘 알고 있는 비일본인을 이용하여 이것을 담당시킬 수 있다면 그 신빙성은 높아질 것이고 효과는 100%일 것이다."38)

말하자면 남방아시아의 신뢰를 얻기 위해 여운형에게 한 팔을 걷어부쳐 달라는 것이다. 일본제국주의의 떳떳하지 못한 점을 감추기 위해서는 일본 식민지인의 설득이 가장 효과적이고, 여운형으로 대표되는 조선의 참가로 아시아 부흥의 이상, 즉 '아시아연맹'이 실현될 수 있다는 것이다.

여운형은 오카와가 말하는 '아시아연맹' 구상을 받쳐줄 의향이 전혀 없었던 것은 아니다. 여운형은 중국의 손문이 1924년 고베에서 "우리는 전세계 피압박민족과 제휴해서 패도(覇道) 문화에 선 열강에 저항하고

---

38) 狩野敏,「呂運亨と大川先生」(≪新勢力≫, 大川周明 특집호, 1958년 11월).
大川周明은 아세아의 興廢라는 제목으로 다음과 같이 설명하고 있다. "만약 중일 양국이 아세아의 大義를 내걸고 이 대기회에 편승한다면 아세아의 여러 나라는 하루 아침에 그 식민지 또는 반식민지적 상태를 탈출하여 적어도 인도 以東에 독자의 생활과 이상을 누리는 '아세아'의 출현을 볼 수 있을 것이다.
그런데 현실은 전혀 이러한 희망과 배치되고 있다. 장개석은 그 본질에서 '아세아의 적인 英·米·露와 서로 결탁하여 끝까지 항전을 지속하려 하고, 중국민족의 다수 역시 날로 그 반일감정을 격화시키고 있다. 그래서 일본은 아군이어야 할 중국과 싸우면서 동시에 아세아의 적과 싸워야만 할 상황이다. 실로 이 큰 과업의 成否는 아세아의 흥폐를 결정하는 것이다."(≪新亞細亞≫, 1941년 12월호, 권두언)

자 한다", "일본은 세계문화에 대해 서방 패도의 하수인 노릇을 하려는가, 아니면 동방 왕도(王道)의 간성(干城)이 되기를 희망하는가"39)라는 일본제국주의에 대한 격한 비판을 담은 아시아주의의 제창에 공감하고 있었다.

손문은 서양의 패도문화와 동양의 왕도문화를 비교하여 무력으로 타자를 압박하는 강권(强權)의 문화를 패도라 하고, 타자를 인덕(仁德)으로 융합하는 문화를 왕도문화라 하여, 양자의 비교를 통해 동양 왕도문화의 우월성을 말하고, 이 왕도문화가 대아시아주의의 기초라고 강조했다. 그러면서 한편으로 "일본인은 아시아인이 아니다. …우리 아시아를 침략하는 자가 어떻게 아시아인일 수 있는가"40)라고 말하며, 시모노세키 조약의 취소, 조선병합의 부정 위에서 일본의 조선정책을 엄하게 비판하면서 조선민족의 독립을 지지하고 있었다. 조선민족이 투쟁으로써 일본제국주의의 질곡을 박차고 독립을 쟁취하는 것이 손문의 조선독립 승인의 호소에 답하는 길이라고 생각한 여운형은 손문의 '대아시아주의'의 충실한 실천자였다.

상해 시절인 1925년 7월, 그는 상해에서 인도, 안남 및 조선의 독립, 그리고 중국의 혁명에 대해 상호 원조하는 목적을 가진 피압박민족연합회를 발기하고 있었다. 이 7월의 호소에는 인도, 안남의 대표는 참가하지 않고 조선인, 중국인만의 집회가 되어 종래의 '중한호조회(中韓互助會)'를 강화하는 것으로 끝났는데,41) 여운형은 그 후에도 이 구상을 실현하고자 했다.

1929년 5월에는 근무하던 복단대학 축구팀을 인솔하여 남방 여러 나라를 순회했다. 복단대학은 남방 화교계 재단에 의해 경영되는 대학으로 화교출신 학생이 많았다. 축구팀의 원정 명목은 학생의 고향방문 친선경기였는데, 사실 여운형은 국민당의 왕정위와 연락하여 남양 국민당 지부

---

39) 神戶商業會議所·大阪朝日新聞 主催, '孫文講演會'「大アジア主義」の結語, 陳德仁·安井三吉, 『孫文講演大アジア主義』 자료집 수록.
40) 陳德仁·安井三吉, 앞의 책, 21-22쪽.
41) 「여운형조서」, 『한국공산주의운동사』 자료편 1, 236쪽.

및 남양 민족들의 유력자와 연락하여 극동피압박민족대회를 광동에서 개최할 셈으로 말레이지아, 자바, 수마트라, 필리핀 각지를 차례로 방문했던 것이다.

싱가포르에서는 화교 환영회에서 영국제국주의 타도를 부르짖어 추방처분을 받았다. 필리핀에서는 ≪라 오피니언≫지 주간인 도밍고 폰세, 노동운동 지도자인 에빈 리스타 등과 만나, 그들이 중심이 되어 남방 국가들의 민족지도자와 연락해 혁명가대회를 개최하기로 하고, 여운형은 중국과 조선의 대표 참가 책임을 지겠다고 약속했다.

또 오랫동안 알고 지내던 미국 정부기관지 ≪필리핀 프레스≫의 기자 나바츠토와 만나, 그가 주선한 신문기자, 종교단체, 노동단체, 사법단체 등 30여 명의 환영회에서, 여운형은 "모든 아시아 피압박민족은 각자의 민족해방운동을 위해 굳게 단결하여 공동투쟁을 전개하고, 구미제국주의를 아시아 전역에서 몰아내지 않으면 안된다. 아시아의 영원한 화평을 위해 남방 민족들은 연방공화국을 조직해야 하는데, 그 제1단계로서 우선 필리핀이 미국의 지배에서 벗어나 독립하지 않으면 안된다"고 열변을 토했다.

이 연설은 필리핀 언론계에 파문을 던졌다. 일부 우익신문은 여운형의 '남방민족연방' 구상을 공산주의라고 비난했다. 일본 영사는 마닐라 경찰에게 여운형의 체포를 요구했다. 이유는 공산주의를 선전했다는 것이었다. 그러나 반대로 진보적 신문 ≪파카카이사≫와 스페인어 지 ≪라 오피니언≫은 분명히 여운형을 옹호하는 논조였다.

필리핀 당국은 여운형을 중국청년회관에 억류한 채 여권을 몰수하고 출국을 금지했다. 원정축구단은 할 수 없이 선발로 필리핀을 떠났다. 중국영사관과 화교총회, 법조회와 신문기자는, 여운형은 국제공산당의 파견원이 아니라 필리핀 체육회와 화교총회가 초대한 축구단의 인솔자라고 주장하며 항의했다. 그 결과 마닐라 경찰은 일본의 요구에 의해 억류했다며 양해를 구하고 1일 천 엔의 손해배상을 했다. 여운형의 마닐라 체재는 40일에 이른다.[42]

여운형의 남방 순회방문은 손문의 유훈인 '대아시아주의'의 실천이었다. 여운형이 상해로 돌아간 것은 6월 16일이었다. 일본 경찰의 체포망을 피하기 위해 도중에 작은 배로 바꿔타고 상해에 상륙했다.

상해로 돌아온 여운형에게 국민정부 장개석의 대리인인 황소미(黃紹美)가 친구 나완민(羅完民)을 앞세워 찾아왔다. 두 사람은 아시아제민족회의의 조직을 협의했다. 인도의 간디, 안남의 소차자(召車子), 자바의 코트리아, 필리핀의 카미로 오샤스, 에미리오 아키날도 등 각 민족의 지도자를 초대해 손문과 인연이 깊은 일본의 이누카이(犬養毅), 미야자키(宮崎稻天) 등에게도 호소하는 등 아시아민족회의가 구체화되는 것처럼 보였는데, 그 직후 여운형의 체포·투옥으로 아쉽게도 좌절되었다.[43] 그러나 여운형이 키운 인맥은 그대로 남아 있었다. 여운형의 아시아에 대한 관심은 출옥 후에도 지속되고 있었다. 1933년 3월 시모나카(下中彌三郞), 나카타니(中谷武世), 나카야마(中山優), 나카히라(中平亮), 시미즈(淸水薰三), 이마오카(今岡十一郞), 우지타(宇治田直義) 등이 발기하고 고노에(近衛文麿), 히로타(廣田弘毅), 마츠이(松井石根), 도쿠토미(德富猪一郞), 마츠오카(松岡洋右), 야노(矢野仁一) 등이 참가하여, "앞으로 우리들이 전개해야 할 아세아운동은 일본과 중국이 두 기둥이 될 것이므로 중국혁명의 아버지 손문이 제창한 대아세아주의에 입각하여 대아세아협회라고 명명해야 할 것이다. 그렇게 하면 중국 국민도 같이 협력해 올 것이다"라는 목적으로 조직된 대아세아협회 조선지부의 15명의 조선인 상담역 중 한 사람이기도 했던 것이다. 물론 ≪조선중앙일보≫ 사장으로서 ≪동아일보≫의 송진우, ≪조선일보≫의 방응모와 함께 의리라는 명분으로 뭉친 측면도 강했지만, 여운형 자신이 취의서의 원칙에 공감한 측면도 있었다.

손문 류의 대아시아주의자 여운형에게 있어서 "아세아는 문화적으로나 정치적, 경제적으로, 또 지리적으로나 인종적으로도 명백히 하나의

---

42) 이기형, 『몽양 여운형』, 84-85쪽.
43) 「蔣介石代理와의 회견, 아시아연맹을 提言하고」 기사, ≪조선일보≫, 1930년 3월 12일자; 이기형, 앞의 책, 295쪽 참조. 장개석 역시 또 한 사람의 아시아주의자였다. 그는 대일 화평 4조건 속에서 네번째에 중·일이 협동하여 아시아에 대한 서구 열강의 침략을 배제할 것을 내걸었다.

운명공동체이다. 아세아 민족들의 진정한 평화와 복지와 발전은 일체로서의 아세아의 자각과 그 유기적 결합 위에서만 가능하다. 아세아 나라끼리의 대립과 항쟁은 외래의 간섭에 좋은 기회를 제공하는 것이고, 현재 아세아에 가중된 중압을 스스로 가중시키는 것이다. 이렇게 아세아 국가들간의 상호 항쟁의 기회를 없애고 외래의 간섭을 배제하기 위해서는 현재 분산 난립 상태에 있는 아세아 민족들을 하나의 연합체로 조직하고 정리하는 노력이 절대적으로 필요하다. 덧붙여 말하자면 아세아의 혼돈과 난잡은 하나인 아세아의 불행일 뿐 아니라, 그것이 항상 구라파 또는 아메리카의 야심과 탐욕을 자극함에 따라 세계평화에도 지대한 장해가 되는 것이다. 동방의 불안과 동요는 바로 세계의 불안과 동요이다. 아세아인의 자립자강에 의한 아세아의 질서화는 실로 세계정치를 부동의 근간 위에서 안정시키는 전제이다"[44)]라는 멋진 취의서에 반대할 이유는 없었다.

'아시아주의'는 일본의 독점물이 아니다. 민족이 처한 입장에 따라 정의와 내용이 달라도 좋다. 중국에는 중국의, 조선에는 조선의 '아시아주의'가 있고, 만약 공통의 속성이 있다면 손문이 말하는 피압박 아시아 민족들의 연대·지향을 규정할 뿐이라고 생각하고 있었다. 인도의 지사(志士) 라스 비하리 보스, 베트남의 쿠옹 데가 이름을 같이하고 있던 것도 동일한 발상이라고 생각했다.

말할 것도 없이 대아세아협회의 취지에 찬동하는 여운형의 아시아주의는 조선의 독립, 일본제국주의로부터의 아시아의 해방에 있었다. 한편 오카와의 '부흥아시아'는 구미 제국주의로부터의 아시아 해방에 있고, 그런 다음 천황을 모시는 일본이 가부장으로서 연착륙하여 군림하는 것을 노린 것이었다. 두 사람의 입장 차이는 컸다. 특히 '러일전쟁은 아시아 자각의 경종이 되었다'고 본 당시의 오카와에게 조선독립문제는 제대로 보기가 힘든 것이었다.

---

44) 「大亞細亞協會創立趣意書」, 『中谷武世回顧錄: 昭和動亂期の回想』 下, 359쪽.

여운형은 오카와에게 조선독립문제가 보이지 않는 것은 오카와의 인식부족에 있다고 생각했다. 여운형은 구미 식민지정책과 이슬람 연구를 통해 '아시아제민족의 독립과 부흥아시아의 이론적 필연을 주장'하는 오카와의 논리가 우스울 정도로 모순이 가득차 있는 것도 잘 알고 있었다. 일본이 조선과 중국에서 한 일을 오카와는 충분히 깨닫지 못했다. 오카와가 "인도가 정말 영국의 압제하에서 신음하고 있는가. 인도는 어떻게 해서 자유를 잃어버렸는가. 인도는 전쟁에서 패한 것이 아니라 영국 외교에 기만당해 식민지화되었다. 반드시 인도의 독립은 달성되지 않으면 안된다"45)라고 했을 때, 영국을 일본에, 인도를 조선에 비유한다면 그의 자가당착은 분명한 것이었다. 그 모순에서야말로 오카와의 조선관에 변화 가능성이 있다고 보았다. "아시아 민족은 첫째로 자유를 얻어야만 한다. 자유를 얻은 아시아는 가장 견고하게 통일되지 않으면 안된다. 어떻게 해서 자유를 얻을 것인가, 어떻게 해서 통일을 실현시킬 것인가, 이것이 실로 아시아의 당면한 관심사다. 오늘날의 아시아는 유럽의 노예이다. 노예에게 무슨 문제가 있을 수 있는가. 노예에게 무슨 이상이 있을 것인가. 노예는 주인의 의지에 복종하고 주인의 이익을 위해 움직일 뿐이다. 게다가 진정한 의미에서 아시아의 문제는 아시아가 자유를 얻었을 때 시작된다. 아시아는 일제히 앞장서서 먼저 노예 상황에서 벗어나지 않으면 안된다"46)라고 격조높게 '부흥아시아'를 말하는 오카와에게 여운형이 희망을 걸어보려고 생각했던 것은 그 때문이다. 오카와가 노예인 조선의 현실을 직시했을 때, 그 이론적 필연으로서 조선독립에 대한 지원을 하지 않을 수 없다는 확신이 있었기 때문이었다.

여운형은 오카와의 비일본인 기용에 대해, 오카와와는 반대의 의미에서 잠시 민족적 입장을 뛰어넘어 상대편으로 깊숙이 들어가 볼 필요가 있다고 생각했다. 오카와의 이론적 약점을 보완한다는 의미에서 오카와에게 협력하는 한편, 일본을 대표하는 이데올로그인 오카와를 구슬러 계몽함으로써 오카와의 정치력을 조선에 활용하려고 생각했다. 말하자면

---

45)「研究所瑞光寮日錄」, 1939년 1월 21일조, ≪みんなみ≫, 5호, 35쪽.
46) 大川周明,「復興亞細亞の諸問題」, 竹內好,『アジア主義』, 239쪽.

힘을 정의로 하는 입장을 뛰어넘는다는 오카와에 대한 필사적인 도전이었다.

때마침 조선총독부는 8월 10일 '민족언론'의 '최후 보루'인 ≪동아일보≫와 ≪조선일보≫마저 폐간처분을 내린 참이었다. 창씨개명, '국어' 상용도 시작되고 있었다. 세차게 불어닥치는 황민화의 광기에 브레이크를 거는 것이 여운형의 당면임무이기도 했다. 여운형은 조선이 당면한 심상치 않은 민족문제에 오카와가 깊은 관심을 가지게 되었을 때, 일본의 정책을 재검토하는 학자로서의 진지함, 겸허함이 오카와에게 있다고 확신했다. 여운형은 백천회담 후 오카와 앞으로 보내는 편지에서 '두터운 격려'를 받아 '평소의 갈망을 이루었다'고 말하고 있는데, 그것은 두 사람의 견해의 접근을 의미하는 것이었다. 오카와의 타협은 둘로 나누는 그런 것이 아니라 항상 상대에게도 득점을 주는 것으로, 그것은 때로 45%이거나 49%일지도 모른다. 반면 55%나 51%의 자신의 득점은 지키는 것이었는데, 궁지를 타개하는 현실주의자인 여운형은 그런 씁쓸한 선택을 할 수밖에 없었다.

조선의 대지를 밟은 오카와가 그 노예의 현실에서 무엇을 얻었을까? 여운형을 통해 무엇을 배운 것일까? 오카와는 앞에 언급된 친구인 히다(肥田春充) 앞으로 보낸 편지에서 다음과 같이 말하고 있다. "조선에 여운형이라는 둘도 없는 친구가 있습니다. 왕년에 상해에서 조선독립정부를 조직하고 그 지도자가 된 인물로, 나는 이 인물을 알게 되면서 조선민족을 다시보게 되었습니다. 조선인은 썩은 나무라 생각해서는 안되고, 따라서 체념해서도 안되고, 여 씨과 같이 배반하지 않는 인물을 가지고 있는 조선민족 또한 절망해서는 안된다고 생각하게 되었습니다. 이런 여 씨가 경성으로부터 이 온천에 와 있어 오늘은 하루종일 환담을 나누었습니다. 우선 근황을 알리고, 어떻게 지내는지 물었습니다. 이만 줄이며, 슈메이."[47]

오카와는 여운형에게 반했다기보다 포로가 되었다고 하는 것이 좋을

---

47) 大川周明, 『肥田春充宛書簡』, 宮田確三씨 제공.

것이다. 오카와는 세 가지 점을 들고 있다. 하나는 자신의 조선관을 바로잡는 계기를 마련해준 점, 또 하나는 조선민족의 장래에 희망을 가진 점, 세번째는 둘도 없는 친구로서 동지적 신뢰를 가진 점이다. 즉 오카와는 여운형을 통해 부분적으로 자신의 조선인식을 바꿔간 것이 분명하다.

앞에서 일기를 통해 오카와의 조선인과의 교류확대를 언급했는데, 그것은 조선이 직면한 민족문제에 대한 관심의 심화 및 자세의 변화를 반영한 것이었다. 관심은 여운형의 제2차 투옥(1942년 12월)에 의해 가속화되었다. 이상백, 고흠경, 여경구 등으로부터 체포의 실정 보고를 받은 오카와는 여운형이 말하는 총독부의 독선과 차별정치의 실태를 인정하지 않을 수 없었다. 그리하여 1943년 3월 가노(狩野敏)를 서울로 파견하여 여운형의 석방에 전력을 기울였다.[48] 오카와는 그 과정에서 나타난 식민지 권력의 교활한 대응에 점점 더 화가 날 뿐이었다. 다카하시(高橋喜藏)으로부터 출옥 전보를 받고, "불행중 다행으로, 슬픈 마음과 기쁜 마음이 교차한다"고 일기에 쓰고 있다. 또 여운형의 비서의[49] 한 사람으로 깊이 교제했던 고경흠의 저서 『조선근대사』의 교열과 서문을 부탁받은 후 "정말 훌륭하게 완성되어 감동했습니다"라고 조선의 근대를 평가하게 된다. 조선근대사에 눈을 뜬[50] 오카와는, 1943년 11월 3일 여운홍이 일본을 방문했을 때 화제가 되었던 학도병문제에 대해 "조선학생지원병에게까지 그런 대우를 해서는 안된다. 그런 일을 그만두지 않는다면 불평에 찬 반도의 민심은 일본으로부터 크게 이탈하여 불상사를

---

48) 大川은 狩野敏 앞으로 "안녕하십니까, 건강이 한층 좋아지셨다니 축하드립니다. 북중국 여행을 2~3일 앞당기고 도중에 경성에 하차하여 여운형 씨를 위문했는데, 그는 지난해 섣달에 체포되어 걱정되는 일이 있습니다. 만약 사정이 가능하다면 부디 여쭙고 싶습니다. 자세한 사정은 나중에 이야기하기로 하고, 우선은 귀하의 의견을 구하고 싶습니다. 이만 줄이며, 3월 19일, 周明"(『大川周明全集』, 4권). 이 편지를 받은 狩野敏은 "뜻밖에 여 씨에 관해 두 차례의 경성 방문이 이루어졌고, 그리고 이번에 부탁받은 편지의 상대는 小磯총독으로서 석방의 촉진 의뢰도 있었다"라고 말하고 있다(狩野敏, 앞의 책).
49) 『大川周明日記』, 1943년 7월 5일.
50) 『大川周明日記』, 1943년 10 26일.

불러일으킬지도 모른다"⁵¹⁾라며, 조선 지배에 대한 비판자적 자세를 분명히 보이고 있다. '노발대발'하면서 조선의 현실을 직시하기 시작한 오카와는 여운형의 대일본·대중국 연락원이자 건국동맹의 주요 멤버인 이상백을 정보국 총재 오가타(緖方竹虎)에게 추천, 면담시켜서 이상백의 중국에서의 정보활동을 보증하는 한편, 이상백에게 "일본의 정치정보를 말하고, 여 선생에게 자중자애를 전해달라고"⁵²⁾ 하기까지 이르는데, 이것은 여운형에게 시기의 도래를 기다리라고 하는 시사이기도 했다. 이윽고 일본 패전의 현실에 서게 된 오카와가 다시 방문했다. 이상백에게 "일본은 패전하여 고통을 겪게 될 것이다. 그러나 조선은 여운형 선생과 같은 위대한 인물이 있어서 다행스럽다"⁵³⁾고 말하고, 또 "여운형 씨, 허비(許斐) 씨 편에 편지를 보내니 그리 알고 받아들여 주시오"라고 말하는"⁵⁴⁾ 등 우정을 보이면서, 여운형과 조선인민의 투쟁의 역사를 바르게 평가하려고 했다.

다음에 소개할 하라다(原田幸吉)에게 보내는 편지는 당시 오카와의 심경을 잘 보여주고 있다. "흥아운동으로 일생을 허송세월한 것 같습니다. 되돌아보면 일본·중국·조선의 근본적인 결합은 이보다 오히려 쉽게 될 것이라고도 생각됩니다. 현재 동경의 조선연맹 지도자는 소생의 의견을 구해 독립달성의 원조를 촉구해 왔습니다."⁵⁵⁾ 일제 붕괴에 의해 거꾸로 아시아연맹은 용이해졌다고 일본제국주의와 아시아의 관계를 정확히 파악하고 있다. 조선연맹의 지도자가 누구인가. 아직은 잘 모르지만 조선연맹과 여운형의 관계만 봐도 여운형 인맥인 것은 틀림없다. 어찌되었든 뜻에 맞지 않는 일을 밀어부쳤다는 반성과 새로이 배우게 된 식민지 지배의 역사라는 무게가 겹쳐져서 여운형과 그 해방조선의 미래에 더할 나위 없는 친밀감을 가진 한때였다.

---

51) 『大川周明日記』, 1943년 12월 2일.
52) 『大川周明日記』, 1944년 8월 6일.
53) 이기형, 『몽양 여운형』, 42쪽.
54) 『大川周明日記』, 1945년 10월 10일.
55) 大川周明이 1945년 9월 26일부로 原田幸吉 앞으로 보낸 편지, 原田幸吉씨 제공.

옥중에서 암살 소식을 처음 접하고 일기에 "여운형 씨, 공산당원 때문에 암살당했다니. 이런 일이… 이런 일이…"56)라며 비명에 가까운 표현을 늘어놓은 것은 단순한 우정만의 반응은 아니었다. 자세한 정보를 접하고 "여 씨가 지난 19일 경성 동대문에서 암살당한 것이 신문에 의해 명백해졌다. 나는 나의 반쪽을 잃은 기분이다. 조선의 장래도 암담한 것이다. 28일 오전 10시부터 오후 1시까지 간다(神田) 공립강당에서 추모회가 있었다. 나와 조선과의 인연도 거기에서 다 끝이 났다",57) "여 씨를 위해 묵념",58) "어젯밤은 내내 여 씨의 꿈을 꾸었다"59)라고 4일에 걸쳐 일기에 쓰고 있다. 묵념한 것은 추모회가 열린 28일이다. '나의 반쪽을 잃었다'는 표현에서 장례식에 출석하지 못하는 오카와의 깊은 탄식이 보이는 반면, '조선과의 인연도 다 끝났다'라는 대목에서는 여운형이라는 걸출한 개성과의 만남과 너무도 빨리 온 그의 돌연사에 의해 사라져버린 오카와의 조선인식의 수준과 한계를 잘 볼 수 있다.

오카와가 동경으로 돌아온 것은 8월 22일이었는데, 그는 돌아온 후 곧바로 조선에서의 여운형과의 재회와 우정에 대한 감사의 정을 담고, 더욱이 더할 나위 없는 동지적 결합을 기대하면서 편지를 보냈다.

여운형도 또 곧바로 8월 30일자로 답장을 보냈다. 이 사이 날짜의 틈은 없다. 아래의 인용은 여운형이 오카와 앞으로 보낸 답장의 전문이다.

"보내주신 편지에 감사드리고, 간독(懇篤)한 격려의 말씀에 큰 감명을 받았습니다. 지난번에는 오랜만에 그 말씀을 접하게 되었고 친구들도 당신의 얼굴을 접하게 되어, 평소의 갈망을 이루어 영광입니다. 하나 아쉬운 것은 시간이 없어서 많은 이야기를 하지 못한 것이 유감이었습니다. 나라가 어지럽

---

56) 『大川周明日記』, 1947년 7월 24일.
57) 『大川周明日記』, 1947년 7월 26일.
58) 『大川周明日記』, 1947년 7월 28일. 한편 "宇垣은 여운형이 어제 경성에서 암살당했고, 조선의 장래가 지난한 현상황에서 그도 한몫을 다해야 하는 인물이라고 인정되는데, 이 재난은 조선을 위해서도 그를 위해서도 아까운 일이다"라고 이야기하고 있다(『宇垣一成日記』, 1947년 7월 21일).
59) 『大川周明日記』 1947년 7월 29일.

고 세상이 어지러워 지사들이 참지 못하고 쓰러지려 함을 좌시할 수만은 없
는 시국중대한 이때, 선생의 분발의 힘을 기대합니다. 여론에 주저하여 신념
을 잃고 大事를 오해하는 先例는 좋지 않습니다. 이렇게 용기있고 행동력 있
는 자를 절실히 요구하는 이때, 선생의 自愛를 기원합니다. 들은 바로는 시
국에 편승하는 경솔한 자들의 힘이 강해졌다고 하는데, 그런 비판에도 유의
하십시오. 가까운 장래에 다시 만나 뵐 것을 기대하며, 저의 조카가 선생쪽에
갈 예정이므로 그때 만나주시면 영광이겠습니다."[60]

여운형은 국가의 안전을 좌시하지 않는 오카와를 '우국우세의 열혈지
사'라고 평가하고, 이미 헛되게 논의를 거듭할 때는 아니라며 그 궐기를
촉구하고 있다. 나아가 가까운 시일내의 재회와 연락원인 조카 여경구의
방문 예정을 서술하고 있는데, 두 개의 편지에서 보이는 한, 두 사람은
백천온천의 회담을 통해 '아시아 해방'의 동상이몽에도 불구하고 함께
'자기를 알아주는 사람'이라는 관계를 만들어 내고 있었다고 봐도 좋을
것이다.

여운형 초청의 직접 전달자는 앞에서 언급한 오카와의 문하생 가노
(狩野敏)였다.

가노가 위의 여운형의 답신에 대한 오카와의 재답신과 여운형의 방일
을 촉구하는 요청문을 가지고 서울로 온 것은 9월 5일이었다. 가노는 여
운형의 집을 방문했을 때의 상황을 다음과 같이 회고하고 있다. 경성에
"도착하자마자 부랴부랴 경성호텔에 방을 예약하고는 곧장 차를 타고
아무런 예고도 없이 계동정에 있는 여 씨의 집을 방문했다. 찾아낸 집은
좁은 길 안에 그다지 크지 않은 집이었다. 다행히도 여 씨는 집에 있었
다. 명함을 통해 동경에서 오카와 박사의 신서를 가지고 방문했다고 말
하자, 현관 옆의 응접실로 보이는 방으로 안내되었다. 초면인 여 씨는
중년의 온후한 신사였다. 그 얼굴은 조선인 같지 않은 얼굴이었다. 이
사람이 소문에 듣던 여운형인가 하고 생각될 정도로 태도는 겸손하고
예의바르며, 이야기하는 음성은 조용했다. 자리에 앉고 나서 나는 새삼

---

60) 여운형이 1940년 8월 30일부로 大川周明 앞으로 보낸 편지, 大川周明顯彰會
原田行吉씨 제공.

스럽게 방문 이유를 밝히고 박사의 서면을 내밀었다. 그것을 받은 여 씨는 가볍게 인사하고 나서, 박사의 편지를 읽어가는 동안, 생각 탓인지 그 얼굴은 희미하게 홍조를 띠고 있는 듯했다. 긴 편지를 다 읽고나서, 여 씨는 잠시 침묵하고 있었다. 마음속으로 무언가와 싸우고 있는 듯하였다. 나는 어떤 대답을 할 것인가는 편지를 다 읽고나서라고 생각하고 잠자코 기다렸다. 계속해서 조용히 생각하는 여 씨, 잠자코 지켜보는 나. 긴 듯하면서도 짧은 시간, 좀 지나서 침묵을 깨고 여 씨는 확실하게 이렇게 말했다. 승낙했습니다. 동경으로 갑시다. 오카와 선생은 일본에서 내가 가장 존경하는 한 분입니다. 선비는 자기를 알아주는 사람을 위해 죽는다는 말이 있는데, 오카와 선생 같은 분에게 이 정도로 신임을 받으니 나로서는 영광입니다. 다행히 선생의 뒤에서 아시아민족의 영원한 평화를 위해 힘쓸 수 있다면 나의 죽음은 영광될 것입니다.

　나는 즉시 마음의 준비를 하고 당신과 동행하고 싶습니다만, 실은 내 자식 하나가 불의의 병으로 어제 막 수술을 했습니다. 오늘, 내일 그 생사를 알 수 없는 상황입니다. 생사가 언제 결정될지 그때까지 3~4일간의 여유를 가지고 싶습니다."61)

　가노는 여운형의 초대를 "여 씨의 목에 줄을 매어 끌고서라도 돌아올 결의", "경우에 따라서는 3일도 4일도 설득할 각오"를 하는 등 기를 쓰려 하고 있었는데, 여운형이 의외로 빠른 반응을 보이자 "좀 이상하고" "몸속의 힘이 쫙 빠지는 느낌"이라고 적고 있다. 여운형이 이심전심으로 즉각적인 반응을 보인 것은 오카와의 조선방문 때 약속한 도일의 조건, 정부 요인들의 지지, 보호관찰하의 행동의 자유, 총독부의 이해 등 여러

---

61) 狩野敏, 앞의 책, 補註. 글 가운데 '나의 자식'은 차남 呂鴻九를 말한다(마라톤 선수인 손기정과 양정고보 동급생으로 학교 졸업 후 일본 호세이대 재학중인 1939년 말 흔히 말하는 '아케마담(*走馬瘡: 역자)'이라는 병에 걸렸다. 이기형, 『몽양 여운형』, 146쪽). 당초 서소문에 있는 田中丸治平이 경영하던 田中丸병원 申浩燮 박사의 진단은 장티푸스였지만, 경성대 부속병원으로 옮겨 제1외과의 白麟濟 박사의 진단에 의해 敗血症으로 판명되었다. 10여 차례 82군데에 수술을 하고, 여운형이 직접 수혈을 하고, 많은 젊은이의 협력을 얻었지만 별 효과없이 1940년 가을에 사망했다. 사촌동생인 呂明九로부터 필자의 청취에 의함. 1991년 8월 26일.

가지 장애를 오카와가 제거하여 편지 한 통으로 방일을 가능하게 했다는 것을 의미한다.

그러면 여운형의 네번째의 방일은 언제인가? 가노는 "동경에 돌아오고 나서 5일째, 과연 여 씨로부터 상경의 전보가 도착했다. 아들의 수술 경과도 아주 순조로워 안심하고 경성을 떠난다고 하니 박사의 기쁨은 한층 더했다"라고 쓰여 있다. 더구나 가노는 "여 씨가 경성에 도착하는 날 박사도 나도 나가노(長野)현으로 가게 되어 있었다. 당시 화북 정무위원의 북경시 정부고문을 지내고 있던 마치다(町田万二郎)가 그의 고향 나가노현 기타사쿠(北佐久)군 나카츠(中津)촌에 촌숙(村塾)을 가지고 있었다. 숙의 명칭도 오카와 박사가 명명해서 '청청숙(菁菁塾)'이라 칭하고 하츠가다케(八ヶ岳) 산록의 야산에 시설을 만들어 청년육성에 힘을 쏟고 있었는데, 가끔 이곳에서 강연회가 계획되어 박사와 내가 초대되어 가게 되었다. 동경역에서 여 씨를 맞이한 나는 그대로 우에노역에서 기다리는 박사에게로 안내하여, 나가노에 동행하게 된 여운형과 오카와의 제1회 회담은 나가노행 기차 안에서 시작되었다"62)라고 한다.

가노가 말하는 강연회는 ≪信濃每日新聞≫에 "기타사쿠군 나카츠촌 청소학(靑小學) 직원의 사회진출지도 청청숙은 오카와 슈메이 박사를 맞이하여 14일 오후 좌담회를 개최했다"라고 보도되었고, 오카와가 "14일 오후 0시 34분 고모로(小諸)역 도착열차로 나카츠촌을 방문"한 것은 틀림없다. 시각표에 의하면 오후 0시 34분 고모로 도착열차는 우에노역 8시 30분발 급행 고야마, 나가타행이다. 이렇게 보면 여운형은 9월 12일 오후 서울을 출발, 13일 아침 시모노세키를 출발하여 14일 이른 아침 동경역에 도착, 그대로 우에노에서 고모로까지의 강행군 속에 '열차회담'을 가진 셈이다. 청청숙에서 오카와의 강연내용은 "독일의 전과(戰果)는 … 독일 혼이 훌륭했기 때문이며, 그 혼을 단련시킨 것은 소학교 선생들이었다. 그것은 독일이 여의치 않은 경제상황에서도 소학교 교원의 대우를 잘 해주었기 때문이다" "일본 교사들의 급료를 우선… 곱절로 올려

---

62) 狩野敏, 앞의 책.

주지 않으면 안된다" "대우의 향상 없이 인재를 얻을 수 없다" "교육진흥 없이 국가의 흥륭은 없다"63)라는 취지의 이야기였다. 여운형은 이 오카와의 강연여행에 하루종일 같이했다. 14일 밤은 마나미사쿠(南佐久)군 우미노구치(海ノ口) 온천에서 숙박하고, 이튿날 하츠가다케 산록 청청숙 주변 산의 수련장을 시찰했다. "그곳은 제승기(製繩機), 제연기(製筵機) 등을 설치, 공동작업을 하여 그 수익의 4분의 1은 저축, 잔액은 숙생 농가의 비료대로 쓰고 또 조대법(助貸法)을 제정하여 숙생들에게 무이자로 활동비를 대여하는" 등 숙생의 사회적 진출을 꾀하는 시설이었다. 이 견학은 여운형이 나중에 여운혁(呂運赫), 김용기(金容基) 등과 봉안에 세운 농민동맹, 이상촌의 힌트가 되었다.

여운형의 1940년 9월 방일을 이만규, 이기형은 각각의 '전기'에서 외상 마츠오카(松岡洋右)의 초청이라고 말하고, 박갑동도 그 설을 인정하며 따르고 있다. 한편 이은태는 수상 고노에의 초청이라고 들었다는데, 앞서 서술한 8월 9일 오카와의 조선 강연 여행, 9월 5일 가노의 여운형 방문, 9월 12일 여운형의 서울 출발, 9월 14일 니가타행 열차 안에서 오카와와의 회담과정을 보는 한 오카와의 초청이었다. 가노는 "박사는 여운형을 맞이하여 즉각 이상(理想) 실현에 착수했다"라고 말하고 있다. 가노는 '이상'의 내용을 언급하고 있지는 않지만, 이미 읽어서 알 수 있듯이 그것은 부흥 '아시아연맹'의 민족회의 소집이었다.

가노는 "여운형과 오카와의 이 운동은 국가의 대계상 큰 의의를 지니는 동시에, 여의 행동을 한층 자유롭게 하기 위해서라도 주요인사들의 이해를 얻어 둘 필요가 있었다. 그래서 박사는 당시 외무차관 오하시(大橋忠一)에게 사정을 털어놓고 협력을 요청했다. 오하시도 일맥상통하는 선비였기 때문에 쌍수를 들고 이에 찬성했다"64)라고 회상하고 있다.

오하시는 "만주국을 떠나 네덜란드령 인도, 인도, 아프카니스탄을 여행하고 그 해 4월부터 프랑스령 인도, 샴, 버마 등을 돌아" 8월 12일에 귀국하여 "고노에의 신체제외교, 대동아공영권의 확립"을 위해 마츠오

---

63) 「菁菁村塾教育問答」 記事, ≪信濃每日新聞≫, 1940년 9월 16일.
64) 狩野敏, 앞의 책.

카 외상 편에 서서 8월 14일 외무차관에 취임한 인물로, 당연히 오카와와 가까웠다. 여운형과 오하시가 어떠한 회담을 가졌고 왜 "오하시가 쌍수를 들고 찬성했는"지는 고도의 비밀사항이었는지, 그것에 대한 오하시, 오카와의 자료는 하나도 없다.

회담 내용의 윤곽을 전해주는 것은 이만규의 '전기'뿐이다. 아래의 인용은 회의 준비부터 회의 종결까지의 과정과 직접화법에 의한 회담 내용을 포함한 이만규 측의 인식이다.

"몽양이 경성으로 돌아온 1940년 9월, 마츠오카가 계동 사저로 비서 가노를 파견하여 동경에 와 달라고 요청하는 편지를 전해주었다. 몽양은 즉시 동경으로 향했다. 이때는 일·독 동맹관계의 비밀회의가 있었기 때문에 마츠오카 외상과는 만날 수 없었다. 대신 차관인 오하시와 밤새워 회담했다. 말은 영어를 사용했다. 오카와 슈메이가 함께 했다.

회담내용은 대략 다음과 같다.

오하시는 '일본은 지금 독일과 군사동맹을 맺으려 하고 있는데, 동맹관계가 되면 시국은 중대해진다. 아시아 민족에게 일본을 이해시키고 총단결해서 서양인의 세력으로부터 아시아를 보호하지 않으면 안되는데, 어떻게 해야 대일 ABCD 포위망을 뚫고 단결할 수 있을까'라고 말했다.

여운형은 '아시아 민족들은 이미 구미의 침략자에게 압박당해 신음하고 있다. 이러한 때에 현재 일본의 동양정책은 아시아 민족들의 눈에는 새로운 침략자를 또 하나 발견한 것과 다름없이 보이고 있다. 만일 일본이 침략의도를 방기하지 않는다면, 일본은 과거 침략자와 다를 바 없고, 아시아 민족들은 전부 일본에 반기를 들 것이다. 이것을 저지하려면 우선 아시아 민족들을 모아 초국가적인 공동정책을 수립하지 않으면 안된다'라고 지적하고, '일본은 물자, 정신의 양면에서 준비가 되어 있지 않은 듯하다'라고 말하자, 오하시는 '일·미 양국은 함께 싸울 의지가 없다'라고 말했다.

여운형이 더욱 구체적으로 아시아민족 대소집안을 설명하자, 오카와는 '여 선생의 발언은 매우 훌륭한 것으로 꼭 문장화하여 제출하도록 해주십시오'라고 오하시에게 말했다. '몽양은 6천 수백 자의 논문을 써서'

제출했다. 오카와는 이 논문의 일부를 아시아 잡지에 게재했다. 논문은 내각에도 제출했는데, 내각에서는 미·일 쌍방이 싸울 의지가 없다고 하는 점과 아시아제민족대회도 절박해 할 필요는 없다고 지적했다."65)

이만규는 가노를 마츠오카 외상의 비서로 오인하고 있는 점, 오하시와 여운형의 양자회담이 아니라 오카와를 포함한 3자회담이었던 점, '아시아연맹' 구상에서 여운형의 역할의 중요성이 결여되어 있는 점 등을 제외하고는 가노가 전하는 '여운형-오카와의 운동'이라는 요점에는 차이가 없다. 뿐만 아니라 오카와, 오하시, 마츠오카가 당시 일·미전을 전혀 생각하지 않았던 점,66) 여운형이 '아시아와 일본'에 대해 의견서를 제출하고 오카와가 아시아 잡지에 발표한 것 등 독자적인 사실을 다루고 있어, 이미 언급한 '백천회담'의 연장선에서 다뤄지고 있다고 할 수 있다. 마츠오카의 이름이 나온 것은 오카와가 여운형 초청에 대해 마츠오카의 양해하에 여운형-마츠오카 회담을 준비하라고 말했기 때문이라 생각된다.

가노의 회상을 다시 인용해 보자.

오하시는 "여운형에 대한 행동의 자유와 그에 필요한 비용 일체를 외무성에서 부담하겠다고 제의했다. 오하시도 빈틈없는 대단한 사람이지만, 여는 더 한층 빛나고 있었다. 여는 이 제의를 깨끗이 거절했기 때문이다.

― 호의에 감사하지만 나는 오카와 선생의 후의로 상경한 이상, 선생의 마음을 나의 마음으로 받아들여 일하고 싶다. 나는 일본으로부터 의뢰받아 계몽운동을 일으키는 것이 아니라 일본인으로서 일본인이 아닌 조선인 여운형이 독자의 입장에서 진정으로 온 힘을 다 기울여 노력해 가는 것이다. 지금 나의 양 어깨에는 아시아 10억의 생사가 걸려 있다고 자부하고 있다. 만약 오늘 내가 오하시 씨의 호의에 응해 일본정부로부

---

65) 이만규, 『여운형투쟁사』, 156-157쪽.
66) 山岸敬明은 "그 당시 1941년 봄경까지 大川 선생은 일본과 미국이 결코 싸우지 않는다고 판단하고 있었다"라고 회상하고, 大橋도 또 그의 저서 『太平洋戰爭由來記』에서 "松岡 외상은 결코 미국과 전쟁할 생각은 없었다"라고 쓰고 있다.

터 비용을 받아 행동한다면, 그것이 다른 민족에게 알려지고 안 알려지고가 문제가 아니라, 나는 완전히 일본의 스파이가 되고 만다. 내가 자부하는 바는 반감되고, 내가 정말 성심성의껏 설득한다고 해도 미치는 효과는 전혀 없을 것이 분명하다고. 여운형의 체면이 작용했던 것은 아닌지, 여운형은 그 해 가을, 우선 첫단계로 프랑스령 인도로 날아갔다"67)라고 되어 있다.

오카와의 저서『회교개론』에 실린 무라마츠(村松剛)의 해설에 의하면 "베트남의 쿠옹 데 왕자파의 무장부대가 카이킨 부근의 산중에서 대프랑스 반란을 일으킨 것은 이 해(1940년) 9월이었다. 오카와는 한동안 자택에 왕자를 머물게 하고, 베트남에서 외무성을 경유하여 보내오는 자금을 건네주기도 했다"라고 되어 있다. 쿠옹 데는 여운형과 오래 알고 지내던 사이로 오카와의 남진구상의 중요 인물인데, 그 항쟁 지원이나 '아시아연맹'의 민족회의 소집 준비 등으로 여운형이 베트남에 갔을 가능성이 크다.

그러나 여운형 관계자는 입을 모아 베트남행은 있을 수 없다고 부정하고 있다.68) 갔는지, 가지 않았는지는 베트남측 자료 등 모든 발견을 기대하지 않는 한 단정할 수 없는 실정이다.

갔다고 하는 가노의 회상도 그의 서울방문, 오카와-여운형의 열차회담, 오하시-여운형의 회담까지의 기억은 다른 관련자료와도 잘 대응하고, 평가의 차이는 있어도 시간의 경과에 따른 사실이 인정되고 신뢰성도 높다. 그 반면 베트남행에 대한 가노의 기억은 갑작스러운 시간적 단절을 갖는다. 그는 "우선 첫단계로 프랑스령 인도로 날아갔다"라는 문맥 뒤에, "그런데도 이 해 12월 8일은 역사상 미증유의 경악할 만한 날이었다. 여운형과 오카와의 정신적 근간을 담은 민심수람(民心收攬) 공작도 유감스럽게 그 행동의 자유를 제약당했다"69)라고 이어지는 것이다. 즉

---

67) 狩野敏, 앞의 책.
68) 필자의 질문에 대해 呂明九씨는 "가지 않았다"고 말했다. 1991년 8월 26일 필자 청취. 李蘭씨도 "기억나지 않는다"고 했다. 1991년 8월 28일 필자 청취. 宋南憲씨도 "상상도 할 수 없다"고 했다. 1991년 1월 李圭泰씨 청취. 呂運珏씨도 부정했다. 1992년 필자 청취.

"프랑스령 인도로 날아갔다"까지는 1940년 9월 문맥의 연속인데, '날아 갔다' 다음에 갑자기 좌절의 이유가 '이 해 12월 8일'이라고 1년 뒤인 1941년의 '개전'으로 직결되어 있어, 베트남행이 1940년 가을인지 이 해(1941년)인지, 갑자기 판단할 수 없게 되어 있다. 1940년인지 41년인 지는 상황증거의 차이가 있어, 방문했는지, 하지 않았는지 아직 검토해 야 할 점이 많다. 어쨌든 여운형이 오카와의 남진구상 '아시아연맹'의 유력한 우두머리가 된 것은 사실이다. 그러나 한편에서는 가노가 "여운 형은 한층 더 빛나고 있었다"라고 하듯이 일본정부의 '앞잡이'가 된 것 을 완강하게 거부하고, 또 오카와와도 거리를 두고 아시아 민족들에 대 한 독자적인 공헌과 그 해방 위에서 조선의 독립, 자유를 생각하고 있었 던 것 또한 사실이다.

여운형은 이때 오카와의 추천으로 만철(滿鐵)의 다른 단체인 '동아회' 고문에[70] 취임했다. 동아회는 만철의 동아경제조사국이 1928년에 조직 한 단체로, "중국의 정치, 경제, 사회의 실태에 대해 분석하고 논책하고 제언하는 잡지 ≪동아≫를 발행하고 있었다. 집필자는 외부의 사람들로, 당초 그 목적에 따라 학술적 색채가 짙은 논고가 많았다".[71] 젊은 시 절의 다케우치(竹內好)도 "나는 동아회 회원이 되어 거기에서 나오는 ≪동아≫라는 월간지와 그 밖에 수시로 나오는 간행물을 애독하고 있 다"[72]라고 했는데, 이는 학술단체에서 오카와가 여운형의 학식과 경험 을 높이 평가하고 그 발언에 기대가 컸다는 것을 반영하는 한편, 보호관 찰하에 있던 무직의 여운형이 사회적으로 자리잡도록 하는 것이기도 했 다. 앞서 오하시-여운형 회담중에 오카와가 "여 선생의 발언은 대단히 훌륭한 의견으로서 아무쪼록 문장화"해 주기를 의뢰하여 "몽양은 6천 수백 자의 논문을 썼고" 오카와는 그 일부를 "아시아 잡지에 게재했다" 고 소개했는데, 이만규가 말하는 '아시아 잡지'라는 것은 잡지 ≪신아세

---

69) 狩野敏, 앞의 책.
70) 朝鮮總督府 高等法院 檢事局 思想部, 「呂運亨らの朝鮮獨立運動事件」, 『思想彙報』, 1943, 183쪽.
71) 原覺天, 『現代アジア硏究成立史論』, 465쪽.
72) 竹內好, 「大川周明のアジア硏究」, 『アジア經濟硏究所內資料』.

아≫의 오기이다. ≪신아세아≫는 오카와가 주재하는 '동아경제조사국'이 만철로 복귀하여 동남아시아, 인도, 중근동의 조사전관(專管)이 되자, 오카와는 조속히 이 지역의 여러 사정을 국민대중에게 전달하는 계몽운동을 마음에 두기 시작했던 그 잡지가 바로 ≪신아세아≫로, "박사는 다망한 시간을 쪼개어 반드시 매 호의 권두언을 써서 제언으로 지면을 장식했다."[73] 말하자면 오카와의 개인잡지 색채도 강했으나, 한편으로는 넉넉한 자금이 뒷받침되어 많은 우수한 논문을 모아 "이 지역의 여러 민족이 어떠한 생태를 가지고, 특히 어떠한 저항운동을 전개하고 있는가를 밝힌다"[74]는 목적을 갖고 있었다.

이 잡지는 앞서 언급한 여운형-오하시 회담 직후, 즉 1940년 10월호부터 10회에 걸쳐 오카와 기명으로 매호 600~800자의 '권두언'을 게재했는데, 이 논문은 앞서 여운형의 6천 수백 자의 원고에 오카와가 손을 댄 합작으로 생각된다.「국민의 두 얼굴」, 40년 10월;「제국주의적 남진론의 극복」, 40년 11월;「동아협동권 확립의 원리」, 40년 12월;「동아협동체의 의의」, 41년 1월;「동아세아의 조직과 통일」, 41년 2월;「동아관계제단체의 통일」, 41년 3월;「엄숙한 반성」, 41년 4월;「외교의 호전이란 무엇인가」, 41년 5월;「난인(蘭印)교섭의 부조(不調)」, 41년 6월;「일본의 당면 시국」, 41년 7월, 이상 10편은 모두 글 속에 "중일전쟁의 조속한 해결", "만일 일본이 단지 자기의 경제적 기구를 영·미 의존 체계에서 탈피할 필요에서만 남방으로의 진출을 획책한다면 어쩌면 토착민중은 위험한 침략자로 보기 시작하여 예전의 통치자와 공동전선으로 대항", "장기로 이어지는 절망적 게릴라전의 반복을 각오하지 않으면 안된다", "일본은 예전의 제국주의 억압의 소탕, 민족해방과 자주를 전제로 하는 협동체"를 만들지 않으면 안되는 "지역적으로 근접하고, 인종적으로 닮고, 경제적으로 관련있고, 문화적으로 긴밀한 수십 개의 국가 또는 민족 사이에 초국가적인 조직체가 공동의 주의와 이해에 따라 실현시키지 않으면 안된다", "일본은 아시아 국가들에 대해 주인과 같은 태도를

---

73) 中村孝志,「大川周明と滿鐵東亞經濟調査局」,『大川周明日記』, 251쪽.
74) 原覺天, 앞의 책, 466쪽.

버리고 동맹자와 같은 태도를 취해야 한다", "동포로서 그들과 서로 교류하는 것을 노예로 봐서는 안된다", "우리들은 자유로운 아시아를 하나의 가족으로 형성해야 하며, 마음이 하나가 될 때 몸 또한 하나가 될 것이므로 아시아를 하나의 가족으로 조직하기 위해서는 아시아 정신을 통일시켜야 한다", "중일전쟁은 아시아 부흥을 이상으로 하여 동아신질서의 건설을 위한 전쟁임에도 불구하고 가장 슬픈 사실은 중국의 다수의 민중뿐만 아니라 대개의 아시아 국가들이 우리나라에 계속 반감을 가지는 것으로, 만일 우리나라의 애국자들 중 일본이 민족해방의 기치를 내걸고 백인타도를 표방하고 아시아에 임할 경우 여러 민족이 단식투쟁을 하며 우리를 맞을 것이라 생각하는 자가 있다면 그는 큰 오해를 하는 것이다. 그들 중 어떤 자는 일본을 그들의 현재의 백색주인과 같이 생각하고, 심지어는 한층 더 나쁘다고 생각하며 무서워하고 있다" 등등 여운형의 평상시 주장이 여기저기 보이는 등, 여운형은 자신의 아시아 해방 주장을 단호히 관철하고 일본제국주의의 비판을 조금도 늦추지 않는다.

박갑동 씨는 "1940년 가을 어느 날, 나는 동경에서 몽양을 만났다. 내가 탄 전차가 요요키역의 플랫폼에 들어왔을 때 우연히 밖을 보자 앞쪽 플랫폼에 몽양이 양 손을 주머니에 넣고 걷고 있었다. 나중에 알게 된 것으로 몽양은 1940년 9월 일본 외무대신 마츠오카(松岡洋右)의 초청으로 다시 동경에 와 있었다. 마츠오카는 이때 큰 '모험'을 계획하고 있었다. 미국과의 일대 결전을 벌이기 위해 일본, 독일, 이탈리아의 3국동맹 체결과 일·소 중립조약을 추진하고 있었다. 이것을 추진하는 어떤 지점에서 몽양의 역할이 필요했는지, 지금도 나는 의문이다. 그러나 몽양은 일본제국주의의 생명을 연명시켜 가는 연극에 협력하지 않았다고 생각한다"[75]라고 회상하고 있다.

마지막으로 다시 한 번 다나카(田中隆吉)와의 회담과 그 배경을 언급해 두어야만 하겠다.

---

75) 필자의 청취 및 앞의 「幻想のトンネル: その始まりと終り」 참조.

1941년 6월 22일 독·소전이 개시되었다. 고노에는 3국동맹 체결의 마츠오카 외상을 경질하고, 대미 타협의 길을 열기 위해 7월 18일 제3차 내각을 조직했다. 한편 독일과의 공동보조를 득책으로 한 군부는 남방에서는 7월 23일 일·불인 공동방위협정의 강요, 29일 남부 프랑스령 인도 점령을 개시했다. 북방에서는 7월 13일부터 관동군의 대연습을 전개, 대소 진공의 야심을 노골적으로 드러냈다. 참모본부는 재만주 병력 80만, 전차 1,000대, 항공기 1,500기를 가지고 소련에 압박을 가했다.

정부와 군 연락회의 역시 8월 상순에 강경한 대소 요구안을 결정하고 있었다.

이러한 대소전이 일촉즉발의 위기를 맞고 있을 때, 여운형은 다섯번째로 일본을 방문했다. 이만규의 『여운형투쟁사』에 의하면 "육군병무국장 다나카(田中隆吉)의 초청에 응했다"고 한다. 여운형에게는 별도의 절실한 개인적 문제도 있고 여러 가지 사항으로 오히려 오카와가 초청하여 다나카회담을 공작한 것으로 생각된다. 시기는 같은 해 8월이다. 다나카는 재중국 제1군 참모장에서 육군성 병무국장으로 영전하고(1940년 12월 2일), 41년 6월 28일부터는 육군 모략기관인 나카노학교(中野學校)의 교장을 겸하는 실력자가 되어 있었다. 오카와가 여운형을 초청한 목적은 독·소전과 일본의 참전에 대해 군부에 의견을 제출하기 위해서였다.

회담에는 오카와와 여경구가 함께 했다. 『투쟁사』가 전하는 회담내용은 다음과 같다.

다나카는 "연내에 독일은 모스크바를 점령하고, 일본은 바이칼호를 넘는다. 그렇게 되면 우랄산맥 서쪽은 독일이 점령하고, 동쪽은 일본이 점령하게 된다. 당신은 애매한 비국민적 태도를 버리고 일본에 협력하여, 조선에 가서 대대적으로 선전해 줄 것을 희망한다"고 말했다. 여운형은 "당신은 너무 소련을 과소평가해서는 안된다. 군력(軍力)으로 독일이 3이라면 소련은 2이고, 국력(國力)으로 소련이 5라면 독일은 3이다. 독·소전은 장기전으로 들어가기 때문에 일본은 가볍게 행동해서는 안된다. 전략상으로 본다면 모스크바가 함락당한 후 거사하지 않으면 안된다"라고 말했다. 함께 있던 오카와는 "여 선생의 의견이 옳다고 생각합니다. 당신이 참모본부에 직언해서 참고가 되게 해 주십시오"76)라고 다나카에게 권고했다.

회담내용은 단편적이고 핵심적인 사항에 지나지 않아, 세부적인 의견교환 내용은 알 수 없는데, 지금으로서는『투쟁사』의 내용에 관련된 직접적인 자료는 찾을 수 없다.

그러나 사실이라고 생각되는 복선적인 증거는 여운형, 다나카 쌍방에 있다. 또 하나의 전기인『몽양 여운형』의 저자 이기형은 1941년 7월 초, 독·소 개전 후 어느날, YMCA의 목욕탕에서 여운형, 구자옥, 윤치호, 유억겸 등 7~8명이 목욕하면서 신문보도를 근거로 모스크바가 곧 함락된다고 하는 등의 시국담을 나눈 적이 있다면서, 왕년의 농구선수인 이성구(李性求)가 들은 대화내용을 다음과 같이 전하고 있다.

"잠자코 듣고 있던 여 선생이 한 마디 했다. 호랑이라고 하는 녀석은 물어찢는 것은 잘 하지만 코끼리와 대적할 수 있을까?"77)

호랑이와 코끼리의 싸움이라는 비유는『투쟁사』에서 말하는 '군력이 3 대 2, 국력이 5 대 3'이라는 인식과 대응하여, 여운형의 의견이 순간의 착상이 아니라 과학적 자료에 기초한 대소전 견제이고, 그만큼 설득력 있게 받아들여졌다.

한편 다나카도 다음과 같이 회상하고 있다. "당시 육군성 참모본부의 대부분의 장교들은 독일군은 3개월이 지나지 않아 구미제국을 석권하고 우랄산맥에 도달할 것이다. 일본이 소련을 쓰러뜨린다면 지금이야말로 절호의 기회라며, 버스를 놓쳐서는 안된다고 말했다."78)

다나카가 여운형에게 말한 '우랄 운운'은 이같은 군부의 일반적 인식 그 자체인데, 그때는 다나카 자신도 당시 소련의 괴멸이 멀지 않은 것으로 판단하고 있었다고 생각해도 좋을 것이다.

그러나 다나카의 회고담은 그 후 "당시 모스크바 대사관에 있는 무관

---

76) 이만규,『여운형투쟁사』, 민주문화사, 1946, 158쪽.
77) 이기형,『몽양 여운형』, 실천문학사, 1986, 149쪽.
78) 田中隆吉,『敗因を衝く』, 中央公論社, 1988, 44쪽.

야마오카(山岡武) 대좌의 '소련은 결코 그리 쉽게 패하지 않을 것이다'라는 전보가 있었던 것", 그것이 '탁견'이었다고 말하고, 또 "당시 대원(大原)에서 돌아온 나는 각 부하 과장들을 불러모아 훈시했다. 소련은 결코 독일에 패하지 않는다. 패한다 해도 중국과 다름없이 수년이 걸릴 것이다. 버스는 움직이지 않는다. 움직이지 않는 버스에는 늦게 타도 지장이 없다며 그 경거망동을 훈계했다"라고 잇고 있다. 또 8월 초 다나카가 형으로 모시는 이타가키(板垣征四郎) 대장이 조선군사령관(1941년 7월~45년 4월)에 부임할 즈음 "일부러 국장실로 나를 찾아와 만주에 대한 병력 증강은 9월 말까지 걸릴 것이라 하는데, 노몬한사건의 경험에 보더라도 10월 이후는 추위 때문에 작전은 곤란하다. 자신의 관찰로는 독일작전이 과연 독일의 예상대로 진전될지 어떨지 의문이다. 제발 자네의 힘으로 작전행동을 개시할 수 없도록 노력해 주게"라고 간절히 부탁했다. …그래서 당시 군무과장이던 사나다(眞田穰一郞) 대좌(이타가키 육상 당시의 비서관)에게 이타가키 대장의 의향을 전하고, 또 내 의견도 덧붙여 작전행동의 개시는 신중한 고려를 요한다는 취지를 요망했다. 다나카 씨도 그 뜻을 받아들였다고[79] 말하고 있다. 다나카가 덧붙인 "내 의견이 대소전 반대라는 것"은 말할 필요도 없다. 이만규의 『투쟁사』 출판은 다나카의 『패인을 뚫고(敗因を衝く)』의 출판보다 훨씬 빠른 1946년으로, 이만규가 다나카 설에 영향을 받았다고는 생각되지 않는다.

그렇다면 『투쟁사』에서 "여 선생의 의견이 옳다고 생각합니다. 당신이 참모본부에 직언하여 참고가 되게 해 주십시오"라는 오카와 발언과 그 기초가 된 여운형의 의견은 이만규가 여운형으로부터 직접 들은 사실이고, 다나카에게도 야마오카(山岡)의 '탁견', '이타가키의 간절한 바람'과 같은 가치를 가진 '고견'이었던 것이다. 여운형의 '대소전 불가' 의견은 다나카에게 영향을 주어, 다나카를 거쳐 일본 군부에 참고가 되었던 것은 틀림없다.

이만규는 여운형이 직접 한 말로 "만일 그때 소일전이 발발하면 소련

---

[79] 田中隆吉, 앞의 책, 46쪽.

에도 불리한데, 조선내의 반일적인 사람과 지하운동을 하고 있는 사람 등도 모두 신변이 위험해질 것은 당연하여, 그 때문에 일부러 동경의 중요 인물들과 만날 때마다 소·일전이 일본으로서도 불리하다는 말을 퍼뜨렸다"[80]고 말하고 있다. 조선의 대소 병참기지화에 수반되는 갖가지 압박을 염두에 둔 의견으로, 국내의 민족주의자가 일시에 친일파로 옮겨가고 있을 당시의 개인 차원의 싸움인데, 일본 지배층과의 접근전을 통해 오카와, 다나카, 고노에 등의 요인에게 의식적인 쐐기를 박는, 참으로 여운형다운 고도의 정치행동이라고 할 수 있다.

그러면 여운형이 왜 고노에나 다나카의 초청으로 방일하여, 오카와 인맥과 긴밀해졌던 것일까?

무엇보다도 여운형의 인간으로서의 위대함이 토대가 되었던 것은 말할 필요도 없지만, 구태여 목적을 분류해 보면, ① 활동적인 여운형이 보호관찰처분의 부자유에서 탈피하고 싶었던 점, ② 일본의 제1급 정치가와 군인, 학자와의 교유를 통해, 일본 정치상황을 정확히 파악하고 싶었던 점, ③ 제1급 인사와 시국문제를 토의하고 대일협력의 자세를 보여, 치안경찰의 시선을 현혹시키는 것, ④ 재일유학생과 동포를 계몽하고, 독립운동을 조직, 해방의 날을 준비하는 것으로 집약할 수 있다. 그리고 나중에 다루게 되겠지만 그것은 대부분 성공했는데, 그의 '아시아연맹' 구상이나 '대중국 화평공작에 대한 진언' 모두가 조선독립운동과 중국의 이익을 가져오는 것이었을 뿐 아니라 접촉했던 인물들을 오히려 동조자로 만들고 있는데, 이러한 '브레인적 요소' 그것이 장차 오해의 씨앗이 되리라고는 그 시점에서는 아직 알지 못했다.

박갑동은 독립동지회를 결성하여 여운형을 대표로 세우려 했을 때, 일부 동지들이 강하게 반대한 이유를 다음과 같이 말하고 있다.

"김구나 임시정부에서는 여운형을 전혀 신용하고 있지 않다. 여운형이 참가한 임시정부의 회의 내용은 3일도 지나지 않아 일본 정보기관에

---

80) 이만규, 앞의 책, 159쪽.

들어가고 만다. 김구나 임시정부는 여운형을 일본의 스파이라 부르고 있다. 여운형을 사람이라 생각하지도 않는다."

정보가 결핍된 시대여서 어쩔 수 없는 면도 있으나, 오해에 의해 생긴 균열, 여운형과 김구의 불일치는 그 후의 조국해방, 그리고 미·소의 남북분단이라는 예기치 못한 비극에 직면했을 때 유일한 활로였던 민족주의자들의 대동단결을 방해하고, 이승만과 친일파, 한민당 등에 이용당하는 큰 마이너스 요인이 되도록 작용했다.

이 글은 여운형에게 붙여진 이같은 '오명'이 아무런 근거가 없는 것이고, 더구나 지금 일부 사람들이 덧씌운 '친일파' '스파이'라는 매도가 속좁은 정치적 속삭임에 지나지 않는다는 것을 가능한 한 실증해 보려고 한 것이다. 생각한 바를 충분히 드러내지 못한 점은 양해를 구하고 싶고, 민족의 큰 고난의 시기였던 1940년대, '적'의 본거지에 뛰어들어 대담하고 치밀하게 해방의 날을 준비했던 활동이라는 관점에서의 여운형 상(像)은 다음 기회로 미루고 싶다.

더욱이 본고의 전반부는 일본에서 출판된 간다(神田信夫) 고희논문집 『청조와 동아시아(淸朝と東アジア)』에 수록된 것과 동일하다. 본래 전후관계로 될 것이었는데, 본고가 한국어로 번역될 예정이었던 점과 논문 전체의 기승전결을 생각해서 그대로 수록했다는 점을 덧붙이고 싶다.

우리 앞에 부활하는 몽양[*]
몽양 서거 50주년 세미나를 보고

1. 글머리에 — 뜻깊은 몽양 세미나

　1997년 7월 3일, 우리는 우리 민족사에 거대한 발걸음을 내딛었다. 독립운동의 지도자, 민족통일의 지도자, 민주주의의 지도자 '몽양 여운형의 거대한 생애'라는 주제로 학술세미나를 갖게 된 것이다. 나는 몽양 서거 50주년을 맞아 이 기념세미나를 프레스센터에서 열게 된 것을 무한한 영광으로 생각한다. 몽양 선생의 표현을 빌린다면 참으로 감개무량하다.
　일평생을 조국애와 독립국가 수립의 열정을 가지고 영원한 청춘처럼 푸르게 살아온 몽양 여운형 선생이 다시 부활하고 있다는 느낌이 강하게 다가오기 때문이다. 몽양전집 발간작업을 기획하고 지원해온 여범구 기획위원이 사회를 맡았다.
　식순은 먼저 이강훈 전 광복회장을 비롯하여 각계에서 오신 주요인사들의 소개와 인사가 있었고, 몽양 여운형 선생전집 발간위원장으로 애쓰시고 계신 강원룡 크리스찬아카데미 이사장님의 개회사를 겸한 인사말씀이 계셨다. 원로 시인 이기형 선생님의 우렁차고 기개있는 축시는 몽양을 기리는 세미나에 큰 힘을 불어넣어 주었다. 세미나는 원래 더 많은 발표가 준비되었지만, 사정이 여의치 않아 정진석 교수와 최장집 교수

---
[*] 이 글은 몽양전집 발간위원회가 정리한 것임.

두 분의 대표적인 발표로 시작하였다. 정진석 한국외국어대 교수는 「언론인 여운형」(본서 수록)이라는 주제로, 최장집 고려대 교수는 「여운형의 민족주의와 민주주의」(본서 수록)라는 주제로 발표를 하였다. 토론에는 김광식(21세기한국연구소 소장), 강문구(경남대 교수), 김정인(서울대 국사학과 박사과정, 산업대 강사), 여현덕(여의도연구소 연구위원) 등이 참여했고, 200여 명 가까이 참석한 방청석에서도 많은 분들이 질문과 토론에 참여하여 분위기가 후끈 달아올랐다. 아래에서 세미나의 내용을 간추려 소개한다.

2. 화석화된 몽양이 아니라 살아 있는 몽양

여범구(사회자): 지금까지 정진석 교수님과 최장집 교수님의 발제를 들으셨습니다. 정진석 교수님께서는 일제시대에서 해방 후까지도 우리에게 그다지 알려지지 않은 몽양 선생의 언론인으로서의 활동과 언론운동에 대해 자세하고 꼼꼼하게 검토해 주셨습니다.

최장집 교수님께서는 몽양의 민주주의, 민족주의관에 대해 말씀해주셨습니다. 우리가 알다시피 여운형 선생에 대한 평가는 여러 가지가 있습니다. 민족주의자로부터 민주주의, 사회민주주의, 개혁적 자유주의, 융합적 민주주의까지 다양합니다. 그 중에서도 현대적 민주주의의 관점에서 몽양 선생의 사상을 꼼꼼히 분석하신 분들이 많지 않았던 터에 오늘 최장집 교수님께서는 좌우의 공존이나 타협과 절제, 특히 융합적인 틀을 유지하는 민주주의의 관점에서 우리 민족 최대의 과제인 민주주의와 민족주의를 실천해가는 궤적들을 잘 말씀해주셨습니다. 이제 세 분 선생님의 토론이 있겠습니다. 먼저 독립운동과 체육문화운동의 측면에서 김광식 소장님께서 말씀하시겠습니다.

김광식(21세기한국연구소장): 오늘 이 모임은 상당히 의미심장한 모임이라고 생각합니다. 왜냐하면 몽양 선생은 최선을 다하여 우리나라를 통일국가로 만들려고 노력하셨는데, 당시의 시대적인 제약 그리고 냉전이라고 하는 제약 속에서 정말 목숨을 담보로 하여 노력한 것 아니겠습니까. 그러한 몽양 선생을 기린다는 점에서 큰 의미가 있고, 두번째는 대체로 우리가 인물연구를 할 때는 편향이 있는데 자기가 좋아하는 인물은 무조건 미화만 하고 자기가 연구하지 않는 사람은 비판만 한다는 것입니다.

몽양에 대한 연구는 연구사적으로 볼 때 2단계에 접어들었습니다. 몽양을 다시 회복시키는 것이 연구사적 1단계 과제였는데 그 과제는 어느 정도 이루어졌습니다. 몽양에 관한 학위논문들이 나오고 있구요. 또 평전도 여러 권이 나와 있습니다. 2단계 과제는 몽양의 1945년 8·15 이후 해방공간과 그 이전에 있었던 식민지 시대에서의 활동, 즉 독립을 위해 노력했던 실체적인 몽양에 관한 것인데, 이 몽양을 어떻게 하면 생생하게, 화석화된 몽양으로서가 아니라 살아서 지금의 우리에게 교훈을 주는 그러한 몽양으로 살려낼 것인가 하는 연구사적 과제가 남아 있는 것입니다. 이와 관련하여 오늘 두 분 선생님의 발제를 들으며 저는 몽양에 대한 연구가 연구사적으로도 많이 진전되었다는 것을 느낄 수 있었습니다. 왜냐하면 저는 《조선중앙일보》를 종로에 있는 사직도서관에서 처음 보았는데 그 당시는 비에 온통 젖은 채 방치되어 있었습니다. 지금이야 《조선중앙일보》를 자유롭게 볼 수 있게 되었지만 그때만 하더라도 보기가 쉽지 않았음에도 불구하고 그러한 지경이었는데, 오늘 신문사를 경영했던 경영인 혹은 언론인으로서의 몽양을 대하게 된 것입니다.

3. "문학인이 되고 싶었으나 활동에 치중"

또한 두번째로 최장집 교수님께서 오늘 발표하신 내용 그대로를 살펴볼 때 몽양에 대한 연구는 그 당시의 냉전이라는 엄중한 시대적 상황 속에서, 그리고 여러 지도자들이 있었던 가운데, 몽양이 과연 어떠한 고뇌를 안고 어떠한 선택을 해나가고 또 어떠한 시련을 겪으면서 1947년에 그 생애를 마감하게 되었는가 하는 관점에서 이루어져야 합니다. 이 문제를 역동적으로 연구하지 않으면 몽양에 대한 연구는 전기를 정리하는 선에서 끝나게 되는 아쉬움이 있게 됩니다. 그러나 오늘 짧은 내용이기는 하지만 최장집 선생님께서는 한 인물의 정치를 연구하는 방법론이라고 하는 측면에서 연구사적으로 대단히 진전된 기본개념을 주셨습니다. 이와 관련하여 앞으로 몽양 연구는 최소한 이 정도의 수준을 넘는 연구들이 계속 나올 것이라는 점에서 제가 연구사적으로 대단히 의미심장한 모임이라고 말씀드린 것입니다.

저는 몽양 선생을 개인적 측면과 공적 생애를 살았던 분으로서 편의적으로 나누어서 말씀드리겠습니다. 우선 개인으로서의 몽양을 말하자면 다채로운 전문성과 다방면에 관심을 가졌던 그러한 분입니다. 그런데 이 다채로움이라는 것이 왜 몽양으로 하여금 생명력을 갖게 하였는지를 살펴보겠습니다. 많은 경우에 역사적으로 다채로운 경력을 가진 사람들은 자칫 다른 사람들에게 어지러움증을 심어주기가 쉽습니다. 그러나 몽양은 아주 다채로운 사람이었음에도 불구하고 대단히 질서정연한 일관된 이미지를 주는 그러한 존재입니다. 그 이유가 무엇인가 하면 그분은 중심이 아주 분명한 사람이었기 때문입니다. 그리고 그 중심은 시대적 과제에 정확히 집중되어 있습니다. 몽양이 일제시대에 중국에서 축구 감독도 하고 책도 번역해서 내는 등 여러 가지 활동을 하였지만, 몽양의 일제시대 활동은 정확히 '독립'이라고 하는 하나의 과제에 완전히 집중되어 있습니다. 그렇게 일관되게 헌신적으로 인생을 산 분들이 사실 그렇게 많지 않습니다. 그러나 몽양은 그렇게 중심있는 삶을 살았다는 점이 큰 특징입니다. 그러면서도 이 다채로움이 몽양의 독립운동을 방해한 것이 아니고 오히려 뒷받침하고 도왔습니다. 그것을 우리가 구체적으로 살펴보겠습니다. 몽양이라는 분은 알고보면 문인으로서 글쓰는 분입니다.

제가 그것을 어디에서 느꼈는가 하면, 조선중앙일보사에서 발간했던 월간지 ≪중앙≫에 실린 몽양의 기행문이 있는데, 여러분도 아시다시피 몽고의 장가구와 고비사막을 거쳐 이르쿠츠크를 통해 모스크바에 다녀

오는 기행문입니다. 저는 그 기행문을 읽고 정말 깜짝 놀랐습니다. 한국에 수많은 기행문들이 있지만 그 정도의 기행문을 쓴다는 것은 사실적으로나 문학적으로 그렇게 쉬운 일이 아닙니다. 그리고 이 분은 해방 이후에 '문학가동맹' 모임에 참석하셔서 "나도 사실 글쓰는 사람이 되고 싶었으나 독립이라고 하는 과제가 눈앞에 놓여있다 보니 글쓰는 것보다는 활동쪽에 치중할 수밖에 없었다"고 부러움을 표시하며 고백적으로 말씀하시는 장면이 있습니다마는, 이렇듯 이 분은 글쓰는 분이셨습니다.

4. 몽양은 언론인이자 건강하고 명랑한 체육인이었다

두번째는 그럼에도 불구하고 아주 건강하고 명랑한 체육인이셨습니다. 그러나 단순한 체육기술자가 아니라 우리나라 체육의 철학을 근대에 불어넣으신 분이라고 할 수 있습니다. 몽양의 체육철학은 그 자체로서 하나의 글이 될 만큼, 오늘 정교수님께서 발표하신 「언론인 여운형」에 해당되는 그런 정도의 논문이 될 만큼 몽양의 체육에 대한 견해는 탁월했다고 할 수 있습니다. 저는 이제까지 역사적으로 전개된 독립운동의 방식이 모두 어느 한편으로 치우쳐 있다고 생각합니다. 우리가 정말 독립을 하려면 체육적으로 건강한 나라가 되어야 하는 것이지요. 또한 지성적으로나 이론적으로도 평등한 나라가 되어야 하는 것이지요. 이러한 것들을 놓치지 않고 발견했던 분이 바로 몽양 선생이십니다. 몽양은 독립운동을 하는 과정에서도 사람들을 즐거이 사귀고 여행을 다니셨는데, 여행가이자 사교인이었던 몽양의 면모는 독립이라는 절실함 속에서도 결코 삶이 조급하지 않았음을 보여줍니다. 이러한 것들을 종합해 볼 때 몽양에 대한 개인적 평가는 한마디로 전인적이었다고 결론내릴 수 있습니다. 그리고 이러한 전인적 인간이라는 평가가 사적으로만 끝날 것이 아니라 공적으로 해석한다면 이렇게 해석할 수 있습니다. 우리가 21세기라는 한 시대를 살면서 몽양이라는 지도자를 만날 수 있었다는 것은 대단한 행운이었습니다. 그러나 우리는 몽양을 지켜내지는 못했습니다.

하지만 그럼에도 불구하고 자책할 필요가 없는 것은 앞으로 우리에게 주어진 과제가 더욱 막중하기 때문입니다. 우리에게는 통일을 이룩해야 한다는 중요한 과제가 놓여 있는 것입니다. 그 통일의 지혜를 어디에서 얻을 수 있을까요. 물론 세계사적으로 다른 나라들의 사례에서도 교훈을 얻을 수 있겠지만, 우리의 역사에서 교훈을 얻는다면 몽양으로부터 아주 많은 부분을 배워야 한다고 봅니다. 저는 우리의 근대 인물 중에서 몽양으로부터 가장 많은 교훈을 받아 21세기를 만들어나갈 것이라고 생각하지만, 그러나 몽양만이 아니라 다른 훌륭한 분들도 기꺼이 존중해 주는 것이 몽양의 정신에 더욱 부합된다고 봅니다. 제가 생각하기에 그분들은 김구 선생, 안창호 선생, 조만식 선생, 김규식 선생 같은 분들로서, 이러한 분들은 우리가 소중하게 그 정신을 아끼고 선양하고 앞으로 통일국가를 만드는 데 정신적인 기초로 쌓을 필요가 있다고 생각합니다. 이것이 몽양에 대한 저의 개인적인 소견입니다.

5. 역사 속에 묻힌 몽양의 정신은 끝나지 않았다

그리고 공적인 것과 관련해서 또 한 말씀 드리고 토론을 맺겠습니다. 몽양은 앞서 최장집 선생님께서 말씀하셨던 것처럼 권력투쟁에 있어서 소위 말하는 'All or Nothing' 게임을 전개하신 분이 아닙니다. 그러나 그 당시의 냉전과정에서 권력을 잡을 가능성은 미국과 소련 가운데 어느 한편을 선택하고 그 선택 이후에는 즉각 외세에 대한 100% 의존과 기대를 통해 상대방을 완전히 제압하는 쪽에 있었습니다. 그러한 방식이 현실적으로 승리하는 노선이었다고 평가해도 크게 틀리지는 않을 것입니다. 그렇게 해서 그 당시로서는 두 사람이 승리를 했습니다. 북쪽에서는 김일성이었고, 남쪽에서는 이승만이었습니다. 그런데 과연 그 승리가 진정한 승리였나 하는 것을 우리는 물어야 합니다. 대략 사오십 년의 세월이 흘러가는 동안 그 승리는 승리가 아니었음이 명백히 확인되고 있습니다. 왜냐하면 권력투쟁을 'All or Nothing'으로 전개하게 되면 그 이후에 그 권력을 창출한 집단 내부에서 서로 다른 이견을 낼 때에도 이견을 받아들여 정책에 검토·반영하는 것이 아니라 그 세력을 숙청해야 하는 것입니다. 권력운영을 이런 식으로 할 경우에는 끝없는 숙청에만 몰두하게 됩니다. 나라를 건설하는 것은 이코노미스트 같은 다른 전문가들이 하게 되는데, 이것은 대단히 낭비적인 권력투쟁의 방식입니다. 우리가 반대파나 비판자들을 사랑하거나 포용한다고 하는 외부적 제스처를 쓰는 것이 중요한 것이 아니라 그러한 요소가 같이 존재할 때 리더십의 생산력이 높아진다는 것이 중요한데, 이것이 지금 냉전이 종식되면서 우리가 확인하고 있는 권력운영의 방식입니다.

그 당시의 모든 사람들과 현재의 수많은 사람들이 'All or Nothing'의 사고에 익숙해져 있지만 몽양은 아주 절묘한 경험을 통해서 권력의 지혜를 배운 분입니다. 냉전이 한반도에 구현되고 미국과 소련이 한반도를 이분법으로 나눌 때, 권력투쟁에서 'All or Nothing'을 선택한 사람들이 나라를 남한과 북한으로 나누고 거기에 전쟁을 통해 다시 나누었던 과정에서 몽양 선생은 그러한 것을 선택하지 않은 사람입니다. 몽양이 그것을 몰랐던 사람이 아니라 선택하지 않은 사람이라는 것이 저는 소중하다고 봅니다. 선택하지 않았기에 몽양이 거기서 끝난 것일까요. 저는 끝나지 않았다고 생각합니다. 몽양의 정신은 명백히 끝나지 않았습니다. 우리의 냉전현실 속에서는 사실 존중할 만한 사람이 모두 사라져 버렸습니다. 왜냐하면 이쪽에서 존중하면 저쪽에서는 반드시 비판하기 때문인데, 이러한 이유로 존경할 만한 사람은 저 봉건시대에서나 찾아야 하는 딜레마에 있습니다. 세계사적으로 강대한 나라들은 수난정신을 소유한 리더십을 자산으로 가지고 있는 나라들입니다. 아마 우리나라가 조금 더 정상적인 나라가 되고 우리 모두가 제대로 된 정신을 찾아나가게 된다면 우리도 우리의 역사 속에 가졌던 리더십들을 다시 한번 우리의 어른들로 세우게 될 것이라고 저는 전망하고 있습니다. 그런 점에서 몽양은 지금부터 깊이 연구해 나가야 할 그런 주제라는 것이 몽양의 정치활동과 관련된 저의 생각입니다. 그리고 통일에 대한 지혜도 그 가장 많은 부분은 몽양에서 얻어와야 하고, 이와 함께 'All or Nothing' 게임을 하지 않으셨던 김구 선생, 안창호 선생, 조만식 선생, 김규식 선생 같은 분들도 함께 아울러서 수많은 지도자를 갖는 그러한 나라가 될 때 결국 통일이 된다는 것도 기억해야 합니다. 그리고 그러한 분들에게 의지해서 살 때 우리의 정신적 자산도 풍부해져 우리의 마음도 황폐해지지 않을 것이라 믿습니다. 제 토론은 여기에서 마치겠습니다. 고맙습니다.

사회자: 감사합니다. 체육·문화·언론뿐만 아니라 여운형 선생의 사상의 전반적 관점에 대해서 말씀해 주셨습니다. 두번째로 여의도연구소 연구위원으로 계시는 여현덕 선생께서 민주주의의 관점에서 토론해 주시겠습니다.

6. 조국의 독립을 위해서 할 수 있는 모든 것을 다했던 분

여현덕(여의도연구소 연구위원): 저는 좀전에 발표해주신 최장집 선생님과 김광식 선생님의 연구와 논문을 보고 공부를 한 사람이고 전적으로 배우는 입장이기 때문에 그 분들의 말씀에 대해서 보완한다는 생각으로 말씀드리겠습니다. 김광식 선생님은 개인적으로 제 선배님이기도 하지만 저에게 몽양 여운형 선생에 대해서 깊이 가르쳐 주시고 또한 활동을 통해서 실천하시면서 가르침을 주시는 분입니다.

그러한 관점에서 볼 때 몽양은 사실 한 가지 관점에서 평가하기란 대단히 어려운 분이라는 것을 인정합니다. 왜냐하면 몽양이 독립운동을 위해서는, 김광식 선생님의 표현을 빌리자면 독립운동을 위해서 할 수 있는 모든 일을 다 했기 때문에, 그러한 모든 일을 하신 분을 한 가지 관점에서 평가하기란 어려운 일이기 때문입니다. 그러나 다시 말씀드리자면 그 한 가지는 결국 조국의 독립이었습니다. 이러한 가장 소박한 생각 자체가 그때로서는 가장 강렬한 애국심으로 나타났다고 볼 수 있으며 그러한 관점에서 몽양의 사상을 살펴보고자 합니다.

우선 몽양은 국제적·국내적 흐름을 정확히 보고 좌표를 설정하셨으며 이를 실천에 옮기셨던 분입니다. 예를 들자면 좀전에 김광식 소장님께서 몽양의 체육활동에 대해 말씀해 주셨는데, 권투경기에 참석하시면 정확히 권투에 대해서 이야기하면서도 그 결론으로는 끈질기고 강인한 전투력 즉 끝까지 싸우는 정신을 강조하십니다. 그 강조의 결론은 결국 바로 독립이었다는 말씀입니다. 또 축구단을 이끌고 가실 때에는 축구에 대해서 말씀하시지만 사실은 그것도 독립으로 귀결됩니다. 몽양은 전생애가 독립과 조국애로 가득차 있었는데, 그러한 열정을 가짐과 동시에 현실 또한 정확히 보셨습니다.

제가 맡은 주제인 민주주의의 측면을 보더라도 몽양은 민주주의를 단순하게 국내적인 문제로만 보지 않고 국제적 차원의 민주주의와 국내적 차원의 민주주의로, 또 국내적 민주주의는 그 내용과 실현방법들에 관해서까지 우리에게 보여주었다고 생각합니다. 여기에서 국제적 측면의 민주주의란 말은 결국 몽양의 민족주의와도 연결이 됩니다. 어떤 분들은 독립운동을 하는 과정에서 외세를 얻으면 권력이 온다는 것을 알고 있었으며 몽양도 그러한 사실은 알고 있었습니다. 그러나 이것을 즉자적으로 설정하지 않고 유연하게, 즉 최장집 교수님의 표현을 빌리자면 '온건하고 열린 민족주의'를 취하셨기 때문에 외국과의 관계에 있어서도 우호증진을 해나가면서 어떻게 하면 이 외세를 우리의 독립과 통일에 활용할 것인가를 생각하셨습니다. 이와 관련하여 몽양 선생님께서 하신 중요한 이야기가 있습니다. 외국인을 만나게 되면 처음에는 'How do you do?' 하고 반갑게 인사를 하고, 그 다음에는 'Thank you'하며 방문해준 손님에게 고마움을 표시하고, 헤어질 때에는 'Good bye' 하면 그만이라는 것입니다. 이 짤막한 표현 속에서 몽양 선생의 생각을 알 수 있습니다. 어느 한편에 서서 그것에 의존하는 것이 아니라 어디까지나 손님으로서 미국과 소련이라는 손님으로서만 예의바르게 대해주고 떠나보내야 한다는 것입니다. 이 말은 2차대전의 파시즘에 대항하였던 미국과 소련은 양국이 협력을 해서 싸웠기 때문에 독립된 신흥국가인 한국도 이러한 미·소협조 구성하에서 나올 수밖에 없다는 인식이었던 것입니다. 이것이 바로 국내에서는 좌우합작이라고 하는 융합과 포괄로 나타났으면 그러할 수밖에 없었다고 생각합니다. 몽양이 어떤 큰 흐름을 보았다고 하는 것은 그의 중국활동에서도 알 수가 있는데, 몽양 선생은 중국이나 동아시아에서의 민주주의 또는 민족의 독립투쟁 자체가 한반도와도 밀접하게 연관되어 있다는 것을 아셨던 것입니다. 사실 몽양처럼 중국 국민당과 공산당 양쪽으로부터 특별한 대우를 받으셨던 분은 찾아보기 어려운데, 중국혁명에 17년여 동안 가담하시면서 이러한 점들을 충분히 배웠고 또한 국내의 독립운동에도 그대로 실천했다고 볼 수 있습니다. 요컨대 몽양은 외국의 손님들을 다룰 때에 예의바르게 다루면서도 그 목표는 정확했다는 것이 중요합니다. 그것은 바로 'made in Korea'인데, 실제로 몽양은 이 메이드 인 코리아라는 표현을 쓰셨습니다. 새로운 민주주의의 신국가는 외제가 되어서는 안되고 한국제, 조선제가 되어야 한다는 것을 강조하신 것입니다. 발제 때 최장집 교수님께서도 잘 설명해 주신 바와 같이, 우리가 외국에 끌려가는 것이 아니라 활용해야 한다는, 바로 이 부분에 대해서 정확히 인식하셨기 때문에 원칙을 지켜나가면서도 유연할 수 있었던 것입니다. 지금 이곳에는 이란 선생님께서도 참석하셨지만 이란 선생님이나 이기형 선생님 같은 분들은 이러한 몽양의 태도를 유도기술에 비유하셨습니다. 외국에 대해서 유연하게 대함으로써 처음에는 마치 끌려가는 듯하다가도 그들의 힘의 균형이 깨어졌을 때에는 일격을 가하여 무너뜨린다는 방법론적 지혜를 가졌던 분이라는 것입니다.

7. 동방의 빛이 될 학교를 설립하고, 민주주의 이상향을 꿈꾸었다

민주주의적 관점에서의 몽양은 최교수님께서 이미 잘 설명해 주셨으므로 이제 저는 그 부분에 대해서 간략히 정리를 해보겠습니다. 민주주의의 목표나 내용 측면에 볼 때 몽양은 봉건잔재와 식민잔재를 극복하려 했다고 볼 수 있습니다. 가령 봉건잔재 타파 시도는 청년시절에 행하였던 가노에 대한 해방이나, 근대교육에 가담하면서 세웠던 광동학교에서 찾아볼 수 있으며, 이러한 것들이 바로 몽양 민주주의의 내용이었다고 생각합니다. 다음으로 몽양은 기독교적 민주주의의 이상을 실현하려 했다고 할 수 있습니다. 광동학교도 '동방의 빛이 된다'는 뜻에서 설립한 것인데, 몽양은 결국 당시 이광수의 『흙』이나 심훈의 『상록수』 등에도 등장하는 기독교적 민주주의나 이상향을 실현하려 노력했던 것이 아닌가 하는 생각이 듭니다. 또 어떤 분들은 그것을 덴마크의 지도자 그룬트비히의 민족주의운동까지도 흡수한 것이었다고 말씀하십니다. 오늘날에도 남아 있는 가나안 농군학교 같은 것들이 그 결과라고 볼 수 있습니다.

몽양의 옥중태도에서도 그의 노선이 명확하게 드러나는데, 일본경사가 '당신은 무엇을 위해 독립운동을 하는가?'라고 물었을 때 몽양은 일부 계급이 아닌 조선 전체의 이익을 위해서 한다고 명확하게 대답합니다. 이러한 대답은 일본경사를 피하거나 속이기 위한 건성 건성한 대답이 아니었으며 너무나 당당하게 그들의 물음에 답한 것입니다. '당신은 석방된 후에도 독립운동을 할 것인가?'라고 물으면 '물론 당연히 할 것이다. 내가 나가서 독립운동을 하는 것은 조선민중들이 잘살고 못살고 하는 문제가 아니고 생존이 걸린 절박한 문제이기 때문이다. 저 창밖에 피로 혼비한 민중들을 보라. 저 사람들이 생존에 허덕이고 있는데 내가 나가서 어찌 독립운동을 하지 않을 수 있겠느냐'라고 대답했습니다. 이러한 대화에서도 느낄 수 있듯이 형량에 관계없이 독립운동을 계속하겠다는 이런 당당한 표현을 하는 사람이 일본경찰이 무서워 엉터리 진술을 했다는 것은 있을 수 없는 일이라고 봅니다. 또 다른 질문에서 일본경찰은 '당신은 유물론자인가?'라고 묻는데, 이에 대해 몽양은 '유물론을 읽은 적은 있지만 기독교인이다'라고 대답합니다. 이는 조선의 독립운동을 위해서 그것은 종속변수일 뿐 그렇게 중요한 것은 아니라는 의미인 것입니다. 몽양은 독립이 되고 나면 의회주의를 실현하겠다는 대답도 하고 있습니다. 이렇게 몽양을 전체적으로 볼 때 결국 그는 조국의 독립을 위해서는 어떠한 일이라도 하겠다는 분이었으며 이 과정에서 유물론은 종속적인 것이었습니다. 정치적으로 그는 오직 조선민족에게 이익이 되는 것이 무엇인가 하는 관점에서 바라보았고, 해방 이후 조선민족이 나아갈 길에 대해서는 시종일관 조선인의 충분한 의사를 물어보아야만 한다는 대답을 합니다. 국민의 충분한 의사를 물어보아야 한다는 것이야말로 민주주의의 가장 기본적인 원리가 아니겠습니까? 그런 점에서 저는 몽양이 철두철미한 자유주의자라고 말하고 싶습니다. 그러나 사실 저는 몽양을 자유민주주의냐 사회주의냐 하는 식의 대립적 시각이나 틀 자체가 잘못되었다고 생각합니다. 왜냐하면 앞에서 소개드린 바와 같이 그 당시 몽양의 이념이라고 하는 것은 민족의 독립을 위해서는 할 수 있는 무엇이라도 하겠다는 것이었으므로 몽양이 내용적 측면에서 민주주의적 생각과 목표를 가지고 있었습니다. 그러므로 그러한 관점에서 몽양은 철저한 민주주의자였다고 생각합니다.

8. 몽양의 철학과 실천을 좋은 나라 재창조에 적용해야

그 밖에도 민주주의에서 가장 중요한 인권의 문제에서 몽양은 개인의 인권문제를 다루기도 하지만 동시에 조선민족의 인권문제를 이야기합니다. 즉 '조선민족도 인격이 있다'는 것입니다. 또 앞에서 정진석 교수님께서 언론인으로서의 몽양을 발표하셨지만, 의사발표의 부자유 속에서 언론운동을 펼쳤다는 것 또한 자유주의자, 민주주의자로서의 몽양을 보여주는 것입니다. 해방 이후 신국가 건설과정에서도 봉건잔재를 청산하거나 국민주권, 당시 국민이라는 말은 people이기 때문에 '인민'이라는 말도 되고 조선시대식 용어로는 '백성'이라는 말도 되는데, 이것은 바로 공화주의적인 사상으로 볼 수 있습니다. 또한 절차에 있어서 몽양은 자신이 옳다고 믿는 것에 대하여 도그마틱하게 밀고 나간 것이 아니라 "절제, 관용 그리고 타협"을 하며 이루려 했는데, 이러한 정신에서도 몽양의 민주주의나 개방성을 알 수 있다고 생각합니다.

요약하자면 결국 몽양은 옥중에서나 해외에서나, 그리고 해방 전이나 해방 후에도 시종일관 조선의 인권이나 민주주의 민족의 독립을 위해서 노력해 왔기 때문에 그 분의 건강성과 같은 측면에서는 논의할 단계가 지났다고 생각합니다. 그 분이 독립을 위해서 외교론이나 실력양성론을 펴고, 경우에 따라서는 무장형 노선도 수용했지만 항상 건강성을 잃지 않았다는 점에서 저는 이러한 분이야말로 독립을 위한 활동과 동시에 건강성의 측면에서도 민주주의를 말할 수 있다고 생각합니다. 또 다른 측면에서 정리하자면 아까 최교수님께서 '유럽식 사회민주주의'라는 말씀을 하셨는데 저는 이것을 자유주의의 일부라고 봅니다. '유럽식 사회민주주의'는 사회주의의 일부라기보다는 자유주의의 내실화라는 측면에서 보아야 하기 때문에 여기에서 몽양사상의 흐름을 잡자면 이것이야말로 가장 훌륭한 민주주의 철학을 내실화하고 있는 것이라고 봅니다. 그러나 그 당시에는 민주주의를 실천할 수 있는 상황이나 조건이 어려웠기 때문에 시대정신적인 면에서 너무나 앞서 갔었다고 할 수 있으며, 우리는 이러한 몽양정신을 오늘날에 다시 부활시켜 현재로 이어받아 좋은 나라로 재창조하는 과정에 적용시켜야 한다는 생각을 가지며 토론을 마치도록 하겠습니다.

사회자: 이제 마지막 토론이 있겠습니다. 서울대 국사학과 김정인 선생님께서 민족통일의 관점에서 논평해 주시겠습니다.

9. 몽양을 존경했던 할아버지

김정인(서울산업대 강사): 지금 이곳에는 우리의 어려웠던 현대사를 살아오신 어르신들을 많이 모셨는데 아마도 제가 가장 어리지 않을까 생각됩니다. 저는 1987년 6월 민주항쟁 당시 대학교 3학년으로서 그 시위에 참가했던 경험을 갖고 있는 전후세대이자 신세대이고, 한편 박정희씨를 『인간의 길』이라는 소설을 통해서 민족의 지도자로 추켜세운 이인

화와 같이 학교를 다닌 깃을 굉장히 부끄럽게 생각하는 그러한 세대입니다. 저는 여운형 선생을 생각할 때마다 그러한 생각들이 늘 들곤 했는데요, 사담이지만 오늘 제가 여기에 우연히 불려나온 것이 아니라 어쩌면 저의 작은 할아버님이 저를 부르신 것이 아닌가 하는 생각을 합니다. 저의 작은 할아버님께서는 중동중학교를 나오셨는데 제가 듣기로는 당시 중동중학교 학생들이 여운형 선생님을 아주 따랐었다고 합니다. 이렇게 여운형 선생을 존경하고 따른 것이 문제가 되어서, 그러니까 해방 전이라고 하는데요. 그 이후에 연좌제 아닌 연좌제에 걸려 결국 평생을 낙향하셔서 사시다가는 오십 몇 세에 돌아가시고 말았습니다. 그래서 저는 저의 할아버님이 저를 부르신 것이 아닌가 이런 생각을 해보았습니다. 여운형 선생님을 존경하고 따랐던 사람들이 굉장히 많았던 것이 저희 집안에서는 하나의 이야기로 전해져오고 있습니다. 아마도 오늘 저에게 이렇게 무거운 주제가 주어진 것은 제가 통일세대의 주역이 된다는 의미에서 젊은 저에게 민족통일이라는 주제를 맡기신 것 같은데, 여기서 저는 간단히 두 가지 문제를 짚어보고 싶습니다.

10. 몽양은 시대 속에서 끊임없는 자기쇄신을 하였다

오늘 이 자리에 나오신 분들 중에서는 제가 역사학을 공부하는 유일한 사람인 것 같습니다. 그래서 지금까지는 여운형 선생님 한 분의 족적을 평가해 주셨고 김광식 선생님께서는 김규식 선생님 같으신 분들과도 같이 견주어주시기는 했지만 저는 역사적으로 좀더 거슬러 올라가서 여운형 선생님에 대해서 간단히 짚어보고 싶은 것이 있습니다. 그것은 바로 여운형 선생의 출신과 배경에 대해서 우리가 어떻게 이해하여야 할 것인가 하는 부분인데, 출신과 배경을 놓고 우리가 독립운동의 노선을 평가해 볼 수 있지 않을까 하는 생각이 들었습니다. 앞에서도 여운형 선생을 두고 자유주의자냐, 민주주의자냐, 사회주의자냐 하는 논쟁이 있었지만 저희 역사학계에서 평가를 내릴 때에는 이렇습니다.

여운형 선생은 국운이 기울어가던 1886년에 태어나셔서 한학, 특히 혁신적인 성격을 가지고 있었던 양명학과 신유학을 공부하고 난 뒤에 근대학문을 수용했습니다. 그리고 기독교를 받아들였고요, 그 다음에 계몽운동에 참여하면서 10년 뒤에는 망명의 길에 올랐습니다. 또한 해외 독립운동의 과정에서 30대 초반에 사회주의를 수용하고 공산당에 참여하기도 했습니다. 그러나 그에게 사회주의는 역시 민족에 우선했던 것이 아니었다는 사실은 다 알고 있는 일입니다. 이러한 여운형의 노선을 학계 특히 역사학계에서는 '진보적 민족주의'라고 지칭합니다만, 저는 이 말 자체에도 전적으로 동의하지는 않습니다. 그러나 지금은 그 말로써 여운형 선생을 평가하곤 합니다. 그런데 1910년대나 20년대에 사회주의 사상을 새롭게 받아들여서 적극적으로 활동했던 사람들은 망국을 경험하지 못하고 일제 식민지하에서 근대학문을 배운 박헌영과 같은 20대의 혈기왕성한 청년들이 대부분이었습니다. 그러나 여운형 선생처럼 망국을 체험하고 중국 망명을 택하는 등 여러 가지 행적을 통하여서 민족주의적인 어떤 토양에서 배태되어 기본적으로 민족주의적인 성향이 강하면서도 사회주의 이념을 과감히 수용했던 30~40대 인사들도 당시에 있었습니다. 여운형 선생을 비롯해서 신채호, 이동휘, 구연운, 김두봉, 홍명희 선생님이 그 대표적인 인물들입니다. 물론 신채호 선생님은 무정부주의자로 많이 알려져 있습니다만, 제 개인적인 생각으로는 사회주의를 수용하는 과정에서 돌아가신 것으로 평가하고 있습니다. 그리고 이동휘· 구연운 선생은 공산당에 참여하는 적극성을 보였고 김두봉 씨 역시 화북조선독립동맹에 참가를 했습니다. 홍명희 선생은 신간회 결성에 주도적인 역할을 했고, 해방 후 여운형 선생과는 정치적 스타일이 달랐지만 민족통일의 측면에서는 같은 역할을 하시게 됩니다. 홍명희 선생과 여운형 선생 이 양자의 활동은 월북한 그들의 가족에 대한 북한 당국의 최고 대우로 이어지는 그런 공통점을 가지고 있습니다. 이 분들 모두는 해방 후 극단적인 체제대립 속에서 비록 실세를 하기는 했지만 한 개인의 정치적 노선이라는 것은 그의 개인적인 역사적 경험-한학을 공부하고 근대학문을 수용하고 망국을 경험하면서 망명길에 올랐던 그러한 역사적 경험들과는 무관할 수 없다는 것입니다. 여운형 선생도 그러한 시대의 흐름 속에서 민족을 위해서는 끊임없이 자기변신을 하셨던 것입니다. 늦은 나이에도 불구하고 자기 변신을 통해 사회주의를 수용했다는 것은 아주 높이 평가해야 한다고 저는 생각합니다.

11. 역사상 아직 등장하지 않은 제3의 길

저에게 맡겨진 주제는 민족통일의 측면인데, 이 부분에 대해서는 좀 전에 최장집 선생님께서 정확히 평가해 주셨다고 생각합니다. 거기에서 가장 문제가 되는 것은 역시 '좌우합작'의 문제인데, 이 '좌우합작'을 과연 어떻게 볼 것인가 하는 문제입니다. 그것은 또 세계사적 관점에서 자본주의를 가지고 근대화하려는 나라와 사회주의 체제를 가지고 근대화하려는 나라들 사이에서 과연 '좌우합작'이라는 제3의 길이 가능했던가 하는 현실의 문제로 직결된다고 생각합니다. 그리고 물론 식민지 경험을 거친 어느 나라도 두 가지 길 이외에 제3의 길을 걸어서 역사적으로 성공한 나라는 현재 없습니다. 사회주의 노선을 채택했던 나라들도 거의 자신의 노선을 파괴했고 중국과 같은 나라들은 기존 노선을 견지하고는 있지만 일단 새로운 길을 모색하고 있습니다. 따라서 아직은 제3의 길이라는 것이 역사의 무대에 실제로 등장하지는 않고 있는 것입니다. 그렇기 때문에 사실 지금으로부터 50년 전의 해방정국에서 그 제3의 길이 실현될 가능성은 없었다고 생각합니다. 그러나 만일 우리가 '좌우합작'이 성공했다고 생각한다면 설사 분단과 전쟁을 막지는 못했다고 하더라도 장기적으로는 양극화된 민족내부의 대립을 중화시키고 상호증오와 살상을 최소화하면서 남북한의 유연성이나 민주주의 세력에 의한 정권 장악의 기반을 제공하였을 것이고, 더 나아가 민족통일까지도 이룰 수 있지 않았을까요. 이러한 가능성은 비록 적기는 하지만 우리가 '좌우합작'을 통해 추구했던 제3의 길에 대해서 역사학자들은 거듭 생각하게 되고, 그것을 통일과 연결시키려는 노력과도 직접적으로 연결된다고 생각합니다. 이러한 좌우합작과 관련된 생각들은 현실적 고민으로 다가왔다고 보는데, 제가 최근에 가장 심각하게 생각하고 있는 문제중의 하나가 바로 남북한 모두 더 이상 서로의 체제가 손잡기는 어려울 것이라고 생각할 만큼 양극체제가 형성되지 않았나 하는 점입니다. 비단 정치체제뿐만 아니라 일상생활에서도 매일 먹을 것을 찾는 것이 하루일과인 북한 주민들의 일상과 우리의 하루 일상은 너무나 다르다는 것이 더욱 당황스러운 것입니다. 통일이 된다고 하더라도 북한을 남한의 식민지로 치부하게 되는 것이 아닐까, 아니면 현재의 지역갈등구조의 작태조차 해결하지 못한 채로는 통일 후 북한태생의 대통령이란 한 세기가 지난 뒤에나 가능해지지 않을까 하는 여러 가지 생각들을 해보면서 새삼 역사의 무게를 느낍니다. 왜냐하면 북한의 비참한 실상을 완전히 북한 사회주의 체제의 실패라고 모든 책임을 전가하기에 앞서 해방정국에서 민족내부의 통일보다는 분열을 조장했던 그러한 분단세대에 대한 준엄한 비판이 바로 지금 있어야 된다고 저는 생각하기 때문입니다. 그렇기 때문에 때로는 이성적으로 때로는 기회주의적으로 보였겠지만, 여운형 선생이 걸었던 민족통일의 길이 상당히 정당하였고 그것이 바로 우리가 걸었어야 했던 제대로 된 길, 즉 정도가 아니었을까 하는 생각도 하게 됩니다. 50년의 왜곡과 비틀림이 극단체제를 형성했다고 생각하는데, 그 실마리를 하나씩 풀기란 쉽지 않을 것입니다. 아직도 냉엄한 국제현실이 우리 앞에 놓여 있고 북한을 싸워서 이겨야만 하는 적으로밖에 생각하지 않는 반민족적인 세력이 아직도 남북한에 있기 때문입니다. 그러나 동아시아의 제국주의에 모멸당했던 역사가 바로 며칠전 홍콩반환으로 사실 마감되기 시작했다고 저는 생각합니다. 그리고 북한동포의 굶주림을 우리의 아픔으로 인식하고 구호하면서 서서히 민족동질성을 회복해 나간다면 우리에게도 희망이 있다고 생각합니다. 바로 이때 최장집 선생의 지적처럼 여운형의 정치노선은 한발 앞선 노선에서 이제는 현실적인 노선으로, 그의 타협노선은 우리의 평화노선으로, 또 그의 좌우합작 노선은 우리의 남북통일 노선으로, 이념적으로는 사회민주주의로서 어떻게 생각하면 현실적 노선으로 자리매김할 수도 있지 않을까 하고 기대를 해봅니다.

이상입니다.

사회자: 다음은 방청석에 앉아계신 분들 중 몇 분의 질문을 받겠습니다.

방청석 질문: 몽양 선생님을 한편에서는 중도좌파라 하기도 하는데, 해방 직전에 토지개혁 등을 시도하기도 했던 행동들, 일본의 식민지 정권이 몽양에게 정권인계를 시도했던 점들을 고려할 때 몽양 여운형의 위상을 정확히 어떻게 바라보아야 하는지에 대해서 말씀을 듣고 싶습니다.

12. 몽양은 통일국가를 만들 때는 식민통치로 인한 역사적 질곡 때문에 못살게 된 많은 우리 서민들을 충분히 배려하는 국가를 만들어야 한다고 생각하였다

답변(김광식): 사회주의의 형성과정을 세계사적으로 볼 때 처음에는 유토피아주의로 시작해서 나중에 맑스가 정리했고 또 레닌은 소련에서 혁명을 일으켰는데, 어디에 주안점을 두느냐에 따라 사회주의에 대한 해석도 전연 달라지게 됩니다. 유토피아주의자가 있고, 맑스주의자가 있고, 레닌주의자가 있고, 또 유럽의 사회민주주의자 같은 형태도 있습니다. 사회주의라는 용어가 아주 보편적이어서 어떤 것도 담아낼 수 있는 반면에 또 어떤 것도 정확히 설명해내지 못하는 그러한 약점이 있는 용어라는 것을 우선 지적합니다.

여운형의 경우에는 공산주의는 아닙니다. 왜냐하면 공산주의자인지 아닌지를 가르는 기준은 명백한데, 그것은 공산당이라는 당에 가입했는가 안했는가 입니다. 한국의 공산당은 1925년에 만들어졌는데 그 이후 명맥을 이어가다가 1945년 8·15 이후에는 조선공산당으로 만들어졌고 나중에 남로당이 되었습니다. 여기에 여운형 선생은 가입한 적이 없습니다. 그래서 여운형 선생은 이론적으로나 조직적으로나 공산주의자는 아닙니다. 다만 여운형 선생이 가졌던 생각은 우리나라가 독립해서 통일국가를 만들 때에는 식민통치나 그동안의 역사적 질곡 때문에 못살게 된 많은 우리의 서민들을 충분히 배려하는 통일국가를 만들어야 한다는 것이었습니다. 즉 통일국가를 만드는 것이 제일 우선이고, 두번째는 통일국가 안에서 국가가 이 약자들을 품어야 한다는 생각을 가졌다는 말입니다. 그러한 생각은 자유민주주의자도 가질 수 있고 누구라도 가질 수 있는 것입니다. 여운형 선생은 공산주의자는 아니고 그 분 생각의 진실은 바로 이러한 것이었습니다.

13. "일본 사람들이 가졌던 토지는 최소한 국가공기관이 관리해야 했다"

또한 토지문제에 대한 여운형 선생의 생각은 이랬습니다. 당시 일제 총독부 당국이 가졌던 토지와 일본사람들이 일제말에 가졌던 토지가 꽤 많았고 동양척식주식회사라는 일종의 공기업이 보유했던 토지도 우리나라 전체 토지의 약 20%에 육박하였습니다. 바로 이것들은 최소한 국가의 공기관이 관리해야 한다고 생각하셨습니다. 그러니까 여운형 선생이 가졌던 이 생각은 식민지에서 독립국가로 넘어가는 과정에서는 어디나 이 정도의 입장은 취하게 되는 그러한 차원이었습니다. 따라서 이 부분을 사회주의적 정책을 폈다고는 볼 수 없습니다. 이것은 여운형 선생의 조직들의 강령에서 나타나는 일종의 개혁 아이디어로서, 식민국가에서 독립국가로 넘어갈 때에는 꼭 필요했던 개혁의지와 관련된 온건한 입장이었습니다. 다만 정권을 이승만 박사가 잡았을 때 이승만 박사는 이러한 부분들조차도 이데올로기로 몰기를 좋아했습니다. 그래서 이승만 박사는 빨리 실패한 것이라고 볼 수 있는데, 이 박사의 독립운동가로서의 명성에 비할 때, 겨우 10여 년 뒤인 1960년대의 실패는 자신과 조금만

달라도 몰기를 좋아하여 동지들을 잃어버리는 형국을 맞이했기 때문입니다. 이것은 이승만 박사의 성격과 관련된 것입니다.

14. 일본인들은 몽양이 아니면 치안유지가 어렵다고 생각했다

일제의 몽양에 대한 정권인수의 문제에 대해서는 일본은 몽양 아니면 질서의 유지가 힘들다고 보았습니다. 만약에 일제가 임시정부를 다른 사람에게 맡겼다가 치안유지가 안되어서 일본사람을 다 때려잡으라는 분위기가 서울과 곳곳에 생기게 되면 한반도에서는 마지막 한·일전쟁이 벌어지게 됩니다. 그래서 일제로서는 굉장히 연구를 하여 몽양 아니면 치안유지를 못한다는 결론을 내린 것입니다. 그런데 우리가 일제로부터 해방하여 새로운 독립국가를 만들어갈 때에는 그래도 질서정연한 형국이 낫다고 볼 수 있습니다. 건국은 감정으로 되는 것이 아니기 때문에 그런 의미에서 일제가 몽양을 키워준 것이 아니라 몽양이라는 우뚝한 거목이 있었기 때문에 그러한 과정을 거칠 수가 있었다고 보는 해석이 정확합니다. 냉전이 된 후 남한에는 이승만 정권이, 북한에는 김일성 정권이 들어서는데, 이렇게 정권을 잡은 사람들은 자신들이 좀더 위대하게 보이도록 하려는 고정관념을 갖게 됩니다. 그런데 그 당시에 나라를 이끌어 갈 만한 분들로는 그래도 몽양 선생이나 백범 선생 같은 경륜을 가진 분들이셨고, 당시 적성이나 장기로 보아 이승만 박사는 조금 나이가 드시기는 했지만 외무부 장관으로서 오히려 적절한 분이었습니다. 이승만 박사가 마음을 비우고 외무부 장관이나 국가의 외무고문을 하겠다는 생각을 가졌더라면 편안했을 것입니다. 그리고 북한의 김일성은 국방장관에 참 어울리는 인물이었습니다. 국방장관은 그런 사람들이 해야 어울립니다. 그 사람은 적을 못봐주잖아요. 그러니까 그 후에 정권운영의 과정에서도 계속해서 숙청을 행하게 되는데, 정치하는 사람들은 적하고도 마음속으로야 죽일 놈이라 생각할지라도 겉으로는 웃으면서 악수할 수 있는 분위기가 형성되어야 합니다. 그러나 그는 근본적으로 무인출신입니다. 8·15 이후에 일제가 여운형 선생에게 질서를 위임하고 건국준비위원회가 만들어지고 이러한 질서로 가면서 남북한에 있는 좌우파 사람들이 함께 나라를 만들어가는 과정이 되었어야 합니다. 오스트리아의 경우에는 이것이 아주 성공적으로 이루어졌습니다.

15. 21세기 민족통일을 바라보면서 다시 부활하는 몽양의 위대한 생애와 정신

사회자: 이상으로 오늘 뜻깊은 세미나를 마치면서 앞으로 21세기 민족통일을 바라보면서 몽양 선생이 걸었던 위대한 생애에서 그 정신이 길이길이 되살아나 통일국가 수립에 실천적인 지침이 되었으면 하는 마음 간절하고, 또 오늘의 이 행사를 계기로 해서 몽양 연구가 더욱 활발해지고 정부당국에서도 더욱 관심을 가져주기를 촉구합니다. 끝으로 '몽양여운형선생전집 발간위원회'(위원장 강원룡)에서는 민족의 독립과 조국의 장래를 위하여 일생을 바치신 몽양 여운형 선생의 뜻을 기리고 그 뜻을 현재에 재조명하기 위하여 『몽양 여운형 전집 3』(한울)의 출간을 예정하고 있습니다. 제1, 2권에 이어 제3권은 몽양을 아끼는 여러 선생님들이 필자로 참여하여 몽양의 인간적이고 애국적인 측면을 쉽고도 재미있게 기술하고자 했는데, 많은 관심과 성원을 부탁드립니다.

몽양전집 발간을 일단락지으며

　이제 몇 년 후면 우리는 근대 100년의 역사를 마감하고 새로운 한 세기를 맞게 된다. 새로운 한 세기의 도래를 앞두고 21세기 우리 민족의 꿈은 무엇일까를 생각해보면, 제일 먼저 떠오르는 것이 '우리 민족의 평화통일'이다. 그리고 '민족통일'을 생각하면 가장 먼저 떠오르는 인물이 몽양 여운형 선생이다.
　우리는 지나온 근현대사 100여 년을 통틀어 몽양 같은 인물을 맞을 수 있었다는 것이 얼마나 자랑스러운지, 그를 떠올리기만 해도 감격이 벅차오른다. 그는 우리 민족의 보배이면서 동시에 우리 종족 함양여씨 가문의 자랑이기도 하다. 함양여씨가 종족의 이익을 넘어 사회적 봉사, 민족의 이익, 국가적 기여, 그리고 인류사회에 기여한다는 전통을 굳건히 세웠기 때문에 더욱 자랑스러운 것이다. 인재를 발굴하고 키우는 일은 비단 국가적 차원에서만 국한될 성질의 것이 아니다. 대종회도 민족적·국가적 흐름과 무관할 수 없으므로 미력이나마 그 나름의 사회적 역할을 다하는 것이 도리라고 생각한다. 그런 점에서 단순히 대종회라는 종족의 차원을 넘어 민족적·국가적 봉사와 인류의 보편적 가치에 기여하고자 했던 선조들의 이상을 되새겨 오늘의 역사를 만들어가는 데, 또 그 이상을 실현시켜 나가는 데 보탬이 되길 바란다. 그리고 함양여씨 대종회로서는 고리타분한 넋두리를 늘어놓는 종족모임이 아니라 발전하는 국가사회에 공존할 능력을 향상시켜 민족번영에 이바지하는 데 역점을 두고 사회공동체를 이끌어갈 뜻있는 후진육성에 정성을 모으는 종족이다. 따라서 몽양을 거론하며 구체적으로 우리 역사를 이야기하고, 나라의 앞날을 토론함으로써 그 진가를 유감없이 발휘할 수 있지 않을까.

'자랑스런 함양여씨들'이 서로 만나 민족애로 가득찬 몽양 선생의 정신과 함께할 수 있다는 것은 얼마나 기쁜 일인가.

일제의 암울한 식민치하에서는 많은 애국자들이 국내외에서 민족주권을 위해 싸웠다. 무수한 독립운동가 중에서도 우리 민족의 독립이 아시아와 인류의 평화에도 기여할 수 있다는 것을 논리적·실천적으로 보여준 사람이 바로 몽양 여운형 선생이다. 그는 노령에서, 만주에서, 일본에서, 그리고 가장 치열하게는 국내에서, 압박받는 여리고 착한 풀뿌리 민중들과 함께 온 정성을 다하여 독립과 영광을 위하여 싸웠다. 몽양은 어려운 시기에 가장 오랫동안 국내에서 독립투쟁에 분투·노력하면서 많은 사람들에게 희망과 감동을 주었다는 점이 특히 돋보이고, 우리 민족의 독립이 인류의 화평에도 기여한다는 논리와 확신을 가지고 싸웠다는 점이 그 누구의 활동과 족적보다도 귀중하게 다가온다.

우리는 역사가 시대마다 다르게 쓰여지고 진실이 시대가 바뀔 때마다 새롭게 재조명되는 것을 종종 본다. 몽양은 시간이 흐를수록 더욱 높게 평가받고 진가를 발휘하고 있는 것이다. 동서냉전과 남북한의 무한정 체제경쟁이 극심하였던 과거에는 역사의 거대한 인물이나 위인들에 대한 평가를 정당하게 내리지 못한 경우가 많았다. 그때는 민족적 정도를 걸었던 인물보다는 시대마다 변하는 체제적 기준에 충실한 인물들이 더욱 평가받기 일쑤였다. 그러나 특정시대를 뛰어넘어 진리를 실천한 인물들은 체제경쟁에 가리어 거기에 조금이라도 걸림돌이 된다고 인식했을 때는 오히려 폄하되기까지 했던 사례가 왕왕 있어 왔다. 이제 낡은 한 세기와 더불어 편협한 체제경쟁 시대가 가고 새로운 세기의 도래를 목도하고 있다. 새로운 세기에는 새롭게 빛을 보아야 할 인물들이 많다. 다음 세기는 냉전시대가 완전히 지나가고 온 겨레가 활기차고 희망을 갖는 시대가 될 것으로 믿기에, 우리는 그런 때를 앞두고 위대한 지도자를 큰 바위 얼굴처럼 갈망하고 있는지도 모른다. 그렇기 때문에 그러한 전환기에 선 오늘, 몽양은 다시 더욱 빛나보이고 커보이는 것이다. 몽양 여운형은 한 세기를 먼저 살다간 위인이었기에 새로운 세기, 21세기에는 반드시 재평가되어 명예를 되찾고 빛을 보아야 할 대표적인 민족주의자요 민주주의를 체득하고 실천한 독립운동가이다.

여운형의 삶은 겸허와 포용의 자세로 민족이익을 최우선시하는 민족주의자로 일관한 것이었다. 그는 일제하에서 줄곧 '조선민족의 독립'을 최우선에 두고 정파의 이익을 초월하여 전민족의 단합을 도모하고자 하였다. 그가 사심없이 민족의 독립과 통일을 위해 일생을 바친 것은 너무나 커다란 족적으로 남아 있다. 그 스스로는 가장 치열하게 살았으나 타인에게는 관용하여 독립노선의 차이를 극복하고 민족이익에 도음이 될 새로운 국가를 사심없이 건설하려고 하였으며, 그 과정에서 그는 권력투쟁에 몰두하지 않았고 자기몫을 찾으려 하지 않았으며 오직 민족과 국가를 위해 헌신하였던 것이다.

몽양에 대한 평가는 학계와 시민사회에서는 어느 정도 합의가 도출되고 있지만, 정치권이나 정부차원에서는 아직 평가할 환경이 충분히 무르익지 않은 듯하다. 그런 의미에서 이 책은 몽양 여운형 선생을 둘러싼 오해나 쟁점을 정리하여 사실의 왜곡을 조금이나마 규명하는 것을 목표로 삼았다. 그는 독립운동에 몸바친 그 누구보다도 청년들에게 희망을 불어넣어 주었고, 조국애를 혼신의 힘으로 심어주었다. 한 마디로 말해서 그는 거대한 생애를 살았다. 그의 인간됨됨은 그를 더욱 위대한 정치가 수준으로 끌어올리는 요소이다. 그는 현실에서 권력을 누리지 못했지만, 그를 존경하고 따르는 사람들의 마음 속에 '대한민국의 정신적 지도자'로 오래오래 각인되어 왔다. 그러나 지금은 시민사회에서, 남북의 학계에서, 또 그를 제대로 아는 모든 교양인들이 그가 올바른 길을 걸어갔으며 그를 진심으로 존경하여 통일시대의 정신적 지도자상으로 믿어 의심치 않는다. 오늘 몽양 여운형의 전집을 미완성인 채로 일단락짓는 것을 참으로 아쉽게 생각하면서, 통일이 되면 언젠가 거국적·거족적인 형식과 내용으로 다시 그를 평가할 날이 올 것이라고 확신한다.

1997년 11월
몽양전집 발간 기획위원 여범구

■ 집필진 소개

이기형(시인, 몽양 여운형전기 저자)
강원룡(크리스찬아카데미 이사장)
서중석(성균관대 사학과 교수)
여현덕(여의도연구소 연구위원)
최상룡(고려대 정외과 교수)
강문구(경남대 정외과 교수)
심지연(경남대 정외과 교수)
최장집(고려대 정외과 교수)
김광식(21세기한국연구소 소장)
정진석(한국외국어대 사회과학대학장 겸 정책과학대학원장)
미즈노 나오키(水野直樹, 일본 교토대학 교수)
강덕상(일본 히토츠바시대학 교수)

夢陽呂運亨全集 3

ⓒ 몽양여운형선생 전집발간위원회, 1997

엮은이/몽양여운형선생 전집발간위원회
펴낸이/김종수
펴낸곳/도서출판 한울

편집/최연희

초판 1쇄 인쇄/1997년 11월 10일
초판 1쇄 발행/1997년 11월 20일

주소/120-180 서울시 서대문구 창천동 503-24 휴암빌딩 201호
전화/326-0095(대표)
팩스/333-7543
등록/1980년 3월 13일, 제14-19호

Printed in Korea.
ISBN 89-460-2472-0   93910

* 값 12,000원